easy & fast

판례로 보는

생활법률 101

이 순 우

法 文 社

머리말

필자는 직장에 있을 때나 은퇴한 뒤에도 여러 대학에서 강의하였다. 지나간 20여 년간 주로 통상 분쟁, 구체적으로는 타국적 기업 사이에 발생한 무역분쟁 사례를 법적인 시각에서 분석하는 것이 주된 강의내용이었다. 교재는 필자가 여러 해 동안 몸담고 있던 사단법인 대한상사중재원의 판정사례였다. 강의중에 학생들의 이해를 돕기 위하여 판례를 자주 인용하였는데 이해증진에 도움이 되어 아주 반응이 좋았다. 판례를 인용하여 설득력 있게 설명한 것이 크게 영향을 준 것 같다.

2002년부터 정년으로 강의를 끝낸 2009년 봄학기까지 열심히 판례를 수집하였다. 지금까지 약 3000 여개에 달하는 판례가 정리되었다. 그 중에서 1000 여개의 판례를 이 책에 실었다. 이런저런 고려에서 엄선했다. 생활전선에서 뛰고 있는 대중들이 반드시 알아야 할 내용이 많고 타산지석으로 삼을 만한 가치가 있다고 생각된다. 거센 세파를 헤쳐가야 하는 사회인이라면 반드시 알고 넘어가야 할 것들이라고 생각한다. 생활법률에 속한 것이 대부분이지만 어떤 것은 흥미롭거나 실소를 자아내는 것도 없지 않다. 여하간에 사람 사는 공간에서 일어난 일들이다. 미리 알아두면 결코 해롭지 않겠거니와 손해를 예방할 수도 있겠다는 생각이다. 또 대중의 법률생활에 길잡이가 될 거라는 생각도 든다. 강의 자료로 활용하기에 그칠 것이 아니라 널리 알림으로써 사람과 사람의 만남에서 비롯되는 각양각색의 인간관계에서, 또 사회와의 접촉으로 발생할 수 있는 갈등이나 피해로부터 고통 받거나, 받을 가능성이 있는 사람들에게 내비게이터가 되어줄 것이라는 생각이 들어 출판하기에 이르렀다.

소송 준비를 위하여 변호사가 참고하도록 편집된 판례집은 여럿 있다. 아주 전문적이고 상세하다. 구체적으로 어떤 분쟁에 휘말려 재판에 직면한 사람을 대상으로 한 책이다. 그러나 일반인으로서 상식선에서 미리 알아두려는 목적에서라면 난삽하고 번잡하다. 바로 그런 이유 때문에 이 책은 '상식선'에 중점을 두고 편집된 것이다.

판례란 재판의 선례(先例)이다. 민사소송법상 재판이란 일정한 법률효과를 발생시키기 위해 행하는 법원 또는 법관의 판단행위 내지 의사표시행위이다. 재판에는 법원이 변론을 거쳐 행하는 판결과 재판장 · 수명법관 등이 보통 변론을 거치지 않고 행하는 명령 및 법원이 변론을 거치지 않고 행하는 결정 등 여러 유형이 있다. 형사소송법상으로는 실체재판인 유 · 무죄의 판결과 형식재판인 관할위반 · 공소기각 및 면소의 판결이 있다. 그리고 법률의 위헌여부에 대한 헌법재판소의 결정이 있다. 이 모두를 편집대상으로 하였다.

영국 같은 판례법국가에서는 선례구속주의를 취하는 관계로 판례는 법원(法源)으로서 법적 구속력을 확실하게 갖는다. 그러나 대륙법계에 속하는 우리나라의 경우 대법원이 판시한 법령의 해석은 당해 사건에 관여한 하급심만을 기속함에 그치므로 판례의 구속력이 제도적으로 완전하게 보장되어 있다고 말할 수 없다. 그러나 실제로 하급심에서는 대법원에서 파기할 가능성이 농후한 판결을 하지 않으려 한다. 따라서 재판에서 이기려면 판례에 따라 행동해야 할 필요성이 크므로 판례의 사실상의 구속력은 매우 강하다. 그리하여 사실상의 구속력을 중시하는 학자들은 판례를 '살아 있는 법', 곧 법원(法源)으로까지 보고 있다. 판례는 단 한 번의 판결일지라도 합리성이 인정되는 한, 장래에 있어서 규범의 가치를 갖는다. 이러한 의미에서 분쟁으로 고통 받는 사람으로서, 원고 또는 피고로서 소송을 염두에 두고 있다면 판례의 중요성은 두말할 나위가 없다.

끝으로 이 보잘 것 없는 책을 출판해 준 법문사와 책의 격을 높이기 위해 노고를 아끼지 아니한 김용석 과장에게 감사드리고자 한다.

2011. 11

편저자 이 순 우

차 례

Part A. 개인의 생활법률에 관하여

Part B. 불법과 위법에 대한 책임

Part C. 공동체와 법률생활

Intro

착상 이전 배아, 인공수정 연구용으로 쓸 수 있을까? 1

N씨 부부는 자신들이 만든 배아를 인공수정연구 목적으로 이용하는 것을 허용한 '생명윤리및안전에관한법률(생명윤리법)' 제17조 등은 배아의 생명권 등 헌법상 기본권을 침해한 것이라고 헌법 소원을 냈다.

헌법재판소(2010년) 재판부는 착상• 이전의 배아•는 인간으로 볼 수 없어 헌법상 기본권의 주체가 될 수 없다면서 각하 결정을 내렸다. 재판부는 "수정이 된 배아는 형성 중인 생명의 첫걸음을 내디뎠다고 볼 여지가 있으나 아직 모체에 착상되거나 원시선(Primitive Streak: 수정 후 14일 경에 나타나며 신경계로 분화해 척추를 형성)이 나타나지 않은 이상 배아와 독립된 인간 사이의 개체적 연속성을 확정하기 어렵다"고 지적하면서 "현 과학기술 수준에서 배아는 모태 속에 수용돼야 비로소 독립적 인간으로 성장할 수 있는데다 착상 전 배아를 인간으로 인식하거나 동등하게 취급해야 한다는 사회적 승인이 존재한다고 보기 어렵다는 점을 들어 배아는 헌법상 기본권의 주체가 될 수 없다"고 각하 결정 이유를 설명했다.

[해설] **착상(着床)**이란 난자와 정자가 수정하여 수정란이 되면 곧 세포분열을 개시하고 자궁 내로 이동하게 되는데 이 수정란이 자궁내막에 이르러 점막 내에 묻히면서 모체와의 관계를 이루는 현상이다. 수정으로부터 착상에 이르기까지 소요되는 시간은 약 10일이다. 착상 후에는 본격적인 발육을 시작하여 태아가 된다.

[해설] **배아(胚芽, embryo)**란 수정란이 배낭(胚囊)속에서 분열 증식하여 홀씨체(體)의 바탕이 되는 것을 말한다.

채무자에게 담보로 받은 신체 포기각서, 위자료 발생 요인 되나? 2

P(여 · 39)씨는 Y(38)씨로부터 여러 차례에 걸쳐 돈을 빌렸다. 갚아야 할 돈이 약정 이자를 포함하여 약 1억원에 이르렀다. P씨가 갚지 못하자 Y씨는 채무를 갚지 못할 경우 신체를 포기한다는 내용의 각서를 쓰게 하고, "신장과 간을 팔아서라도 돈을 갚아라. 병원과 수술방법도 알려 주겠다"고 협박했다. 그래도 P씨는 돈을 갚지 못했다. Y씨는 대여금 청구소송을 냈다. 1심 법원이 "P씨가 Y씨에게 약속한 원금과 이자 등을 합하여 1억원을 갚으라"고 판결했지만, P씨는 Y씨의 강요에 의해 그 금액을 갚기로 한 것이라며 불복 항소했다.

서울고등법원(2007년) 재판부는 1심 판결을 깨고 채무자 P씨는 채권자 Y씨에게 7000만원만 지급하라고 판결하면서 재판부는 "P씨는 강요•에 의해 신체포기각서를 쓰는 등 협박에 따른 정신적 고통을 느꼈다"며 따라서 "그에 따른 위자료로 3000만원을 정함이 상당하기 때문에 P씨는 위자료를 제외하고 나머지 금액만 갚으라"고 판결 이유를 설명했다.

[해설] 강요(强要)란 저항할 수 없는 폭력이나 협박에 의하여 마음에 없는 의사표시 또는 행위를 하는 것을 말한다. 형사상으로는 범죄가 되고 민사상으로는 의사표시를 취소할 수 있다.

사형제, 합헌인가? 3

2007년 전남 보성군 앞바다 선상에서 남녀 여행객 4명을 살해한 혐의(강간 등 살인)로 사형을 선고받은 O(72)씨가 "사형제는 헌법에 위반된다"며 형법 제41조 등에 대해 위헌법률 심판을 제청했다.

헌법재판소(2010년) 재판부는 합헌 결정을 내렸다. 재판부는 "비상계엄* 하에서 군사재판이 사형을 선고할 수 있다는 헌법 제110조 4항을 볼 때 사형제는 헌법상 간접적으로나마 인정된 형벌 조항"이라며 "사형은 무기징역형에 비해 범죄예방 목적 및 정당한 응보를 통한 정의 실현이라는 목적 달성에 더 효과적인 수단"이라고 결정 이유를 설명했다.

[해설] 비상계엄(非常戒嚴)이란 적과 교전 상태 또는 극도로 교란된 사회질서로 인해 행정기능이나 사법기능의 수행이 현저히 곤란한 경우에 공공의 안녕질서를 유지하기 위하여 선포하는 계엄을 말한다.

인격권

시위현장에서 시위자를 촬영해 보도하는 행위, 초상권 침해가 되나? 4

A(여)씨는 종교 문제로 남편과 이혼한 후 전 남편에 대한 항의성 피켓을 들고 시위한 적이 있다. 그런데 한 인터넷 매체가 A씨의 시위현장 사진을 찍고 갈등을 다룬 기사와 함께 몇 차례 보도했다. A씨는 그 인터넷 매체가 자기의 동의 없이 촬영 · 보도하여 초상권이 침해됐다고 손해배상 청구소송을 냈다.

서울중앙지방법원(2009년) 재판부는 A씨에게 패소 판결했다. 재판부는 "공공장소에서의 집회 · 시위는 본질적으로 남에게 알리기 위한 행동이므로 본인 동의 없이 시위참가자를 촬영해 보도했더라도 초상권* 침해로 볼 수 없다"면서 "보도의 자유 역시 타인의 명예나 권리를 침해하지 않는 범위 내에서 보장되는 헌법상 권리인 점을 고려할 때 출입이 제한되지 않은 장소에서 이루어진 집회 · 시위 현장에서 사진을 촬영해 보도하는 행위는 **원칙적으로 피촬영자에 대한 초상권 침해가 아니다**"고 판결 이유를 설명했다.

[해설] **초상권(肖像權)**이란 자기의 초상이 허가 없이 촬영되거나 또는 공표되지 않을 권리를 말한다.

가수 겸 탤런트의 초상, 허락 없이 광고에 게재했다면? 5

가수 겸 탤런트 J씨는 자신이 출연한 광고를 무단 게재한 A결혼박람회 주최회사에 대하여 초상권이 침해됐다며 손해배상 청구소송을 제기했다.

서울중앙지방법원(2010년) 합의재판부는 **A회사는 J씨에게 1500만원을 지급하라고 1심과 같이 원고 승소 판결**했다. 재판부는 "A사는 J씨와 해당 광고의 사용범위에 대하여 합의하지 않고 자사의 홈페이지와 지상파 방송과 케이블 TV 등에 방영했다"고 판결 이유를 설명했다.

사망한 사람의 퍼블리시티권(權), 보호기간은? 6

이효석(1907~1942)씨는 '메밀꽃 필 무렵'이란 단편소설로 유명한 소설가이다. 이효석씨의 장녀 L(75)씨는 이효석씨의 초상이 상품권의 표면에 인쇄되어 성인용 오락실 경품으로 유통되고 있어 퍼블리시티권과 초상권이 침해당했다며 상품권 발행업체를 상대로 손해배상 청구소송을 냈다.

서울동부지방법원(2007년) 재판부는 **L씨에게 패소 판결**했다. 재판부는 "이미 숨진 사람도 퍼블리시티권•을 인정받을 수 있고, 후손이 상속을 통해 권리를 보호받을 수 있는데 그 **기간은 50년**이다"라고 하면서 "이효석 선생이 세상을 떠난 지 60여 년이 지났다"고 판결 이유를 설명했다. 또한 "상표권 때문에 아버지의 명예가 훼손됐다"는 주장에 대해서는 "오히려 상품권 사용자들에게 이효석 선생과 작품을 알리는 효과가 있었다"고 봐야 한다고 지적했다.

[해설] **퍼블리시티(Publicity)권**이란 어떤 개인의 이름, 얼굴, 목소리 등에 주어진 배타적 권리로서 다른 사람이 본인 또는 상속인의 승낙 없이 상업적으로 사용할 수 없는 권리를 말한다.

동영상 판촉물, 출연자 동의 없이 광고로 사용할 수 있나? 7

TV방송물 출연자 B씨 등은 본인의 동의 없이 이 방송물을 판촉에 이용한 S화재 등 4개 보험사에 대해 인격권이 침해당했다며 그에 따른 정신적 손해를 배상하라는 소송을 냈다.

서울중앙지방법원(2009년) 재판부는 원고들에게 300만원씩 지급하라고 원고 승소 판결했다. 재판부는 "보험사와 보험설계사들이 원고 동의 없이 상업적인 목적으로 방송물을 이용해 원고의 초상, 성명, 명예 등 인격권을 침해했다"며 "정신적 고통을 받았음이 명백하기 때문에 손해를 배상할 책임이 있다"고 판결 이유를 밝혔다.

허락받고 찍은 여성 알몸 사진, 유포해도 괜찮은가? 8

Y씨는 내연관계에 있던 L(여)씨의 알몸 사진을 찍어 다른 사람의 휴대전화로 보내고, L씨를 폭행 · 협박하는 내용의 문자메시지를 보낸 혐의로 기소됐다. 1심 재판부는 모든 혐의를 유죄로 인정해 Y씨에게 징역 6월에 집행유예 2년을 선고했지만 2심 재판부는 "L씨의 의사에 반해 사진을 찍었다고 볼 증거가 없다"며 폭행 등의 혐의만 유죄로 인정했다.

대법원(2010년) 재판부는 Y씨에 대해 폭행 등의 혐의만 유죄로 인정한 원심과 같이 징역 4월에 집행유예 1년을 선고했다. 재판부는 "관련법은 당사자 의사에 반해 수치심을 유발할 수 있는 신체사진을 찍거나 퍼뜨리면 처벌할 수 있게 돼 있지만 당사자 허락을 받고 사진을 찍었다면 사진을 퍼뜨려도 처벌할 수 없다"며 "Y씨가 L씨의 허락 없이 알몸 사진을 찍은 것으로 인정되지 않아 사진을 퍼뜨린 혐의는 무죄"라고 판결 이유를 설명했다.

표현 · 양심의 자유

'미션스쿨'의 특정종교과목 수업강요, 양심의 자유를 침해하는가? 9

G씨는 미션계 학교(종교교육을 위해 세워진 학교)인 D고교 출신으로 학내종교의 자유를 요구하며 1인 시위를 벌이다가 퇴학처분을 받았다. G씨는 이에 불복하여 D고교와 서울시를 상대로 헌법에 보장된 종교 · 양심의 자유•를 침해당하고 퇴학처분까지 받아 정신적 고통을 입었다면서 손해배상 청구소송을 냈다.

대법원(2010년) 재판부는 원고 승소 취지로 1500만원의 배상 판결을 확정하면서 "D고교는 종교과목 수업을 실시하면서 대체과목을 개설하지 않아 학생들에게 선택의 기회를 주지 않았다"며 "학생에게 종교과목 참가의 자율성을 보장하지 않고 사전 동의조차 얻지 않는 등 기본권을 고려한 처사로 보기 어렵다"고 판시하면서 "D고교의 종교교육은 우리 사회의 건전한 상식과 법감정•에 비춰 받아들일 수 있는 한계를 벗어난 위법행위"라고 판결 이유를 설명했다.

[해설] **양심의 자유(良心의 自由)**란 인간 내심(內心)의 자유로서 사상과 양심에 반하여 어떤 행위를 강제당하지 않는 자유를 말한다. 헌법상 보장된 사상의 자유와 같은 뜻이다.
[해설] **법감정(法感情)**이란 법에 대해 가지고 있는 인간의 가치감정(價値感情)을 말한다. 법감정은 도덕과 개인의 양심에서 비롯된다.

시말서 요구 거부로 인한 징계, 양심의 자유침해인가? 10

종교단체가 운영하는 사회복지관 직원 G씨는 파견근무 명령에 따르지 않았다가 시말서 제출요구를 받았다. G씨는 시말서를 쓸 수 없다고 버티다가 복지관인사위원회로부터 견책처분을 받았다. G씨는 이에 불복해 중앙노동위원장을 상대로 구제재심판정취소 청구소송을 냈다.

대법원(2010년) 재판부는 G씨가 승소 판결한 원심을 확정했다. 재판부는 "회사 규정이 사고나 비위에 대해 시말서를 제출하도록 하고 있더라도 단순한 사고경위보고가 아닌 잘못을 반성한다는 내용의 시말서를 요구하는 것은 헌법상 양심의 자유를 침해한 부당한 업무명령이라 무효라고 본 원심의 판단이 옳다"고 판결 이유를 밝혔다.

성기묘사 공연계획 방해한 전주L씨 대동종약원, 손해배상책임은? 11

여류 예술가 G씨 등 페미니스트 미술가 여러 명이 종묘공원에서 예정된 공연을 방해해 표현의 자유를 침해당했다며 전주L씨 대동종약원을 상대로 손해배상 청구소송을 냈다.

서울중앙지방법원(2003년) 재판부는 대동종약원 측은 원고 G씨 등에게 100만원씩 지급하라고 원고 승소 판결했다. 재판부는 "공연 내용이 남녀의 성기를 묘사하는 등 관점에 따라 일부 관람객들에게 불쾌감을 줄 수는 있지만 이를 이유로 작품 전시나 시연을 막는 것은 헌법에 보장된 학문과 예술의 자유•를 침해한 것"이라고 판결 이유를 설명했다.

[해설] **학문의 자유**란 사상 · 표현의 전제가 되는 것으로서, 학문의 생명은 상식에 대한 비판과 새로운 진리에 대한 탐구에 있다. 헌법(제22조)이 보장하는 기본권이다.
예술의 자유란 예술의 연구 · 발표 · 논의의 자유를 말한다. 또한 예술창작의 자유와 예술표현의 자유도 포함된다. 역시 헌법(제22조)이 보장하는 기본권이다.

전교조 간부의 '시국선언', 헌법상 표현의 자유에 해당하는가? 12

전교조 전북지부장 K씨는 정부를 비판하는 시국선언을 주도하여 국가공무원법 위반혐의로 약식 기소됐으나 정식 재판을 청구했다.

전주지방법원(2010년) 재판부는 무죄를 선고했다. 재판부는 "이들의 시국선언은 특정 정당 또는 정파를 지지하거나 반대하기 위한 것도 아니고 학생을 선동한 것도 아닌 이상 공익에 반하는 목적을 위한 것이라고 할 수 없다"며 "국가공무원법상 정치운동 금지는 공직선거법상 선거운동제한 규정에 해당하지 않는다"고 판시했다. 또 "이들의 행동은 주권자인 국민의 한 사람으로서 권력 담당자에게 권력행사에 관한 자신들의 희망사항을 밝힌 것에 불과하다." 또 "헌법이 보장하는 표현의 자유는 교원에게도 동일하게 보장된다"고 판결 이유를 설명했다.

"6 · 25 전쟁은 통일전쟁" 주장한 교수, 법적 책임은? 13

서울 소재 한 대학교의 G교수는 2001년 북한 평양에서 개최된 평양축전에 참가했을 때 김일성 생가 만경대를 방문하고 "만경대 정신을 이어받아 통일 위업을 이룩하자"는 글을 방명록에 남겼다. 또 "6 · 25 전쟁은 북한 지도부가 시도한 통일전쟁이며 북한은 민족자주 세력이고 남한은 외세에 의존하는 반민중 세력"이란 제목으로 논문을 발표하기도 했다. G교수는 국가보안법 위반 혐의로 기소됐다.

대법원(2010년) 재판부는 G교수에게 징역 2년에 집행유예 3년, 자격정지 2년을 선고한 원심을 확정했다. 재판부는 "G교수가 공개적으로 북한을 찬양하고 고무하는 발언을 하는 것은 학문적 목적보다는 북한을 선전하기 위한 것으로 보이고 논문도 학문적인 목적으로 발표한 게 아니라 북한을 선전하기 위해 한 것이므로 헌법이 보장하는 학문의 자유의 범위 내에 있다고 볼 수 없다고 판단한 원심은 정당하다"고 판결 이유를 설명했다.

생각만으로는 처벌받지 아니한다.

피에 가까울수록 재산에도 가깝다.

매매는 임대차를 깨뜨린다.

횃불에 타는 것은 동산이다.

A

P·A·R·T

개인의 생활법률에 관하여

I 가정 안의 법률생활

1. 결혼과 출산

어긋난 사랑

수십 년 동안 스토킹 해 4차례 벌금형 받고도 계속 괴롭힌다면? 1

전문대학에 다니던 S(38)씨는 학교 축제에서 1년 선배인 K(여)씨를 보고 반했다. K씨에게 사귀자고 했으나 거절당했다. 거절당한 앙갚음으로 K씨가 다른 남자와 결혼한 뒤에는 K씨 남편에게 "K씨가 결혼 전에 다른 남자들과 여관에 갔다"는 등의 거짓 내용이 담긴 이메일을 보냈다.

K씨는 4차례 고소했고 그때마다 S씨는 벌금형을 받았다. S씨는 17년 이상 결혼도 하지 않고 K씨를 따라다녔다. S씨는 K씨를 쫓아다니다 K씨에게 상처를 입히는 일까지 생겨 폭행 혐의로 불구속 기소됐다.

서울중앙지방법원(2007년) 재판부는 "실형을 선고하는 것이 마땅하다"며 **징역 10월을 선고하고 법정 구속**했다. 재판부는 "S씨는 4번이나 벌금형*을 받았는데 반성하지 않고 똑 같은 범죄를 저질렀고, K씨 집과 직장으로 찾아가거나 전화해 사생활을 평화롭게 할 수 없도록 하고 정당한 영업까지 방해했다"고 판결 이유를 밝혔다.

[해설] 벌금형(罰金刑)이란 일정한 금액의 지급의무를 강제적으로 부과하는 형벌의 일종이다. 벌금을 판결 확정일로부터 30일 이내에 완납하지 못한 경우에는 1일 이상 3년 이하의 기간 동안 노역(勞役)으로 대신하여야 한다.

사귀다 헤어진 남친이 요구하는 데이트 비용, 돌려줘야 하나? 2

P씨는 Y(여)씨와 교제해 오다가 어느 날 갑자기 Y씨로부터 이별 통보를 받았다. 그 사유를 물어도 시원한 대답이 없었다. 화가 치민 P씨는 데이트 비용을 물어내라는 요구를 했다. P씨는 Y씨에게 데이트 비용 1000만원을 돌려주겠다는 지불각서를 쓰라고 강요했다. Y씨는 써 줬다. 만약 이 돈을 안 주면 신체 장기를 팔아서라도 갚겠다는 신

체포기 각서를 쓰라고 해서 그것도 써줬다. P씨는 이것을 증거서류로 해서 대여금 청구소송을 냈다. 1심에서 승소했다. Y씨는 항소했다.

서울남부지방법원(2008년) 항소재판부는 **Y씨에게 승소 판결**했다. 재판부는 "P씨가 Y씨를 위협하여 신체포기각서까지 받은 점 등으로 판단할 때 해당 지불각서는 '**강박에 의한 의사표시'로 볼 수 있어 무효**"라고 판결 이유를 설명했다.

> **[해설]** '강박에 의한 의사표시는 취소할 수 있다'는 명시규정(민법 제110조)이 있다.

청혼 거절당했다면 환심 사려고 준 돈, 돌려받을 수 있을까? 3

L(여)씨를 만나 단숨에 반한 K씨는 환심을 사기 위해 기회만 생기면 선물을 하거나 용돈을 주곤 했다. 마침 L씨가 다방을 개업하자 "개업하느라 진 빚을 갚으라"며 2천만원을 건네 줬다. 그리고 얼마 후 청혼했지만 그 자리에서 거절당하자 준 돈을 내놓으라고 해 돌려받았다. 그렇지만 그 여인에게 쏠리는 감정을 단념할 수 없었다. 다시 환심을 사기 위하여 2천5백만원을 줬다. 그 후 청혼을 했으나 또 거절당하자 또다시 준 돈을 반환하라고 요구했다. L씨는 돈이 없다고 거절했다. K씨는 채무상환 각서를 받았다. 그래도 돌려받지 못하자 소송을 냈다.

서울중앙지방법원(2003년) 남부지원 재판부는 "환심을 사려고 돈을 줬다가 헤어진 후 작성토록 한 각서는 물건을 빌릴 때 똑같은 품질, 수량으로 반환할 것을 약속하는 '금전소비대차 약정◉'으로 볼 수 없다"면서 "**돌려 줄 이유 없다**"고 판결했다.

> **[해설]** **금전소비대차약정(金錢消費貸借約定)**이란 말은 용어 3개(금전+소비대차+약정)가 복합된 개념이다. 우선 '소비대차'란 용어를 설명해야 한다. 민법 제598조는 소비대차를 규정해 놓고 있다. "소비대차는 당사자의 일방이 금전 기타 대체물의 소유권을 상대방에게 이전할 것을 약정하고 상대방은 그와 같은 종류, 품질 및 수량으로 반환할 것을 약정함으로써 그 효력이 생긴다"라고 규정하고 있다. 따라서 '금전소비대차 약정'이란 당사자의 일방이 돈을 꾸어주고 상대방이 반드시 갚을 것을 약속하는 계약이라고 설명된다.

혼인을 약속하고 동거하다 다른 여자와 결혼했다면? 4

L(여)씨는 C씨와 결혼을 전제로 1년 이상 동거해 왔다. C씨는 꼭 결혼하고 남편의 책임을 다 하겠다는 각서를 써 주기도 했다. 그러나 C씨는 동거기간 중에 날이 갈수록 귀가시간이 늦어지고 직장이 멀다는 이유를 달고 따로 거처를 옮기기까지 했다. 결국 C씨는 다른 여자와 결혼하였다. L씨는 혼인빙자간음죄로 고소했다. 그러나 증거가 부족하다는 이유로 기각되었다. 궁리 끝에 정신적 피해에 대한 위자료 청구소송을 냈다.

서울중앙지방법원(2004년) 재판부는 "동거기간에 결혼할 의사나 능력이 희박해졌는데도 이를 제대로 알리지 않고 계속 성관계를 맺다가 약속을 깨고 다른 여자와 결혼한 것은 정조권을 침해한 위법행위"라면서 "C씨는 L씨에게 **위자료 3000만원을 배상하라**"고 판결했다.

80대 남성이 소개받은 60대 여성에게 명의신탁, 증여로 봐야 하나? 5

80대의 할아버지 G씨는 결혼상담소에서 "여생을 함께 할 여성에게 3억원 상당의 아파트를 사 주겠다"고 제의해 60대 할머니 A씨를 소개받았다. A씨 명의로 아파트 전세를 얻어 동거에 들어갔다. 얼마 후 마음이 변한 G씨는 동거녀 A씨에게 아파트 보증금을 돌려달라고 했다. A씨가 거절하자 G씨는 보증금 반환 청구소송을 냈다.

서울고등법원(2004년) 재판부는 " A씨 명의로 빌린 집의 보증금 8천5백만원은 동거하는 조건으로 A씨가 받은 재산이라고 봐야 한다"면서 **G씨에게 패소 판결**했다. 재판부는 현실적으로 아무런 금전적 대가 없이 20살 연상인 80대 남자와 동거하겠다고 나설 여성은 흔치 않을 것이라며 "이 돈은 G씨가 동거에 응해 준 A씨에게 감사 표시로 **증여한 것으로 판단**된다"고 판결 이유를 설명했다.

[해설] **명의신탁(名義信託)**이란 명의 즉 이름을 신탁하는 것이다. 신탁이란 신탁설정자(위탁자)와 신탁을 인수하는 자(수탁자)와의 특별한 신임관계에 기하여 위탁자가 특정의 재산권을 수탁자에게 이전하여 관리 · 처분하게 하는 법률관계이다. 다시 말하면 신탁자가 소유권을 보유하여 이를 관리 · 수익하면서 공부상의 소유명의만을 수탁자로 하여 두는 것이다. 본문에서 G씨가 위탁자이고 A씨가 수탁자이다. 보통은 수탁재산에서 발생하는 이익의 일부를 수탁자에게 귀속시킨다.

동거녀의 위협 때문에 작성된 각서, 그 효력은? 6

교육계에 근무하는 K씨는 결혼정보업체의 소개로 L(여)씨를 만나 동거하기 시작했다. 그런데 동거한 지 두 달쯤 지난 어느 날 K씨는 외출해 연락이 끊겼다. 휴대전화를 뒤져 본 결과 K씨가 다른 여자를 만난 사실을 확인했다. L씨는 격분하여 회사에 여자관계를 알리겠다고 협박했다. 교육계 임원에게는 큰 위협이 되었다. L씨는 다시 다른 여자를 만나거나 연락이 끊기면 위자료 10억원을 주고 헤어진다는 내용의 각서를 K씨로부터 받아냈다. 그러나 K씨는 이틀 뒤 각서는 위협받아 작성된 것이라 무효*라고 하면서 결별을 선언했다. L씨는 10억원을 달라며 소송을 냈다.

서울서부지방법원(2010년) 재판부는 **L씨에게 패소 판결**했다. 재판부는 "여자관계를 폭로한다는 말이 교육계 종사자에겐 큰 위협으로 보이며, 3개월이 채 안 되는 짧은 동거 때문에 10억원을 위자료로 부담하는 것은 지나치다"고 판결 이유를 설명했다.

[해설] **무효(無效)**란 어떤 의사표시가 그 내용에 따른 법률상의 효과를 나타내지 못하는 경우에 쓰이는 말이다. 의사와 표시라는 두 요소가 일치하지 않는 경우에 나타난다. 본문의 경우처럼 내심의 의사는 돈을 주겠다는 생각이 없는데 위협을 받는 상태 하에서 본의 아니게 썼다는 K씨의 주장의 논거가 그런 경우이다. 민법(제107조)은 의사표시는 표의자가 진의 아님을 알고 한 것이라도 원칙적으로 그 효력을 인정하지만 상대방이 '진의 아님을 알았거나 알 수 있었을 경우'에는 무효로 한다고 규정하고 있다. A-103 참조. 또한 민법(제110조)은 "강박에 의한 의사표시는 취소할 수 있다"고 규정하고 있다.

중 · 노년 상대로 유통기한 지난 불량식품 판매, 그 죗값은? 7

건강식품업체 대표 N씨는 유통기한이 지나거나 품질에 문제가 있어 반품 또는 폐기 대상인 김 또는 배즙 등 제품을 헐값에 사들인 뒤 식품을 살 때 상대적으로 주의를 덜 기울이는 중 · 노년 남성들을 상대로 팔아 왔다. N씨는 식품위생법 위반 혐의로 기소됐다.

서울중앙지방법원(2010년) 재판부는 N씨에게 징역 1년 2월을 선고했다. 재판부는 "N씨는 유통기한 표기를 약품으로 지우거나 처음부터 표기가 안 된 제품을 사들여 판매하는 등의 수법을 사용해 죄질이 불량하다"고 판결 이유를 밝혔다.

결 혼

결혼정보회사 믿고 결혼했는데 하버드 졸업생이 아니다? 8

미혼 여성 P씨는 결혼정보업체에 2백 여만원을 주고 회원 등록을 했다. 전문직 종사자 또는 엘리트계층끼리 인연을 맺어준다고 하는 선전에 끌렸다. 하버드대학 치과대학을 졸업하고 미국에서 치과병원을 개업 중이라는 L씨를 소개받고 결혼했다. 그리고 미국으로 가서 살림을 차렸다. 그런데 P씨는 L씨가 하버드대학 졸업생이 아니고 보스턴에 있는 다른 대학 출신이며 화교라는 것을 알게 됐다. 또 금전문제로 갈등을 겪다가 혼자 귀국해서 소개해 준 결혼정보업체를 상대로 소송을 냈다.

서울중앙지방법원(2006년) 재판부는 "허위 정보를 믿고 결혼했다가 결국 이혼하게 됐다"며 "피고는 원고 P씨에게 위자료 500만원을 지급하라"고 판결했다.

결혼정보회사에서 가짜 총각을 소개했다면? 9

K(여)씨는 결혼정보회사에 배우자를 부탁했다. 처음 결혼하는 사람이라고 소개 받

은 남성과 결혼했다. 그런데 결혼 후 이혼 전력이 있다는 사실을 알게 된 때부터 부부싸움이 자주 있었고 결국 이혼하게 됐다. K씨는 결혼정보회사를 상대로 정신적 피해를 안겨 줬다고 손해배상 청구소송을 냈다.

대구지방법원(2007년) 재판부는 "**피고는 K씨에게 600만원을 지급하라**"고 판결하면서 "비록 K씨와 결혼한 남성이 호적을 세탁하는 등의 방법으로 자신의 이혼 전력을 숨겼더라도 피고인 결혼정보회사는 결혼 관련 정보에 관해 전문적인 지식을 갖추어야 하는 점에서 주의의무•를 게을리 한 책임을 면하기 어렵다"면서 "K씨가 겪은 정신적 고통에 대한 위자료를 부담해야 한다"고 판결 이유를 설명했다.

[해설] 주의의무(注意義務)란 일정한 정도의 주의를 하여야 할 의무를 말하는데 법에서 이를 요구하고 있다. 이를 위반하면 손해배상의 책임을 지게 된다. 어느 정도의 '주의'를 요구하느냐 하는 수준은 '선량한 관리자로서의 의무'를 원칙으로 한다. 바꿔 말하면 '자기재산에 대하여 갖게 되는 수준과 동일한 정도의 주의'를 요구하고 있다.

● 취업 이민을 위하여 위장 결혼했지만 실제 사랑하며 살고 있다면? 10

중국 동포 J(여)씨는 한국에서 취업하기 위해 결혼 브로커 소개로 한국인 P씨를 만나 결혼한 것처럼 허위로 혼인 신고를 한 혐의로 기소돼 벌금 100만원이 선고됐다. 그러나 이들은 실제로 부부로서 함께 살고 있다면서 억울하다고 항소했다.

부산지방법원(2008년) 항소재판부는 **무죄를 선고**하면서 "J씨가 P씨를 만난 이후 지금까지 4년 이상 함께 살고 있는데다 P씨도 통상 300여 만원의 사례비를 받아야 하는데 받지 않고 있으며 더군다나 J씨가 유방암에 걸려 고생하고 있는 것을 간호하는 등 여러 정황을 감안할 때 실제 부부와 다름이 없으며 이들이 **위장 결혼했다고 볼 수 없다**"면서 무죄를 선고한 판결 이유를 설명했다.

● 위장결혼 후 함께 살아왔어도 혼인신고 당시 허위였다면? 11

남편 J씨는 전문브로커의 소개로 중국 현지에서 L(여)씨를 만난 뒤 허위로 혼인 신고서를 관할 면사무소에 제출했다. L씨는 이로부터 몇 달 뒤에 입국하여 4년여 동안 J씨와 함께 살고 있다. 그런데 J씨와 L씨는 위장 결혼한 혐의로 기소됐다. 항소심에서 무죄를 선고한 원심을 깨고 **각각 벌금 300만원을 선고**했다.

수원지방법원(2008년) 항소재판부는 "이 사건의 쟁점은 피고인들이 **혼인신고 당시에 실질적인 혼인 의사•가 있었는가** 하는 점"이라며 "증거기록과 피고인 진술을 종합해 보면 당시 두 사람이 혼인 의사가 있었다고 보기 어렵다"고 판결 이유를 설명했다.

[해설] 혼인의사(婚姻意思)란 과연 혼인할 생각의 의사표시가 있었느냐를 판단하는 것이다. 법에서는 의사표시의 생성과정을 일정한 법률효과의 발생을 목적으로 하는 의사, 즉 '효과의사'의 결정 → 이 의사를 외부에 증명하려는 의사, 즉 '표시의사' → 일정한 행위로서 외부에 나타나는 '표시행위'의 3단계를 거쳐 성립하게 된다고 보면서 마지막 단계를 중시한다.

결혼예식장 측에서 분실한 신혼부부의 어린 시절 사진의 가치는? 12

결혼예식 전에 상영하는 스크린의 영상 제작을 위하여 신랑과 신부로부터 받아 놓은 성장과정의 사진 10장씩을 예식장의 부주의*로 분실했다. 신랑과 신부 측은 예식장 비용의 지불을 뒤로 미뤘다. 예식장 측에서 분실에 대한 위로금으로 50만원을 제한 예식장 사용 비용을 청구하는 소송을 제기했다.

부산지방법원(2008년) 재판부는 "예식장 측이 잃어버린 사진은 신랑과 신부의 성장과정을 담은 과거의 사진 가운데 특별히 기념할 만한 것들이고 사본이 없어 다시 복원하거나 재현하기 불가능한 점 등에 비춰 예식장 측은 이로 인한 신혼부부의 정신적 고통에 대한 **위자료로 150만원을 지급할 의무가 있다**"고 판결했다.

[해설] 부주의(不注意)란 주의의무를 위반한 행위를 말한다. 법에서는 과실(過失)이라고 부른다. 일정한 결과의 발생을 인식하였어야 함에도 불구하고 태만하여 인식하지 못한 것을 말한다. 부주의로 타인에게 손해를 끼치게 되면 손해배상책임을 져야 한다. A-9 참조.

결혼식 비용 다툼, 신랑과 신부 측의 부담비율은? 13

신랑 K씨는 서울시내 최고급 호텔에서 결혼식을 올리고 피로연을 치렀다. 첫날 밤도 거기서 묵었다. 총 4600여 만원의 청구서가 나왔다. 결혼 당일까지 예약금으로 1000만원 정도 지불했다. 그런데 두 사람의 사이가 나빠지면서 비용 지불이 연체되고 신랑 측과 신부 측이 서로 비용 분담 비율에 대해 딴 생각을 했다. 호텔 측은 비용 체불을 독촉하는 소송을 하기에 이르렀다. K씨는 재혼이었기 때문에 부모님과 친구 2명 등 모두 4명이 결혼식에 참석한 손님의 전부라고 주장했다. 또 K씨는 결혼식과 피로연 비용은 하객 수에 따라 양가가 나누어 부담하는 것이 관습이란 말도 했다.

서울중앙지방법원(2010년) 항소재판부는 두 사람은 **결혼식 비용을 절반씩 지불**하라고 판결했다. 재판부는 "신랑인 K씨가 주장하는 그러한 관습을 인정할 증거가 없다"며 "K씨가 신부와 함께 호텔에 가서 결혼식 예상 견적서에 딸린 서식에 양가에서 50%씩 분담하기로 표시했기 때문에 절반을 부담해야 한다"고 판결 이유를 설명했다.

전 애인의 아이를 잉태하고 남친의 아이로 속여 결혼했다면? 14

P씨는 대학 재학 시절 여자친구 K씨와 결혼을 전제로 사귀었다. 졸업 후 부모에게 인사도 시켰다. 얼마 후 성관계를 가졌다. K씨는 이렇게 성관계를 가진 지 이틀 후에 전에 사귀던 남자친구와 또 성관계를 가졌다. 그리고 임신했다. 한 달 뒤 K씨는 P씨에게 임신했다고 얘기했다. P씨는 부모에게 말씀드리고 결혼 허락을 받았다. 곧 동거에 들어갔고 혼인신고까지 했다. 그리고 출산했다. 그런데 아이가 자라면서 P씨를 별로 닮지 않았고 부모형제 등과도 전혀 다른 외모였다. 친척들이 수군거리기도 했다. P씨는 몰래 유전자 검사를 해 봤다. 친부가 될 수 없다는 것이 의사의 진단이었다. 시아버지는 "혹시 병원에서 아이가 바뀔 수도 있다"고 며느리 편을 들어 줬다. K씨도 그런 가능성 쪽으로 얘기했다. P씨는 병원의 실수에 기인된 것으로 믿고 병원에 손해배상 책임을 물으려고 했다. 그때서야 아내 K씨는 고백을 했다. P씨는 혼인취소 및 친생부인(否認)의 소*를 제기했다.

서울가정법원(2004년) 재판부는 "혼인 당시 다른 남자의 아이를 가져 부부생활을 계속할 수 없는 중대한 사유가 있었던 사실을 남편이 몰랐기 때문에 혼인 취소 사유에 해당한다"며 "두 사람은 이혼하고 아내는 남편과 시부모에게 결혼 및 출산비용을 고려해서 위자료 5000만원을 지급하라"고 판결했다.

[해설] **친생부인의 소(親生否認의 訴)**란 혼인 중의 출생자의 추정을 받은 자(子)에 대하여 혼인 중의 출생자인 것을 부인하는 소송을 말한다. 친생자의 추정을 받는 혼인 중의 출생자는 친생부인의 소에 의하지 않으면 친생자임을 부인할 수 없다. 다만 자(子)의 출생을 안 날로부터 2년 이내에 부인의 소를 제기하여야 한다(민법 제847조).

40여 년 동거했더라도 혼인 의사 없음이 확인되었다면 사실혼 되나? 15

K(여)씨는 재일교포인 L씨와 40여 년 동거했다. K씨는 동거 중에 일본에 있는 시댁을 오가면서 시부모님을 봉양했고 시댁 제사에도 참석했다. 그런데 동거 기간 중에 남편 L씨는 다른 여자와 만나 혼인신고를 했고 아이까지 낳았다. 이 사실을 뒤늦게 알게 된 K씨는 L씨를 상대로 혼인빙자간음* 혐의로 고소하는 한편 사실혼으로 인정해 달라는 민사소송을 냈다.

서울고등법원(2003년) 민사재판부는 1심 판결과 같이 K씨에게 패소 판결했다. 재판부는 "동거생활을 하는 쌍방 또는 일방에게 혼인할 의사가 없는 경우에는 객관적 혼인의 실체가 존재한다고 하더라도 사실혼* 범주에 포함되지 않는다고 봐야 하기 때문에 L씨가 영속적 결합을 전제로 동거를 시작했다고 단정하기 어렵다"면서 패소 판결 이유를 밝혔다.

[해설] **사실혼**: A-28 참조.
[해설] **혼인빙자간음죄(婚姻憑藉姦淫罪)**란 혼인을 빙자하여 음행(淫行)의 상습 없는 부녀를 기망하여 간음함으로써 성립하는 범죄를 말한다. 다시 말하면 불특정인을 상대로 성생활을 하는 습벽이 없는 부녀를 속여서 간음하는 범죄이다. 2009년 헌법재판소의 위헌 결정으로 본 죄는 '위계간음죄'로 개정된다.

사실혼 관계의 처제, 형부의 퇴직연금 수령권자가 될 수 있나? 16

K(여)씨의 언니는 대학교수인 남편 L씨와의 사이에 3명의 자녀를 두고 10여 년 전에 작고했다. K씨는 언니의 생전 부탁에 따라 자주 언니 집에 들려 형부와 조카들을 돌봐 주었다. 그러다가 형부인 L씨와 자연스럽게 육체관계도 맺게 됐고 아예 형부 집에 눌러 살기 시작했다. L씨는 친구들에게 '아내'로 소개했다. 형부가 퇴직한 후 퇴직연금으로 생활해 오다가 형부가 사망했다. K씨는 공무원연금관리공단에 유족 연금을 신청했다. 그러나 지급을 거절당했다. K씨는 소송을 냈다.

서울행정법원(2009년) 재판부는 **K씨에게 승소 판결**했다. 재판부는 "근친혼•을 금지해야 할 이유보다 더 중요하고 특별한 사정이 있는 경우는 예외로 봐야 한다"며 "K씨가 형부와 조카를 위해 살림을 도와주다 한 가족으로 함께 살게 된 점 등을 종합해 볼 때 이들의 사실혼 관계를 금지해야 할 윤리적 이유보다 유족의 생활안정과 복지향상이라는 연금 본래의 목적을 이루는 게 중요하다"면서 원고 K씨에게 승소 판결한 이유를 설명했다.

[해설] **근친혼(近親婚)**이란 친족(親族) 사이의 혼인을 말한다. 우리 민법(제809조)는 ① 8촌 이내의 혈족 사이의 혼인 ② 6촌 이내의 혈족의 배우자, 배우자의 6촌 이내의 혈족, 배우자의 4촌 이내의 혈족의 배우자인 인척이거나 이러한 인척이었던 자와의 혼인 ③ 6촌 이내의 양부모 쪽의 혈족이었던 자와 4촌 이내의 양부모 쪽의 인척이었던 자와의 혼인 등을 못한다고 규정하고 있다.

출 산

진통 이전 태아가 조산원 잘못으로 죽었다면? 17

임신 5개월인 산모가 조산원 S씨를 찾아가 자연분만으로 해산하고 싶다고 얘기했다. 당뇨병으로 입원했던 일이 있었다는 얘기도 했다. 그러나 조산원은 특별조치를 취하지 않고 있다가 임신 42주 때에 태아가 저산소성 뇌출혈로 사망한 것이 확인되어 제왕절개 수술로 태아를 수습했다. 조산원은 산모에 대한 업무상 과실치상과 태아에 대한 과실치사 혐의로 기소됐다.

대법원(2007년) 재판부는 "우리 형법은 태아를 임산부 신체의 일부로 보지 않고 있어 태아를 죽게 한 행위가 임산부 신체의 일부를 훼손하는 것이라고 볼 수 없다"는 이유로 산모에 대한 **과실치상죄가 되지 않는다**고 판결했다. 또한 당시 제왕절개 수술이 가능한 것으로 보아 태아는 이미 사람이 됐다면서 태아에 대한 업무상 과실치사죄를 추가하여 적용해야 한다는 검찰 주장에 대해서도 "산모에게 분만 개시*라고 할 수 있는 진통이 시작된 바 없어 태아는 사람이 됐다고 볼 수 없다"는 이유로 **과실치사죄도 될 수 없어서 무죄**라고 판결했다.

[해설] 분만개시설(分娩開始說)이란 언제부터 사람으로 볼 수 있는가에 대한 여러 학설 중 하나이다. 규칙적인 진통을 수반하면서 태아의 분만이 개시될 때, 즉 분만을 개시하는 진통이 있을 때부터 사람이 되는 시기(始期)라고 보는 학설을 말한다. 통설(通說)이다. 우리나라 대법원 판례도 통설의 입장이다.

오진으로 원치 않는 유전적 불치병 아이를 출산했다면? 18

유전적 결함이 있는 부부가 융모막 검사를 통해 진단한 결과 정상적 태아라는 의사의 오진으로 출산했는데 SMA(진행성 근위축증) 환자임이 확인됐다.

서울서부지방법원(2006년) 재판부는 "두 번 중절을 포함해 K씨 부부의 자녀 4명이 모두 유전자 결함으로 생기는 진행성 근위축증*을 가졌기 때문에 태아도 같은 병을 앓을 확률이 높음에도 정확도 97.5%라는 검사를 신뢰하고 재검사나 추가검사를 권유하지 않은 데 대해 병원 측에 과실이 있다"고 하면서 "임신중절을 선택하지 못하고 유전병을 지닌 아이를 출산하게 된 데 대해 **1억6000만원을 배상하라**"고 판결했다.

[해설] 근위축증(筋萎縮症)이란 말초신경 또는 근육 자체의 변성에 의하여, 진행성으로 근육의 위축을 일으키는 질환이다. 사지말단의 근위축에서 시작하여 진행성으로 전신의 근육이 위축되고 말기에는 호흡도 불가능하게 된다. 원인을 알지 못할 때가 많으나, 일부는 유전에 의한다.

의사 부주의로 제왕절개 출산과정에서 감염됐다면? 19

제왕절개 수술과정에서 출혈로 수혈을 받다가 세균에 감염되어 패혈증*에 운동신경 마비 증세까지 나타났는데도 치료를 소홀히 한 병원을 상대로 손해배상 청구소송을 냈다.

서울중앙지방법원(2006년) 재판부는 "병원은 산모와 가족에게 **9000만원을 배상하라**"면서 "출산 후 산모가 고열 증세를 보이는 등 수술 중 감염됐을 가능성이 있었는데도 얼음찜질 등 대증요법만 하고 항생제 투여 등 적절한 조치를 제때에 취하지 않은 책임이 있다"고 판결했다.

[해설] 패혈증(敗血症)이란 혈류(血流)의 감염증으로 병원균이 지속적 또는 단속적으로 혈류에 들어와 여러 장기와 조직에 정착하여 한기 · 떨림 · 고열 · 두통 · 요통 · 구역질 · 설사 · 복통 · 기침 · 담 등의 증상을 보인다.

남편 불임으로 인공수정 후 출산, 남편의 친권은? 20

남편의 불임으로 부부 합의 하에 정자은행의 도움으로 인공수정에 의하여 아들을 출산한 후 이혼을 하게 됐다.

서울가정법원(2002년) 재판부는 "정자은행에서 정자를 제공받아서 인공수정•으로 낳은 아들과 남편 사이에는 **친생자 관계가 존재하지 않는다**"면서 "생식 불능인 남편이 아내에게 합의를 해 준 다음 아내가 다른 남자의 정자를 제공받아 아들을 출산하고 호적(현 가족관계등록부)에 올린 것인 만큼 남편은 친생자 관계가 있다고 주장하지만, 민법상 친생자 관계 존재여부는 자연적 혈연관계를 기초해 정해지는 것임으로 자신의 정자로 낳지 않은 이상 **친아들로 볼 수 없다**"고 판결했다.

[해설] 인공수정(人工授精, artificial insemination)이란 부부간의 정상적인 성행위로 임신이 되지 않는 경우에 남녀간의 성교에 의하지 아니하고 채취한 남성의 정액을 여성의 자궁질내에 주사기로 주입시켜 임신시키는 의학기술을 말한다. 남편의 정액을 사용하는 배우자간 인공수정과 다른 남성의 정액을 사용하는 비배우자간 인공수정이 있다. 후자는 법적으로 친생자 추정을 받을 수 없으므로, 그 적출성(摘出性)에 관해 '친생자관계부존재확인의 소'에 의한 다툼이 있을 수 있다.

병원 잘못으로 신생아가 바뀌었다면? 21

고교생인 딸의 혈액형•이 A형임을 알게 된 엄마는 남편이 B형이라 친딸이라면 A형이 될 수 없기 때문에 유전자 검사를 했다. 역시 생물학적으로 친자가 아님이 확인됐다. 산부인과 간호사 실수로 신생아가 바뀐 것이다. 출산 병원을 상대로 정신적 손해에 대한 손해배상 청구소송을 냈다.

서울중앙지방법원(2009년) 재판부는 "병원은 정신적 손해에 대한 **위자료로 7000만원을 배상하라**"고 판결했다.

[해설] 혈액형(blood types)은 혈구(血球) 속에 들어 있는 특정 항원의 유무 또는 존재하는 항원의 구성에 따라 분류한다. A 또는 B 항원의 유무에 따라 분류되는 것이 ABO식 혈액형이다. 혈액형은 유전법칙에 따라서 일생 불변이므로, 친생자 감별이나 범죄의 과학수사 등에 응용된다.

(국외판결) 대리출산, 누가 친엄마인가? 22

일본인 부인이 자궁경부암으로 자궁적출 수술을 받아 임신이 불가능하게 됐다. 일본인 남편의 정자와 자기의 난자를 수정시킨 수정란을 미국인 여성과 대리출산 계약을 맺고 자궁에 이식하여 쌍둥이 남자 아이를 얻었다. 일본 관할 구청에 출생신고를 하려고 했으나 모자관계를 인정할 수 없다는 이유로 수리를 거부당했다. 결국 구청을 상대로 친자 확인소송을 냈으나 패소했다.

일본 최고재판소(2007년) 재판부는 "아이를 임신 출산한 여성이라야 엄마라고 해석하지 않을 수 없다"면서 따라서 "대리출산•의 경우 난자를 제공한 여성과 아이 사이의 모자관계를 인정할 수 없다"는 것이다. 대리모의 거소인 네바다 주(州)의 지방법원은 대리출산 시킨 부부의 아이로 인정했으나 일본 재판부는 "미국에서 행한 재판의 결과는 일본 법질서의 기본원칙과 맞지 않아 공공질서에 반(反)한다"며 인정하지 않았다.

[해설] **대리출산(surrogate motherhood, 대리모)**이란 불임부부의 의뢰를 받아 인공수정이나 체외수정의 방법으로 아이를 낳아 주는 여자를 말한다. 생물학적으로는 남편과 대리모의 자식이나 법적으로는 아내가 실모(實母)라는 호적상의 문제와 여성의 생식기능 상품화라는 비판이 있다. 미국 소아과학회는 대리모에게 임신의 계속여부를 정할 수 있는 권리를 인정하고 출산 뒤에도 친권을 주장할 수 있는 일정기간을 설치하며, 출산의 결과나 신생아의 건강에 관계없이 사례금을 지급한다는 등 대리모의 권리를 보장하는 지침을 내린 바 있다.

친자확인

북한 거주 자녀가 남한 거주 아버지를 상대로 친자 확인소송을? 23

북한에 거주하고 있는 Y(68)씨의 부친 A씨는 6 · 25 전쟁 때 큰 딸만 데리고 남한으로 내려와 병원을 운영해 왔다. A씨는 월남 후 재혼했다. 재혼한 부인과 사이에 4명의 자녀를 뒀다. 그리고 100억원 가량의 재산을 남기고 1987년 세상을 떠나자 큰 딸과 이복형제들 사이에 재산 다툼이 생겼다. 큰 딸은 일본에 사는 외삼촌을 통해 4명의 친남매가 북한에 살아 있다는 사실을 확인하고 재미동포 선교사를 통해 북한의 가족들을 찾아냈다. Y씨 형제들은 소송위임장과 유전자 검사에 필요한 모발과 손톱 등을 선교사를 통해 남한의 큰누나에게 전달했다. 큰누나는 서울가정법원에 동생들이 고인의 친자임을 확인해 달라는 친자 확인소송•을 냈다.

서울가정법원(2010년) 재판부는 Y씨 형제들에게 친자임이 확실하다고 원고 승소 판결했다. 재판부는 "Y씨 형제들의 손톱과 모발을 표본으로 유전자를 감정한 결과 큰

누나의 유전자형과 상당 부분 일치했다"고 승소 판결 이유를 설명했다.

[해설] **친자확인소송(親子確認訴訟)**이란 특정인 사이의 친생자관계의 존부를 주장하는 소를 말한다.

(국외판결) 같은 날 쌍둥이 두 남성과 성관계, 아이의 아빠는 누구? 24

미국 미주리 주에 사는 일란성 쌍둥이 형인 리차드란 청년은 로데오 경기장에서 만난 아가씨와 성관계를 가졌다. 그런데 그 여성은 몇 시간 뒤 그 동생 레이먼 집에 가서 또 성관계를 맺었다. 그리고 임신하고 딸을 낳았다. 여성은 레이먼에게 당신 딸이라고 말했다. 그러자 레이먼은 양육비 부담을 의식하고 자신이 아버지가 아니라면서 친자확인소송을 냈다.

미주리 주법원(2007년) 재판부는 "DNA 검사결과 친부가 될 가능성은 둘 모두에게 99.9%이다"고 밝혔다. 따라서 "둘 다 확률이 똑 같기 때문에 DNA 검사에만 의존할 수 없어 **여성의 진술을 근거로 레이먼이 친부이다**"라고 판결했다.

[해설] **일란성 쌍둥이(monozygotic twins, 一卵性 雙生兒)**란 한 개의 난자와 두 개의 정자의 결합으로 생긴 쌍생아를 말한다. 반드시 동성(同性)이고 모습이나 심신의 발달 정도가 유사하다.

2. 가정 내 문제 – 불륜과 불화

불 륜

남편 외도에 보복하는 심정으로 아내도 외도했다면? 25

고등학교 교사인 아내 A씨는 대학교 조교수인 남편 K씨와의 사이에 초등학교 다니는 딸과 아들이 있다. 어느 날 A씨는 남편 지갑에서 딴 여자와 찍은 사진을 발견했다. 이후부터 부부간의 간격이 걷잡을 수 없이 벌어졌다. 남편은 생활비도 잘 안 줬다. 시어머니와 갈등도 커졌다. 남편은 성관계도 기피했다. 아내는 보복에 나섰다. 어느 날 아내 A씨는 경찰을 대동하고 나타난 남편에게 외도 현장이 발각됐다. 남편 K씨는 이혼 소송을 냈다. 아내도 맞소송을 냈다.

서울가정법원(2006년) 재판부는 "**아내 A씨는 남편 K씨에게 위자료 2000만원을 지**

급하고 이혼하라. 소송비용은 3분의 2를 아내가 부담하라"면서 "다른 여자와 찍은 사진을 들켜 의심을 사게 한 남편에게 책임이 있지만 보다 더 근본적인 책임은 **부부관계의 회복을 위해 노력하지 않은 채 이혼을 요구하고 다른 남자와 바람을 피운 아내에게 더 있다**"고 봐야 한다고 판결 이유를 설명했다.

현재 배우자와 이혼한 후 결혼하자고 한 약속을 안 지켰다면? 26

유부남 L씨와 유부녀 K씨는 은밀히 자주 만나는 사이였다. 둘은 서로 현재의 배우자와 이혼하고 결혼하기로 약속했다. L씨는 이혼하고 K씨의 이혼을 기다리고 있는 중이다. 그런데 K씨는 이혼하겠다는 약속을 지키지 않고 있다. L씨는 K씨가 약속을 지키지 않아 피해를 봤다며 K씨와 K씨의 남편을 상대로 손해배상 청구소송을 냈다.

서울가정법원(2007년) 재판부는 **L씨에게 패소 판결**했다. 재판부는 "결혼 약속을 했다는 L씨 주장이 사실이라고 인정할 증거도 없지만 설령 L씨의 주장이 사실이라고 해도 배우자가 있는 L씨와 K씨의 결혼 약속은 법률상 혼인관계의 파기를 전제로 한 것이라 **선량한 풍속과 사회질서*에 위배되는 것이어서 무효**이기 때문에 이와 같은 약속을 지키지 않은 책임을 물을 수 없다"고 판결 이유를 설명했다.

[해설] 선량한 풍속과 사회질서란 모든 국민에게 지킬 것이 요구되는 최소한도의 도덕관념과 국가와 사회가 추구하는 공공적 질서와 일반적 이익을 말한다. 우리 민법(제103조)은 이 취지에 어긋나는 법률행위는 무효로 한다고 규정하고 있다.

타인과 성관계 따지지 않겠다는 각서 교환 후 아내 불륜을 추궁했다면? 27

남편 K씨와 아내 L씨는 함께 미국 유학을 가서 박사학위를 받고 귀국하여 대학교 교수가 되었다. 그런데 아내 L씨가 한때 잠시 사귀었던 중학교 동창생과 주고받은 이메일이 남편 K씨에게 발각되어 잦은 말다툼과 불화가 끊이지 않았다. 서로 상대방에게 부부관계를 요구하지 않는다든가 귀가 시간이나 타인과의 교제는 물론 성관계를 갖더라도 책임을 묻지 않기로 한다는 내용의 각서도 교환했다. 그런 후에도 K씨는 L씨에게 폭행을 가하기도 했다. 부인은 아이를 데리고 가출한 후 이혼소송을 냈다. K씨는 부인 L씨가 1심 재판을 맡겼던 담당 변호사와 함께 외국행 비행기에 오르는 것을 목격했다고 하면서 간통죄 혐의로 맞소송을 냈다.

서울고등법원(2006년) 재판부는 "아내가 1심 담당 변호사와 홍콩 왕복비행기에 탑승한 사실은 인정되지만 이를 놓고 불륜관계가 있었다고 단정하기는 어렵다"면서 또 "설사 남편의 주장이 사실이라 하더라도 원 · 피고 사이에 '혼인 중 다른 이성과의 교제 및 성관계에 대해 책임을 묻지 않는다'는 취지의 각서를 작성 · 교환했음으로 원고

L씨에게 혼인 파탄*의 주된 책임이 있다고 볼 수 없고 **이혼 원인이 부부 쌍방에 있다**"며 따라서 "아내가 주장하는 위자료 청구는 이유가 없다"고 받아들이지 않았다.

[해설] **(혼인) 파탄주의:** A-50 참조.

남편의 동거녀를 상대로 본처가 위자료 청구소송을 할 수 있나? 28

일제시대에 결혼한 뒤 자녀도 여러 명을 둔 K(여 · 97)씨가 뒤늦게 남편 L(89)씨와 동거녀 Y(66)씨가 20년이 넘도록 사실혼 관계를 유지해 온 데 대하여 남편 L씨를 상대로 이혼 소송과 함께 동거녀 Y씨를 상대로 정신적 고통에 대한 위자료 청구소송을 제기해서 1심에서 이긴 바 있다.

서울고등법원(2004년) 재판부는 **"Y씨는 K씨에게 1억원을 배상하라"**고 판결했다. 재판부는 "동거녀 Y씨는 K씨의 남편 L씨가 유부남이라는 사실을 알면서도 사실혼* 관계를 장기간에 걸쳐 유지한 사실이 인정된다"며 이로 인하여 "원고의 혼인관계가 파탄에 이르렀고 장기간 정신적 고통을 끼친 만큼 금전으로나마 배상할 의무가 있다"면서 "원고가 두 사람의 동거 이후 20여 년이 경과한 뒤 비로소 이혼 소송과 함께 피고에 대한 위자료 청구소송을 제기했다고 해서 그 동안 두 사람의 사실혼 관계를 용인하거나 위자료 청구권을 포기했다고 인정할 수는 없다"고 판결 이유를 설명했다.

[해설] **사실혼(事實婚)**이란 사실상 혼인생활을 하고 있으면서 법률상의 방식, 즉 혼인신고가 없기 때문에 법률상 혼인으로 인정되지 않는 부부관계를 말한다. 내연(內緣)이라고도 한다. 법에서는 인정되지 않으나 학설과 판례에서는 혼인에 준(準)하는 관계로 다루는 것이 일반적이다.

고교생과 깊은 관계에 있던 유부녀의 배신, 결과로 얻은 것은? 29

고교 3년생인 K(20)군은 우연히 이웃집에 사는 유부녀 L씨와 가까운 사이가 됐다. 어느 날 L씨 집에서 L씨 몸을 만지다가 갑자기 들어 온 남편에게 들켰다. 도망쳤으나 경찰에 잡혀 절도범으로 기소됐다. K군은 칼로 위협하고 돈을 요구하는 과정에서 몸을 만지게 되었다고 거짓 진술했다. 1심 재판부는 K군에게 징역 2년 6월을 선고했다. K군은 항소했다. 2심에서 합의를 위해 L씨를 만난 K군의 부모에게 L씨는 자기의 결백을 주장하려는 듯 함부로 대하면서 합의금도 아주 높게 요구한데 배신감을 느껴 K군은 모든 사실을 털어 놨다.

서울고등법원(2007년) 재판부는 **K군에게 무죄를 선고**했다. 재판부는 "성폭행하려한 범인이 2시간이나 칼을 들고 L씨를 협박하면서 몸을 만진 정도에 그쳤다고 하는 것은 수긍할 수 없다"면서 "L씨 집 구조와 남편 · 아이에 관한 신상 정보, 집 전화가 사용정지라는 것까지 아는 것을 볼 때 이 사건 이전부터 교류가 있었던 것으로 보인다"고 지적했다. 또 "L씨가 결백을 입증하기 위해 '제왕절개 수술 자국의 위치와 모양을 K군이 다르게 얘기했다'고 먼저 진술했으나 자국이 있는 것만으로도 K군 진술의 신빙성을 높여준다"고 판결 이유를 설명했다.

증거부족으로 무혐의 처리된 아내의 부정, 정신적 피해보상은? 30

B씨는 아내와 동거하는 N씨가 B씨 집 안방에서 속옷 차림으로 함께 있는 것을 자주 목격했다. N씨를 간통 혐의로 고소했으나 증거 부족으로 무혐의 처리되었다. N씨에 대한 증오심, 아내에 대한 배신감 등으로 고통이 극심한 B씨는 아내와 동거남 N씨를 상대로 손해배상 청구소송을 냈다.

서울중앙지방법원(2002년) 재판부는 **피고 N씨는 원고 B씨에게 2500만원의 위자료를 지급하라고 판결**하면서 "피고 N씨는 원고 B씨의 집에서 B씨의 아내와 동거 생활을 해왔고, 속옷차림으로 집에 함께 있는 장면이 B씨에게 발각된 점 등으로 미루어 봐서 B씨에게 정신적 피해*를 입힌 것이 분명하다"고 판결 이유를 설명했다.

[해설] **정신적 피해**란 재산적 피해에 상대되는 개념으로 고통이나 슬픔 등과 같은 정신적 손해를 말한다. 정신적 손해의 배상을 위자료라고 한다.

아버지의 불륜 상대에게 자녀들이 손해배상 책임을 물을 수 있나? 31

P씨는 직장 동료 여성 L씨와 혼외 관계를 갖고 있다. 부인이 이혼 소송과 함께 간통 혐의로 남편 P씨를 고소를 했다. 이혼 판결은 받았으나 간통 혐의는 공소시효가 지나서 불문에 부쳐졌다.

그런데 P씨에게는 15세 및 11세의 두 자녀가 있다. 이들이 간통 상대방인 L씨를 상대로 위자료 청구소송을 냈다.

서울중앙지방법원(2003년) 재판부는 **두 자녀에게 패소 판결**했다. 재판부는 "부모 중 어느 한쪽의 부정행위로 혼인관계가 파탄에 이르고 자녀가 정신적 고통을 겪었다 해도 특별한 사정이 없는 한, **부정행위를 한 부모가 자녀의 인격권* 등 권익을 침해했다 할 수 없어** 자녀는 부모의 부정행위에 따른 불법행위 책임을 추궁할 수 없다"고 판시했다. 또한 "정조 의무는 배우자에 대한 의무이지 자녀를 비롯한 다른 가족에 대한 의무는 아니며 부모가 자녀의 안정된 생활을 보장할 책임은 부정행위 문제와는 구별돼야 한다"고 판결 이유를 설명했다.

[해설] **인격권(人格權)**이란 인격적 이익을 내용으로 하는 권리로서 구체적으로는 신체 · 자유 · 명예 · 정조 · 성명 · 초상 등에서 오는 이익을 향수할 수 있는 권리라고 말할 수 있다.

부모의 불륜으로 받은 자녀들의 정신적 고통에 대한 손해배상은? 32

아버지 K씨는 지방근무 시절 알게 된 B(여)씨와 내연 관계에 있다. 부인 A씨는 남편의 불륜관계를 적극 만류하다가 결국 비관하고 자살했다. K씨 남매는 아버지와 B씨를 상대로 손해배상 청구소송을 냈다.

서울중앙지방법원(2010년) 재판부는 "K씨가 다른 여성과 부적절한 관계를 맺은 것은 윤리적으로 비난 받을 수는 있지만, 아버지가 자식들에 대하여 불법행위•를 한 것으로 인정되지는 않는 만큼 **손해배상을 해야 할 정도라고 보기는 어렵다**"며 기각 판결했다.

[해설] 불법행위(不法行爲): A-168 참조.

구두로 이혼 합의 후 간통, 간통죄 성립되나? 33

부인 L씨는 남편 Y씨와 이혼 합의했다. 자녀 양육권 · 재산 분할 등 문제가 남아 있어 아직 정식 서류절차만 진행하지 못한 상태이다. 그런데 Y씨는 L씨가 다른 사람 S씨와 정을 통한 사실을 알게 됐다. Y씨는 L씨와 S씨를 간통죄로 고소했다.

서울북부지방법원(2007년) 재판부는 **남편 Y씨에게 패소 판결**했다. 재판부는 "L씨 부부의 경우 서면합의가 없다 해도 양측 모두 혼인관계를 지속할 의사가 없었고 이혼에 합의했다"며 **L씨에게 무죄를 선고**하면서 "이혼 요구에 진정으로 응하는 말을 했다면 서면 합의와 같은 효력이 있다. 또 **이혼 합의에는 남편 Y씨가 L씨의 간통을 사전 승낙•한다는 의사표시도 포함되어 있다**"고 봐야 한다는 것이다.

[해설] 본문 사례의 경우 남편 Y씨와 부인 L씨는 이혼을 합의한 상태이므로 Y씨는 L씨가 누구와 간통해도 시비를 걸지 않겠다고 약속한 것(법률상 유서, 宥恕)으로 봐야 한다.

이혼하기로 구두 합의한 이후 타인과 성관계, 죄가 되나? 34

J씨와 G(여)씨는 결혼 생활 25년이 되었다. 그러나 성격 차이 등으로 이혼하기로 구두 합의하고 별거 상태에 있다. 다만 재산 분할과 위자료 문제 등으로 소송이 지연되고 있다. 그러던 중에 G씨는 딴 남자와 성관계를 갖게 되었고 간통 혐의로 불구속 기소됐다.

1 · 2심 재판부는 "이혼 소송을 내고 별거를 하는 것은 조건 없는 이혼 의사를 표명한 것이라기보다 이혼의 책임이 상대방에게 있음을 인정하는 것을 전제로 이혼 의사를 나타낸 것"이라며 "'이혼 의사의 합치'가 있었다고 볼 수 없다"고 판단했다.

그러나 대법원(2008) 재판부는 **징역 6월에 집행유예 2년을 선고한 원심을 파기**하고 사건을 서울중앙지방법원으로 되돌려 보냈다.

재판부는 "J씨 부부의 경우 이혼하기로 의견의 합치를 이뤘다면 위자료 · 재산분할 등에 의견 차이가 있더라도 적어도 이혼에 명백한 합의를 하고 간통에 사전 동의한 것에 해당하므로 검찰의 기소* 자체가 무효"라고 판결 이유를 설명했다.

[해설] **기소(起訴)**라 함은 법원에 대하여 특정한 형사사건의 심판을 요구하는 검사의 소송행위를 말한다. 공소(公訴)의 제기와 같은 뜻이다. 공소제기 없이는 사건을 법원이 재판할 수 없다.

내연관계 끊기 위한 위자료 약정, 유효한가? 35

내연남 K씨는 내연관계를 끝내는 조건으로 L(여)씨에게 2억4000만원을 주기로 하고 현금지불각서를 써 줬다. 그러나 3000만원만 주고 나머지 돈을 주지 않자 L씨가 소송을 냈다.

수원지방법원(2010년) 재판부는 L씨에게 승소 판결했다. 재판부는 "K씨가 지불각서를 쓸 당시 정신적, 심리적으로 궁박(窮迫)한 상태였다고 보기 어렵다"며 "내연관계를 정리하기 위해 위자료를 지급하기로 한 것은 공서양속*에 위반된다고 볼 수 없다"고 판결 이유를 설명했다.

[해설] **공서양속(公序良俗)**이란 공공의 질서와 선량한 풍속이라는 말의 준말로 구민법에서 쓰였던 말이다. 현행 민법은 제103조에서 "선량한 풍속 기타 사회질서'에 위반한 사항을 내용으로 하는 법률행위는 무효로 한다"고 하여 공서양속이라는 말 대신으로 사용하고 있다. 다시 말하면 사회적 타당성이 인정되는 도덕관념이라고 말할 수 있다.

가정불행

부모지만 너무 괴롭히고 학대해서 거리를 두고 싶은데? 36

A(여)씨는 어려서부터 부모의 모진 언어폭력에 시달렸다. 나이가 10대일 때는 강제로 돈벌이도 시켰다. 성인이 되어서도 학대가 끊어지지 않자 거처를 옮겼는데 그곳까지 찾아와서 괴롭혔다. 견디다 못해 A씨는 법원에 부모의 접근금지 명령을 요청하는 가처분* 신청을 냈다.

수원지방법원(2008년) 재판부는 "A씨가 부모와 만나기를 거부하는데도 부모가 이를 지키지 않아 인격권이 침해되는 상황이 계속되고 있다"면서 "A씨의 부모가 방문, 전화, 편지 등의 방법으로 연락하는 것을 금지한다. 만약 이를 어길 때는 1회에 50만원의 배상금을 지급하라"는 명령을 내렸다.

[해설] **가처분(假處分)**이란 금전채권 이외의 청구권에 대한 집행을 보전하기 위하여 또는 다투어지고 있는 권리관계에 대해 임시의 지위를 정하기 위해 법원이 행하는 일시적인 명령을 말한다. 본문의 경우는 원고 A씨가 급박한 폭력과 괴롭힘으로부터 보호받아야 할 권리가 시급함을 법원이 인정한 것이다.

부모가 생후 3개월 된 딸을 굶겨 죽게 했다면? 37

미숙아로 태어나 생후 3개월 된 딸을 집에 둔 채 근처 PC방에서 오랜 시간 게임을 하느라고 분유도 제대로 먹이지 않고 폭행까지 해서 결국 딸은 굶어 죽었다.

수원지방법원(2010년) 재판부는 딸을 유기치사한 혐의로 구속 기소된 **아버지 K씨에게 징역 2년을 선고하고 임신 중인 부인 G씨에게는 징역 2년에 집행유예• 3년, 보호관찰• 1년**을 선고했다.

[해설] **집행유예(執行猶豫)**란 일단 유죄를 인정하여 형을 선고하되 일정한 요건 아래 일정한 기간 동안 그 형의 집행을 연기해 주면서 그 동안 주어진 요건을 잘 따르면 형의 선고효력을 상실케 하는 제도이다. 본문의 경우 부인 G씨가 집행유예기간인 3년 동안 다른 죄를 범하지 않으면 형의 선고효력이 없어진다.
[해설] **보호관찰(保護觀察)**이라 함은 수형자에게 형벌을 집행하지 아니하고 정상적인 사회생활을 영위하게 하면서 보호관찰기관의 지도와 감독을 받도록 하여 사회복귀를 도모하는 제도를 말한다.

성기확대수술 부작용이 부부생활 방해, 배상받을 수 있나? 38

K씨는 성기의 굵기를 키우고 길이를 길게 하는 수술을 받았다. 동시에 성관계 시간을 연장할 수 있게 하기 위하여 성신경을 차단하는 수술도 받았다. 그런데 수술 후 부작용이 심하고 수술 부위에 염증이 생겼다. 재수술을 받았으나 역시 후유증이 가라앉지 않았다. 성기의 크기는 오히려 줄어들었고 발기능력도 줄어들었다. K씨는 수술한 병원을 상대로 손해배상 청구소송을 냈다.

서울중앙지방법원(2009년) 재판부는 "병원이 수술상 주의의무•를 소홀히 하여 K씨에게 감염이 되고 그 후유증으로 노동능력이 15% 정도 영구 손실된 것으로 판단된다"면서 "병원은 K씨에게 **3800만원을 배상하라**"고 판결했다.

[해설] **주의의무**: A-9 참조.

부부싸움 이후 자녀와 부인을 놔둔 채 가출한 남편의 책임은? 39

남편 L씨는 부인 K씨와 부부싸움을 심하게 한 후 두 자녀와 부인을 놔두고 자신의 부모 집으로 가 버렸다. 부인 K씨는 남편 L씨가 부부동거 의무를 위반했다며 동거심판 명령을 구하는 소송을 냈다. 1심 법원은 조정 과정을 거쳐 함께 살겠다는 남편으로부터의 합의를 이끌어 냈으나 이행되지 않았다. 결국 부인은 이혼 소송을 냈고 1 · 2심 모두 부인 K씨에게 승소 판결했다.

대법원(2009년) 재판부도 원심 판결과 같은 취지였다. 재판부는 "법적 의무인 부부의 동거 의무* 위반에는 법적 제재가 따라야 한다. 여러 사정을 감안할 때 1회적인 위자료의 지급을 명하는 것이 피고인 남편의 인격을 해친다거나 부부관계의 본질상 허용되지 않는다고 볼 수 없다"면서 "**남편 L씨는 부인 K씨에게 1000만원을 배상하고 이혼하라**"는 원심 판결을 확정했다.

[해설] **부부동거 의무**란 부부가 한 집에서 함께 살아야 할 의무를 말한다. 민법(제826조 1항)은 이 의무를 명시하고 있다. 이 의무에 위반하면 이혼 사유가 된다는 규정(제840조 2호)도 있다.

결백을 주장하기 위하여 아내를 협박, 협박죄가 되나? 40

K씨와 C(여)씨는 부부이다. K씨가 초등학교 동창생과 내연 관계에 있는 것이 부인 C씨에게 발각되었다. 부인이 불륜사실을 추궁했다. 남편 K씨는 자기 결백을 주장하기 위하여 부인 앞에 흉기를 꺼내 놓고 이렇게 의심을 받고 사느니 당신을 죽이고 나도 죽겠다고 말했다. 그러면서 폭행도 했다. 부인이 협박죄로 고소했다.

1심 재판부는 "부인 C씨의 진술에 일관성이 없고 K씨를 상대로 한 거짓말 탐지기 조사 결과 진실 반응이 나온 점"으로 볼 때 혐의를 인정할 수 없다고 K씨에게 무죄를 선고했다.

그러나 서울북부지방법원(2010년) 항소재판부는 "협박은 일반적으로 사람에게 공포심을 일으킬 수 있는 행동을 의미한다"며 "남편 K씨가 실제 부인을 가해할 의도가 없었다고 해도 협박죄* 성립에는 아무 영향이 없다"면서 무죄를 선고한 원심을 파기하고 **협박죄로 벌금 50만원을 선고**했다.

[해설] **협박죄(脅迫罪)**란 사람을 협박함으로써 성립하는 범죄를 말한다. 협박이란 해악(害惡)을 알려서 상대방에게 공포심을 일으키는 것을 의미한다. 상대방 본인에 대한 해악에만 국한되지 않고 본인과 밀접한 관계에 있는 제3자에 대한 해악도 해당한다.

남편 이메일을 허락 없이 훔쳐봤다면? 41

부인 A씨는 남편 P씨의 외도를 의심해 왔다. A씨는 남편의 이메일을 훔쳐봤다. 남편이 내연녀 M씨에게 보낸 '잘 도착했어요'라는 제목의 내용과 '보고 싶다'라고 적힌 이메일을 확인했다. A씨는 이메일 내용을 근거로 남편을 간통죄●로 고소하는 한편 이혼소송의 증거로 제출했다. 남편 P씨는 불법으로 알아낸 정보이므로 부인 A씨가 법을 위반했다고 맞고소했다.

서울동부지방법원(2010년) 형사재판부는 "P씨와 M씨의 사적인 내용이 담긴 이메일은 다른 사람에게 알려지지 않는 것이 P씨에게 이익이 되기 때문에 A씨가 P씨의 이메일을 열어본 행위는 타인의 비밀을 침해한 것"이라고 하면서 "비록 피고인 A씨가 법원에 제출하기 위한 증거자료로 사용했다 하더라도 위법성●이 없어지지 않는다." 따라서 A씨는 「정보통신망이용촉진및정보보호등에관한법률」을 위반한 것이라고 하면서 **벌금 30만원에 처하되 선고를 2년간 유예한다**고 판결했다.

[해설] **간통죄(姦通罪)**란 배우자 있는 자가 간통함으로써 성립하는 범죄를 말한다. 간통행위자는 자기 또는 상대방에게 배우자가 있다는 사실을 인식하고 있어야 한다. 범인을 안 날로부터 6월을 경과하면 고소하지 못한다. 간통죄의 고소는 혼인이 해소되거나 이혼소송을 제기한 후가 아니면 할 수 없다.
[해설] **위법성(違法性)**이란 법 질서에 대한 부정적 가치 판단을 말한다. 구체적으로는 법규에 대한 위반은 물론 '선량한 풍속과 기타 사회질서'와 같이 법의 이념에 대한 위반도 포함된다.

부모의 이중결혼(重婚), 자녀가 취소 청구를 할 수 있나? 42

평안남도 출신인 Y(75)씨가 "북한에 어머니를 두고 남한에서 재혼한 아버지의 두 번째 결혼을 무효로 해 달라"며 소송을 제기했다. 이에 대해 서울가정법원이 중혼취소●청구를 할 수 있는 대상을 규정한 **민법 제818조**에 대해 위헌심판을 제청하였다.

헌법재판소(2010년) 재판부는 부모가 이중결혼을 했을 때, 자녀도 혼인의 취소를 청구할 수 있도록 해야 한다면서 문제의 민법조항에 대해 **헌법불합치 결정**을 내렸다. 재판부는 "해당조항은 **헌법 위반**이니 2011년까지 개정하라"며 "상속권 등 법률적 이해관계가 큰 **직계비속(자녀)을 청구권 대상에서 제외한 것은 헌법의 평등원칙에 어긋난다**"고 헌법불합치결정● 이유를 밝혔다.

[해설] **민법 제818조**에 법원에 중혼(重婚)취소청구를 할 수 있는 대상으로 당사자 및 그 배우자, 직계존속, 8촌 이내의 방계혈족 또는 검사가 포함되나 직계비속(자녀 등)은 빠져있다.
[해설] **헌법불합치결정(憲法不合致決定)**이란 헌법재판소의 위헌여부 판단의 하나로서 '헌법에 합치하지 아니한다'고 선고하는 것이다. 다시 말하면 이런 결정이 나면 그 법률은 효력을 잃게 된다. 다만 새 법률이 국회에서 제정될 때까지 일정 기간 지속시키게 할 수 있다.

가정 안의 재산분쟁

부모를 속여 부친 소유 부동산을 은행대출 담보로 이용했다면? 43

혼수상태로 입원해 있는 아버지의 입원수속에 필요하다며 장남이 **어머니를 속여** 등기이전에 필요한 아버지의 신분증과 인감 등을 받아 낸 다음 부친 소유의 부동산을 자기 아내 명의로 소유권이전등기를 마친 후 이 땅을 담보로 은행에서 대출을 받았다.

뒤늦게 이 사실을 알게 된 아버지는 돈을 대출해 준 은행을 상대로 근저당권 및 지상권 설정은 무효라며 토지소유권 이전등기말소 청구소송을 냈다.

전주지방법원(2006년) 재판부는 "피고는 원고에게 해당 토지에 대한 근저당권* 및 지상권* 설정등기의 말소절차를 이행하라"며 **원고 승소 판결**을 하면서 "해당 토지 외에 별다른 재산이 없고 부인과 다른 자녀가 있는 원고가 정상적인 의사소통이나 판단이 불가능한 상태에서 이혼한 며느리에게 위자료 명목으로 토지를 넘겨줬다고 보기 어렵다"고 판결 이유를 설명했다.

[해설] **근저당권(根抵當權)**이란 계속적인 거래관계(예: 당좌대월계약)로부터 발생하는 불특정 다수의 채권을 장래의 결산기에 일정한 한도액까지 담보하기 위하여 설정하는 저당권을 말한다. 근저당권은 증감 변동하는 채권의 결산기에 있어서의 총액을 일정한 최고액까지 담보한다. 또 결산기에 저당권을 실행하여 우선변제를 받을 수 있다.

[해설] **지상권(地上權)**이란 타인의 토지에 건물 기타의 공작물 등이나 수목을 소유하기 위하여 그 토지를 사용할 수 있는 물권(物權, 민법 제279조 참조)을 말한다. 즉 타인의 소유권을 제한해서 타인 토지를 사용·수익할 수 있는 권리를 말한다.

남편 동의 없이 고액의 재산을 변동시킨 행위, 유효한가? 44

남편 Y씨 명의로 있는 부동산에 대하여 부인 P씨가 남편에게 알리지 않고 몰래 근저당을 설정하고 6억원을 대출받아서 K씨에게 빌려 줬다. 남편 Y씨는 뒤늦게 이를 알고 근저당권 설정등기말소 청구소송을 냈다.

서울남부지방법원(2007년) 재판부는 **Y씨에게 승소 판결**했다. "Y씨 명의의 근저당권 설정계약서는 부인 P씨가 Y씨의 동의 없이 인감도장과 인감증명서를 몰래 훔쳐 가지고 가서 작성한 것이므로 이 사건 등기는 원인 무효"라면서 "K씨가 P씨는 Y씨의 부인임으로 일상 가사대리권*이 있어 유효하다고 주장하나 Y씨가 P씨에게 대리권을 줬는지 Y씨에게 직접 확인하지 않았고 P씨가 인감도장을 갖고 있었다는 점만으로는 **대리권을 받았다고 인정하기 어렵다**"고 판결 이유를 설명했다.

[해설] **가사대리권(家事代理權)**이란 민법(제827조)에 규정된 권리로서, 부부는 일상의 가사에 관하여 서로 대리권이 있다. 일상가사란 부부의 공동생활에서 필요로 하는 통상의 사무를 말한다. 가령 쌀·연료의 구입, 가옥 임차료 지급 또는 접수, 전기·전화·수도 요금의 지급, 세금 납부, 자녀교육비 지출 등의 일을 말한다. 객관적으로 이처럼 타당시되는 범위를 초과하는 어음 배서, 가옥 임대, 담보 설정 등은 이에 속하지 않는다.

가짜 차용증으로 남편을 속이고 남편 돈을 친정 엄마에게 빌려줬다면? 45

부인 K씨는 친정어머니로부터 돈을 빌려달라는 부탁을 받고 남편 L씨에게 이자를 물려 빌려줄 것을 요청했으나 거절당했다. 그 전에 빌려준 돈을 제 때에 못 받았기 때문이다. K씨는 친정어머니 친구 P씨의 주민증 번호와 주소 등을 가지고 위조 차용증서를 만들어 P씨가 빌리는 것처럼 남편에게 보였다. 높은 이자를 약속했다는 얘기도 했다. 남편은 2000만원을 빌려줬다. 그런데 남편이 우연히 P씨를 만나게 되어 빌려준 돈 얘기를 하다가 부인이 거짓말한 것이 탄로났다. 남편은 별거와 함께 이혼소송을 제기했고 부인은 사문서위조• 혐의로 기소되었다.

서울남부지방법원(2006년) 형사재판부는 "피고 K씨가 남편을 속이려 차용증을 위조한 점은 인정되지만 원금과 이자를 일부 갚아온 점을 감안해 **벌금 100만원을 선고한다**"고 판결 이유를 설명했다.

[해설] **사문서위조죄(私文書僞造罪)**란 행사할 목적으로 권리의무나 사실증명에 관한 타인의 문서를 위조함으로써 성립하는 범죄를 말한다. 위조란 작성권한이 없는 자가 타인명의를 몰래 훔쳐 그 타인 이름으로 문서를 작성하는 것을 말한다.

남편 명의 신용카드를 부인이 몰래 사용한 카드비용, 누가 물어야 하나? 46

부인이 남편 몰래 남편 지갑에서 꺼낸 백화점 신용카드로 자기의 백화점 빚을 모두 갚았다. 남편 K씨는 카드대금 청구서를 받고야 뒤늦게 이 사실을 알게 됐다. 남편은 전액을 변상했다. 그리고 부인과 이혼한 후 백화점을 상대로 구상금• 청구소송을 냈다.

서울중앙지방법원(2005년) 재판부는 "**백화점은 K씨에게 카드 사용대금 500여 만원의 70%를 지급하라**"면서 "백화점 직원들은 매출 전표에 적힌 서명과 카드 뒷면에 있는 서명이 다름에도 이를 제대로 확인하지 않아 K씨에게 손해를 입힌 만큼 이를 배상할 책임이 있다"고 판결 이유를 설명했다.

[해설] **구상금(求償金)**이란 구상권을 행사하여 받아내려는 금액을 말한다. 구상권이란 타인을 위하여 변제를 한 사람이 그 타인에 대하여 가지는 반환청구의 권리를 말한다. 본문의 사례에서는 타인(신용카드가 본인 K씨 것인지를 확인해야 할 의무가 있는 백화점)의 부주의로 본인 아닌 사람(부인)이 사용한 것을 발견하지 못해서 손해를 입은 본인 K씨가 그 타인(백화점)에게 변제할 것을 요구하는 경우이다.

3. 이혼 – 그 사유와 재산분할, 양육

이혼과 재산분할

이유 없이 성관계를 기피한다면? 47

신부 K씨와 신랑 L씨는 K씨 어머니 친구 소개로 만나서 반 년 동안 교제한 후 결혼식을 올렸다. L씨는 신혼여행 투숙호텔에 도착한 후에 신부에게는 별 관심을 쏟지 않고 친구와 부모에게 전화 통화를 한 뒤에 고단하다며 침대로 가서 곧바로 잤다. 성관계 없이 여행을 끝냈다. 신혼살림 중에도 계속해서 성관계를 거부했다. 신부 K씨는 한 달쯤 후에 남편 L씨에게 그 이유를 물어봤다. "왜 그런지 아직 마음이 가라앉지 않아 성관계할 생각이 나지 않는다"고 L씨는 말했다. 조금만 더 시간을 두고 보자는 말도 했다. K씨는 남편 L씨를 달래서 병원에 가서 진찰도 해 봤다. 진단결과는 아무 이상이 없다는 것이다. 몇 달이 지나도록 단 한 차례의 성관계도 갖지 않았다. 결국 K씨는 남편을 상대로 이혼 및 위자료 청구소송을 냈다.

서울가정법원(2003년) 재판부는 "남편이 아무 이유 없이 성관계를 기피했고 성관계를 시도해 보겠다는 노력조차 하지 않아 정상적인 성생활을 원하는 아내에게 실망과 좌절을 안겨준 잘못이 있다"며 "**남편은 위자료 5000만원을 아내에게 지급하고 이혼하라**"고 판결했다.

결혼생활 2년 동안 단 한 번도 성관계 허용치 않았다면 이혼사유 되나? 48

K(36)씨는 아내 L(27)씨가 뚜렷한 이유 없이 성관계를 거부해 결혼생활을 파탄에 이르게 했다며 아내 L씨를 상대로 이혼 소송을 냈다. K씨는 신혼여행 기간을 포함해서 지금까지 2년 동안 단 한 차례도 부부관계를 갖지 못했다. 부부 사이에 대화가 끊겨

치료 목적으로 병원 등을 찾아 상담하지도 못했다. 하지만 **원고 K씨는 1 · 2심 판결에서 모두 패소했다. 대법원도 원심대로 받아들였다.**

대법원(2010년) 재판부는 "정당한 이유 없이 성관계를 거부하거나 성기능 장애로 정상적인 성생활이 불가능하다면 결혼생활을 지속하기 어려운 중대한 사유가 된다. 그러나 이번 경우처럼 전문가 치료나 도움으로 정상적인 성생활로 돌아갈 가능성이 있을 수도 있는 경우에는 **일시적 성기능 장애나 부부간 성적인 접촉이 존재하지 않았다는 점만으로는 중대한 이혼 사유가 될 수 없다**"면서 "K씨가 아내와의 관계개선을 위한 노력이나 시도를 적극적으로 하지 않았고, 혼인관계가 더 이상 회복할 수 없을 정도로 파탄났다고 인정하기도 어렵다고 본 원심의 판단은 정당하다"고 판결 이유를 설명했다.

부부간 성관계가 5년간 없었는데 그것만으론 이혼사유 안 되나? 49

K씨는 대학생 때 만난 동갑내기 아내와 결혼해서 자녀 한 명을 뒀다. 그러나 성격 차이 등으로 자주 다투다가 별거에 들어갔다. 별거 전부터 이혼 소송을 낼 때까지 5년 넘게 성관계를 가질 수 없었다는 이유로 K씨는 이혼 소송을 냈다.

서울가정법원(2010년) 재판부는 "성관계 단절만으로 혼인이 파탄났다고 보기는 어렵다"며 **K씨에게 패소 판결**했다. 재판부는 "성격 차이로 인해 다툼이 잦았다는 것이나, 성관계가 5년 넘게 전혀 없었다는 사정만으로는 민법에서 규정한 '**혼인 관계를 계속할 수 없어 중단해야 할 중대한 이혼사유**●'**로 보기 어렵다**"며 "두 사람이 7년 연애 끝에 결혼한 뒤 혼인관계를 오랜 기간 유지했는데 어느 부부나 성격 차이로 갈등을 겪을 수는 있다"고 판결 이유를 설명했다.

[해설] **이혼사유(離婚事由)**란 부부관계를 인위적으로 소멸시키는 사유로서 이혼소송을 제기할 수 있는 법(민법 제840조)이 정한 원인을 말한다. ① 배우자의 부정한 행위, ② 배우자의 악의의 유기, ③ 배우자 또는 그 직계존속에 의한 심히 부당한 대우, ④ 자기의 직계존속에 대한 배우자의 심히 부당한 대우, ⑤ 배우자의 3년 이상의 생사불명, ⑥ 기타 혼인을 계속하기 어려운 중대한 사유 등이다. 본문의 사례의 경우에는 6호가 해당된다.

7년 동안 부부간에 섹스리스 생활을 했다면? 50

K(38)씨는 결혼한 뒤 몇 차례 성관계를 가지려다 실패한 이후 줄곧 성관계 없이 지내왔다. "결혼 후 한 차례도 성관계를 갖지 못했다"는 사실을 부모가 알게 되자 부모와 부인 L(37)씨의 관계가 급속하게 나빠졌다. 결국 별거에 들어갔다. 그리고 몇 달 후에 K씨가 이혼 소송을 냈다. 1 · 2심 재판부는 "두 사람 사이에 성관계가 없었던 점은

인정되지만 이를 부인 L씨가 성관계를 거부했기 때문이라고 볼 증거가 없고 L씨가 문제 해결을 위해 노력하겠다는 뜻을 분명히 하고 있다"며 K씨의 이혼 소송을 기각했다.

그러나 대법원(2010년) 재판부는 **K씨의 이혼 청구를 받아들였다.** 재판부는 "K씨 부부가 결혼 후 7년 이상 성관계를 못 갖다가 별거를 하게 됐다면 **이들의 부부관계는 회복 불가능한 정도로 파탄®됐다고 볼 수 있다**"며 원심을 깨고 사건을 서울고법으로 돌려보냈다.

[해설] **파탄주의(破綻主義)**란 이혼에 있어서 당사자의 일방의 유책(有責)행위만을 이혼원인으로 보는 유책주의에 상대되는 입장으로서 부부간의 공동생활관계의 객관적인 파탄을 이혼원인으로 인정하는 원칙을 말한다. 현행 민법은 "혼인을 계속하기 어려운 중대한 사유가 있을 때"를 이혼 사유로 규정함으로써 파탄주의를 취하고 있음을 알 수 있다(민법 제840조 6호 참조).

지나친 성관계 요구, 이혼사유가 되나? 51

남편 K씨는 재생불량성 빈혈증으로 오랜 세월 투병하다가 골수이식 수술을 받고 발병 후 8년 만에 건강이 회복되어 퇴원했다. 그런데 K씨는 귀가 후 지나치게 성관계에 집착하면서 부인 L씨를 괴롭혔다. 아침 식사 중에도 관계를 요구하는가 하면 강압적으로 육체적 접근을 시도하는 때도 있었다. L씨가 거절하면 험담과 욕설을 했다. 한번은 아침 식사 중에 요구받고 저녁까지 기다리라고 했다가 구타까지 당했다. 참다못해 가출 후 이혼 소송을 냈다.

서울가정법원(2006년) 재판부는 "K씨와 L씨의 혼인관계 파탄의 주된 책임은 과도한 성관계 요구로 부인이 괴로움을 당하고 요구를 거절한다는 이유로 심한 폭행을 하여 결국 원고가 가출토록 한 피고에게 있다"며 "**재산은 절반씩 나누어 갖고 정신적 고통을 받은 부인에게 남편은 위자료 2000만원을 지급하고 이혼하라**"고 판결했다.

지나친 부부관계 요구, 이혼사유가 될 수 있나? 52

K(71)씨는 L(여 · 62)씨와 16년 전에 재혼했다. K씨는 거의 매일 한 차례 이상 성관계를 요구했다. L씨는 갱년기 장애로 자주 거부했다. 그런 이유 등으로 K씨는 생활비도 잘 주지 않았다. 그런데 남편 K씨가 오히려 부인 L씨를 상대로 이혼 소송을 냈다.

전주지방법원(2009년) 재판부는 "**두 사람은 이혼하고 남편은 아내에게 위자료 1000만원을 지급하고 재산을 3 대 1로 분할**하라"고 판결했다. 재판부는 "부인 L씨가 갱년기에 접어들면서 성욕이 감퇴하고 성기능이 약화돼 왕성한 성욕을 보이는 남편 K씨의 반복되는 성행위 요구를 모두 받아들이기에는 신체적 정신적 한계가 있다. 따라서 일방적으로 L씨에게만 성행위 요구를 거부한 잘못이 있다고 볼 수 없다"면서 "부부 모두가 의학적인 진단과 상담 등을 통해 성적인 문제점을 해결하기 위한 노력을 기울이지 않은 잘못이 있지만 경제적 부양 의무를 게을리 한 K씨에게 혼인관계 파탄의 주된 책임이 있다"고 판결 이유를 설명했다.

남편의 심한 폭력행사, 이혼사유가 되나? 53

아내 P씨는 남편 J씨에게 숨겨진 아들이 있는 것, 욕설과 폭력, 폭음 등이 도를 넘는 것 등으로 가출을 했다. 남편은 바람을 피우려고 가출했다고 누명을 씌우기도 했다. 결국 아내 P씨는 이혼 소송을 냈다. 그러나 P씨는 아이들의 장래를 생각해 소송을 취하했다. 그런 와중에 J씨가 여종업원과 속옷 차림으로 함께 자고 있는 모습이 목격되었다. 다시 이혼 소송을 냈다. 1 · 2심은 "남편의 부정행위를 인정할 증거가 없고 이혼사유에 해당할 정도의 잘못을 저질렀다고 보기 어렵다"며 P씨의 이혼청구소송을 기각했다.

그러나 대법원은 원심을 깨고 원고 P씨의 승소 취지로 이 사건을 원심 법원으로 돌려보냈다.

대법원(2007년) 재판부는 "원심은 남편의 간통 혐의가 입증되지 않았고 아내가 수시로 가출하는 과정에서 불륜을 의심할 만한 행동을 한 게 폭력 행사의 원인이 된 것으로 본 듯하다"며 "그러나 설령 그런 사정이 있더라도 **부부관계에서 폭력은 어떤 이유로도 정당화될 수 없다**"라고 하면서 "혼인 생활을 계속하는 게 참을 수 없는 고통이 될 경우 아내에게 주된 책임이 있는 게 아니라면 이혼 청구를 받아들였어야 했다"는 것이다.

신혼의 주말부부, 반년 만에 이혼했다면 장인이 준 전세자금은? 54

장인 H씨는 사위 L씨에게 전세자금으로 1억여 원을 줬다. L씨는 이 돈으로 전셋집을 얻었다. L씨는 직장이 지방이라 신혼기간인데도 주말 부부로 6개월 정도 지냈다. 아직 혼인신고도 하지 못했다. 그런데 부부 사이의 성격 차이로 헤어지게 됐다. 장인 H씨는 전세자금으로 줬던 돈을 돌려달라면서 증여금반환 청구소송을 냈다. 1심에서는 절반인 5500만원만 돌려주라고 판결했다.

그러나 대법원(2005년) 재판부는 **전액 반환 취지**로 사건을 대구고등법원으로 돌려보냈다.

재판부는 "원고인 H씨가 피고 L씨에게 전세 자금을 증여•한 것은 '상당한 기간' 내에 법률상 혼인이 불성립할 경우 돌려받는다는 조건이 붙은 것으로 봐야 한다"며 "피고가 원고의 딸과 혼인 신고도 하지 않은 채 주말 부부로 6개월간 지내다 사실혼 관계를 끝내기로 했다면 '상당한 기간'이 지나지 않았다고 봐야 한다"고 판결 이유를 설명했다.

[해설] **증여**: A-99 참조, **사실혼**: A-28 참조.

의처증, 이혼소송사유가 되나? 55

K씨와 남편 L씨는 결혼 후 원만한 가정생활을 해 왔고 2명의 자녀도 뒀다. 그런데 L씨는 의처증 증세를 보이기 시작했다. "딴 남자와 성관계를 가졌다", "재산을 빼돌리려고 한다", "독약을 먹이려고 한다"는 등의 폭언을 서슴치 않았다. 정신병원에 입원도 시켜 봤으나 별로 호전되지 않았다. 망상장애•로 인한 의처증으로 진단됐다. 결국 아내 K씨는 이혼 소송을 제기했다.

그러나 대법원(2004년) 재판부는 아내의 이혼 소송을 받아들일 수 없다면서 기각 판결했다. 재판부는 "배우자가 정신병 증세를 보여 혼인관계를 유지하는 데 어려움이 있더라도 증상이 가볍거나 회복이 가능한 경우 상대방 배우자는 사랑과 희생으로 그 병의 치료를 위해 전력을 다해야 할 의무가 있으며 무조건 정신병을 이유로 이혼 청구를 할 수는 없다"고 판결 이유를 설명했다.

[해설] **망상장애(妄想障碍)**란 논리적 불합리나 모순된 증거에도 불구하고 잘못된 믿음이나 지각이 지속되는 상태의 병을 말한다. 편집증, 정신분열증, 정신병적 우울증 같은 정신병으로 나타난다.

별거 중 딴 사람 아이를 출산한 여인이 이혼청구 소송을 냈다면? 56

L씨는 남편 K씨와 사이에 두 자녀를 두었으나 K씨의 음주 · 외박으로 결혼 7년 만에 아이들을 데리고 친정집에서 살았다. 그 사이 다른 남자를 알게 돼서 동거에 들어갔고 딸까지 낳았다. 그런데 장애아이다. 이 아이의 출산을 가족관계등록부(호적)에 올려야 치료와 양육비 도움을 받을 수 있기 때문에 K씨를 상대로 이혼 소송을 냈다. 1심 재판부는 "부인 L씨가 이혼에 책임 있는 배우자•"란 이유로 L씨에게 패소 판결했다. 그러나 항소심 재판부는 "혼인관계가 회복 불가능할 정도로 파탄에 이르렀으므로 이혼사유가 존재한다고 볼 수 있고, 여러 사정을 감안할 때 L씨의 청구가 신의성실의 원칙•에 반한다고 보기 어렵다"며 L씨의 이혼 청구소송을 받아들였다.

대법원(2010년) 재판부는 "두 사람의 혼인은 혼인의 본질에 상응하는 부부의 공동생활 관계가 회복할 수 없을 정도로 파탄되고, 혼인상태의 계속을 강제하는 것이 한쪽에 참을 수 없는 고통이 될 것"이라며 L씨의 이혼 청구를 받아들인 원심을 확정했다.

재판부는 "별거 기간의 장기화로 L씨의 책임은 상당 부분 약화됐으며 이런 상황에서 이혼 여부 판단 기준을 파탄에 이르게 된 책임의 경중을 엄밀히 따지는 법적, 사회적 의의는 감소했다"고 판결 이유를 설명했다.

[해설] **이혼유책주의(離婚有責主義)**란 배우자 일방에 비난받을 과실, 특히 부부 사이의 의무를 위반하는 것을 이혼의 요건으로 하는 원칙을 말한다. 본문 사례의 경우를 보면 부인 L씨는 남편 K씨의 음주·외박을 이유로 별거에 들어 간 후에 딴 남자와 동거하고 딸 까지 낳는 등 스스로 이혼사유를 저질렀기 때문에 남편이 이혼소송을 제기하면 책임을 져야 하는 입장이지 스스로 이혼소송을 제기할 수 없다는 원칙을 말한다. 하지만 이혼을 폭넓게 인정하는 현대사회에서 타당성을 점차 잃어 가고 있다. 돌이킬 수 없는 결혼 파탄사유가 있으면 이혼을 허가해야 한다는 '파탄주의'가 설득력을 갖고 있다.
[해설] **신의성실의 원칙(信義誠實의 原則)**: A-276 참조.

식물인간된 아내를 7년간 보살피다 이혼 소송을 냈다면? 57

남편 K(41)씨와 아내 L(38)씨는 결혼 이듬해에 아이를 낳았다. L씨는 분만 직후 출혈성 쇼크로 식물인간이 됐다. K씨는 회사를 휴직하고 7년 동안 아내의 간호와 치료에 전념했다. 그러나 차도가 없자 아내 L씨를 상대로 이혼 소송을 냈다.

서울가정법원(2010년) 재판부는 "부인 L씨가 7년이 넘도록 식물 인간 상태에 빠져 있는 것은 민법상 이혼사유 중 하나인 '혼인을 계속하기 어려운 중대한 사유•가 있을 때'에 해당한다"며 "**두 사람은 이혼하고 남편 K씨를 아이의 친권자 및 양육자로 지정한다**"고 판결했다. 또 "K씨에게 친권과 양육권을 준 것은 자녀의 원만한 성장과 복지를 위해 타당해 보이기 때문"이라고 판결 이유를 설명했다.

[해설] **혼인을 계속하기 어려운 중대한 사유**: A-49 참조.

남편이 아내와 "말하기도 싫다"면서 메모지로만 7년간 대화했다면? 58

P(여·76)씨는 7년 전부터 남편 L(80)씨와 말 한마디 하지 않고 살고 있다. 가부장적인 L씨의 폭력적인 성격 때문에 불화가 끊어지지 않았다. L씨는 "말하기도 싫다"며 메모지로 P씨와 대화했다. 반찬 문제로 다투다 별거에 들어갔고 마침내 P씨가 이혼 청구소송을 냈다.

수원지방법원(2010년) 재판부는 원고 **P씨의 이혼 청구를 받아들여 이혼하라고 판결**하면서 "피고 L씨는 원고 P씨와 40년간 부부로 생활해오며 권위적인 방식으로 가정을 이끌어오다 급기야 2003년부터 이른바 '메모지 생활'이라는 비인간적인 방식으로 원고 P씨를 통제하고 간섭하며 폭력까지 휘둘러 혼인관계가 파탄•에 이르렀다"고 판결 이유를 설명했다.

[해설] **파탄주의**: A-50 참조.

한국 여인과 이혼하고 일본에 사는 외국인 아빠, 자녀 양육 책임은? 59

일본인 A씨는 일본에서 한국인 아내와 결혼했다. 그러나 아내의 종교 생활과 시댁과의 갈등으로 아내는 임신 중에 한국으로 돌아 와 별거 중이다. A씨는 아내가 일방적으로 돌아가면서 결혼 생활이 파탄났다며 이혼 소송을 냈다.

1심 재판부는 "그 정도 사유만으로 결혼 생활을 파탄이라고 할 수 없다"면서 이혼청구 소송을 기각했다.

그러나 서울가정법원(2010년) 항소재판부는 **이혼 청구를 받아들이면서** "부인이 한국에서 낳아 기르는 딸(4)이 성년이 될 때까지 **매달 양육비로 150만원씩 지급**하라"고 판결했다.

남편의 폭행 vs. 아내의 보복적 살인미수 후 아내의 이혼 소송, 승소할까? 60

부인 K씨는 남편 L씨와의 사이에 3명의 자녀를 두고 있으나 K씨는 L씨의 폭언 · 폭행 · 인격 모독 등으로 각방을 쓰고 있다. 어느 날 남편 L씨는 술에 취해 귀가한 후 부인 K씨에게 욕을 하면서 물을 달라고 하자 홧김에 살충제를 넣은 물을 줬다. 이로 해서 살인미수 혐의로 입건됐으나 남편의 선처 요구로 기소유예처분을 받았다. 그러나 부부간 불화는 더욱 악화돼 부인은 집을 나간 후 이혼 소송을 냈다.

1심 재판부는 "부인 K씨가 남편 L씨의 용서로 살인미수 혐의가 기소유예처분*을 받게 돼 처벌을 면하게 되었음에도 부인 L씨의 부부관계 개선 노력이 부족하다"며 원고 패소 판결했다. K씨는 항소했다.

서울고등법원(2010년) 재판부는 **"두 사람은 이혼하고 남편은 부인 K씨에게 재산의 40%인 13억5600여 만원을 지급하라"**며 **K씨에게 승소 판결**했다. 재판부는 "부인이 건넨 살충제를 마신 남편이 후유증을 겪고 있고, K씨가 맘대로 집을 나간 사실도 인정되지만, 이런 부인의 행동은 남편의 독선적 태도와 폭력 때문에 일어난 것이어서 남편 잘못도 가볍지 않다"고 판결 이유를 설명했다. 또 "남편은 이혼 요구를 받아들이지 않으면서 부인의 고충에 대해 관심을 보이지 않고 과거 잘못만 이야기하는 등 부인의 신뢰를 얻으려 하지 않았다"고 덧붙였다.

[해설] **기소유예처분(起訴猶豫處分)**이란 검사가 피의사건에 관하여 범죄의 혐의가 인정되고 기소 조건이 구비되었으나, 범인의 연령 · 성행 · 지능과 환경 · 범행의 동기 · 수단과 결과 · 범행 후의 정황 등을 참작하여 공소를 제기하지 아니하는 결정을 말한다.

결혼생활 41년의 할머니와 할아버지의 각방생활 6년, 이혼사유 될까? 61

할아버지(78)와 할머니(79)는 결혼한 지가 41년 됐다. 할아버지는 세 번째 결혼으로 전처소생 2남 2녀를 데리고 왔다. 초혼인 할머니와 사이에서 아들 둘을 낳았다. 할머니와 전처 자식들과 사이가 무척 나쁜 것이 원인이 되어 각방을 썼다. 할머니는 반찬을 며칠분씩 한꺼번에 할아버지 방에 갔다 놨다. 이렇게 생활한 지 6년 후 할아버지는 영양실조로 입원도 했었다. 할아버지는 이혼 소송을 제기했다.

서울가정법원(2010년) 재판부는 **이혼을 허락**하면서 "두 사람은 6년이라는 긴 세월 동안 단지 한 집안에 공존하였을 뿐 아무런 **실체적인 혼인 생활을 하지 않았다**"고 지적하면서 "부부 공동생활 관계가 이미 회복하기 어려울 정도로 파탄됐다"고 판결 이유를 설명했다.

불임수술 사실 숨기고 결혼, 이혼사유 되나? 62

남편 K씨와 부인 L씨는 정상적인 결혼생활을 해 왔다. 그런데 남편 K씨는 어느 날 가출했다. 얼마 후에 K씨는 여성 한 사람을 집으로 데리고 와서 사귀는 사람이라고 소개하며 이혼을 요구했다. 부인 L씨는 K씨 이혼 요구에 응하지 않았다. 그러자 K씨는 아내가 과거에 불임 수술한 사실을 감추고 결혼한 것이 파탄의 원인이라며 이혼 소송을 냈다.

서울가정법원(2010년) 재판부는 **남편 K씨의 이혼 청구를 기각하고 원고 패소로 판결**했다. 재판부는 "부인이 남편과 동거하기 전에 불임 수술을 받고 남편에게 말하지 않은 사실은 인정되지만, 설령 수술로 인해 아이를 낳지 못한다고 해도 그 자체로 법률상 이혼사유*가 되지 않는다"고 밝히면서 또 "아내 L씨가 의부증이 있다거나 시어머니를 부당하게 대우했다는 남편의 주장도 증거가 없으며 오히려 남편이 다른 여성을 만나게 되면서 결혼생활이 악화된 것으로 보인다"고 기각 판결 이유를 밝혔다. 자녀 출산문제는 부부생활의 결과일 뿐이지 목적이 아니기 때문에 아이를 낳지 못하는 것 자체는 이혼사유가 될 수 없다는 취지의 판결이다.

[해설] **이혼사유**: A-49 참조.

다른 여성에게 보낸 문자메시지 '당신 사랑해', 이혼사유 되나? 63

K(여)씨는 교사인 남편 P씨와 사이에 1남2녀를 뒀다. 그러나 P씨의 상습적인 폭행 때문에 두 차례의 이혼과 재결합을 반복했다. 어느 날 부인 K씨는 남편 휴대전화에서 '당신 사랑해', '헤어진 지 이틀 됐는데 보고 싶어 혼 났네' 등의 내용이 담긴 메시지를

발견했다. K씨는 이혼 소송을 냈다.

서울가정법원(2010년) 재판부는 **K씨에게 승소 판결**했다. 재판부는 "**P씨는 K씨에게 위자료 5000만원을 지급하고 아파트 및 토지 지분 절반을 넘기라**"며 이혼 판결을 내렸다. 재판부는 "P씨 부부의 혼인생활 파탄의 근본 원인은 P씨의 부정(不貞)행위와 폭력행사에 있다"고 지적하면서 "민법이 정한 이혼사유인 '배우자의 부정한 행위*'는 간통보다 넓은 개념으로 혼외 성관계에 이르지 않더라도 부부의 정조 의무에 충실하지 않은 일체의 행위를 포함한다"며 "P씨가 다른 여자와 주고받은 문자메시지 내용을 보면 **P씨의 부정행위는 넉넉히 추정할 수 있다**"고 판결 이유를 밝혔다.

[해설] 배우자의 부정한 행위: A-49 참조.

대화 없이 문자로만 지시한 남편의 행태, 이혼사유가 되지 않나? 64

할아버지 A(80)씨와 부인(76) B씨는 1969년 결혼했다. A씨는 B씨와 성격상 차이로 자주 다투다가 A씨의 제의로 메모로만 의사소통을 하고 있다. '교회에 나가지 말 것. 앞으로 계속 교회에 나갈 때는 현관문 잠그고 절대 열어 주지 않을 것임. 각오할 것' 이런 식으로 6년간 살다가 B씨는 이혼 소송을 제기했다.

서울고등법원(2010년) 재판부는 **부인 B씨가 제기한 이혼 소송을 받아들이면서 부부의 재산 중 40% (10억9000만원)가 할머니의 몫이며 두 사람은 이혼하라고 판결**했다. 재판부는 "부부 공동생활 관계가 회복할 수 없을 정도로 파탄됐다"고 지적하면서도 할머니의 위자료 청구는 받아들이지 않았다. 재판부는 "집을 나간 뒤 열쇠 수리공을 대동해 몰래 집에 들어가 서류를 가져다가 이혼소송을 제기한 할머니와 메모지 생활이란 비인간적 방식으로 할머니를 통제하고 폭력까지 휘두른 할아버지의 책임이 동등하다"며 판결 이유를 설명했다.

통신회사가 통화내역 알려줘 이혼하게 됐다면 손해 배상책임 지나? 65

이혼 당한 남편 J씨는 부인이 남편의 불륜을 의심하고 남편의 대리인 행세를 하면서 통화내역을 조회하였는데 이동통신회사 담당 직원이 조회신청서가 위조인 것을 모르고 통화내역을 알려줘서 그것이 불화의 원인이 되어 이혼을 하게 되었다면서 통신회사를 상대로 손해배상 청구소송을 냈다.

서울중앙지방법원(2004년) 재판부는 **원고 J씨에게 패소 판결**했다. 재판부는 "이동통신회사는 대리인에게서 통화내역처럼 중요한 정보에 대한 열람 요청을 받을 경우 정당한 대리인인지 확인해야 하는데 피고회사 직원은 이를 소홀히 한 채 통화내역을 조회해 준 과실은 인정된다"고 하면서 그러나 "통화내역 조회가 이혼의 원인이 됐다는 주장은 증거가 없고 설령 원고 주장이 맞더라도 원고의 손해는 특별 사정으로 인한 것으로 **피고회사 직원이 이를 알았다는 증거가 없기 때문에 책임을 물을 수 없어 기각**한다"고 판결 이유를 설명했다.

자녀유학을 위한 일시적 위장이혼, 이혼을 무효로 할 수 있나? 66

남편 K씨와 아내 L씨는 위장이혼하고 L씨가 자녀들과 함께 미국으로 건너가서 영주권을 얻은 다음 재결합하기로 합의했다. 영주권을 가진 자녀들은 등록금이 저렴해 지기 때문이다. L씨는 미국 시민권자와 결혼하여 본인과 자녀들이 자연스럽게 영주권을 얻게 됐다. K씨와 L씨는 임무 교대했다. K씨가 미국에 가서 애들을 돌보고 L씨는 한국으로 나온 것이다. 그런데 그 후 아내 L씨는 변심하여 남편 K씨를 만나주지 않을 뿐만 아니라 한국에 있는 집을 팔고 종적을 감추었다. K씨는 이혼 소송이 위장 이혼이었다며 무효를 확인해 달라는 소송을 냈다.

서울가정법원(2004년) 재판부는 **남편 K씨에게 패소 판결**했다. 재판부는 "협의 이혼* 당사자들이 **일시적으로나마 법률상 부부관계를 해소하려는 이혼 의사가 있었다고 봐야 하고 그 경우 이혼에 다른 목적이 있었더라도 이혼 신고를 무효로 할 수는 없다**"고 하면서 **"아내 L씨는 자녀 양육권을 갖되 재산을 분할하여 남편 K씨에게 4억 4000만원을 주라"**고 판결했다.

[해설] 협의이혼(協議離婚)이란 부부가 협의하여 이혼하는 것을 말한다. 민법(제834조)에 규정이 있다.

탈북 여성, 북한에 있는 남편과 법률상 이혼할 수 있나? 67

탈북 여성 K씨는 남편과 어린 딸 그리고 여동생과 함께 탈북해서 중국으로 왔다. 그런데 중국에서 잠시 취업했던 남편이 중국 공안원에 체포되어 북한으로 강제 송환되었다. K씨는 딸과 함께 남한으로 입국했다. 그리고 남편을 상대로 이혼 소송과 아울러 친권자 지정 소송을 냈다.

서울가정법원(2004년) 재판부는 **"K씨와 K씨의 남편은 이혼하고 자녀에 대한 친권* 은 K씨가 갖는다"고 K씨에게 승소 판결**했다. 재판부는 "북한*을 우리 영토로 보고 북한 주민을 우리 국민으로 인정한 헌법과 대법원 판례에 따라 K씨가 북한에서 혼인한 것은 우리나라에서도 유효하다"고 설명했다. 재판 결과는 '공시 송달*' 절차를 취하게 된다. K씨는 남한에서 합법적으로 재혼할 수 있게 됐다.

[해설] 친권(親權): A-82 참조.
[해설] 북한(北韓)의 공식명칭은 조선민주주의인민공화국이다. 한반도 중간지점에 있는 군사분계선 이북을 점유하고 있으며 법적으로는 불법단체이다. 우리 헌법(제3조)은 '대한민국의 영토는 한반도와 그 부속

도서로 한다'고 명시하고 있어 북한도 우리 영토임은 물론이다.
[해설] **공시송달(公示送達)**이란 당사자의 주소 또는 거소를 알 수 없어 소송서류를 송달할 수 없는 경우에 법원 게시장에 이 서류보관과 언제든지 교부해 준다는 취지를 적어놓는 방법을 말한다.

의부증 때문에 이혼 당한 아내, 남편에게 위자료도 줘야 하나? 68

남편 K씨와 아내 L씨가 결혼한 지 10여 년 뒤부터 아내 L씨는 의부증에 걸렸다. 남편 K씨는 견디다 못해 아내 L씨와 협의 이혼했다. 얼마 후 아내가 치료받는 조건으로 재결합했다. 그러나 아내 L씨는 여전히 자기의 편집증세•를 인정하지 않고 치료도 거부했다. 남편 K씨가 이혼 소송을 냈다.

서울가정법원(2003년) 재판부는 "**남편 K씨는 아내 L씨에게 재산 중 1억5000여 만 원을 나눠주고 이혼하라**"고 하면서 "재결합 뒤의 혼인파탄 책임은 근거 없는 의심을 계속하는 아내에게 있고 그 때문에 남편이 상당한 정신적 고통을 받았을 것이 명백해 이혼 청구는 근거 있다. 그런데 그런 의심이 의도적인 것은 아니고 자신도 통제할 수 없는 병적 증상 때문인 점을 감안하면 **아내에게 위자료까지 내라고 하는 것은 가혹하여 받아들일 수 없다**"고 판결 이유를 설명했다.

[해설] **편집증(偏執症, paranoia)**이란 망상증세 즉 이치에 맞지 않는 헛된 생각을 사실처럼 상상하여 믿는 병으로 피해망상과 죄책망상 등이 있다.

미국 법원에 한 이혼 및 재산분할 청구소송, 국내에서의 효력은? 69

남편 K씨와 부인 L씨는 이혼하기로 하고 갈라섰다. 부인은 미국에 가서 미국 법원에 이혼을 전제로 부부 재산 약 70억원에 대한 가압류 신청을 냈다. 그러나 본안 소송인 이혼 소송은 제기하지 않았다. 남편 K씨는 미국 법원에 신청한 소송은 국내에서 본안 소송에 효력을 미칠 수 없다면서 가압류취소 신청을 법원에 냈으나 기각됐다. K씨는 재산이 가압류되어 불편한 점이 많았다. 가압류를 풀기 위하여 서울가정법원에 본안 소송인 이혼 소송을 제기하라는 이른바 '제소명령• 신청'을 냈다. 법원은 받아들였다. L씨에게 '21일 안에 본안 소송을 제기하라'는 명령을 내렸다. L씨는 미국 버지니아주 지방법원에 이혼 및 재산분할 청구소송을 냈다. 그리고 그 근거서류의 사본을 서울가정법원에 제출했다.

서울가정법원(2004년) 재판부는 "본안•에 해당하는 소송을 외국 법원에 제기했다면 보전 받을 수 있는 권리를 실현할 의사를 객관적이고 실효적으로 표명했다고 볼 수 있다"고 판결했다. **이혼 소송을 제기한 것으로 받아들인다**는 결정이다.

[해설] **제소명령(提訴命令)**이란 본안 소송 전에 가압류 또는 가처분명령이 발부되었을 때에 그것을 발한 법원이 채무자의 신청에 의하여 변론 없이 상당한 기간 내에 소를 제기할 것을 채권자에게 명하는 결정을 말한다. 채권자에 대한 본안제소명령제도를 인정하는 것은 채권자가 본안 소송도 제기하지 않고 가압류·가처분명령만 하고 있다면 채무자를 유동적 상태에 빠지게 할 뿐이므로 이를 제거하기 위한 것이다. 채무자는 일정 기간이 도과된 후에 가압류·가처분취소의 신청을 할 수 있다. 본문의 사례에서 채권자는 부인 L씨이고 채무자는 남편 K씨이다.

[해설] **본안(本案)**이란 원고의 청구의 실체에 관한 재판을 재판 절차에 비유하여 말하는 것이다.

외국 법원에서 배우자 참여 없이 이혼 소송하고 이혼 판결 받았다면? 70

남편 J씨는 캐나다 영주권자인 점을 이용하여 캐나다 법원에서 국내 거주 아내 M씨를 상대로 일방적으로 재판을 진행하고 이혼 판결을 받았다. 그리고 국내 관할구청에 이혼 신고를 마치고 다른 여성과 재혼하였다. 이를 알게 된 아내 M씨는 남편 J씨를 상대로 이혼무효 확인소송을 냈다.

서울가정법원(2002년) 재판부는 "캐나다 영주권자이면서 한국 국적을 가진 남편 J씨가 **재판관할권이 없는 캐나다 법원에서 국내에 거주하는 아내 M씨를 상대로 일방적으로 재판을 진행해 받아 낸 이혼 판결은 효력이 없으므로 둘 사이의 이혼은 무효**"라고 판결했다. "따라서 J씨의 재혼은 민법상 중혼*(重婚)에 해당되기 때문에 취소돼야 한다"고 판시했다.

[해설] **중혼(重婚)**이란 배우자 있는 자가 거듭하여 혼인하는 것을 말한다. 우리 민법은 1부1처제를 원칙으로 하고 있어 중혼을 금지한다(민법 제810조).

부부가 이혼하면 빚도 분담해야 하나? 71

부인 K씨는 남편 L씨를 상대로 이혼 및 재산분할 청구소송을 냈다. 이들 부부가 이혼할 때에는 부부 공동명의 아파트가 있었고 L씨 어머니 명의로 된 다른 아파트도 갖고 있었다.

반면에 L씨의 사무실 임차보증금을 충당하기 위해 K씨가 자신의 어머니와 K씨 명의의 은행 대출로 합계 1억7500만원의 채무가 있었다. 그런데 항소심에서는 K씨의 이혼 소송과 아파트 두 채 등에 대해 재산분할 판결만 내리고 이 보증금 채무에 대한 판결이 없었다. K씨는 1억7500만원이 재산분할 내용에 포함되지 않았다며 상고했다.

대법원(2009년) 재판부는 **K씨에게 승소 취지로 판결**했다. 재판부는 "K씨 명의의 임대차보증금 1억7500만원을 부부 공동재산으로 본다면 이 돈을 마련하기 위해 **부부가 진 빚 역시 실질적인 공동채무*로 보고 나누어 부담해야 할지를 검토해 볼 여지가**

있다"면서 사건을 1심 법원으로 돌려보냈다.

[해설] **공동채무(共同債務)**란 공동으로 채무를 부담하는 경우를 말한다. 다시 말하여 여러 사람이 저마다 채무를 부담하는 경우 한 사람이 이행한다면 그것으로 인해서 전원이 공동으로 부담하고 있는 채무가 소멸하는 것과 같은 관계에 있는 채무이다.

남편의 귀책사유로 이혼하면 결혼이민 여성에 '간이귀화'를 허용해 주나? 72

중국 동포 K씨는 결혼 이민자로 한국에 와서 결혼하고 아들도 낳았다. 그러나 시댁 식구들의 멸시, 남편의 폭행 등으로 협의 이혼했다. K씨는 한국에 계속 살기 위하여 간이귀화 신청을 했다.

담당 부처인 법무부는 '귀책사유가 누구에게 있는지 분명치 않다'면서 받아들이지 않았다. K씨는 법무부장관을 상대로 국적신청불허가처분 취소소송을 냈다.

서울행정법원(2009년) 재판부는 **K씨에게 승소 판결**했다. 재판부는 "원고 K씨는 남편과 시댁 식구들의 멸시 · 구박 · 폭행 등으로 인해 정상적인 혼인생활을 할 수 없었던 것으로 인정된다"며 "원고는 3년 이상 계속해서 한국에 거주했기 때문에 **국적법 제6조의 간이귀화● 요건을 충족했다고 볼 수 있다"**고 판결했다.

[해설] **국적법(國籍法) 제6조 (간이귀화 요건(簡易歸化 要件))** ① 다음 각호의 1에 해당하는 외국인으로서 대한민국에 3년 이상 계속하여 주소가 있는 자는 제5조제1호의 요건을 갖추지 아니하여도 귀화허가를 받을 수 있다.

1. 부 또는 모가 대한민국의 국민이었던 자
2. 대한민국에서 출생한 자로서 부 또는 모가 대한민국에서 출생한 자
3. 대한민국 국민의 양자로서 입양 당시 대한민국의 민법에 의하여 성년이었던 자

② 배우자가 대한민국의 국민인 외국인으로서 다음 각호의 1에 해당하는 자는 제5조제1호의 요건을 갖추지 아니하여도 귀화허가를 받을 수 있다.

1. 그 배우자와 혼인한 상태로 대한민국에 2년 이상 계속하여 주소가 있는 자
2. 그 배우자와 혼인한 후 3년이 경과하고 혼인한 상태로 대한민국에 1년 이상 계속하여 주소가 있는 자

제5조 (일반귀화 요건)

1. 외국인이 귀화허가를 받기 위하여는 5년 이상 계속하여 대한민국에 주소가 있을 것

별거중 상속받은 재산인데 뒤에 이혼하면 부인에게 나눠줘야 하나? 73

아내 L씨는 남편 K씨가 가정을 제대로 돌보지 않는다면서 불화를 겪어 오다가 태어난 아들이 장애아이기 때문에 갈등이 더욱 깊어져 별거에 들어갔고 결국 L씨가 이혼 및 재산분할 청구소송을 냈다. 별거 중에 K씨는 부친이 사망하여 건물 한 채 등을 상속 받았다.

서울가정법원(2007년) 재판부는 "두 사람은 **이혼**하고 K씨는 아내 L씨에게 **위자료 5000만원과 아들이 만 20세가 될 때까지 매달 양육비 200만원을 지급**하라"면서도 "부부가 별거 중이던 시기에 K씨가 아버지로부터 **상속받은 건물과 재산은 나눠 갖지 않아도 된다**"고 판결했다. 재판부는 "재산분할제도*는 혼인 중 취득한 부부 공동의 재산을 분배하는 것이 주된 목적이므로 어느 한 쪽이 결혼 전부터 갖고 있던 재산이거나 혼인 중 자기명의로 취득한 특유재산은 원칙적으로 분할 대상이 아니기 때문에 K씨가 별거 기간 중에 상속받은 건물 등에 대하여 L씨가 기여했다고 보기 어렵다"고 판결 이유를 설명했다.

[해설] 재산분할제도(財産分割制度)란 이혼을 한 당사자의 일방이 다른 일방에 대하여 재산분할을 청구하는 것을 말한다. 협의하여 분할이 안 될 경우에는 가정법원이 당사자의 청구에 의하여 '당사자 쌍방의 협력'으로 이룩한 재산의 액수 및 기타 사정을 참작하여 분할의 액수와 방법을 정하도록 규정하고 있다(민법 제839조의2). 재산분할산정 시기는 원칙적으로 법원의 최종사실심리가 끝날 당시의 당사자 쌍방의 재산 상태를 기준으로 한다. 다만 경우에 따라서는 별거할 때와 이혼할 때가 될 수도 있다. 이 재산분할청구권은 이혼한 날로부터 2년 내에 신청하지 않으면 소멸한다.

● 동거 중 형성된 재산은 오랜 별거 후 이혼시 재산 분할 대상이 되나? 74

남편 L씨는 부인 K씨와 혼인신고하고 사는 동안 10년 무사고 운전 경력을 채워 개인택시 면허증을 발급받았다. 그러나 L씨의 폭력이 심하여 17년간의 결혼 생활을 끝으로 그 뒤에 20년간 별거했다. 결국 K씨는 이혼 소송을 내면서 재산분할을 요구했다.

서울가정법원(2007년) 재판부는 "원고 K씨는 피고 L씨가 개인택시 면허를 취득하는 데 있어 가사노동 등으로 직 · 간접적으로 기여했기 때문에 별거 기간이 길다 하더라도 개인택시 면허시가 상당액은 **재산분할 대상으로 볼 이유가 상당하다**"고 하면서 "다만 남편인 피고 L씨가 택시를 수차례 새로 구입했고 그런 과정에서 K씨의 기여 정도를 특정하기 어려우므로 개인택시 **면허시가 상당액 중 20%만 분할하라**"고 판결 이유를 설명했다.

● 이혼 후라도 이혼 전 배우자의 상속재산에 분할청구권이 있나? 75

K(여)씨는 남편 L씨와 사실상 부부로 동거하다가 이혼했다. 그리고 7개월 뒤에 L씨가 사망했다. 남편의 재산이 전처(前妻) M씨와 M씨와 L씨 사이에서 낳은 자녀들에게 상속됐다. 상속에서 제외된 K씨는 재산분할 청구소송을 냈다.

서울가정법원(2010년) 재판부는 **K씨에게 승소 판결**했다. 재판부는 **K씨에게 상속재산의 50%인 8900만원을 지급하라**고 판결하면서 "K씨가 26년간 주부로 역할을 했고,

K씨가 남편 일을 돕다 교통사고를 당했을 때 받은 보험금으로 부동산을 사는 데 보탰던 점 등을 감안할 때 K씨에겐 재산분할을 요구할 권리가 있다"며 "배우자 L씨가 사망했다는 이유만으로 이 권리를 박탈당하는 것은 부당하다"고 판결 이유를 설명했다.

이혼 후 드러난 감춰진 재산, 이것 역시 나눠 가져야 되는 것 아닌가? 76

공무원인 K씨는 부인 L씨와의 사이에 자녀 셋을 뒀으나 가정불화로 이혼 소송을 냈고 법원 조정으로 재산을 반씩 나누기로 하고 이혼했다. K씨는 이혼 신고를 마치기 직전인 시점에 공직자 재산등록이 필요한 고위직으로 승진했다. 재산조사 부처로부터 배우자 명의의 일부 재산이 등록되지 않았다는 사실을 지적받았다. 그 때 비로소 K씨는 부인 L씨가 자신도 모르게 주식 등 7000여 만원의 금융자산과 상가 등 부동산을 갖고 있었다는 것을 알게 됐다. K씨는 부인 L씨에게 재산을 숨겼다며 분할을 요구하는 소송을 냈다.

서울가정법원(2010년) 재판부는 "재산분할 협의가 이미 이뤄진 경우라도 **협의 대상 밖 재산이 추가 발견되면 별도의 분할청구 대상으로 봐야** 한다며 부인 재산의 반을 남편에게 줘야 한다"고 남편에게 승소 판결했다. 재판부는 또 "당사자들이 금전적 청구를 하지 않겠다고 앞서 약정한 것도 문구 그대로 해석할 게 아니라, 당시 예측 가능했던 재산에 한해서만 청구권을 포기한 것으로 봐야 한다"고 판결 이유를 설명했다.

양 육

이혼 후 돈 없다고 아버지가 자녀양육비 보내지 않으면? 77

이혼•을 하고 양육비를 주라는 판결을 받은 아버지가 고의로 양육비를 주지 않자 밀린 양육비를 지급하라면서 혼자 아이를 키우던 아내가 소송을 냈다. 법원은 양육비를 지급하라는 명령을 내렸다. 그래도 돈이 없다는 이유로 양육비를 주지 않자 법원은 양육비 지급을 강제하기 위하여 감치 결정을 내렸다.

서울가정법원(2007년) 재판부는 "압류할 재산이 마땅하지 않아 30일 **감치•결정**을 내렸다"고 판결 이유를 밝혔다.

[해설] **이혼(離婚)**이란 부부가 생존 중에 혼인을 해소하는 것을 말한다. 이혼의 종류에는 협의 이혼, 조정 이혼 또는 재판상 이혼이 있다. 본문의 경우는 재판상 이혼에 해당한다.

[해설] **감치(監置)**란 법정의 존엄과 질서유지를 위한 제재의 일종이다. 감치는 당사자를 교도소나 구치소에 가두어 신체의 자유를 압박하는 것이다.

할아버지, 손자의 양육권자 될 수 있나? 78

L(여)씨는 남편과 사실혼 상태에서 아들을 낳았다. 그리고 혼인신고를 했다. 그런데 남편은 가출해 버렸다. L씨도 얼마 후 아들을 시부모에게 맡기고 집을 나가버렸다. 처음에는 아이를 보러 가끔 들리다가 발을 끊었고 마침내 이혼 소송을 냈다. 이혼하더라도 아들에 대한 친권과 양육권은 달라고 했다.

서울가정법원(2008년) 재판부는 "남편이 혼인 기간 내내 자녀 양육에 무관심했고 수년째 행방을 알 수 없어 L씨를 아들의 친권자●로 지정하는 것은 타당하나 양육권은 인정할 수 없다"면서 "자녀가 아주 어릴 때부터 조부모 밑에서 자라면서 조부모와 친밀관계가 긴밀하게 유지돼 있고, 교육환경도 조부모 거주지를 중심으로 형성돼 있어서 **조부모가 계속 키우는 것이 자녀의 성장과 복리를 위해 타당하다**"고 판결했다. 따라서 L씨는 친권자로서 매월 일정액의 양육비를 지급해야 할 의무가 생겼고 아들을 만날 수 있는 면접교섭권을 갖게 됐다.

[해설] **친권자:** A-82 참조.

이혼 후 딸 양육권을 꼭 엄마에게 줘야 하나? 79

아내 G씨는 남편 K씨와 불화가 생겨 별거하게 됐다. K씨는 딸과 함께 농사짓는 부친 집에서 농사일을 돕고 살면서 딸(10)을 돌봤다. G씨는 남편 K씨를 상대로 이혼 소송을 냈고 딸의 양육권도 달라고 주장했다.

1 · 2심 재판부는 "어린 딸이 성숙할 때까지는 엄마가 양육하는 것이 건전한 성장과 복지에 도움이 될 것으로 보인다"며 아내 G씨의 요구를 들어줬다. 그러나 딸은 "엄마와 아빠가 떨어져서 살아야 한다면 지금처럼 아빠와 함께 살고 싶다"는 뜻을 밝혔다.

대법원(2010년) 재판부는 G씨에게 승소 판결한 원심을 깨면서 "단지 어린 여자 아이를 엄마가 키우는 것이 더 적합할 것이라는 일반적 고려만으로 **엄마가 양육하는 게 정당하다고 인정하기엔 충분치 않다**"며 "현재 아빠가 키우는 상태를 바꾸기 위해서는 **엄마가 기르는 것이 딸에게 더 도움이 된다는 점이 명백히 입증●돼야 한다**"고 판결했다.

[해설] **입증책임(立證責任, burden of proof)**이란 당사자가 주장하는 법률효과의 발생에 필요한 사실의 존재여부에 관하여 자기에게 유리한 것이 인정되지 않으면 불이익을 안게 되는 당사자의 위험을 말한다.

4. 가족관계와 종중

가족관계

성(性)이 중성인 아이, 이미 결정된 성의 호적정정은? 80

성기가 모호한 신생아를 낳은 부모가 병원을 찾았다. 의사의 진단은 '여자일 가능성이 더 큰 것 같다'라고 해서 가족관계등록부(호적)에 여자로 신고했다. 그 후 의사의 정밀진단을 받은 결과 오히려 성염색체는 여자이지만 생식기 형태로 보아 남자로 전환시키는 것이 더 좋을 것 같다고 했다. 그래서 다시 남자가 되기 위한 수술을 받았다. 그리고 호적정정 신청을 위한 소송을 했다.

서울남부지방법원(2007년) 재판부는 "간성*(間性)인 경우 어느 성별을 선택해 수술하는 것이 신생아에게 더 행복한 생활을 보장할 수 있을 것인지를 고려해 결정하는 것이 의학상의 현실"이라고 설명하면서 "성염색체가 여성이기는 하지만 태아의 뇌가 이미 남성화 해서 장래에 나타날 성 정체성도 남성으로 발현될 가능성이 크다"고 보아 **호적 정정을 허가**한다고 판결 이유를 설명했다.

[해설] **간성(間性, intersex)**이란 암 · 수의 중간형질을 나타내는 이상개체 또는 형질을 말한다. 몸을 구성하는 유전자의 성형질(性形質)이 완전한 암컷 또는 수컷이 아니고 중간적 형태 또는 성질을 가진 생물을 말한다.

괴상한 이름으로 고통 받고 있다면 개명(改名) 사유가 되는가? 81

이름이 '김섭섭', '노숙자', '심유감', '이병신' 등과 같이 어감(語感)이 좋지 않아서 수치스럽게 느끼고 있다면서 개명을 허가해 줄 것을 신청한 경우이다.

대법원(2006년) 재판부는 자신의 이름이 성명철학상 또는 어감이 좋지 않아 몇 년 전부터 새롭게 지어 쓰는 이름이 있으니 이를 호적에도 올려달라며 개명 허가 신청을 한 경우에 이를 받아들이면서 "다만 범죄의 기도 등 불순한 목적만 없다면 비록 미신에서 비롯된 것이더라도 본인에게 심각한 고통을 주고 있다면 **개명*해줘야 한다**"면서 개명허가 결정이유를 밝혔다.

[해설] **개명(改名, Change of name)**이란 법률상 이름을 바꾸는 것을 말한다. 가정법원의 허가를 얻어 개명할 수 있다. 개명의 허가를 얻은 자는 그 등본을 첨부하여 허가가 있는 날로부터 1월 이내에 시 · 구 · 읍 · 면의 장에게 신고하여야 한다(가족관계의 등록에 관한 법률 제99조).

자녀에게 엄마의 성(姓)을 따르게 할 수 있나? 82

유명 여성 탤런트 C씨는 운동선수인 남편 J씨와의 사이에 아들(7)과 딸(5)을 두고 이혼하였다.

C씨는 J씨의 성(姓)과 본(本)을 가진 자식들을 엄마인 자신의 성과 본으로 바꿔 달라는 성본 변경허가 신청을 법원에 냈다.

서울가정법원(2008년) 재판부는 "C씨가 이혼 후 4년 가까이 친권자• 및 양육자로서 자녀들을 잘 양육해 왔고 앞으로도 현재와 같은 양육 상황과 생활관계가 지속될 것으로 명확히 예상되는 점 등을 고려해 **개명을 허가하기로 결정했다**"고 결정 이유를 설명했다.

[해설] 친권자(親權者)란 친권을 행사할 권리 · 의무를 가지는 자를 말한다.
[해설] 친권(親權, right and duties of the parents)이란 부모가 미성년자인 자(子)를 위하여 갖는 신분상 · 재산상의 보호교양을 내용으로 하는 권리 · 의무의 총칭이다. 친권은 부모가 공동으로 행사하는 것이 원칙이나 부모가 이혼한 경우는 부모의 협의로 친권행사자를 정하는데 협의할 수 없거나 협의가 이루어지지 않는 경우에는 당사자의 청구에 의해서 가정법원이 정하도록 민법(제909조)이 규정하고 있다. 친권의 중요 내용은 교육 · 부양의 의무, 거소지정권, 징계권, 재산관리권, 대리권 등이 있다.

이혼 남편과 아들의 관계를 끊기 위해 아들 성(姓)과 본(本)을 바꿀 수 있나? 83

남편과 이혼하고 친권자 및 양육자로서 부인이 아들을 키워 왔다. 아들은 자라면서 엄마와 갈등을 빚다가 마침내 가출하여 아버지한테 가버렸다. 엄마는 아버지의 탓이라고 믿고 아들과 남편의 부자관계를 끊기 위하여 아들의 성과 본을 엄마의 것으로 바꿔달라는 성본변경 허가신청을 냈다.

서울가정법원(2010년) 재판부는 "성본•(姓本)을 바꾸는 것은 **자녀의 행복과 이익을 위해 필요한 경우에만 허용**할 수 있다"며 "아들이 원만하게 자라기를 위해서가 아니라, 엄마의 감정적인 만족을 위한 것으로 보여지기 때문에 **허가할 수 없다**"며 불허 판결 이유를 설명했다.

[해설] 성(姓)이란 출생의 계통을 나타내는 것이다. 다시 말하면 사람이 출생한 혈족의 호칭이다. 우리나라의 성은 원칙적으로 부계혈족임을 표시하는 것이다. 예부터 성을 바꿀 수 없다는 '성불변의 원칙'이 존재해 왔다. 그러나 민법은 특수한 경우에 한하여 예외적으로 성의 변경을 인정해주고 있다(민법 제781조).
본(本)이란 개인의 시조의 발상지의 지명을 표시하는 것을 말한다. 우리 민법상 자(子)는 부(父)의 성과 본을 따르는 것이 원칙이나, 특수한 경우에 한하여 법원의 허가를 얻어 성과 본을 창설하거나 모(母)의 성과 본을 따르게 할 수 있다.

딸 재혼 길 터주기 위해 외손자, 친자로 입양시킬 수 있나? 84

미혼모인 딸이 낳은 아들을 외할아버지 부부가 키워 초등학교 6학년생이 되었다. 그동안 외손자는 외할아버지를 '아버지'로, 외할머니를 '어머니'로, 또 이모를 '누나'로 알고 있다. 외할아버지 부부는 두 딸만 두어 대를 이을 아들이 없다. 딸에게 재혼의 길을 열어줘야 할 필요도 느꼈다. 마침내 부부는 **외손자를 친양자**로 삼겠다고 법원에 친자입양 청구소송을 냈다.

창원지방법원(2010년) 재판부는 **입양•청구를 허가**하면서 "외손자가 친양자가 되면 가족 유대가 더욱 돈독해지고 정신적 물질적 관심과 지원을 더 많이 받을 것으로 예상된다"며 판결 취지를 설명했다.

> [해설] **입양(adoption)**이란 자연적인 친자관계가 아닌데 법률적으로 친자관계를 만드는 것을 말한다. 입양의 목적은 여러 형태이나 양자의 사회적 보호를 위하거나 가정생활의 활기를 위하여도 행해진다. 입양이 되려면 당사자 간에 입양 합의가 있어야 하는 등 여러 경우에 대비해서 민법에서 상세하게 규정하고 있다(민법 제866조 등). A-89 참조.

미혼모 딸이 낳은 외손녀, 친양녀로 입양할 수 있나? 85

미혼모인 딸이 낳은 4살짜리 외손녀를 친딸처럼 길러왔다. 기왕에 친딸처럼 키우고 있는 외손녀를 입양하면 딸이 쉽게 결혼할 수 있을 것이라는 생각에서 입양을 하기로 결심했다면서 입양을 허가해 달라는 소송을 냈다.

울산지방법원(2010년) 재판부는 **입양 신청을 기각**하면서 "외조부모가 생모(生母)와 함께 사는 외손녀를 친딸로 입양하면 외조부모가 부모가 되어 **가족질서의 혼란**이 초래될 것이 분명하다"며 "청구인들이 법률적인 양육권을 원한다면 손녀의 후견인•이 돼 양육권을 행사하는 것이 자랑스러운 방법이다"라고 기각 이유를 설명했다.

> [해설] **후견인(後見人)**이란 친권자가 없는 미성년자나 금치산자를 보호하며 그들의 법률행위를 대리하여 주는 사람을 말한다.

호적 없는 사람, 호적 만들 수 있나? 86

L(여 · 71)씨는 5세 때 이웃집에 맡겨져서 학교도 못가고 식모살이로 성장했다. 이름도 맡아 키우던 집에서 지어줬다. 이것이 알고 있는 전부다. 25세 때 서울로 올라와 식당일로 생계를 해결해 오다가 28세 연상의 남자를 만나 결혼하고 2남1녀를 낳았다. 남편은 이미 가족이 있어 중혼•(重婚)이기 때문에 남편 호적에 이름을 올리지 못해 평생 주민등록도 호적도 없이 무적(無籍)으로 살아왔다. L씨는 딸(37)의 안내를 받아 성

본 (姓本)을 만들어 달라는 소송을 냈다.

서울동부지방법원(2010년) 재판부는 **한양(漢陽) 이(李)씨라고 성본을 창설**해 줬다. 그리고 가족관계등록부(호적)•에 등록도 허가해 줬다. 2남1녀의 자녀도 L씨 자신의 가족관계등록부에 올릴 수 있게 됐다.

[해설] **호적(戸籍)**이란 가(家)를 단위로 하여 그 가에 속하는 자의 신분에 관한 사항을 기재한 공문서를 말한다. 기존 호적법은 폐지되고 새로이 가족관계등록부 제도가 신설되었다.
[해설] **중혼(重婚)**이란 배우자 있는 자가 거듭하여 혼인하는 것을 말한다. 우리 민법은 일부일처제를 원칙으로 하고 있어 중혼을 금지하고 있다(민법 제810조).

종 중

제사 주재자, 적출•(嫡出) 장남만이 될 수 있나? 87

본처 장남인 C씨의 부친 A씨는 본처와 사이에서 3남3녀를 뒀다. 서류상 이혼하지 않고 다른 여자를 얻어 1남2녀를 낳고서 그 둘째 부인과 44년을 함께 살았다. A씨는 사망했다. 둘째 부인 소생인 이복형제들이 제사를 모셔 왔다. 뒤늦게 이 사실을 알게 된 C씨가 고인의 제사 관련 물품의 인도 청구 소송을 냈다.

대법원(2008년) 재판부는 C씨에게 **승소 판결**하면서 "제사 주재자는 우선적으로 상속인들 사이의 협의에 의해 정해져야 한다. 다만 협의가 이뤄지지 않은 경우 특별한 사정이 없는 한, **적서(嫡庶)를 불문하고 장남(장남이 없는 경우 장손자)이 제사 주재자가 되고, 아들이 없으면 장녀가 제사를 주재**해야 한다. 또 상속인들 간의 협의와 무관하게 본부인의 장남이 제사를 승계하던 종래의 관습은 상속인들의 자율적인 협의 결과를 무시하고 적서에 차별을 두는 것이어서 오늘날의 가족제도에 부합하지 않는다"고 설명하면서 이 사건의 경우는 C씨가 적서를 막론하고 '장남'이라 승소한 것이라고 판결 이유를 설명했다.

[해설] **적출(嫡出)**이란 혼인관계에 있는 남녀사이에서 태어난 자식을 말한다. 서자(庶子)란 혼인관계에 있지 아니한 남녀 사이에서 출생한 자식을 말한다. 비적출자(非摘出者)라고도 한다. 우리 민법은 상속재산의 분할에 있어서 적출자와 서자의 차이를 없애 혼인외의 출생자의 지위를 향상시켰다.

종중재산분배, 꼭 남녀평등원칙이 적용되나? 88

우봉 김씨 G공파 종친회는 종중소유 토지수용의 보상금으로 받은 90억원을 남성

가구주에게는 3800만원, 비가구주와 출가 여성에게는 1500만원, 배우자 · 미성년자 자녀 등에게는 700만원씩 지급했다. 이에 반발한 K씨 등 여성 종중회원들은 보상금 차등지급결의는 무효라며 남녀차별 없이 균등하게 지급하라고 소송을 냈다.

대법원(2010년) 재판부는 여성회원 K씨 등에게 **패소 판결**하면서 "공동 선조와 성(姓)과 본(本)을 같이 하는 후손 중심으로 구성된 가구와 여자 후손으로서 다른 타성(他姓) 종중원과 결혼해 다른 종중원의 후손을 낳은 가구 사이에 차이를 둔 것은 부계(父系)혈족 중심인 종중 특성상 **합리적 범위를 넘지 않는다면 원칙적으로 허용된다**"고 판결 이유를 설명했다.

[해설] **종중재산(宗中財産)**이란 매장(埋葬) · 제사용의 토지 · 건물, 제비(祭費)의 재원인 전답이나 임야, 위토와 종산 등으로 구성된다. 종중재산에 관한 권리는 종중에 귀속되나 종중이 '권리능력없는 사단'인 까닭에 종원(宗員) 각자가 그 지분비례에 따라 사용 · 수익할 수 있지만 분할과 양도는 종회의 결의에 의하여야 한다(민법 제276조).

다른 종파로 입양된 양자, 친아버지 소속 종중회원이 될 수 있나? 89

경주 최씨 C공파 화수회가 족보에 의하면 C씨의 7대조 선조가 C공파가 아닌 다른 종파 소속인 친척의 양자로 갔는데도 불구하고 C공파 종친회 회원으로 계속 남아서 C공파 종친회의 땅 등 부동산을 관리하고 있는데 이렇게 해서는 안 된다는 것을 확인해 달라는 소송을 냈다.

서울고등법원(2009년) 재판부는 "양자로 입적하면 친아버지의 종중에 속하지 않는다는 관습법은 정당성과 합리성을 결여하고 있다. 양자로 들어간 사람이나 그 후손 역시 '태어난 가문의 선조와 성(姓)과 본(本)을 같이하는 후손'인 이상 **친아버지가 속한 종중의 구성원이 될 수 있다**"고 판결했다.

[해설] **양자(養子, adopted child)**란 입양에 의하여 혼인 중의 출생자로서의 신분을 취득한 자를 말한다. 우리나라의 양자제도는 가(家)의 계속과 조상봉사를 절대적 목적으로 하고 있다. 양자는 양부와 동성동본의 혈족으로서(이성불양, 異姓不養) 자(子)와 같은 항렬(行列)에 있는 남자로서 근친의 자(소목지서, 昭穆之序)를 원칙으로 하여 왔다. 그러나 이성(異姓)도 불가능한 것은 아니다.

여성 종중회원, 종중총회 소집할 수 있나? 90

성주 도(都)씨 A종중이 종중 소유의 토지를 팔았다. 이에 반대하는 다른 종중회원이 비상총회를 소집하고 대표를 선출한 후 A종중을 상대로 취소소송을 냈다. 이에 대하여 A종중은 총회소집권자인 대표로 선출된 회원이 연고항존자(年高行尊者: 나이가 가장 많고 항렬이 제일 높은 회원)이긴 하나 남성 아닌 여성회원이므로 대표로 볼 수 없어 총회소집 자체가 무효라고 주장했다.

대법원(2010년) 재판부는 "2005년 전원합의체 판례에 따라 성(姓)과 본(本)을 같이 하는 후손은 성별의 구별 없이 성년이 되면 당연히 종중의 구성원이 되는 점 등을 고려하면 종중 **총회소집권을 가지는 연고항존자는 여성을 포함한다**"고 판결했다.

[해설] **종중회원(宗中會員)**이란 종중을 구성하는 회원을 말한다. 회원은 주로 남자로 구성되었다. 종회의 소집은 친족 중 항렬과 연령이 높은 남자가 관습법상 행하여 왔다. 그런데 본문에서 보는 바와 같이 2005년에 대법원이 이러한 관습법상 남녀 차별을 없앴다.

5. 상속과 증여

상속 유언

● 빚 안 갚으려고 상속권 포기, 사해행위가 되나? 91

O(여)씨는 알고 지내는 L씨에게서 6400만원을 빌린 뒤 이 중 3000만원만 갚았다. 나머지는 돈이 없어 못 갚아왔다. 그런데 그 후 O씨는 남편 사망으로 부동산 상속지분이 생겨서 빚을 갚을 수 있게 됐는데 빚을 갚지 않기 위하여 자신의 상속분을 포기했다. 따라서 자동으로 딸에게 상속되었다. 딸 K씨는 이 상속부동산을 매각하고 부동산에 딸려 있는 임차보증금을 정산하고 나머지 3000만원을 지급받았다.

L씨는 상환 받지 못한 3400만원을 받아내기 위해 O씨가 딸에게 상속권을 넘긴 행위를 취소해 달라며 소송을 냈다. **원심은 부동산 가액 중 O씨 지분에 해당하는 3000여 만원을 L씨에게 지급하라고 판결**했다.

대법원(2007년) 재판부는 **상속권을 딸에게 넘긴 O씨의 행위는 사해행위*(詐害行爲)에 해당한다는 원심 판결을 확정**했다. 재판부는 "다만 부동산이 이미 다른 사람에게 넘어가 원물 자체로는 반환이 되지 않을 경우 그에 해당하는 가액을 반환해야 하는데, 이때 그 부동산에 우선변제권이 있는 임차보증금 반환채권액은 공제돼야 함으로 그 나머지 금액한도 내에서 반환해야 한다"고 판결 이유를 설명했다.

[해설] **사해행위(詐害行爲)**란 채무자의 악의의 재산 감소행위를 말한다. 채권자는 채권자 취소권을 행사하여 채무자의 이 같은 사해행위를 방지할 수 있다. 사해행위 취소권이란 채권자를 해함을 알면서 행한

채무자의 법률행위(사해행위)를 취소하고 채무자의 재산을 회복하는 것을 목적으로 하는 채권자의 권리를 말한다.

'공정증서에 의한 유언'의 효력 발생 요건은? 92

L(47)씨는 아버지 여생이 얼마 남지 않았다고 보고 증인 2명과 함께 공증인 사무소를 찾아가 논, 밭, 집 등 모든 부동산을 L씨에게만 상속한다는 내용으로 유언장을 작성했다. 유언장을 갖고 이들과 함께 아버지 면전에 가서 읽어주고 아버지로부터 이의가 없다는 확인을 받고 서명도 받았다. 그리고 아버지가 몇 개월 뒤에 작고했다. 상속재산은 시가로 20억원에 이르렀다. 그러나 유언장에도 불구하고 어머니를 포함한 누님 그리고 여동생 등 가족 모두에게 골고루 상속되었다. L씨는 그 유언장을 근거로 상속재산 모두가 자기 것이라고 소송을 냈다.

1심에선 패소했다. 유언장이 미리 작성되어 무효라는 이유였다. 2심에선 유언장이 유효하다면서 원고 L씨에게 승소 판결했다.

대법원(2007년) 재판부는 유언장이 유효하다는 취지로 2심 판결을 확정하여 L씨가 승소했다. 재판부는 "민법에서 정한 '공정증서에 의한 유언*'은 유언자가 증인 2명이 참여한 공증인*의 면전에서 유언의 취지를 말로 전달하고 공증인이 이를 필기 · 낭독해 유언자와 증인이 승인한 뒤 각자 서명하면 효력을 가진다"고 하면서 L씨의 경우 "L씨의 아버지가 재산을 물려줄 의사를 밝혔고, 공증인이 미리 작성한 유언장*에 따라 부동산의 지번과 평수 등을 하나하나 불러주고 확인한 뒤 서명을 받은 것이므로 유언으로서의 효력을 갖는 것으로 봐야 한다"고 판결 이유를 설명했다.

[해설] **유언서(遺言書) 또는 유언장(遺言狀)**이란 법률에서 정하고 있는 방식에 따라서 유언을 기재한 서면을 말한다. 유언서의 방식은 유언자의 진의를 확보하기 위하여 극히 엄격하며, 방식에 따르지 않은 유언은 무효로 한다. 법(민법)이 인정하는 유언방식에는 5가지가 있다. 즉 자필증서 · 녹음 · 공정증서 · 비밀증서 · 구수(口授)증서 중에서 어느 하나의 형식을 밟아서 유언서를 작성하여야 한다.

[해설] **공증인(公證人)**이란 당자자 또는 관계인의 위탁에 의해 법률행위 기타 사건에 관한 사실에 대하여 공정증서를 작성하고 이에 인증을 부여하는 권한을 가진 자를 말한다.

[해설] **공정증서(公正證書)**란 사법상 법률행위 기타 사권(私權)에 관한 사실에 관하여 공증인이 일정한 방식에 따라 작성하는 증서를 말한다. 강력한 증거력을 갖는다.

[해설] **공정증서에 의한 유언**이란 자기가 유언증서를 작성하지 않아도 할 수 있는 유언의 방식을 말한다. 유언의 존재를 명확히 하고 내용을 확보할 수 있는 점이 특징이다. 그 요건은 증인 2인 참여하고 유언자가 공증인의 면전에서 유언의 취지를 말하여 이를 적어서 증인 앞에서 낭독하고 유언자와 증인이 각각 서명 또는 기명 · 날인하는 것이다.

지병과 고령으로 자신의 의사를 제대로 표현 못해도 유언 효력 인정되나? 93

유언자인 숨진 할아버지 G씨는 이혼한 본처와의 사이에 아들 1명이 있다. 그리고 후처 사이에 2남 2녀를 두었다. 본처 소생의 큰 며느리가 병간호를 하다가 잠깐 자리를 비운 사이에 G씨의 후처 측에서 변호사를 불러 미리 작성해 놓은 유언장을 낭독시킨 후에 G씨로부터 "음" "어" 등의 답변을 얻어 냈다. 이렇게 얻어 낸 유언내용은 전 재산을 G씨의 후처에게 물려준다는 구수 증서였다.

대법원(2006년) 재판부는 본처 측의 J(여 · 31)씨 등 2명이 "할아버지가 후처에게 전 재산을 물려주기로 한 구수증서* 유언은 무효"라며 유언집행자* N(49)씨를 상대로 낸 상고심에서 **원고 패소한 원심을 파기하고 J씨에게 승소 취지**로 사건을 대전고등법원으로 돌려보냈다. 재판부는 **"할아버지 G씨가 후처(後妻)에게 전 재산을 물려주기로 한 구수 증서 유언은 무효"**라고 판시하면서 "망인(亡人)은 지병과 고령으로 큰며느리를 몰라볼 정도였고 이 사건 유언 당시에도 '음' '어' 정도의 말을 할 수 있었을 뿐 **자신의 의사를 제대로 표현할 수 없었다"**며 "후처를 제외한 다른 유족을 상속에서 배제한 점 등에 비춰 볼 때 유언장의 효력을 인정하기 어렵다"고 판결 이유를 설명했다.

[해설] **구수증서(口授證書)에 의한 유언**: 유언자가 질병 등의 이유로 직접 유언장을 쓸 수 없을 때 2명 이상의 증인에게 유언을 구술하고 이를 받아 적은 증인이 낭독해 유언자의 서명이나 날인을 받는 방식의 유언을 말한다.
[해설] **유언집행자(遺言執行者)**란 유언의 내용을 실현하기 위하여 필요한 행위를 할 직무와 권한을 가진 자를 말한다. 유언자가 유언으로 지정할 수 있고 그 지정을 제3자에게 위탁할 수도 있다.

상속포기 시효의 기산점은? 94

할아버지는 S보증기금에서 빌린 채무를 갚지 못한 채 작고했다. 아버지는 이 사실을 알고 상속을 포기했다. 손자인 N(32)씨 등 형제들은 아버지가 상속을 포기한 사실을 몰랐다. 그런데 어느 날 S보증기금으로부터 손자들이 상속인이 됐다면서 빚을 갚으라는 독촉을 받았다. N씨는 뒤늦게 상속을 포기했다. 그러나 1~2심 법원은 상속포기는 상속일로부터 3개월 안에 해야 하는데 그 기간이 지났기 때문에 포기는 무효라며 빚을 갚아야 한다고 판결했다. N씨는 불복 상고했다.

대법원(2006년) 재판부는 **원심을 파기하고 N씨 등에게 승소 취지로 판결**했다. 재판부는 S보증기금이 N씨 등을 상대로 낸 구상금 청구소송에서 "상속포기* 기간 3개월은 할아버지가 숨진 뒤 아버지가 상속을 포기한 사실을 안 날로부터가 아니라 그로 인해 **손자인 N씨 등이 상속인이 됐다는 사실을 안 날로부터 계산해야 한다**"고 판결 이유를 설명했다.

손자인 N씨 등은 상속인이 됐다는 사실을 전혀 몰랐다가 S보증기금이 애초 N씨 부모를 피고로 냈던 소송에서 **자신들을 피고로 하는 소송으로 변경한 뒤에야 본인들이 상속인이 됐다는 사실을 알게 된 것이라 상속을 포기할 기회를 놓쳤다고 대법원은 판단**한 것이다.

[해설] **상속포기(相續抛棄)**란 상속이 개시된 후에 상속인이 하는 상속 거절의 의사표시를 말한다. 재산상속은 채무의 승계도 수반하기 때문에 불이익을 받을 수 있다. 그러므로 상속인이 상속을 받지 않겠다는 의사를 표시하면 상속의 포기를 인정해 준다. 상속재산이 채무 초과인 경우에 상속인을 보호하기 위한 것이다. 상속 개시가 있음을 안 날로부터 3개월 이내에 법원에 포기신고를 해야 한다.

자녀 교통사고 사망 땐 엄마와 아빠 각자에게 각각 상속권 있다? 95

K(8)양은 S화재보험에 가입되어 있는 차량을 몰고 가던 Y씨에 의해 교통사고로 숨졌다. K양 아버지는 별거중인 K양의 어머니 H씨 몰래 위임장을 위조하여 합의서를 작성하여 1억1000만원을 받아냈다. 뒤늦게 이 사실을 알게 된 H씨는 남편만 보험사와 합의한 것이라며 손해배상 청구소송을 냈다.

서울고등법원(2004년) 재판부는 **어머니 H씨에게 승소 판결**했다. 재판부는 "S보험사는 보험금 7800여 만원을 H씨에게 지급하라"며 "보험사는 H씨 남편이 1억1000만원을 받고 민 · 형사 소송을 내지 않기로 합의한 것은 민법 제827조의 '부부간 일상 가사 대리권* 행사'라고 주장하지만 **자녀가 사망하면 손해배상 채권을 부모가 각자 상속분에 따라 갖게 되며, 부부 재산은 원칙적으로 별산제*(別産制)라는 점에서 이를 인정하기 어렵다**"고 판시했다. 또 **"보험사가 아내의 의사를 한 번도 확인하지 않고 남편의 말만 믿고 합의한 것은 명백한 잘못이다"**라고 판결 이유를 설명했다.

[해설] **가사대리권**: A-44 참조.
[해설] **부부별산제(夫婦別産制)**란 부부의 일방이 혼인 전부터 가진 고유재산과 혼인 중 자기의 명의로 취득한 재산은 특유재산(特有財産)으로 하며(민법 제830조 1항), 부부는 그 특유재산을 각자 관리 · 사용 · 수익하는(민법 제831조) 제도를 말한다. 다시 말하면 부부이지만 각자에게 소속하는 고유재산을 법으로 인정해 준다는 뜻이다.

양자 간 아들 명의 예금, 호적상 상속권자보다 우선하는가? 96

A씨는 어릴 적에 친척 집으로 입양이 되었다. 그래서 친동생 B씨와는 법적으로 형제가 아니다. 어머니는 아무도 모르게 A씨 명의로 은행계좌를 열고 2억원을 예금해 두고 사망했다. A씨는 어머니 사망 뒤 재산 정리하던 중 이 예금계좌를 발견하고 은행에 지급 청구했으나 다른 가족들이 상속인이 아니라며 지급을 거절하도록 은행에 요구하자 A씨는 예금반환 청구소송을 냈다.

서울중앙지방법원(2006년) 재판부는 **A씨에게 승소 판결**했다. 재판부는 "예금 출연자와 명의자가 다른 경우 계약당사자의 의사 해석의 문제인데 특별한 사정이 없는 한 금융기관은 실명확인을 한 예금명의자를 거래자로 보아 계약을 체결한 것으로 봐야 한다"며 **A씨에 예금액이 돌아가는 것이 맞는 것이라고 하면서 "원고 A씨가 망인에게 대리권을 주지는 않았지만 예금 지급을 청구하면서 망인의 무권대리행위(대리권 없이 행해진 대리행위)를 추인•한 것**"이라 판시하며 "망인이 금융기관과 특별한 약정을 맺지 않은 이상 **명의자에게 지급해야 한다**"고 판결 이유를 설명했다.

[해설] **추인(追認)**이란 사후(事後)의 동의를 말한다. 추인을 하면 취소권이 소멸되고 법률행위가 처음부터 유효한 것으로 확정된다. 본문 사례에서는 원고 A씨가 돌아가신 어머니가 자기 명의의 은행계좌를 여는 데에 처음부터 동의해준 것이 된다.

상품가치 없어 보이는 자투리 땅, 상속세 물납할 수 있나? 97

S씨는 상속받은 재산 중 도로로 사용되고 있는 자투리 땅 등 개발이나 매매가 어려운 부동산의 가격을 0원으로 세무서에 신고했다. 그러나 세무서 측은 도로보상 가능성 등을 근거로 해당 부동산의 가격을 4000여 만원으로 산정해서 상속세를 부과했다. S씨 등은 세무당국의 평가액에 따라 물납을 신청했다가 거절당했다. L씨 등은 물납불허처분취소 청구소송을 냈다.

서울행정법원(2007년) 재판부는 **S씨에게 승소 판결**했다. 재판부는 "관리, 처분하기에 부적당한 자투리 땅이라는 이유로 **물납을 불허한 것은 법령상 근거 없이 행해진 처분**"이라고 판시하면서 "상속세 및 증여세법에 따르면 상속 또는 증여받은 재산 중 **부동산과 유가증권의 가액이 전체의 2분의 1을 넘고 세액이 1000만원을 초과하는 경우, 일정한 기준에 따라 부동산 또는 유가증권 물납•이 허용된다**"고 판결 이유를 설명했다.

[해설] **물납(物納)**이란 세법상 용어로서 세금을 현금이 아닌 현물이나 재산으로 납부하는 것을 말한다.

허위증언, 상속 지분 포기의사로 볼 수 있나? 98

X기업 창업주가 사망했다. 아들 A씨 등 전처소생 자녀 3명은 아버지의 자필 유언장이라며 가짜를 만들었다. 그 속에는 '부동산을 정리해서라도 기업은 살려야 한다'며 상속될 부동산 대부분을 주요 계열사 3개사에 증여하겠다는 취지가 적혀 있었다. 이들 3명은 이 계열사를 하나씩 물려받아 운영하고 있는 상태였다. 세법상 영리법인에 유증된 토지는 상속세 면제 대상이라 상속세를 내지 않고 상속을 받으려는 의도였다.

그런데 세무서는 유언장 필적이 고인의 글씨체와 다르다고 보고 거액의 상속세를 부과했다. A씨 등 3명은 창업주의 후처 B씨에게 "창업주가 생전에 주요 계열사에 토지를 유증하겠다고 말한 것을 들은 적이 있다"라고 증언해 달라고 부탁했고 B씨는 시키는 그대로 거짓 증언했다. 그 결과 재판에서 "대필이라 자필유언증서로서의 효력이 없다 해도, 창업주의 생전 증여의사와 일치하므로 효력이 있는 것으로 간주한다"는 판결을 얻어냈다. 그런데 뒤에 B씨와 B씨의 자녀들은 거짓 증언으로 해서 대부분의 유산이 A씨 쪽으로 상속된 것을 알게 되어 "가짜 유언장에 따른 소유권 이전은 무효이므로 유언장에 적힌 부동산은 우리들 소유"라고 주장하며 소송을 냈다. A씨 등은 "B씨 등은 공동상속인으로 유언장의 존재를 알고 있었음에도 이의를 제기하지 않았다"면서 "이는 유언장 내용인 부동산소유권 이전에 동의했거나 상속을 포기한 것"으로 봐야 한다며 맞섰다.

대법원(2010년) 재판부는 **B씨 등에 대해 패소 판결한 원심을 깨고** 사건을 서울고법으로 돌려보냈다. 재판부는 "B씨가 부탁받아 거짓 증언했다는 사정만으로는 B씨가 유언장의 위조사실을 알고 있었다고 단정할 수 없다"며 **"B씨의 허위증언을 상속 지분 포기의사로 볼 수 없다"**고 판결 이유를 설명했다.

증 여

● 부모에게 효도하기로 약속하고 재산을 증여받은 후 약속을 어겼다면? 99

아버지는 부인을 포함하여 자녀들과 함께 가진 가족회의 결론에 따라 의사인 아들 A씨의 병원확장 자금으로 부동산을 증여했다. 부모님께 매월 일정액의 용돈과 집안의 관혼상제를 도맡아 할 것 등을 약속하는 조건이었다. 그런데 A씨는 결국 이 조건을 이행하지 않음은 물론 문안조차 바쁘다는 이유로 게을리 했다. 아버지와 가족들은 경제적 고통과 불효에 대한 배신감으로 고통을 겪다가 반환 청구소송을 제기했다.

서울중앙지방법원(2008년) 재판부는 "A씨는 아버지에게서 받은 땅에 대한 소유권 **이전등기의 말소등기를 이행하라**"고 아버지에게 승소 판결했다.

[해설] **증여(贈與, gift)**란 당사자의 일방(즉 증여자)이 무상으로 재산을 상대방(수증자)에게 준다는 의사를 표시하고 상대방이 이를 승낙함으로써 성립하는 계약을 말한다. 증여계약의 해제원인 중에는 증여자에 대해 수증자가 일정한 망은행위(忘恩行爲)를 한 경우(민법 제556조)가 있다. 망은행위 중에는 증여자에 대한 수증자의 범죄행위가 있는 때와 증여자에 대하여 부양의무가 있는 경우에 이를 이행하지 않는 때 등이 포함된다.

자식이 불효해 괘씸한데 증여 재산을 돌려 받을 수 있을까? 100

A(여)씨는 남편사망 이후 재산을 정리하여 구두로 부양을 조건으로 한다면서 장남 B씨에게 소유권 이전등기를 했다. 하지만 B씨는 별로 어머니에게 효도하지 않았다. 거기다가 허락 없이 모든 재산을 매각해버렸다. A씨는 배신감을 느끼고 아들에게 넘긴 소유권은 무효라며 소유권이전반환 청구소송을 냈다. 법원은 민법 조문(제555조~558조)•을 근거로 기각했다. A씨는 해당 민법조항이 기본권을 침해한다며 헌법 소원을 냈다.

헌법재판소(2009년) 전원재판부는 "증여 완료 이후 망은(忘恩)행위를 했더라도 **증여일로부터 6개월이란 기간이 지났고 서면에 의하지 않았기 때문에 증여를 해제할 수 없다**는 민법조항은 기본권을 침해했다고 볼 수 없다"면서 기각결정 이유를 설명했다.

[해설] **민법 제555조 (서면에 의하지 아니한 증여와 해제)** 증여의 의사가 서면으로 표시되지 아니한 경우에는 각 당사자는 이를 해제할 수 있다.
민법 제556조 (수증자의 행위와 증여의 해제) ① 수증자가 증여자에 대하여 다음 각호의 사유가 있는 때에는 증여자는 그 증여를 해제할 수 있다.
1. 증여자 또는 그 배우자나 직계 혈족에 대한 범죄행위가 있는 때
2. 증여자에 대하여 부양 의무 있는 경우에 이를 이행하지 아니하는 때
② 전항의 해제권은 해제원인 있음을 안 날로부터 6월을 경과하거나 증여자가 수증자에 대하여 용서의 의사를 표시한 때에는 소멸한다.
민법 제557조 (증여자의 재산상태변경과 증여의 해제) 증여계약 후에 증여자의 재산상태가 현저히 변경되고 그 이행으로 인하여 생계에 중대한 영향을 미칠 경우에는 증여자는 증여를 해제할 수 있다.
민법 제558조 (해제와 이행완료부분) 전3조의 규정에 의한 계약의 해제는 이미 이행한 부분에 대하여는 영향을 미치지 아니한다.

부모 봉양조건으로 증여받은 재산, 약속을 안 지킨다면? 101

큰아들 L(65)씨는 80대 아버지와 중풍으로 쓰러진 어머니를 잘 모시고 제사 등 장남으로서 역할도 성실히 한다는 조건으로 1만8000여 평방미터의 땅을 증여받았으나 부모봉양 의무를 소홀히 하자 아버지가 증여계약이 무효라며 소송을 냈다.

서울고등법원(2003년) 재판부는 **"부모 봉양 약속을 어겼으므로 재산 증여 계약은 무효"**라며 큰아들(65) L씨를 상대로 낸 소유권이전등기말소 청구소송에서 1심을 깨고 **아버지에게 승소 판결**하면서 **"민법상 증여계약 당시 부담키로 한 의무를 지키지 않았다면 증여자는 계약을 해제할 수 있다"**면서 "아들이 아버지와 중풍으로 쓰러진 어머니를 자신의 집에서 모시기로 해놓고도 땅을 넘겨받자마자 **어머니를 노인전문병원에 입원시킨 후 치료비도 제대로 내지 않은 것은 의무 불이행**"이라고 판결 이유를 설명했다.

[해설] **부담부 증여(負擔附 贈與)**란 수증자가 증여를 받는 동시에 일정한 채무를 부담하는 것을 말한다. 증여자는 수증자에 대하여 부담의 이행을 청구할 권리가 있으며, 이행 약속을 안 지키면 증여를 취소할 수 있다.

고령의 남편을 돌봐주는 조건으로 받은 재산, 남편을 돌보지 않았다면? 102

Y(72)씨는 20년 연하인 K(여 · 52)씨와 재혼했다. K씨는 Y씨에게 늙은 사람과 결혼한 대가를 금전으로 표시해 달라고 요구해서 Y씨는 자식들 몰래 수억원짜리 집을 넘겨줬다. 그 후 K씨는 외국으로 이민을 가자고 졸랐다. 그러나 폐기종을 앓고 있는 Y씨의 병세가 악화되어 짧은 여행조차 할 수 없게 됐다. K씨는 전 남편과 외국 여행을 다녀왔다. 그리고 얼마 후 가출했고 Y씨는 사망했다. 뒤늦게 이 사실을 알게 된 아들이 사망한 아버지를 대신해서 재산반환 청구소송을 냈다.

서울고등법원(2004년) 재판부는 "Y씨가 K씨에게 재산을 넘겨 준 것은 여생을 외롭지 않게 **부양해 달라는 조건으로 증여한 것으로 봐야 함**으로 병든 Y씨를 간호하기는 커녕 전 남편과 부적절한 처신을 한 L씨는 **증여받은 집을 돌려주라**"고 판결했다.

불륜관계 청산을 조건으로 주기로 한 부동산, 돌려받을 수 있을까? 103

아내 K씨는 자신의 남편 L씨와 오래 전부터 불륜관계에 있는 M씨의 존재를 알고 있다. K씨는 남편 L씨가 M씨와의 관계를 청산하는 조건으로 오피스텔의 소유권을 넘기기로 약속한 것도 알게 됐다. K씨는 M씨를 상대로 남편이 오피스텔을 넘겨주겠다고 한 약정은 무효임을 확인해 달라는 소송을 냈다.

서울고등법원(2004년) 재판부는 **K씨에게 승소 판결**했다. 재판부는 "K씨의 남편이 불륜관계를 청산하는 조건으로 M씨에게 오피스텔의 소유권을 넘기기로 한 약정은 '**선량한 풍속 기타 사회 질서**•'**에 반하기 때문에 무효**•"라고 판결 이유를 설명했다.

[해설] **무효(無效)**라 함은 일정한 원인에 의해 법률행위의 내용에 따른 법률효과가 당연히 생기지 않는 것을 말한다. 여러 원인이 있으나 본문의 사례처럼 불륜관계를 끊는 조건이란 선량한 풍속을 해치는 경우라고 보아 무효로 하는 것이다. 그 밖에도 의사무능력자의 법률행위 · 불능한 법률행위 · 강행규정에 위반한 법률행위 · 반사회질서의 법률행위 · 불공정한 법률행위 · 비진의 의사표시 · 허위표시 등은 무효가 된다.
[해설] **선량한 풍속 기타 사회 질서**: A-26 참조.

사랑 표시로 증여한 땅, 되돌려 받을 수 있나? 104

K(82)씨는 노인정에서 L(여 · 73)씨를 알게 된 뒤 친구들과 어울려 함께 여행을 하거

나 단둘이 만나 식사를 하는 등 가깝게 지냈다. K씨는 L씨가 금전적으로 어려움을 겪고 있다는 얘기를 듣고 L씨가 K씨를 자주 만나주는 조건으로 자신의 소유 임야를 L씨의 아들 J씨 앞으로 소유권 이전을 위한 가등기●를 해줬다.

그런데 K씨는 L씨가 부동산 소유권 이전 가등기가 이뤄진 뒤부터 태도를 바꿔 잘 만나주지 않자 J씨를 상대로 부동산가등기말소 청구소송을 냈다. 1심에선 원고 K씨가 승소했다. L씨의 아들 J씨는 이에 불복하여 등기절차 이행을 청구하는 맞소송을 냈다.

수원지방법원(2008년) 항소재판부는 "원고인 K씨의 주장을 인정할 증거가 없다"며 "원고 K씨가 L씨를 거치지 않고 직접 피고 J씨에게 소유권 이전등기를 해주기로 합의한 사실이 인정된다"며 **원고 K씨에게 패소 판결**했다.

[해설] **가등기(假登記)**란 부동산이나 부동산에 관련된 권리(예: 임차권)의 변동을 일어나게 할 청구권을 가지는 자의 보호를 위한 일시적 · 예비적 보전수단으로서 인정되는 등기를 말한다. 가등기를 하면 본등기 순위보전의 효력이 있다.

약속한 기부금, 기부목적과 달리 사용됐다고 안 낼 수 있나? 105

중견 재벌회사 S회장 부부는 경남 소재 B대학에 "양산캠퍼스 땅값으로 사용해 달라"며 개인 기부사상 최고액인 300여 억원을 기부하겠다고 약속하고 그 중 200억원 가량을 먼저 냈다. 그런데 학교 측이 기부 받은 돈의 대부분을 땅 값이 아닌 건물 신축 비용이나 교수연구비 등으로 사용하자 남은 기부금을 줄 수 없다며 B대학을 상대로 채무부존재 확인소송을 냈다.

부산지방법원(2009년) 재판부는 **원고 S씨 부부에게 패소 판결**했다. 재판부는 "원고는 기부금을 B대학 제2캠퍼스(양산캠퍼스) 부지대금으로 사용하기로 한 부담부 증여(負擔附贈與)이기에 B대학 측이 의무 이행을 하지 않아 증여계약을 해지하고 나머지 기부금을 출연할 수 없다고 주장하지만 **이 기부는 부담부 증여●로 볼 수 없다**"고 판시하면서 "원고가 주장하는 약정 등의 내용은 단순히 기부금의 사용목적 또는 사용방법을 지정한 것에 지나지 않기 때문이다"라고 판결 이유를 설명했다.

[해설] **부담부 증여**: A-101 참조.

Ⅱ 재산과 법률생활

1. 부동산

조망권 · 일조권

한강 조망권, 사회통념상 권리로 봐야 하나? 106

서울 동작구 흑석동에서 저층 빌라에 살고 있는 J(77)씨는 한강을 보기 위해 거실 창문 방향을 한강 쪽으로 하고 창문을 전면 유리로 바꿔 놨다. 그런데 M건설회사가 빌라 앞에 10층의 고층 아파트를 지으려고 하고 있어 한강이 거의 보이지 않게 되어 '공사중지 가처분 신청'을 냈다.

서울중앙지방법원(2007년) 재판부는 **"6층을 초과하는 건물 공사는 중지하라"며 가처분신청•을 받아들였다**. 재판부는 "장년층인 J씨 등이 30여 년 동안 불편한 산비탈에 있는 동북향 집에 산 이유는 한강의 수려한 경관을 바라보며 미적 만족감을 얻기 위해서였다"며 "한강 경관은 질적으로도 상당한 가치가 있으므로 **한강조망 이익은 사회통념•상 법적 보호의 대상이 된다**"고 판시했다. 또 "J씨 주택지역은 자연경관을 보호하기 위해 저층 주택만 지을 수 있는 지역인데 맞닿은 지역에서 이를 훼손할 정도로 높은 건물을 지으면 주변 환경과 조화될 수 없고, 이들의 조망 수준이 심하게 떨어지므로 **사회통념상 받아들일 수 있는 정도를 넘는다**"면서 인용 결정 이유를 설명했다.

[해설] **가처분(假處分)**: A-36 참조.
[해설] **사회통념(社會通念)**이란 자연스러운 사회의 일상생활에 있어서의 양식(良識)을 말한다. 이러한 사회통념은 법의 해석이나 재판에 있어서 판단의 기준이 된다. 민법에서 말하는 조리(條理)나 신의성실의 원칙(信義誠實原則)이 이에 가깝다.

옥외 광고판, 조망권 이익은? 107

K기업은 서울 강남구 역삼동에 6층 규모의 업무용 건물을 신축하고 외부의 광고업체에 옥상을 임대해 줘서 옥외광고탑을 설치 · 운영해 최고 월 170만원의 수익을 얻었

다. 하지만 K기업의 건물 남쪽 부근에 12층 규모 건물이 완공돼 옥외광고탑을 완전히 가리게 되어 광고효과가 현저하게 저하되었다. 옥외광고탑을 이용하던 광고대행사로부터 이용계약을 해지* 당하게 됐다. K기업은 신축된 인접 건물 때문에 광고판의 광고효과가 떨어졌다며 인접 건물을 상대로 손해배상 청구소송을 제기했다.

서울중앙지방법원(2008년) 재판부는 **원고 패소 판결**했다. 재판부는 "조망 이익은 원칙적으로 특정의 장소에서 외부를 조망함에 있어 특별한 가치를 지니고, 사회통념상 중요성을 갖는다고 인정되는 경우에 비로소 법적인 보호의 대상이 되는 것"이라며 **"건물 외부로부터 그 옥상에 위치한 광고탑에 대한 경우는 조망 이익에 관한 법리가 적용되는 경우는 아니다"**고 판결 이유를 설명했다.

[해설] **해지(解止)**란 계속적 법률관계(예: 임대차 · 고용 등)에 있어서 당사자 일방의 의사표시에 의하여 앞으로 이후부터 그 계약관계를 소멸하게 하는 것을 말한다. 이와 유사한 개념인 해제(解除)는 계약관계를 소급하여 애초부터 없었던 것으로 소멸시킨다는 점에서 다르다.

아파트 환경성능에서 일조권과 조망권의 가치는? 108

서울 성동구 금호동에 신축되는 아파트 때문에 일조권과 조망권이 침해됐다며 K씨가 신축 아파트를 건설한 지역주택조합을 상대로 손해배상 청구소송을 냈다.

서울고등법원(2004년) 재판부는 **K씨에게 승소 판결**했다. 재판부는 "아파트 신축으로 K씨의 주택에 대한 **일조권침해 정도가 수인(受忍)한도를 넘어섰으며** 거실 창문을 통해 하늘이 보이는 비율도 32%나 감소했으므로 이로 인한 **환경 성능(일조권, 조망권, 사생활 보호) 상실분을 배상해야 한다**"고 설명하면서 특히 "소득 수준의 향상으로 삶의 질에 대한 관심이 증대하면서 환경권이 중시되는 최근 경향에 따라 **주택 가격에서 환경 성능이 차지하는 비중은 20%로 볼 수 있다**"며 환경권이 주택 가격에서 갖는 구체적 비중을 판결로 제시했다.

[해설] **일조권(日照權, right to sunshine)**이란 햇볕을 받아 쬘 수 있도록 법률상 보호되는 권리를 말한다. 공업화 · 도시화에 의하여 도시가 확대되면서 중요한 사회문제로 대두되고 있다.
[해설] **조망권(眺望權)**이란 경관이나 조망을 빼앗기지 않을 권리를 말한다. 경관이나 조망은 그것을 보는 사람에게 미적(美的) 만족감과 심적인 편안함을 주는 것에 가치가 있다는 데서 생긴 권리로 통풍권이나 일조권과 같은 권리의 한 종류이다.

사회통념상 일조권 침해의 수인(受忍)한도, 구체적 수치로 표시한다면? 109

경기도 안양시의 H아파트 1~5층 소유주인 J씨 등은 아파트 남쪽 7.5~13.4m 지점에 신축된 지상 5층 건물로 인해 일조권과 조망권을 침해당했다며 건물주 L씨를 상대로 손해배상 청구소송을 냈다.

수원지방법원(2005년) 재판부는 **피고 L씨는 원고 J씨 등 7명에게 400만~700여 만 원씩을 지급하라는 원고 승소 판결**했다. 재판부는 "피고 L씨는 H아파트와 인접한 곳에 지하 1층, 지상 5층 건물을 지어 원고들의 일조권을 사회통념상 수인한도를 초과해 침해했다"며 "아파트 시가 하락분에 상당하는 재산상 손해액과 정신적 고통에 대한 위자료를 지급하라"고 판시했다. 또 **"동짓날을 기준으로 오전 9시~오후 3시 사이에 연속 일조시간 두 시간 이상, 또는 오전 8시~오후 4시 사이에 총 일조시간 네 시간 이상이 확보되지 않을 경우 일조 침해가 수인한도**●를 넘었다고 보는 게 마땅하다"고 설명했다. 아울러 "H아파트는 인구 과밀로 토지 효율성이 요구되는 수도권에 위치하여 조망침해율●이 60% 이하인 경우는 수인한도 내에 있다고 봐야 한다"고 판결 이유를 설명했다.

[해설] **수인한도**: 환경권 침해 등으로 생긴 문제에 대해 피해 당사자가 참을 수 있는 한도를 말한다.
[해설] **조망침해율**: 아파트 전면에서 밖을 봤을 때 신축 건물로 인해 시야가 가려지는 정도를 말한다.

● 일조권 침해 요건으로서 생활이익이란? 110

서울 대치동에 있는 A아파트는 12층, B아파트는 5층짜리였는데 거의 동시에 재건축 공사를 시작했다. 재건축이 끝난 뒤에는 A아파트가 18층, B아파트가 25층이 됐다. B아파트가 A아파트를 가리게 되어 일조량이 현저히 줄었다. A아파트 주민들은 B아파트 재건축조합과 시공회사를 상대로 손해배상 청구소송을 냈다.

서울중앙지방법원(2008년) 재판부는 **원고인 A아파트 주민들에게 패소 판결**했다. 재판부는 일조권 분쟁을 판단함에 있어 **여섯 가지 기준**을 제시했다.

"첫째 우선 일조권 침해를 주장하려면 주거 지역에 있는 **주거용 건물**이어야 한다는 것이다. 따라서 상업용지에 지은 주상복합아파트는 해당이 되지 않는다.

둘째 일조권을 침해하는 건물이 완공되기 이전부터 상당 기간 이 지역에 거주해 **생활이익이 형성**돼 있어야 한다.

셋째 새로 들어선 건물은 주변에 비해 **이례적인 건물**이어야 한다.

넷째 일조권 침해를 주장하는 쪽에 압박감을 줄 정도로 **근접해 있거나 채광을 방해**해야 한다.

다섯째 이와 함께 일조량 감소로 인한 **피해가 상당한 수준**이라고 판단이 돼야 한다. 동짓날을 기준으로 오전 9시부터 오후 3시 사이에 연속으로 2시간 이상 햇빛을 받지 못하거나 오전 8시에서 오후 4시 사이를 통틀어 4시간 정도 일조권을 침해 당하고 있다는 것을 입증해야 한다.

마지막으로 여섯째 일조권을 침해한다는 건물의 **각종 규제 위반 여부**가 고려 대상이다"라는 것이다.

따라서 "이 같은 여섯 가지 기준을 적용해 볼 때 두 아파트의 재건축이 비슷한 시점에 시작돼 **상당 기간 거주에 따른 생활이익이 형성되지 않았고, B아파트가 이례적인 건물이 아니며, A아파트와 아주 근접한 것도 아니다**"라고 원고 패소판결 이유를 설명했다.

건축 기본계획대로 지었는데도 일조량 기준 미달이라면 배상책임은? 111

대전에 있는 한 아파트 입주자 K씨 등 입주민 130여 명이 세대별 일조량이 기준에 못 미쳤다면서 건설사와 분양회사를 상대로 손해배상 청구소송을 냈다.

대법원(2010년) 재판부는 **원고 패소 취지**로 원심을 깨고 사건을 대전고법으로 돌려보냈다. 재판부는 "아파트의 세대별 일조권 문제가 **분양 당시 제공한 기본적인 건축 계획대로 지은 데서 비롯된 이상, 일조량이 기준에 미치지 않는다는 이유만으로 분양 계약을 제대로 이행하지 못했다고 할 수 없다**"고 판결 이유를 설명했다.

중개업자

법정한도 넘는 부동산 중개수수료 약정, 유효한가? 112

S씨는 제주시 소재 9억3천여 만원 상당의 임야를 팔고 부동산 중개업자 G씨에게 중개수수료 명목으로 시가 약 3400여 만원의 땅을 넘겼다. S씨는 그 뒤에 G씨에게 법정한도(매매액 × 0.9%)를 훨씬 초과하는 대가를 준 것을 알고 초과 금액을 돌려달라는 부당이득반환 청구소송을 냈다.

대법원(2007년) 재판부는 **원고에게 승소 판결**했다. 재판부는 "고액의 수수료를 받는 중개업자에게 행정적 제재나 형사적 처벌을 가한다고 해도 의뢰인이 입은 손해를 보전하는 효과가 없으므로 국민의 재산권 보호를 위해 **중개수수료 계약의 사법적 효과를 무효로 보고, 반환을 청구할 수 있다는 법리를 다시 한 번 선언한다**"고 판시했다.

또 과거 일부 판례가 "관련 법령의 성격이 단속규정•에 불과하므로 사적 계약인 중개수수료 계약을 무효로 할 수는 없다"고 판결한 것과 관련하여 대법원은 "그런 예외적 판례도 변경한다"고 입장을 분명히 밝혔다.

[해설] 부동산중개업법은 매매 · 교환의 경우 거래액의 0.2~0.9%, 특별시 · 광역시 · 도는 조례로 명시한 한도 내에서 수수료를 받을 수 있도록 규정하고 있다. 제주도는 "일반 주택을 제외한 부동산 중개수수료는 매매가의 0.2~0.9%로 한정한다"는 조례를 두고 있다.
[해설] **단속규정(團束規定)**이란 교통단속규정에 있어서와 같이 어떤 행위를 함에는 일정한 조건을 요구하거나 일정한 제한 또는 금지를 부과하는 규정을 말한다.

법정 한도 넘은 중개수수료, 돌려달라고 할 수 있나? 113

부동산중개업자 K씨는 H씨의 의뢰에 따라 경기도 이천시 임야를 4억9000여 만원에 팔도록 중개하고 1억1900만원을 받는 등 법정 기준을 넘는 수수료를 받았다. H씨는 K씨를 상대로 법정 수수료율을 초과해 받은 중개수수료를 반환하라며 부당이득금 반환 청구소송을 냈다.

서울고등법원(2004년) 재판부는 **K씨는 H씨에게 9100만원을 돌려주라고 원고 승소 판결**했다. 재판부는 "부동산의 매매 · 교환의 경우 수수료율 한도를 0.2~0.9%로 정한 부동산중개업법을 위반할 경우 형사 처분만 해서는 실질적 효과가 없으므로 초과분을 제한해야 한다"고 판시했다. 특히 "중개업자 K씨는 H씨 측과 맺은 동업약정에 따라 부동산전매 차익을 분배받은 것일 뿐이라고 주장하지만, **수수료율 한도를 초과한 금액은 명목이 무엇이든 반환해야 한다**"고 판결 이유를 설명했다.

무자격 부동산 중개사에겐 수수료 안 줘도 될까? 114

Y씨는 A교회 건물을 거래 알선해 줬다. 그리고 중개수수료를 요구했으나 받지 못하자 Y씨는 A교회를 상대로 부동산중개료지급 청구소송을 냈다.

대법원(2010년) 재판부는 **원고 Y씨의 패소로 판결한 원심을 확정**했다. 재판부는 "공인중개사 자격이 없는 사람이 법령을 위반해 부동산 중개업을 하면서 수수료를 받는 행위는 투기적 · 탈법적 거래를 조장해 거래질서의 공정성을 해칠 우려가 있다"며 **"무자격 중개인이 매매 당사자와 체결한 중개수수료 지급약정은 강행규정• 에 어긋나 무효**"라고 판결 이유를 설명했다.

[해설] **강행규정(强行規定)**이란 당사자의 의사 여하에 불구하고 강제적으로 적용되는 규범이다. 강행규정에 위반하는 내용의 법률행위는 무효가 된다. 사회의 기본적 윤리관을 반영하는 규정이나 법률질서의 기본구조에 관한 규정 내지 경제적 약자의 보호를 위한 사회정책적 규정 등이 대부분 강행규정이다. 이에 반대되는 개념은 임의규정(任意規定)이다.

위조된 전세계약서류 확인 안 한 중개업자, 손해배상책임은? 115

C(여)씨는 부동산 중개업자의 중개로 자신이 집주인이라고 한 남자와 임대차 계약을 체결하고 전세금 7000만원을 건넸다. 그런데 이 남자는 위조된 주민등록증으로 계약을 한 것이고 계약금을 챙겨 달아났다. C씨는 중개업자를 상대로 소송을 냈다.

서울남부지방법원(2005년) 재판부는 "피고 중개업자는 원고 C씨의 **피해액의 80%인 5600만원을 배상하라**"며 **원고 일부 승소 판결**했다. 재판부는 "중개업자는 부동산을 처분하려는 자가 권리자와 동일인인지를 **부동산등기부와 주민등록증, 등기권리증을 통해 확인할 의무**가 있다. 그러나 피고는 **임대의뢰인의 등기권리증 소지여부를 확인하지 않은 과실•이 있다**"고 판시했다. 또 "임대 의뢰인이 잔금 중 일부를 현금으로 요구하는 등 의심스러운 사정이 있었음에도 중개업자는 부동산중개업법상의 확인 의무를 게을리 했다"고 판결 이유를 설명했다.

[해설] **과실(過失)**: A-12 참조.

대리권 유무 확인 소홀히 한 부동산 중개인, 손해배상책임은? 116

Y씨는 부동산 중개업자의 소개로 대리인 행세를 하는 K(여)씨의 아들과 임대차 계약을 체결하고 보증금을 건넸다. 그리고 입주했다. 그런데 건물주인 K씨는 아들에게 대리권을 주지 않았기 때문에 계약이 무효라면서 Y씨는 집에서 나가달라고 요구했다. Y씨는 전국부동산중개업협회를 상대로 손해배상 청구소송을 냈다. Y씨는 계약 당시 중개업자에게 "K씨 아들이 K씨를 대리할 권한이 있는지 확인해 달라"고 부탁했지만 중개업자는 "문제가 없다"고 대답했다.

서울중앙지방법원(2005년) 재판부는 협회는 **피해액의 80%인 4400만원을 배상하라고 원고 Y씨에게 일부 승소 판결**했다. 재판부는 "중개업자는 건물주 K씨의 아들이 건물주에게서 주택의 임대차에 대한 **대리권•을 위임받았는지 확인할 업무상 의무가 있는데도 이를 게을리 한 과실이 있다**"면서 "중개업자와 업무상 발생한 손해배상• 책임을 보상하는 보험계약을 한 협회 측은 이를 배상하라"고 판결했다.

[해설] **대리권(代理權)**이란 대리를 할 수 있는 대리인의 본인에 대한 법률상의 지위 또는 자격이다. 법정대리와 임의대리가 있다. 법정대리는 법률의 규정(예: 친권자, 후견인 등)에 의하여, 그리고 임의대리는 수권행위에 의하여 발생한다.

[해설] **손해배상(損害賠償)**이란 불법한 원인으로 발생한 손해를 피해자 이외의 자가 보전해 주는 것을 말한다. 민법상 위법행위 즉 채무불이행과 불법행위로 발생한 손해에 대하여 손해배상청구권이 생긴다.

공인중개사는 계약서에 반드시 서명 · 날인 둘 다 해야 하나? 117

S구청은 K씨가 아파트 임대계약을 중개하면서 계약서에 자필로 서명만 하고 도장은 따로 찍지 않았다는 이유로 업무정지 45일 처분을 했다.

공인중개사의업무및부동산거래신고에관한법률 제39조 등에는 중개업자가 계약서에 '서명 · 날인'을 하지 않으면 등록관청이 6개월의 범위 안에서 업무 정지를 명할 수 있게 돼 있기 때문이다. K씨는 업무정지 처분을 취소해 달라며 서울 S구청장을 상대로 소송을 냈다.

대법원(2009년) 재판부는 **원고 공인중개사 K씨에게 패소한 원심을 확정**했다. 재판부는 "중개업자는 사용할 도장을 관청에 등록해야 하고 다른 도장을 사용하면 6개월 이내 업무정지를 받는다는 조항이 따로 있는 점 등에 비춰볼 때 해당 조항은 **'서명 및 날인'을 뜻한다고 해석해야 한다**"며 "서명 · 날인을 하지 않으면 처벌토록 한 규정은 계약 당사자 간의 분쟁을 예방하는 취지여서 **자필로 서명● 하고 등록된 도장을 날인하는 행위가 모두 요구된다고 봐야 한다**"고 판결 이유를 설명했다.

[해설] **서명(署名)**이란 문서에 자기의 성명을 쓰는 것을 말한다. 행위자가 자기의 동일성을 표시하고 책임을 분명하게 하기 위하여 성명을 쓰는 것이다.

임대차계약 위임받은 중개업자의 사기, 건물주의 책임은? 118

중개업자 C씨는 20개 다가구주택의 건물주로부터 임대차계약●을 수임 받아 6년 동안 일했다. 그 동안 입주자들로부터는 전세계약●을 맺고 전세 보증금을 받으면서 건물주에게는 월세계약을 체결한 것처럼 꾸며 보고했다. 그리고 전세보증금 57억원을 챙겨 해외로 도주했다. 세입자들은 C씨의 범죄행위는 건물주의 의사를 반영한 것이라면서 건물주에게 피해배상을 요구하는 소송을 냈다. 1심 재판부는 "건물주에게 이중계약 사기행위에 직접적인 관련이 없고, 세입자가 꼼꼼히 확인했어야 한다"는 취지로 "건물주의 보증금반환 책임 없다"고 판결했다. 그러나 항소심은 1심 판결을 뒤집었다.

서울고등법원(2009년) 재판부는 "**건물주는 세입자등에게 보증금의 60%를 반환**하라"고 판결하면서 "건물주가 자신의 부동산을 중개업자에게 대리 관리하게 한 것은 **민법상 사용자책임● 에 준하는 관계로 봐야 한다**"고 판결 이유를 설명했다.

[해설] **임대차(賃貸借)계약**이란 당사자의 일방(임대인)이 상대방에게 목적물(임대물)을 사용 · 수익하게 할 것을 약정하고, 상대방(임차인)이 이에 대하여 차임을 지급할 것을 약정함으로써 성립하는 계약을 말한다.
[해설] **전세(傳貰)계약**이란 주로 도시에서 관습상 행하여 온 우리나라 고유의 것으로 건물 임대차의 한 형태를 말한다. 보통의 임대차와 다른 점은 목적건물의 사용대가의 지급방법으로 일정 금액을 전세금으로 미리 일시에 받고 계약종료시에 반환하는 것이다.

[해설] **사용자책임(使用者責任, the doctrine of employer's liability)원칙**이란 타인을 사용하여 어떤 사무에 종사하게 한 자는 피용자가 그 사무집행에 관하여 제3자에게 손해를 끼친 때에는 그 피용자의 선임 및 사무 감독을 게을리하지 않았음을 입증하지 못하면, 그 손해를 배상할 책임을 지게 하는 원칙을 말한다.

재건축 · 재개발

주택재개발정비사업조합에 쓰일 동의서, 그 유효요건은? 119

부산 해운대구 W구역 주택재개발정비사업조합의 설립인가 절차에 하자가 있다면서 L씨 등 조합원이 해운대 구청장을 상대로 소송을 냈다.

대법원(2010년) 재판부는 **L씨 등에게 승소 판결한 원심을 확정**했다. 재판부는 "재개발조합 설립을 인가하는 행정기관은 인가 요건인 토지소유자의 동의 여부를 심사할 때, 동의 내용에 **법정 기재사항이 모두 포함돼 있는지와 날인된 도장과 인감증명서가 동일한지를 기준으로 삼아야 한다**"면서 "**이런 요건을 충족하지 않은 동의서는 무효**"라고 지적하고 또 "이 사건 동의서에는 **도시정비법이 정한 구체적인 내용이 빠져 있어** 동의서가 유효하다며 내린 조합설립인가 처분은 중대하고 명백한 하자를 가진 것"이라고 판결 이유를 설명했다.

주택재개발정비사업조합 분양 안내문을 받지 못했다면? 120

J씨는 서울의 한 주택재개발정비사업조합의 분양 안내문을 받지 못해 분양권 신청 대상자에서 제외되어 손해를 보게 됐다. J씨는 이 조합을 상대로 소송을 냈다.

서울행정법원(2010년) 재판부는 **J씨에게 승소 판결**했다. 재판부는 "분양신청 안내문의 통지는 주택 등 소유자에게 분양신청 기회를 부여하는 중요한 절차"라며 "사업시행자는 통지서가 반송되면 서면 결의서 등 다른 자료에 있는 주소지나 전화번호를 확인하는 등 **통지받지 못해 분양 기회를 상실하지 않도록 할 의무가 있다**"고 판결 이유를 설명했다.

도시정비구역 세입자의 주거이전비 보상지급 시기는? 121

서울 마포구 아현동에 살던 L씨는 2005년 집 주변 일대에 대한 재개발계획 공고가 난 지 한 달 뒤에 집을 팔고 같은 집에 세를 들어 살았다. 그리고 2년 뒤 재개발사업시행 인가가 나자 주택재개발조합에 1200만원의 주거 이전비를 신청했다. 그러나 L씨는 조합 측에서 사업시행 인가 당시 L씨는 세입자였다며 이전비를 내주지 않았다. L씨는 소송을 냈다. 1 · 2심 재판부는 "보상 기준일을 사업시행인가 고시일로 봐야 한다"며 원고 승소 판결했었다.

대법원(2010년) 재판부는 **원고 승소 판결한 원심을 깨고 원고 패소 취지**로 사건을 서울고법으로 돌려보냈다. 재판부는 "도시정비구역 세입자의 주거이전비용보상 시기는 재개발사업시행 인가일이 아니라 **그 이전의 재개발계획 공고일이 기준**이다"라고 판결 이유를 설명했다.

철거대상 무허가 건물에 살아도 전입신고는 가능한가? 122

개발이 예정된 지역에 있는 철거대상 무허가 건축물에 살고 있더라도 전입 신고를 할 수 있다. 종전에는 무허가 건물에 살거나 합법적인 개발에 따른 철거 요구에 불응한 사람에게는 전입 신고를 받아주지 않아도 된다는 것이 기존 판례입장이었다.

대법원(2009년) 재판부는 무허가 건물에 살고 있는 S씨가 서울 양재동 동장을 상대로 **주민등록전입신고 거부처분을 취소해 달라며 낸 소송에서 원고 승소로 판결한 원심을 확정**했다.

여관에서 장기투숙했다면 주거이전비 보상해 줘야 하나? 123

K씨 등 몇 명은 여관에서 취사, 빨래 등 일상생활을 해 왔다. 그런데 관할 구청이 여관 건물을 철거할 때에 주거이전비 지급을 거절하자 관할 구청을 상대로 주거이전비 지급을 청구하는 소송을 제기했다.

서울행정법원(2007년) 재판부는 **"구청은 K씨 등에게 각 500여 만원을 지급하라"고 원고 승소 판결**하면서 "공익사업법에는 '주거용 건축물'의 세입자인 거주자에게 주거 이전비 등을 보상해야 한다고 나와 있는데, 이 때 주거용 건물의 해당 여부는 서류상 표시뿐 아니라 건물의 사용목적, 일상생활을 영위하는지 여부도 고려해야 한다"고 판결 이유를 설명했다. 또한 "K씨 등이 여관에서 오랜 기간 돈을 내고 살아왔고 빨래, 취사 등 일상생활을 해 온 점을 미뤄 볼 때 **이 여관은 주거용 건축물로 봐야 한다**"고 판시했다.

시위불참 이유로 조합원에 대한 벌금부과, 유효한가? 124

서울 종로구 무악동 M재건축사업조합의 조합원인 J씨는 조합이 주최한 구청 청사 앞에서 집단시위를 하기 위한 소집에 직장 출근 때문에 한 번도 참석하지 못했다. 조합은 불참벌금의 명목으로 3백여 만원을 내라고 통보했다. J씨는 시위 불참벌금을 내지 않은 채 집을 매각하고 이사를 가려고 하자 매입자로부터 징수하겠다고 강경방침을 통보해 왔다. J씨는 동 금액을 부동산중개업소에 맡기고 채무부존재확인 청구소송을 냈다.

서울서부지방법원(2006년) 민사합의부는 **"J씨는 시위 불참비 명목으로 부과된 355만원을 조합에 내지 않아도 된다"며 원고 승소 판결**했다.

재판부는 "집회와 시위의 자유는 집회와 시위에 참여할 자유뿐만 아니라 참여하지 않을 소극적인 자유까지도 포함하는 개념"이라며 "집회와 시위참여 문제를 개인이 자기결정권에 기초해 판단할 기회를 갖지 못하고 조합이 강제하는 것은 집회와 시위자유의 본질을 침해하는 행위"라고 설명하면서 "조합이 시위 불참비 부과의 근거로 내세우는 조합 정관은 조합원들에게 조합의 실제비용을 부담시킬 근거는 되지만 **제재적 성격이 있는 시위 불참비의 부과근거는 될 수 없다**"며 **조합 측의 항소를 기각**했다.

국토해양부의 '재건축표준동의서'에 따른 조합설립동의서, 적법한가? 125

대구시 파동의 G재건축조합은 국토해양부가 제시한 '표준동의서' 양식에 따라 만든 조합설립동의서로 조합원의 의견을 수렴했다. 그런데 조합 측은 이 표준동의서 내용이 너무 추상적이어서 재건축결의가 무효라며 이에 참여하지 않은 주민을 상대로 소유권 이전등기 소송을 냈다.

대법원(2010년) 재판부는 **조합 측에 승소 판결하여 원심을 확정**했다. 재판부는 "표준동의서는 종전 토지 및 건축물가격의 평가방법과 평가기준시점, 청산금의 부담시기와 납부방법 등을 구체적으로 규정하고 있다"며 따라서 **"표준동의서상의 기재내용이 조합원이 부담하게 될 사업비용의 분담기준이나 소유권 귀속에 관한 사항 등을 지나치게 추상적으로 정하고 있어 위법하다는 재건축 반대주민들의 주장을 받아들일 수 없다"**고 판결 이유를 설명했다.

공익사업시행자는 이주대상자에게 원가비용만으로 주택 공급하라! 126

일산 P지구 이주대상자 40여 명은 주택공사가 아파트를 특별 분양하면서 부당이득을 얻었다며 주택공사를 상대로 부당이득금반환 청구소송을 냈다.

의정부지방법원(2008년) 고양지원 합의부는 "이주대상자에게 일반입주자와 같은 분양대금을 정한 것은 **공익사업법에 위반하므로 해당 부당이득*을 반환하라"고 원고 승소 판결**하면서 "공익사업시행자는 주거용 건축공사로 토지나 주택을 잃은 이주대책 대상자에게 택지조성비, 건축원가, 택지가격 등의 원가비용만으로 주택을 공급해야 하는데 주공은 일반입주민과 똑같게 가격을 정했다"며 **주공이 계약한 기존 분양대금계약은 무효**라고 판시했다. 동시에 "원고에 대한 P지구의 정당한 분양금액은 110.8㎡(33평형)가 5174만원, 98.9㎡(29평형)가 4612만원"이라며 "110.8㎡는 분양금액 2억9000만원 중 원가를 제외한 1억4000만원, 98.9㎡는 분양가 1억7000만원 중 1억3000만원을 각각 반환해야 한다"고 판결 이유를 설명했다.

[해설] **부당이득(不當利得)**이란 법률상의 원인 없이 부당하게 재산적 이익을 얻고, 이로 말미암아 타인에게 손해를 준 경우의 이익을 말한다. 법은 그 이익의 반환을 명하는 부당이득반환청구권 규정을 두고 있다.

투기 · 친일파

● '알박기' 부동산 고가 매각, 범죄가 되나? 127

N(여 · 54)씨는 충남 천안시 아파트단지 예정부지 한복판에 7년여 전에 20평짜리 단독 주택을 사서 살고 있다. K건설은 아파트부지로 예정되었으니 사겠다고 주문했으나 N씨는 팔지 않겠다고 거절했다. 1억5천여 만원에 샀던 것이 4억5천만원에서 10억원, 20억원까지 거론되다가 결국 50억원까지 올라간 것을 40억원에 계약했다. K건설은 계약금액을 송금한 뒤에 부당이득 혐의로 고소했다.

대법원(2005년) 재판부는 **N씨에게 무죄 판결**했다. 재판부는 "부동산 매매에 있어 피고인 N씨가 얻은 이익이 명확히 부당한지는 토지 보유경위 및 기간, 주변부동산 시가 등을 종합해 판단해야 한다"고 지적하면서 **"피고인 N씨가 K건설회사에 부동산을 매도할 의무는 없으며, K건설이 아파트건설에 따라 얻을 이윤과 비교해 토지를 매수한 만큼 재산상 손해를 봤다고 단정할 수 없다는 점 등을 고려했다"**고 무죄 판결 이유를 설명했다.

● 계획적 '알박기', 민 · 형사 책임지게 되나? 128

토지 소유주 K씨는 용인에 있는 자신의 땅에 아파트 건설이 추진된다는 것을 미리 알고 8.8평의 땅을 비싸게 팔기 위해 친구 Y씨에게 3억원을 빌린 것처럼 근저당권을 설정한 뒤 이 땅을 9000만원에 샀다며 아파트 건설업체에 그 가격에 매각했다. 아파트 건설업자는 매각대금을 지불한 후 부당이득 혐의로 소송을 냈다.

서울중앙지방법원(2005년) 재판부는 땅을 시세보다 3배나 비싸게 판 K씨 등을 상대로 낸 소송에서 "K씨 등이 건설업체가 사업이 진척되지 않아 경제적으로 곤란한 상태에 놓인 점을 이용해 땅에 대해 시가보다 비싼 값을 받은 만큼 **부당이득금 6200여 만원과 이자를 건설업체에 돌려주라**"고 판결했다. **K씨와 Y씨는 부당이득**®**을 얻은 혐의로 형사재판에서도 징역 6월에 집행유예 2년을 선고**받았다.

[해설] **부당이득죄(不當利得罪)**란 사람의 궁박한 상태를 이용하여 현저하게 부당한 이익을 취득하거나 제3자로 하여금 취득하게 함으로써 성립하는 범죄를 말한다.

1년에 서너 차례 가지치기, 경작인가? 투기인가? 129

서울에서 회사에 다니는 G씨는 기획부동산업체를 통해 행정중심복합도시 관문역인 오송역 인근 농지 300여 평을 매입했다. 기획부동산업체 직원을 통해 묘목을 재배할 계획이라는 허위 농업경영서를 면장에게 제출해 발급받은 농지취득자격증명으로 명의이전 등기를 마쳤다. 하지만 허위 농업경영서란 것이 발각되어 농지법위반 혐의로 기소됐는데, 1 · 2심에서 무죄를 선고받았다.

대법원(2006년) 재판부는 **"영농을 목적으로 땅을 샀다고 볼 수 없다"며 무죄를 선고한 원심을 파기**하고 사건을 청주지법으로 돌려보냈다. 재판부는 **"1년에 서너 차례 가지치기를 했다는 정도만으로는 사회통념상 묘목을 재배하거나 농작물을 경작했다고 평가하기 어렵다"**고 판결 이유를 설명했다.

[해설] **사회통념**: A-106 참조.

친일파 후손들의 땅 찾기 소송에 취득시효? 130

이해창은 '한일합방'에 협조한 공로로 후작 작위와 함께 은사금 16만여 원(현재 30억원 이상 추정)을 받았다. 그의 후손 20여 명은 내원암 소유 절터 4만8000여 평은 1917년 조선 총독부로부터 받은 것이므로 돌려받아야 한다며 이 암자 주인과 국가 등을 상대로 토지소유권 확인소송을 냈다.

서울중앙지방법원(2006년) 재판부는 "사찰 측이 해당 토지를 이용해 온 현황과 소유권 보존등기를 마친 시기 등에 비춰보면 **내원암은 1962년부터 이 땅을 점유해 오면서 1982년 취득시효**®**가 완성된 것으로 보인다"며 후손들에게 패소 판결**했다.

[해설] **취득시효(取得時效)**란 물건 또는 권리를 점유하는 사실상태가 일정 기간 동안 계속되는 경우에, 그것이 진실한 권리관계와 일치하는가의 여부를 묻지 않고, 권리취득의 효과가 생기게 하는 제도를 말한다. 이 제도의 취지는 사회질서의 안정을 위하여 또 증거보전의 곤란을 배제하기 위한 것이다.

친일파 소유였더라도 2005년 이전에 구입한 땅이라면? 131

의정부지방법원(2008년) 재판부는 G씨가 "정당한 대가를 주고 친일파 후손으로부터 산 땅에 대한 국가귀속 조치는 위법하다"며 제기한 '**친일재산 국가귀속결정 취소청구**'를 **기각**했다. 재판부는 **"특별법 시행일(2005년 12월 29일) 이후에 권리관계를 형성한 제3자는 아무리 선의*라고 해도 취득한 권리를 보호받을 수 없다"**며 **"원고는 특별법 시행 후인 2006년 해당 토지를 매입했기 때문에 국가 귀속결정은 적법하다"**고 판결 이유를 설명했다.

아울러 재판부는 "친일반민족행위자재산의국가귀속에관한특별법은 친일재산인 줄 몰랐거나 정당한 대가를 지불한 경우 제3자의 권리를 인정하는 보호규정(제3조 1항)을 두고 있지만, 이는 특별법 시행 이전에 국한된다"고 상기시켰다.

> [해설] **선의(善意, bona fides)**라 함은 어떤 사정을 알지 못하는 것. 이와 반대로 '악의(惡意)'라 함은 어떤 사정을 알고 있는 것을 말한다. 이 사례에서 '어떤 사정'은 '친일파 소유 땅이란 사실'을 말한다.

친일파 후손 재산인 줄 모르고 매입했다면? 132

P씨는 특별법 시행일 이후에 친일파 후손으로부터 경기 고양시의 밭을 사들였다. 친일재산조사위원회는 "특별법 시행 이후 이뤄진 매매는 무효로 국가에 귀속해야 한다"는 결정을 내렸다. 이에 P씨는 소송을 냈고 **승소 판결을 받았다.**

대법원(2008년) 재판부는 "친일반민족행위자의 재산인 줄 모르고 샀다면 '친일반민족행위자재산의국가귀속에관한특별법'이 시행된 뒤 산 것이라도 국가가 환수할 수 없다. 친일반민족행위와 아무런 관련이 없는 **선의의 제3자에게 재산 취득에 따른 위험을 전가하는 것은 기본권을 침해할 우려가 크다**"고 판결 이유를 설명했다.

> [해설] **(선의의) 제3자**란 어떤 법률관계에 있어서 직접 참여하는 자를 당사자라 하고 그 이외의 자를 제3자라 한다. 우리 민법은 거래의 안전을 위해서 '선의의 제3자'를 보호하는 많은 규정을 갖고 있다.

분 양

완공된 아파트, 분양광고나 모델하우스와 다르다면? 133

K씨는 아파트 분양광고를 보고 모델하우스를 찾아갔다. 분양안내 책자에는 거실 바닥재는 단풍나무 원목, 유실수 식재로 테마공원 설치, 단지 내 온천개발, 인근에 서울

대학교 유치, 유명 콘도와 제휴, 전철복선화 추진 등등이 적혀 있는 것을 보고 계약했다. 그러나 준공된 아파트에는 이런 약속의 이행은 찾기 힘들었고 오히려 대규모 공동묘지가 있는 것을 발견했다. K씨 등 입주계약자 수백명은 건설사를 상대로 손해배상 청구소송을 냈다.

대법원(2007년) 재판부는 "온천, 바닥재, 테마공원은 분양계약에 포함되지 않는다"고 판결한 원심을 깨고 **원고 승소 취지로 사건을 서울고법으로 돌려보냈다.**

재판부는 "분양광고의 내용과 모델하우스의 조건 등이 청약을 유도하려는 요소에 불과하다 해도 아파트의 외형 · 재질 등에 관한 것은 **분양자와 분양을 받는 사람 사이에 이를 분양계약 내용으로 하는 묵시적 합의가 있었다고 보는 것이 타당하다**"면서 "온천, 바닥재, 유실수 단지, 테마공원 광고는 아파트의 외형 · 재질 등에 관한 것이고 콘도회원권 광고는 아파트에 관한 것은 아니지만 부대시설에 준하는 것으로 분양사가 이행 가능하다는 점에서 분양계약의 내용이 된다고 할 수 있다"고 덧붙였다. 또 **"부근에 공동묘지가 있다는 사실도 분양사가 알려야 할 의무가 있다"**고 판결 이유를 설명했다. 하지만 재판부는 "전철복선화 등 사회통념상 약속이행을 기대하기 어려운 것들은 광고 내용이 그대로 분양계약 내용을 이룬다고 보기 어렵다"고 판시했다.

인근에 철도역이 확정된 것처럼 허위광고, 건설사의 손해배상책임은? 134

경기도 교하지구 한 아파트 주민 300여 명은 아파트 인근에 철도역 건설계획이 확정된 것처럼 허위광고를 해 손해를 입었다며 H건설회사를 상대로 손해배상 청구소송을 냈다.

대법원(2010년) 재판부는 패소 판결한 원심을 깨고 **원고 승소 취지**로 사건을 서울고법으로 돌려보냈다. 재판부는 "H사가 광고의 근거로 삼았다는 계획은 파주시가 장기적으로 기존 역을 남쪽으로 옮긴다는 추상적인 내용으로 계획이 확정된 상태도 아니었다"며 "그런데도 건설사가 분양홍보책자와 모델하우스에서 아파트단지 부근에 역이 신설될 예정이라고 분양광고를 한 것은 **허위 · 과장광고에 해당한다**"고 판결 이유를 설명했다.

"1층 입주자 정원 독점 사용", 과장광고의 책임은? 135

P씨는 1층 거주자가 독점적으로 정원을 사용할 수 있다는 D건설회사의 견본주택의 사진을 믿고 분양받았는데 사실과 다르기 때문에 입은 재산상 손해를 배상하라는 소송을 냈다.

서울고등법원(2009년) 재판부는 **"P씨 등에게 아파트 넓이에 따라 1인당 600만**

~1200만원씩 배상하라"며 **1심을 뒤엎고 원고 승소로 판결**하면서 "D건설회사는 홍보책자에도 견본주택의 사진을 실었고, 해당 정원을 1층 거주자가 독점적으로 사용할 수 있다고 홍보하기도 했는데 **실제로 완공된 정원은 견본주택과 달랐고 1층 거주자가 독점적으로 사용할 수도 없었다**"고 판결 이유를 설명했다.

민간아파트 분양가, 지자체 승인사항인가? 136

D건설회사는 천안시 불당동에 아파트를 짓기로 하고 평당 877만원의 분양가로 분양승인을 신청했으나 천안시가 평당 655만원을 넘어서는 안 된다며 승인을 거부하자 분양가 자율화 원칙에 어긋난다면서 소송을 냈다.

대전지방법원(2006년) 재판부는 **원고 승소 판결**했다. 재판부는 "국민의 주거생활 안정 등을 위해 지방자치단체가 어느 정도 개입할 필요가 있지만 법적 범위 내에서여야 한다"며 "법에 정한 분양가 상한제를 통해 분양가가 규제되는 공공택지 안의 주택에만 개입할 수 있다"고 판시하면서 **"지방자치단체•가 입주자모집 공고안에 대한 승인을 거부할 근거가 없기 때문에 입주자모집 승인제도를 가격통제 수단으로 이용하는 것은 제도의 남용"**이라고 판결 이유를 설명했다.

[해설] **지방자치단체(地方自治團體)** 또는 지자체란 일정한 지역을 기초로 하고 국가로부터 자치권을 부여받아 지방적 사무를 그 권한과 책임 하에서 처리하는 법인격을 가진 지방자치의 주체를 말한다.

미분양 아파트의 할인 분양, 기존 입주자의 재산권 침해인가? 137

부산 북구 S아파트는 건설회사 측이 무주택 공무원에게 공급하려는 것이었으나 실적이 저조하자 일반인을 대상으로 분양했다. 그래도 저조하자 또다시 저층에 한해 층별로 분양대금을 최고 10%까지 6~10%씩 깎아줬다. 이렇게 되자 고층 입주민들은 시행사가 저층에 할인가를 소급 적용하고 특별 분양을 함으로써 고층의 시가까지 떨어지게 돼 재산권을 침해당했다며 H씨 등 입주민 300여 명이 아파트건설회사를 상대로 손해배상 청구소송을 냈다.

부산지방법원(2008년) 재판부는 **원고 패소 판결**했다. 재판부는 "건설회사는 분양실적이 저조해 부득이하게 특별 분양을 했고, 층별 선호도가 아파트 가격에 중요한 요인이 되기 때문에 **분양률이 저조한 저층을 특별 분양했다고 해서 형평성에 어긋난 것으로 볼 수 없다**"고 기각판결 이유를 설명했다.

분양계약서에 없는 업종제한, 주장할 수 있나? 138

약국을 운영하는 J씨는 같은 상가에 입점한 기존 점포소유주들 사이에 작성한 업종변경금지약정을 어기고 부동산중개업소가 들어와야 할 점포를 약국으로 변경해 개점한 P씨를 상대로 약국영업금지 청구소송을 냈다.

수원지방법원(2008년) 재판부는 **J씨의 청구를 기각하는 원고 패소 판결**을 내렸다. 재판부는 "분양 계약에 정해진 업종제한 약정을 위반할 경우 영업금지를 청구할 수 있지만 분양계약서에 업종지정에 대한 내용이 없고 업종제한에 관한 상가규약도 마련돼 있지 않아 **업종제한을 인정할 증거가 없다**"고 판결 이유를 설명했다.

한식 '덮밥'의 영업금지 가처분 결정을 따르지 않았다면? 139

서울 은평구의 한 상가 지하 1층에서 J씨는 비빔밥, P씨는 한식 덮밥만을 파는 조건으로 분양회사와 계약을 했다. 그런데 P씨가 '궁중돌솥비빔밥'이라는 상호로 식당을 열고 파는 바람에 손님이 줄기 시작하여 J씨는 결국 법원에 영업금지 가처분신청•을 냈다. 법원은 "P씨는 비빔밥, 돌솥비빔밥, 궁중돌솥비빔밥 등 일체의 비빔밥류 음식을 제조 · 판매해서는 안 된다"며 J씨의 신청을 받아들였다. 그러나 판결이 있은 뒤에도 P씨는 돌솥비빔밥을 팔았다. J씨는 P씨를 검찰에 고소했다.

서울남부지방법원(2007년) 재판부는 **법원의 영업금지 가처분결정 뒤에도 손님들에게 비빔밥을 판 혐의(공무상표시 무효)로 P씨에게 벌금 100만원을 선고**했다. 재판부는 "P씨가 손님들에게 비빔밥을 팔지 않았다고 주장했으나 비빔밥 그릇과 덮밥 그릇은 높이가 다르고 먹는 방법도 다르다"고 판결 이유를 설명했다.

[해설] 가처분: A-36 참조.

동일 상가에 커피전문점 있는데 아이스크림점에서 커피 팔았다면? 140

상가를 분양할 당시 매장별로 G씨는 커피전문점, K씨는 아이스크림점을 운영하도록 지정돼 있었다. 이를 변경할 경우에는 상가 내 다른 가게와 중복되지 않도록 하는 업종제한 약정도 체결돼 있었다. 그런데 K씨가 아이스크림판매점을 운영하면서 커피를 함께 팔자 G씨는 "업종제한 약정을 위반한 것이므로 커피제품 판매를 금지해 달라"고 소송을 냈다.

1심은 "K씨가 커피를 부수적으로 팔고 있을 뿐이고 시중의 아이스크림판매점에서 대체로 그렇게 영업하고 있는 점 등을 고려할 때 약정 위반으로 보기 어렵다"고 원고 패소 판결했다.

서울고등법원(2008년) 재판부는 1심 판결을 깨고 **G씨에게 승소 판결**했다. 재판부는 "두 매장의 커피제품을 비교해보면 K씨 가게에서 파는 제품이 가격만 약간 낮을 뿐 품목의 다양성이나 고급성에 있어 별 차이가 없고 G씨 매장의 매출에도 영향을 줬기 때문에 **업종제한 약정을 위반**했다"고 판결 이유를 설명했다.

계약서에 첨부한 분양광고책자, 법적 효력은? 141

J씨는 충남의 한 복합상가에서 남성복 가게를 운영하기 위해 분양대행사에 출입로 근처 점포를 임대해달라고 주문했으나 '스포츠 브랜드 구역'이라는 이유로 거절당했다. 그러나 얼마 후 다른 사람에게 그 장소에 남성복 판매점을 열도록 해줬고, J씨는 다른 구역에서 점포를 열었다가 여의치 않아 폐업하게 되면서 회사 측이 업종제한을 위반하고 경쟁업체에게 유리한 위치에 점포를 열게 해줬다며 소송을 냈다.

서울고등법원(2010년) 재판부는 **J씨에게 위자료 700만원을 지급하라고 승소 판결**했다. 재판부는 "계약서에는 어떤 업종이 영업이 가능한지 적혀 있지 않지만 분양 대행사가 계약서에 첨부한 광고책자에는 '상가에서 구역별로 지정된 업종만 영업할 수 있다'고 돼 있어 분양을 받는 사람이 구역별로 어떤 업종만 영업이 가능한지 알 수 있게 했다"고 판시하면서 또 "상가 구역별로 영업가능 업종을 제한한 것은 해당 업종을 독점적으로 운영할 수 있도록 보장해줘서 분양이나 임대를 활성화하려는 것인데 시행사 측이 결국 그 원칙을 어기고 J씨를 속여 **업종제한을 깬 점이 인정돼 배상책임이 있다**"고 판결 이유를 밝혔다. 1심 재판부는 "업종제한이 있다는 내용이 분양광고 팸플릿에만 있을 뿐 분양 · 임대차계약서에는 나오지 않았다"며 원고 패소로 판결했다.

분양광고에 "고속철도 출발 예정지"란 표현, 과장광고 해당되나? 142

K회사는 서울 양재동 양재나들목 근처에 쇼핑몰상가 분양광고를 내면서 상가가 '호남 고속철도 출발예정지'에 인접해 있다는 표현을 썼다가 공정거래위원회의 시정명령을 받고 공정거래위원회를 상대로 소송을 냈다.

서울고등법원(2007년) 재판부는 **원고 패소 판결**했다. 재판부는 "원고 K회사가 광고에 쓴 '고속철도 출발예정지'라는 표현은 '확정'까지는 아니더라도 어느 정도 결정된 상태임을 의미해 **'후보지'나 '유력지' 또는 '예상' 등 표현과도 명백히 구분된다**"며 "이처럼 단정적인 표현을 쓰면서 아직 확정되지 않았거나 장차 변동이 가능하다는 부연 설명도 없다"며 따라서 "원고의 광고내용이 사실과 다를 뿐만 아니라 일반인들이 오인하기에 충분하므로 소비자의 객관적인 판단을 흐려 **공정거래를 저해할 염려가 있는 허위 · 과장광고에 해당**한다"고 판결 이유를 밝혔다.

오피스텔 과장광고에 속아 손해 봤어도 수익성 판단은 투자자 책임인가? 143

L씨 등 20여 명은 인천국제공항 국제업무지역에 지어진 오피스텔을 분양받았다. 분양업체가 일간지에 게재한 '인천국제공항 최초의 유일한 주거 · 업무시설', '호텔급 이상의 최고급 업무센터'라는 내용의 광고와 26평을 분양받으면 보증금 3천만원에 월세 최소 1백30만원 이상을 받을 수 있다는 선전문구 등을 보고 투자했다. 그런데 분양받은 오피스텔은 임대가 제대로 되지 않았다. L씨 등은 분양업체의 거짓말에 속아서 투자를 한 만큼 분양대금을 돌려 달라며 이 분양업체를 상대로 부당이득금반환 청구소송을 제기했다.

서울중앙지방법원(2004년) 민사합의재판부는 **원고 L씨 등에게 패소 판결**했다. 재판부는 "분양 당시 도저히 일정한 수입을 얻을 수 없다는 것을 객관적으로 예측할 수 있을 정도의 구체적 사정이 있는데도 이를 숨긴 것이 아니라면 분양시설운영과 앞으로의 수익 등에 대한 결정은 **투자자의 책임과 판단에 따른 것**"이라고 봐야 할 것이며 "광고 중 일부 허위사실이 있긴 하지만 그것이 신의성실의 의무•에 비춰 비난받을 정도의 방법으로 거짓 사실을 고지했다고 보기 어려우므로 이를 **사기에 해당하는 행위로 볼 수 없다**"고 판결 이유를 설명했다.

[해설] **신의성실의 원칙**: A-276 참조.

아파트

부동산 매매, 계약금지불 전에는 위약금 지불 없이 계약 해제할 수 있나? 144

J씨는 경기도 용인시의 아파트를 5억원에 사기로 매매계약을 체결했다. 집주인 B씨는 외국에 머물고 있었고 B씨의 장모 S씨가 B씨를 대신해 계약했다. 그런데 S씨는 계약한 날 밤 사위인 B씨와 통화하면서 B씨가 집을 팔 의사가 없다는 것을 확인했다. S씨는 계약금 수령 이전이라는 이유로 다음날 계약파기 의사를 전달했다. 그러나 J씨는 일단 계약이 이루어진 만큼 바꿀 수 없다면서 계약금 6000만원을 송금했다. B씨 측은 이 돈을 법원에 공탁•하고 받지 않았다. J씨는 일방적 계약파기로 손해를 봤다며 소송을 냈다.

1심 재판부는 "J씨가 집주인 B씨로부터 2000만원을 보상 받아야 한다"고 판결했다. 반면에 2심인 서울고법에서는 "계약금을 주기 전이므로 마음대로 계약을 해지할 수 있다"며 1심 판결을 뒤집었다.

대법원(2008년) 재판부는 **원고인 J씨에게 승소 판결**했다. 재판부는 **"일단 계약을 하면 계약금을 주지 않았더라도 한쪽에서 일방적으로 계약을 취소할 수 없다"**고 판시했다. 부동산을 팔기로 한 사람이 계약금을 받았더라도 24시간 안에 돌려주면 합법적으로 계약을 취소할 수 있다는 일부 부동산업계의 관행은 아무런 법적 근거가 없는 낭설이라고 대법원은 부연하여 설명했다.

[해설] 공탁(供託)이란 변제 · 담보 · 보관 등의 목적으로 금전 · 유가증권 기타의 물건을 공탁소에 맡기는 것을 말한다. 가령 채무의 이행에 채권자의 협력을 필요로 하는 경우에 공탁제도를 이용하면 채권자의 협력 없이 채무를 면할 수 있다는 점에서 큰 의미를 가진다.

흉사 있던 집인 것 매매계약 때 안 알려줬다면 계약 취소할 수 있나? 145

K씨는 서울 서초구 소재 아파트를 사기로 하고 집주인 L씨에게 계약금을 지불했다. 그러나 3개월 뒤에 안 사실인데 L씨의 딸이 이 집에 살던 중 부부가 싸움 끝에 남편이 불을 질러 아내가 숨진 사실을 알게 됐다. K씨는 L씨에게 흉가이기 때문에 계약을 취소*하려 하니 계약금을 돌려 달라고 했다. L씨는 거절했다. K씨는 소송을 냈다.

서울중앙지방법원(2002년) 재판부는 **원고 승소 판결**했다. 재판부는 "사회통념*상 흉사라고 여겨지는 사건이 일어났던 집에 입주하는 것을 꺼리는 것은 엄연한 현실"이라며 **"계약 전에 알려주지 않았다면 계약금을 돌려줘야 한다"**고 판결 이유를 설명했다.

[해설] 사회통념: A-106 참조.
[해설] 취소(取消)란 일정한 원인을 이유로 일단 유효하게 성립한 법률행위의 효력을 행위시(時)로 소급하여 소멸시키는 의사표시를 말한다. 가령 계약당사자가 착오 · 사기 · 강박에 의한 의사표시임을 이유로 계약을 취소하는 경우 처음부터 그런 의사표시가 없었던 것으로 봐야 한다.

입주민들이 원한다면 아파트 이름 바꿀 수 있나? 146

서울 동작구 L아파트 입주자대표회의가 관할 구청에 아파트 이름을 바꾸겠다고 신청했으나 거부당했다. 입주자대표회의는 소송을 냈다.

서울행정법원(2007년) 재판부는 **원고 승소 판결**했다. 재판부는 "입주자대표회의가 전체 **입주자 4분의 3 이상의 동의**를 얻었고, 아파트 이름에 대한 권리를 가진 회사로부터 **사용승낙**을 받았으므로 이름을 바꾼다고 해서 다른 사람의 이익을 해치지 않는다"면서 "물건의 겉모습이나 이름도 가치를 지니고 오늘날 그 가치가 더 중요해지고 있는데 시대 흐름에 맞게 아파트에 아름다움과 문화적 이미지를 심으려는 입주자들의 욕구를 금지할 필요가 없다"고 판결 이유를 설명했다.

아파트 브랜드 변경, 어떻게 할 수 있을까? 147

수원시 영통구 매탄동 H타운 입주자 대표회의가 아파트 명칭변경 거부처분을 취소해 달라며 수원시장을 상대로 행정소송을 냈다.

이 아파트의 입주자대표회의는 아파트재건축공사에 착수한 이후 시공사가 브랜드 변경을 추진하면서 '새 브랜드를 사용하려면 마감재 수준을 높여야 한다'는 입장을 밝히자 60억원을 추가로 부담해 마감재 수준을 높이는 공사를 벌였다. 이 아파트는 시공사의 새 브랜드가 확정되지 않자 입구와 외벽에 명칭을 표시하지 않고 준공한 후 건축물대장에는 편의상 기존 브랜드(H홈 타운)로 등재했었다.

수원지방법원(2008년) 재판부는 **원고 승소 판결**했다. 재판부는 "새 아파트 브랜드를 사용하는 데 입주민의 4분의 3 이상이 동의했으며 새 브랜드를 적용하려면 마감재 수준을 상향조정해야 한다는 시공사의 입장을 수용해 추가비용을 들여 마감재 및 조경공사를 했다"며 **"새 브랜드로 인해 일반에 혼동을 줄 우려도 없어 명칭변경 거부처분은 위법하다"**고 판결했다.

전매금지분양권 매매, 소유권 이전해줘야 하나? 148

S씨는 경기도 용인시 동백지구 아파트 분양에서 자신과 부인 이름으로 아파트 2채를 분양받았다. 그런데 동백지구는 투기과열지구라 주택법에서 분양권 전매가 금지되어 있었다. 그런데 S씨는 아파트 2채의 분양대금을 마련할 수 없었다. 할 수 없이 부인의 친구 남편 K씨에게 1채의 분양권을 넘겨주기로 구두로 약속했다. 그리고 대금 지불이 진행됐다. 분양 계약은 S씨의 이름으로 되어 있지만 계약금과 중도금 및 잔금은 모두 K씨가 지불했다. S씨의 대출금도 K씨가 갚았다. K씨가 잔금까지 완불한 뒤 S씨에게 아파트 소유권이전등기절차를 이행해 달라고 했다. 그러나 S씨는 분양권 전매를 금지하는 주택법 때문에 그렇게 할 수 없다며 거절했다. K씨는 소송을 냈다.

수원지방법원(2008년) 민사합의부는 **아파트 분양권을 산 K씨에게 "아파트 소유권을 넘겨라"며 1심 재판 결과를 뒤집고 원고 K씨에게 승소 판결**을 내리면서 "주택법과 분양 계약상에는 분양권전매 행위가 금지돼 있지만 법을 위반한 형사 · 행정적 책임과는 별개로 **전매 당사자 간에 일어난 전매 계약의 사법상 효력까지 무효로 한다는 취지는 아니다**"고 판결 이유를 설명했다.

인근 임대주택 건설로 집값 하락, 배상책임 물을 수 있나? 149

A아파트 주민들은 길음동 X구역 주택재개발사업과 관련해 12m 너비의 도로를 사이에 두고 임대주택이 들어서게 되자, 아파트 가격이 떨어지고, 공사과정에서 소음과

분진이 발생해 피해를 봤다며 서울시와 관할구청 및 시공회사 등을 상대로 손해배상 청구소송을 냈다.

서울고등법원(2010년) 재판부는 **A아파트 주민 등 원고에게 패소 판결**했다. 재판부는 "주택재개발 지역에 임대주택을 건설하는 것은 세입자들이 살 수 있는 곳을 마련하고, 개발이익을 나누기 위한 공익적인 측면이 크다"며 또 "주민들이 임대주택 때문에 경제적인 손실이 발생했다는 증거도 없으며, 임대주택을 지을 때 **서울시나 시공사 등이 반드시 기존 주민들과 미리 상의하거나 보상•해 줘야 할 의무도 없다**"고 판결 이유를 설명했다.

[해설] 보상(補償)이란 적법한 행위로 인하여 재산상 손실을 입은 것을 보충해 주는 것을 말한다. '적법'한 행위에 대한 보충이란 점에서 '위법'한 행위로 손해를 입은 것을 갚아주는 '배상'과 구별된다.

관리비 체불로 단전 · 단수 조치, 형사 책임 물을 수 있나? 150

오피스텔 관리업체 C대표는 오피스텔 입주업체 B무역회사가 6개월간 관리비를 내지 않자 단전 · 단수 조치를 내렸다. 이에 대해 B업체는 일방적 조치로 업무에 차질을 빚었다며 업무방해죄•로 고소했다.

서울남부지방법원(2008년) 재판부는 **원고 승소 판결**했다. 재판부는 "오피스텔 관리업체 C씨와 관리소장 L씨에게 **각각 벌금 100만원과 30만원을 선고**"하면서 "피고인 측이 단전 · 단수의 근거로 제시한 **오피스텔 관리규약이 적법하게 체결됐다고 볼 수 없을 뿐** 아니라 피해자 측이 관리비를 내지 않은 것은 오피스텔의 하자와 세대별 전기료 계산문제 등의 이의 제기에 대해 피고인 측이 아무런 조치를 취하지 않고 있는 것에 대해 해결을 촉구하는 의미로 보인다"고 판결 이유를 설명했다.

[해설] 업무방해죄(業務妨害罪)란 허위의 사실을 유포하거나 속임수 또는 위력으로써 사람의 업무를 방해한 때에 성립하는 범죄이다.

집합건물 외벽, 입주자 누구나 간판 걸 수 있나? 151

서울 강남구 청담동에 지상 8층짜리 상가 · 오피스텔 건물이 있는데 이 건물은 간판을 설치할 수 있는 공간이 1층과 2층 사이의 좁은 외벽 공간밖에 없다. 건물 준공 후부터 지금까지 이 공간에는 1층 대로변에 입주한 은행지점과 갤러리 2곳만 간판을 달아 왔다.

그러나 2층 이상에 입주한 다른 점포들은 간판을 걸 수 없다는 불만을 갖고 이 공간에 비집고 간판을 걸려고 시도했다. 이에 1층에 입주한 K은행은 간판설치금지 및 영업방해금지 가처분을 법원에 신청했다.

서울중앙지방법원(2009년) 재판부는 **K은행이 낸 가처분신청을 기각**•했다. 재판부는 **"집합건물 외벽은 공용 부분으로 이 공간을 배타적으로 쓸 수 없다. 단독으로 쓰려면 별도의 결의나 규약에 그 근거가 있어야 한다"**고 판결 이유를 설명했다.

[해설] **기각(棄却)**이란 법원에서 접수한 소송사건의 심리 결과, 그 이유가 없거나, 절차가 틀렸거나, 기간이 경과하여 도로 물리치는 것을 말한다.

손해배상 · 하자담보

신규분양 전에 혐오시설 안 알려줬다면 건설사의 손해배상책임은? 152

경기도 남양주시 C아파트 입주자들은 D건설회사를 상대로 쓰레기 매립장이 들어선다는 것을 알려주지 않아 손해를 봤다며 소송을 제기했다.

대법원(2006년) 재판부는 **원고 승소 판결**했다. 재판부는 "D회사는 쓰레기 매립장이 분양계약 당시까지만 해도 폐기물처리시설 설치승인처분만 받은 단계였다고 주장하지만 이러한 사실도 분양계약 체결에 영향을 미칠 수 있는 이상 **고지의무• 대상이 된다"**면서 **"가구당 400만원~1200만원씩 배상하라"**고 판결 이유를 설명했다.

[해설] **고지의무(告知義務)**란 보험에 관한 상법 규정에 나오는 용어이다. 보험계약 당사자들 사이에 보험계약을 체결하는 데 있어 보험사고발생의 가능성 측정에 관련된 중요한 사실은 진실을 고지할 것을 의무로 규정하고 있다. 본 사례의 경우 쓰레기 매립장 건설은 분양계약 체결에 영향을 주는 중요한 사실이라 인용한 것으로 보인다.

쓰레기 소각장 등을 감춘 채 아파트 분양한 건설업체, 손해배상책임은? 153

경기도 파주시 교하지구 B아파트 주민들은 아파트 시공사인 B건설회사 등을 상대로 혐오시설이 있는 것을 알리지 않아 집값이 떨어져 재산상 및 정신적 피해를 보았다면서 손해배상 청구소송을 냈다.

의정부지방법원(2005년) 고양지원 재판부는 **원고에게 승소 판결**했다. 재판부는 "B건설업체 등이 이 아파트 307동과 14m 떨어진 곳에 34만5000V **고압 송전탑과 송전선로가 지나가고 인근에 자동차 폐차장과 쓰레기 소각장이 있다는 사실을 알면서도 이를 알리지 않고** 분양한 책임이 인정된다"고 판시하면서 "건설업체들은 **아파트 주민들에게 2억2200만원을 배상하라"**고 판결했다.

아파트 공사로 인한 심한 소음, 건설회사 배상책임은? 154

고양시 일산동구 S아파트 주민들은 거주지로부터 20m 떨어진 곳에서 택지개발지구 공사 때문에 소음 · 분진 · 진동 · 조망권 침해 등의 피해를 입었다며 건설사를 상대로 손해배상 청구소송을 냈다.

의정부지방법원(2007년) 고양지원 재판부는 **원고 승소 판결**했다. 재판부는 "공사로 인한 소음이 인근 아파트 주민들에게 참을 수 없는 신체적 · 정신적 손해를 끼친 경우에는 가해행위로 인정된다"며 "공사현장 인근에 있는 S아파트에서 허용기준(65~70㏈*)을 넘어서는 소음이 측정된 만큼 **피고 건설회사들은 손해배상해야 한다"**면서 "**방음벽 설치로 소음도가 상대적으로 낮은 1~5층 거주 원고들에게는 50만원, 그 외 거주자에게는 70만원의 위자료를 각각 배상하라**"고 판결 이유를 설명했다.

[해설] 데시벨(Decibel)이란 소음을 측정하는 단위로 db로 표시한다. 전화벨 소리는 60db, 열차소리는 100db이다. 80db 이상의 소음을 오랜 기간 동안 계속 들으면 평생 청각장애자가 될 수도 있다.

공사장 소음피해 입증이 부실해도 건설회사 책임지울 수 있을까? 155

P씨 등 서울 행당동 H아파트 주민 160여 명은 150m 떨어진 공사장의 발파공사로 소음과 진동이 심해 정신적 피해를 입었다며 D건설사를 상대로 손해배상 청구소송을 냈다.

서울중앙지방법원(2009년) 재판부는 **원고에게 승소 판결**했다. 재판부는 "정확한 소음측정 자료가 제시되지 않았지만, 관련 추정자료 등을 감안하면 참을 수 있는 한도인 65dB을 초과하는 소음이 지속적으로 발생했다고 볼 수 있다"며 "**일반인들이 공사장 소음발생 시점에 소음을 측정하는 것은 현실적으로 불가능하기 때문에 입증책임*을 완화하는 배려가 필요**하다"고 설명하면서 "피고 측인 D건설은 **주민들이 6개월간 입은 피해를 1인당 월 4만원으로 계산해 총 3700만원을 배상하라**"고 판결 이유를 설명했다.

[해설] 입증책임: A-79 참조.

공사 전에 동의 받았어도 추후 피해가 나면 배상해야 하지 않나? 156

강남구 압구정동 H아파트 주민 P씨는 윗집 주인 L씨의 공사로 인해 천장이 주저앉는 등의 피해를 받았다면서 L씨를 상대로 손해배상 청구소송을 냈다. L씨는 아파트 내부 공사를 위하여 인접 아파트 주민으로부터 공사 전에 동의를 얻었다면서 공사로 인해 발생한 피해에 배상책임이 없다고 변명했다.

서울중앙지방법원(2006년) 재판부는 **"피고 L씨는 위자료 100만원을 포함해 1400여 만원을 지급하라"**며 **원고 P씨에게 승소 판결**했다. 재판부는 "동의를 받았다 하더라도 부적절한 공사로 원고 측 주택에 하자가 발생한 만큼 배상해야 한다"고 판결 이유를 설명했다.

옆집 개 짖는 소리로 수면장애가 생겼다면? 157

피해자 P씨는 이웃집 개 짖는 소리가 수면장애 · 식욕저하 등의 원인이 됐다고 개 주인 L씨를 상대로 손해배상 청구소송을 냈다.

서울고등법원(2005년) 재판부는 **"L씨는 병원 치료비와 위자료 등 모두 147만원을 지급하라"**며 **원고 승소 판결**했다. 재판부는 "원고가 비교적 개 사육이 자유로운 농촌 지역에 살고 있지만 **옆집 개들이 짖는 소리에 잠을 못 자는 등 사회통념을 벗어날 정도로 권익을 침해** 당한 사실이 인정된다"며 "피고는 항의 받은 뒤에도 별다른 조치를 취하지 않은 만큼 배상책임이 있다"고 판결 이유를 밝혔다. 또 "개들이 짖어 발생한 소음으로 정신적 고통을 받았을 것으로 보이므로 금전으로나마 이를 위로할 의무가 있다"고 덧붙였다. 그러나 "수면장애 등이 원고의 기질적 · 유전적 요인 때문에 악화된 점을 감안해 **피고 책임을 50%만 인정**한다"고 설명했다.

공사 소음으로 양돈장 돼지 폐사 또는 유산, 건설사의 책임은? 158

C씨는 경북 경산시의 한 양돈장에서 돼지 290마리를 사육하고 있다. D건설은 C씨의 양돈장 근처에서 경부고속철도 건설공사를 했다. C씨는 건설현장에서 발생한 소음공해 때문에 사육 중인 가축이 폐사하거나 유산하는 등 피해가 발생했다며 D건설을 상대로 손해배상 청구소송을 냈다.

서울중앙지방법원(2008년) 재판부는 **D건설은 C씨에게 1억300여 만원을 배상하라며 원고 승소 판결**했다. 재판부는 "이 공사에서 발생하는 소음은 72.4~ 80.8데시벨(dB)로 가축이 피해를 참고 견딜 수 있는 한도인 **60dB을 훨씬 넘었고** 이 과정에서 **돼지가 유산을 하거나 폐사**하는 등 피해가 발생한 것이 인정된다"고 판결 이유를 설명했다.

골재 채취로 소음 발생, 업체는 주민에게 위자료 지급해야 하나? 159

중랑천 일대 노원마을 주민들 3800여 명이 먼지와 소음 피해를 호소하며 국가와 업체를 상대로 손해배상 청구소송을 냈다.

의정부지방법원(2009년) 재판부는 **원고 승소 판결**했다. 재판부는 "피고들은 관청의 단속을 피해 밤낮없이 골재채취업을 운영하며 노원마을 주민들에게 **먼지와 소음 피해**를 준 사실이 인정된다"고 밝혔다. 그러나 "국가가 공해유발업체의 관리감독을 소홀히 했거나 일부 콘크리트업체의 경우 소음공해를 유발했다는 증거가 부족하다"며 국가책임을 인정하지 않았다.

아파트 하자담보책임기간 지났어도 하자보수 의무는 존속하나? 160

대전시 서구 M아파트 주민들이 아파트 부실시공으로 인하여 발생한 하자보수는 하자담보책임기간이 지났더라도 배상해야 한다며 아파트 건설회사와 보증회사를 상대로 손해배상 청구소송을 냈다.

대전지방법원(2006년) 재판부는 **원고 승소 판결**했다. 재판부는 "주택법에 규정된 하자담보* 책임기간(5~10년)은 '하자의 발생기간'을 의미할 뿐 **하자보수 의무의 존속기간을 의미하는 게 아니므로 기간이 지났더라도 책임은 건설사에 존속된다**"고 판시했다.

[해설] **하자담보(瑕疵擔保)**란 매매의 목적물에 알지 못한 흠이 있는 경우에 매도인이 지는 담보책임을 말한다.

하자보수종결 확인서 받은 이후 새로운 하자 발생했다면? 161

경기도 남양주시에 있는 한 아파트 단지는 입주가 시작된 지 1년도 지나지 않아 옥상 물탱크 실에 틈이 생기면서 아래층으로 물이 샜다. 계단과 지하주차장 바닥에도 금이 갔다. 3년 정도 지나자 지하 주차장바닥 등엔 물이 고였고 아파트 외벽에 철근이 드러나는 곳도 있었다. 입주민 800여 명은 부실시공을 이유로 시행사를 상대로 손해배상 청구소송을 냈다. 시공사는 3년간 하자보수를 철저히 하면서 보수 확인서까지 받았다면서 추가 보수비용의 지급을 거절했다.

서울중앙지방법원(2009년) 재판부는 **입주민 가구당 평균 200만원을 지급하라**고 원고 승소 판결했다. 재판부는 **"시행사가 받은 확인서는 보수 공사를 한 사실이 있다는 것을 단순 확인한데 불과하다"**며 **"보수공사 후 다시 문제가 되거나 새롭게 드러난 하자*에 대한 책임까지 면한 것으로 볼 수 없다"**고 판결 이유를 설명했다.

[해설] **하자(瑕疵)**란 흠이 있는 상태를 말한다. 당사자가 법률행위 당시에 예상한 완벽한 상태가 존재하지 않는 경우에 널리 쓰인다.

임대차관련

불법 용도변경 주택 임차인, 주택임대차보호법의 보호를 받을 수 있을 까? 162

농협 W지부는 S씨에게 돈을 빌려주면서 S씨가 갖고 있는 광주시 동구 학동의 4층 건물에 근저당권을 설정했다. 대출 당시 건물 1~3층은 사무실로 사용하고 있고 4층은 주택으로 사용되고 있었다. 농협 W지부는 담보가치를 평가함에 있어서 1~3층에는 주택 임대차가 없을 것으로 예상했다. 그러나 대출금을 받은 S씨는 건물 전체를 원룸주택으로 당국 허가 없이 용도변경한 뒤 20여 명에게 분할하여 임대했다. 이에 농협은 S씨의 약정 위반을 이유로 대출 원리금을 받기 위해 경매를 신청했다. 법원은 경매낙찰 금액에서 원룸 임차인들을 주택임대차보호법상 소액 임차인으로 인정하고 이들에게 최우선 변제권을 인정해 일부 금액을 배당했다. W농협은 "저당권이 설정된 뒤 무단 용도 변경된 주택은 주택임대차보호법* 적용대상에서 제외돼야 한다"며 임차인 L씨 등을 상대로 소송을 제기했다.

광주지방법원(2008년) 재판부는 농협이 L씨 등을 상대로 낸 배당이의소송*에서 **원고 패소 판결**했다. 재판부는 **"설사 불법 용도변경에 의한 것이더라도 주택의 실질을 갖추고 있는 만큼 보호 대상이 된다"**고 판결 이유를 설명했다.

[해설] **주택임대차보호법(住宅賃貸借保護法)**이란 주거용 건물의 임차인이 주택의 인도와 주민등록을 마친 때에는 그 다음날부터 임차인은 보증금 중 일정액을 다른 담보물권자보다 우선하여 변제받을 권리를 보장해 주는 규정을 갖고 있는 법률이다.
[해설] **배당이의(配當異議)의 소(訴)**란 강제집행에 따른 배당절차에 있어서 이의가 완결하지 아니한 때, 이의를 신청한 채권자가 이의에 관하여 이해관계를 가지고 또 이의를 정당하다고 인정하지 않는 다른 채권자를 상대로 이의를 주장하기 위해서 제기하는 소(訴)를 말한다.

전세기간 15년으로 설정한 전세권설정등기의 효력은? 163

유명 M과자점포가 지점으로 쓰기 위하여 서울 지하철 압구정역 근처 4층 건물의 소유주인 A씨와 1, 2층을 매장으로 쓰기로 하고 개점일을 기준으로 15년 기한의 전세계약을 체결했다. 또 이를 근거로 15년짜리 전세권 설정등기까지 마쳤다. 그런데 B씨가 이 건물을 사들였다. 그리고 '전세권 설정은 민법상 10년까지만 가능하다'면서 10년이 지나던 해에 반환청구소송을 냈다.

서울중앙지방법원(2009년) 재판부는 **"민법상 전세권 설정 기간은 10년까지만 가능하다"면서 원고 승소 판결**했다.

간판 설치비용, 사무실 임대료에 포함됐다고 봐야 하나? 164

L씨는 서울 서초구에 법무사 사무실을 개업하고 건물 2층과 3층에 두 개의 간판을 달았다. 그런데 건물주 P씨는 사무실을 제외한 부대시설 이용비용은 별도로 지급키로 한 임대차 계약서를 내세워 월 80여 만원의 간판사용료를 요구했고 L씨는 이에 불복해 간판사용료부존재 확인소송을 냈다.

서울중앙지방법원(2009년) 재판부는 "건물이 사무실 용도로 임대됐다면 간판을 외벽에 설치하는 것은 예정된 수순이고 **사회통념상 사무실뿐만 아니라 간판을 설치할 외벽까지 임차대상에 포함되었다고 보는 것이 맞다**"고 판결했다.

부실시공으로 생긴 임차인의 재산 피해, 임대인의 손해배상책임은? 165

서울 강남구 논현동 소재 건물의 2층 사무실과 지하 창고를 사용하던 M사는 건물주가 1층 갤러리의 싱크대 수도배관 공사를 시공업체에 맡겼는데 부실시공으로 수돗물이 지하 1층으로 흘러들어가 보관하던 문구류가 물에 젖어 사용하지 못하는 피해를 입게 되자 건물주를 상대로 손해배상 청구소송을 냈다.

서울중앙지방법원(2009년) 재판부는 **"건물주는 M사 측에 손해액의 80%인 1억 4300만원을 지급하라"**며 **원고 승소 판결**했다. 재판부는 "임대인이 제3자에게 건물수선을 맡겼다 부실시공으로 임차인에게 손해를 입혔다면 임대차계약에 따른 채무불이행으로 손해배상책임을 져야 한다"고 판결 이유를 설명했다.

등기관련

등기부등본만 믿고 땅을 산 결과 손해 봤다면? 166

K씨는 강원도 횡성군 임야 약 1000㎡를 사들인 뒤 소유권 이전등기까지 마쳤지만 부동산 등기부등본과 임야대장에 기재된 것과는 달리 해당임야는 실제로는 존재하지 않았다.

해당임야는 이미 근처 땅과 통합된 후 다른 번지수 토지로 바뀌어 등록됐고 횡성군은 해당 임야가 존재하지 않아 말소해야 한다는 문서를 작성한 뒤 임야대장에 등록사항 정정대상 토지라고만 기재한 상태였다. K씨는 소송을 냈다.

서울중앙지방법원(2007년) 재판부는 K씨가 국가와 강원도 횡성군을 상대로 낸 손해배상 청구소송에서 피고들은 **손해액의 80% 배상책임이 있다면서 원고 승소 판결**했다. 재판부는 "국가는 실제로 존재하지 않는 해당임야에 대해 정확히 조사하지 않고 마치 **실제로 존재하는 것처럼 임야대장을 작성한 과실이 있고 횡성군은 부동산이 실제로 존재하지 않는 것으로 조사했으면 임야대장을 정리했어야 하는데도 등록사항 정정대상 토지라고 기재만 한 채 그대로 방치한 과실이 있다**"고 판결 이유를 설명했다.

[해설] **과실(過失)**: A-12 참조.

등기부상 한 건물에 두 개의 독립된 생활공간, 별개 건물인가? 167

마포구 상암동에 무허가로 지어진 단층건물 두 개가 등기부상에는 하나의 건물로 등기되어 있다. 그러나 실제로는 H씨와 K씨에게 따로 소유권이 있고 각자가 따로 생활하고 있다. 서울시가 택지개발사업을 하면서 H씨로부터 건물과 땅을 샀다. 건설회사는 '건물 1동을 두 사람 또는 그 이상이 공유하고 있는 경우 한 명에게만 분양아파트 입주권을 준다'는 공고문을 근거로 H씨에게만 입주권을 줬다. 입주권을 못 받은 K씨가 소송을 냈다.

1 · 2심 재판부는 "두 건물은 주 건물 및 부속 건물로 건축돼 이용돼 온 것으로 보이지만, 소유권이 나뉘어 처분됐고 별도 출입구를 두고 독립된 생활공간으로 사용돼 왔기 때문에 각각 분양권 부여대상이 된다"며 **원고에게 승소 판결**했다.

대법원(2007년) 재판부도 "건물 하나를 두 사람이 공유하고 있는 것으로 보기 어려우며, 따라서 **원고들이 이주대책 대상이 아니라는 처분은 위법하다**"며 원심을 확정했다.

타인명의로 등기된 토지, 원소유자가 소유권 주장할 수 없나? 168

J씨는 자기 소유의 토지를 H사찰 주지의 이름으로 맡겨놨었다. J씨는 맡겨뒀던 토지를 돌려달라고 했으나 거절당하자 소송을 냈다.

서울중앙지방법원(2003년) 재판부는 **원고 패소 판결**했다. 재판부는 "부동산실명제법•이 명의신탁을 금지하고 있는 데도 각종 목적을 위해 이를 감행하는 것은 **반사회적인 불법행위로 법의 보호대상이 안 된다**"고 판시하면서 "명의신탁•을 반사회적 불법행위•로 보는 이상 **원소유자는 명의를 빌려준 사람에게 자신의 소유권을 돌려달라고 주장할 권리가 없다**"고 판결 이유를 설명했다.

[해설] **부동산실명제법(不動産實名制法)**이란 주택이나 토지 등을 실제 소유자 이름으로만 등기를 하게 하는 제도를 말한다. 1995년 7월 1일부터 시행됐다. 부동산 거래관계를 투명하게 하고, 탈세를 방지할 목적이며 남의 이름으로 등기를 하면 효력을 인정하지 않음은 물론 처벌까지 받게 된다.

[해설] **명의신탁**: A-5 참조.
[해설] **불법행위(不法行爲)**란 법이 허용하지 않는 행위를 말한다. 다시 말하면 타인에게 손해를 주는 위법한 행위를 말하며 그 행위로 말미암아 생긴 손해를 피해자에게 배상하여야 한다. 불법행위자에게 고의나 과실이 있어야 하며 재산적 이익, 인격권(예: 생명, 신체, 자유, 명예 등), 가족권 등의 침해가 있는 경우에 손해배상책임이 생긴다.

기 타

재산 기부에 과도한 조건, 기부로 볼 수 있나? 169

재산가인 K씨는 대학을 인수하여 학교법인 설립을 추진 중인 장학재단으로부터 재산을 기부하면 학교법인 상임감사를 시켜주고, 동생을 대학의 학장에 임명하겠다는 제안을 받았다. K씨는 이 제안을 받아들여 충남 아산시의 땅 2500여㎡ 등 부동산을 이 재단에 넘기고 소유권 이전등기까지 마쳤다. 하지만 재단 측이 학교법인 설립을 추진하지 않고 지연시키자 K씨는 재산을 돌려받으려 했다. 그러나 부동산은 이미 W씨에게 팔려 소유권이 이전된 상황이었다. 이에 K씨는 W씨를 상대로 소유권 이전등기 말소 청구소송을 냈다.

1 · 2심 재판부는 "재단이 교육 목적으로 기부 받은 부동산을 위법하게 처분했다"며 K씨에게 승소 판결을 했지만 대법원은 달리 판단했다.

대법원(2009년) 재판부는 **K씨에게 원고 패소 판결취지**로 사건을 서울고법으로 돌려보냈다. 재판부는 **"재단에 부동산을 넘기는 과정에 여러 조건이 붙어 있다면 K씨의 행위는 기부로 볼 수 없고, 따라서 기부가 이뤄진 것을 전제로 한 원심 판결은 부당하다"**며 판결 이유를 설명했다.

등기 안 된 땅 20년 이상 점유, 등기 안 해도 소유권 인정 받을까? 170

K씨는 1973년 울산에서 220㎡의 땅과 목조주택을 21만원에 사들여 거주했다. 땅은 등기가 안 된 상태였고 옛 토지대장에는 1912년께 Y씨가 국가로부터 받았다고 적혀 있었지만 주소 등 인적사항은 기록이 없었다. K씨가 숨진 뒤 아내 J씨는 민법상 정해진 취득시효기간이 충족돼서 소유권이 발생했다며 국가를 상대로 소유권확인 청구소송을 냈다. 민법 규정에 의하면 '부동산을 소유하려는 의사를 갖고 20년간 점유한 경우 등기하면 소유권 취득을 인정한다'는 취득시효 제도를 두고 있다.

항소심 재판부는 "등기•가 안 돼 있고, 소유자의 소재 · 생사를 파악하기 힘든 사정이 있다"며 J씨에게 승소 판결했다.

그러나 대법원(2007년) 재판부는 **"취득시효의 완성만으로 소유권 취득 효력이 바로 생기는 것이 아니다. 소유권 취득을 위한 등기청구권이 발생하는 것이다"**며 **원고 패소 취지**로 사건을 항소심으로 돌려보냈다.

[해설] **취득시효**: A-130 참조.
[해설] **등기(登記, registration)**란 등기공무원이라는 국가기관이 등기부라는 공적 장부에 부동산에 관한 일정한 권리관계를 기재하는 것을 말한다. 부동산의 물권변동은 등기하여야 효력을 발생한다. 또 등기된 때부터 제3자에게 대항할 수 있다. 뿐만 아니라 동일한 부동산에 여러 개의 권리가 등기되어 있으면 등기의 선후에 따라 권리의 순위가 결정된다.

업무시설로 승인받고 숙박시설로 영업하는 레지던스, 불법일까? 171

한국관광호텔협회는 주거용 오피스텔이나 콘도와 같은 시설을 갖춰놓고 손님에게 장기간 방을 빌려주면서 호텔식 서비스를 해주는 이른바 '레지던스'가 숙박형태의 영업을 하는 것은 불법이라며 해당 업체들을 고발했다. 1 · 2심 법원에서 모두 유죄를 선고했다.

대법원(2010년) 재판부는 **레지던스 업체들에 벌금 700만원을 각각 선고**하면서 "업무시설로 사용승인을 받았으면서도 **관할 관청의 허가를 받지 않고 숙박시설로 용도를 바꿔 영업을 한 것은 위법하다는 원심의 판단은 정당하다**"고 판시했다.

별거중이라도 서류상 혼인관계 유지, '1가구 2주택'인가? 172

K(76)씨는 1996년부터 아내 H씨와 사실상 이혼상태로 살아오던 중 살고 있던 송파구의 집을 팔고 경기도 과천의 한 아파트를 구입했다. 그러자 관할 S세무서는 H씨도 따로 집을 소유하고 있다는 이유로 각자가 보유한 주택을 합산하여 '1가구 2주택'에 해당한다며 7000여 만원의 양도소득세를 부과 했다. K씨는 소송을 냈다.

1심 재판부는 "부부가 협의이혼 또는 재판상 이혼절차 없이 별거하는 경우에도 법률상 부부관계는 여전히 유지되는 것으로 봐야 함으로 **K씨를 1세대 2주택 보유자로 판단한 처분은 적법•하다**"고 판시했다.

대법원(2010년) 재판부도 **K씨에게 패소로 판결한 원심을 확정**했다.

[해설] **적법(適法)**이란 위법 및 불법에 반대되는 개념으로, 법규에 위반하지 않는 것을 물론, 널리 법질서의 이념에도 배치되지 않는 것을 의미한다.

주거기능 잔존한 철거직전 아파트, '1가구 2주택'에 포함되나? 173

J씨는 폐가(廢家) 상태인 재건축 아파트를 소유하고 있다는 이유로 1가구1주택 비과세 대상에서 제외된 것은 부당하다며 세무서장을 상대로 낸 양도세부과처분 취소소송에서 1 및 2심 재판부는 원고 승소 판결했다.

대법원(2009년) 재판부는 원고 승소 판결한 원심을 깨고 "해당 재건축아파트는 도시가스, 수도, 전기 등이 모두 철거되고 철거공사용 차단막이 설치돼 일반인 출입이 통제된 것이 사실이지만, **잠재적으로 주거기능을 보유하고 있기 때문에 소득세법상 주택으로 보는 것이 타당하다**"고 판결 이유를 설명했다.

조상 묘 주변 골프장 건설로 묘 진입로 없어졌다면? 174

D회사는 강원도 삼척시 일대에 골프장을 만들기로 결정하고, 예정부지에 선산을 갖고 있는 C씨로부터 땅을 사려고 했다. 가격 차이로 협상이 잘 되지 않자, D사측은 C씨에게 "선산에 갈 수 있게 골프장 10번 홀과 11번 홀 사이에 시멘트 포장도로를 내주겠다"고 약속하고 골프장개발사업 동의를 받았다.

하지만 '파6'짜리 롱(long) 홀로 설계변경이 되면서 도로가 날 자리가 없어져 C씨의 선산은 **골프장 안에 덩그러니 남게 됐다**. C씨 측은 **D사가 약속을 지키지 않았다**며 소송을 냈다.

서울중앙지방법원(2009년) 재판부는 "**맹지(盲地)가 되면서 땅값이 떨어졌고**, 땅을 팔아 이장(移葬)을 할 때까지 선산에 가는 데 불편이 예상된다"며 "C씨 가족이 받게 된 정신적 고통에 대한 **위자료와 땅값이 떨어진 데 대한 손해액 등 2억6056만원을 배상하라**"고 판결했다.

2. 주식, 보험, 금융

주 식

내부자의 단기매매로 생긴 차익, 법인에게 반환해야 하나? 175

K씨는 C식품공업 임원출신으로서 '적대적 인수* · 합병' 명목으로 C식품공업 주식

을 30여 만 주를 사들인 후에 6개월이 안 되는 시점에서 되팔아 37억원의 매매차익을 올렸다. C식품공업은 K씨를 상대로 주식단기매매차익반환 청구소송을 했다.

서울고등법원(2006년) 재판부는 **"C식품공업의 주요 주주인 K씨가 이 같은 주식 거래로 거둔 차익은 증권거래법 조항에 의해 회사에 반환할 의무가 있다"**고 판시했다. 재판부는 "적용한 증권거래법 조항은 내부자*의 단기매매차익 반환 등에 관한 것으로, 상장법인 임 · 직원 또는 주요 주주가 그 법인의 주식을 매수한 후 6개월 이내에 매도하거나 주식 매도 후 6개월 이내에 매수해 이익을 얻은 경우 법인은 이익 반환을 청구할 수 있다고 규정한 조항이다"라고 설명했다.

[해설] **적대적 인수 · 합병(敵對的 引受 · 合倂)**이란 소유주의 의사와는 무관하게 기업을 사려는 사람이 주식을 사들여 경영권을 빼앗는 행위를 말한다. 주식은 시장에서 직접 사거나 공개매수 · 위임장 대결 등을 통해 살 수 있다. 자기 회사의 주가를 높게 유지하는 것이 대응 방법이다.
[해설] **내부자 거래(內部者 去來)**란 상장기업의 임직원 또는 대주주 등의 내부자가 그 직무 · 지위로 얻은 내부 정보를 이용하여 자기 회사 주식을 매매함으로써 부당이득을 취하는 것을 말한다. 내부자 거래는 건전한 주식시장의 발전을 저해하는 독버섯이어서 규제조치를 강화하고 있다.

옵션만기 마감 직전, 콜옵션 대량매수로 손해 입혔다면? 176

S증권사 직원 K씨는 고객인 C씨와 '포괄적 일임계약'을 맺었다. K씨는 만기일 마감 시간 8분 전에 C씨의 자금으로 6억3천만원의 KOSPI200 지수 콜옵션*을 대량 매수했다. 그런데 행사가격과 시장가격의 차이가 0이 되어 모두 날렸다. C씨는 S증권사를 상대로 소송을 했다.

서울중앙지방법원(2005년) 재판부는 S증권은 C씨에게 피해액의 30%인 1억9000여 만원을 배상하라며 **원고 일부 승소 판결**했다. 재판부는 "고객의 투자 상황과 비교해 **너무 위험한 거래를 하는 것은 불법행위를 구성하는 요인이 된다.** 따라서 대량 매물이 쏟아져 나오는 옵션* 만기일에 수억원을 들여 옵션을 매수한 행위는 로또복권을 사거나 도박을 하는 것과 마찬가지"라고 판시했다. 그러나 "C씨도 자신의 계좌를 운용하는 K씨가 합리적 투자를 하는지를 감시해야 하는 의무를 게을리 했기 때문에 **증권사의 책임은 30%로 제한한다**"고 판결 이유를 설명했다.

[해설] **옵션거래(Option 去來)**란 미래의 일정 시점에 미리 정한 가격으로 대상물을 사거나 팔 수 있는 권리를 말한다. 또 그 같은 권리를 사고 파는 것을 옵션거래라 하고, 살 수 있는 권리를 콜 옵션(Call Option), 팔 수 있는 권리를 풋 옵션(Put Option)이라고 한다.

비정규 직원이 운영하다 발생한 손해, 증권사의 책임은? 177

K씨는 H증권사 J씨와 선물* · 옵션거래의 포괄적 위임계약을 체결하고 1억7천여만 원을 맡겼다. J씨는 증권사에서 비정규직원 신분이었다. J씨는 60일 거래일 동안 일평균 79회씩 총 4740회의 단타 과당거래를 했다. 결국 거의 다 잃었다. K씨는 H증권사와 J씨를 상대로 손해금액의 반환을 청구하는 소송을 냈다.

서울중앙지방법원(2009년) 재판부는 **피고 J씨 등은 원고 K씨에게 7600만원을 물어주라며 원고 일부 승소 판결**했다. 다만 "K씨가 투자를 일임했지만 J씨의 거래로 원금손실 확대 조짐이 보임에도 이를 제지하지 않은 점이 있는 만큼 **피고들의 책임범위를 50%로 제한한다**"고 판결 이유를 밝혔다.

[해설] **선물거래(先物去來, Futures Trading)**란 3개월 또는 6개월 뒤라는 방식으로 미래의 약속일시에 상품인도와 대금결제를 실행할 것을 현재 시점에서 계약하는 거래를 말한다. 상품 인도를 하지 않은 상태에서 되팔거나 되사들여 매매 차액을 정산할 수 있다. 대량생산, 대량판매가 이루어짐에 따라 가격변동에 의해 입을 수도 있는 손실을 예방하는 것이 주목적이다.

고객주문 무시한 임의적 매수로 발생한 손실, 증권사의 책임은? 178

C씨는 증권사 직원 R씨에게 3개 종목에 한해 전일 종가*로 3000만원 범위 내에서 사달라고 주문했다. 그러나 R씨는 전일 종가보다 비싼 가격으로 1억7000만원어치를 샀다. 그로 해서 C씨는 크게 손해를 봤다. C씨는 D증권사를 상대로 손해배상 청구소송을 냈다.

서울고등법원(2009년) 재판부는 **"D증권사는 C씨에게 1180만원을 배상하라"**며 원심을 파기하고 **원고 일부 승소 판결**했다. 재판부는 "C씨가 전일 종가기준으로 3000만원 범위 내에서 매수하라고 요구했는데도 직원 R씨가 이보다 훨씬 높은 가격으로 1억7000만원어치를 사들여 손해를 입힌 점이 인정된다"며 또한 **"D증권은 고객의 요청에 반하는 임의주문을 하지 않게 R씨를 관리 · 감독할 의무가 있는데 이를 소홀히 하여 입힌 손해임으로 배상해야 한다"**고 판결 이유를 설명했다. 그러나 "R씨가 전에도 요구보다 초과매수한 일이 있었는데도 그 때에도 C씨는 주문을 요청하면서 전체 금액만 정했을 뿐 종목별 수량과 가격을 특정하지 않은 잘못이 있다"며 **증권사 책임을 80%로 제한**한다고 판시했다.

[해설] **종가(終價, Closing Price)**란 주식시장에서 그날 가장 나중에 형성된 가격 또는 경쟁에 의해 단일가격으로 최종 성립된 가격을 말한다.

증권사 직원의 손실보전 각서, 유효한가? 179

S씨는 S증권 부산 해운대지점에서 Y씨의 소개로 S투자신탁펀드에 2억원을 가입했다. 그러나 해당 펀드수익률이 0.4%에도 못 미치자 S씨는 중도환매가능 여부를 문의했다. 그러나 Y씨의 기간연장 권유를 받아들여 중도환매를 하지 않았다. 그 뒤 40%에 가까운 손실이 발생하자 Y씨에게 원금보장을 요구했다. Y씨는 "2008년 3월 말까지 원금 이하로 상환되는 경우 원금 2억원을 보장한다"는 내용의 확인서를 작성해 줬다. 하지만 펀드 만기상환일까지 30%가 넘는 원금 손실이 발생했다. S씨는 결국 1억3900여 만원만 상환 받게 됐다. 이에 S씨는 약정서를 써 준 Y씨를 상대로 약속한 원금이 보장되도록 6000여 만원을 내놓으라는 약정금 청구소송을 제기했다.

부산지방법원(2008년) 재판부는 **S씨에게 원고 패소 판결**했다. 재판부는 "증권거래법은 증권사 임 · 직원이 고객에게 재산상 이익을 제공하거나, 손실의 전부 또는 일부를 보전해 주는 행위를 금지하고 있어 확인서는 무효"라며 기각 판결 이유를 밝혔다.

주가조작 · 주식부당거래로 피해 입히고 부당이득 챙긴 죗 값은? 180

J씨 등 3명은 한 모텔에 이른바 작전 캠프를 차리고 자금을 끌어 모아서 인터넷 증권매매 프로그램(HTS)을 통해 고가 매수주문과 종목 · 물량 · 가격 등을 사전에 담합하는 통정매매*, 한 사람이 같은 종목의 매도와 매수 주문을 동시에 함으로써 주식 매매가 활발한 것으로 보이게 하는 가장매매* 등을 했다. 1년 6개월 만에 1200여 차례의 작전을 통해 70억원의 부당이득을 얻게 됐다. J씨는 피해자들의 진정으로 증권거래법 위반 등 혐의로 기소됐다.

광주지방법원(2010년) 재판부는 **J씨에게 징역 7년과 벌금 3억원을 선고**했다. 부당주식거래 관련 범죄자에게 내리는 것으로는 중형에 해당한다. 재판부는 "이런 불공정거래행위는 건전한 주식시장을 해치고 일반투자자들에게 예측하지 못한 손해를 주게 됨으로 엄정히 처벌돼야 한다"고 판결 이유를 설명했다.

[해설] **통정매매(通情賣買)**란 증권거래에 있어서 타인과 유가증권을 매수 · 매도할 시기와 가격을 사전에 통정한 후 매도 · 매수하는 것을 말한다. 이는 상장유가증권의 매매거래가 성황을 이루고 있는 것으로 오인하게 할 수 있어 금지하고 있다.

[해설] **가장매매(假裝賣買)**란 주식 등 유가증권의 매매거래에 있어서 실질적인 권리의 귀속 주체의 변경을 목적으로 하지 아니하는 위장된 매매거래를 말한다. 마치 매매거래가 성황을 이루고 있는 듯이 오인하게 하거나 이로 인해 그릇된 판단 하에 사거나 팔게 하여 시세 조종을 하는 것으로 금지하고 있다.

은행 권유로 10억원 펀드 투자 후 반 토막됐다면 은행 책임은? 181

로또복권에 당첨된 K씨는 당첨금 10억원을 찾으려고 은행에 갔다. 담당 직원은 펀드에 가입할 것을 제안했다. K씨는 중국 주식에 투자하는 펀드 등 8개에 나눠서 10억원 모두를 투자했다. 그런데 이듬해 글로벌 금융위기 탓으로 펀드의 수익률이 떨어져 절반인 5억원 가량을 잃었다. K씨는 은행을 상대로 손실금을 돌려달라는 소송을 냈다.

서울중앙지방법원(2010년) 합의재판부는 **K씨에게 패소 판결**했다. 재판부는 "K씨는 은행직원이 원금 손실가능성을 충분히 설명하지 않고 위험한 거래를 적극적으로 권유했다고 주장하지만 **그러한 사실을 인정할 증거가 없다**"면서 "K씨는 이전에도 2년 동안 주식투자와 펀드가입 경험이 있다"며 "K씨의 거래경험과 직원(펀드 매니저)의 설명과정, 계약서 등을 볼 때 해당 직원이 거래에 수반하는 위험성을 충분히 설명한 것으로 보인다"며 기각 판결 이유를 설명했다

고객의 자필서명 없는 선물환거래 계약은? 182

은행 고객인 H씨는 "내 이름으로 돼 있는 선물환거래 계약 4건 중, 1건에 대해서만 자필서명하고 인감도장을 찍었다. 자필서명도 없고 인감도장이 아닌 막도장이 찍혀 있는 나머지 3건에 대해선 전혀 모른다"며 지난달 말 법원에 계약무효소송과 함께 가처분신청을 냈다. 문제가 된 계약 3건 중 1건의 경우 계약만기일로 돼 있는 날에 원·엔 환율이 '100엔=800원대'였지만 그 뒤 환율이 2배 가까이 급등해 H씨가 손해를 볼 상황이었다. 하지만 F은행 측은 "H씨에게 구두(口頭)로 승인을 받았다"고 반박했다.

서울중앙지방법원(2008년) 재판부는 **일부 인용 결정**했다. 재판부는 "자필 서명이 없는 3건의 선물환 거래* 계약은 **H씨의 동의나 승인 없이 은행 측이 임의로 작성한 것으로 보인다**"며 "계약무효 확인소송 판결이 확정될 때까지 **자필 서명이 없는 계약 3건에 대한 효력을 정지한다**"고 인용 결정했다.

[해설] **선물환 거래(先物換 去來)**란 환 리스크(煥 risk)를 보전하는 제도를 말한다. 환율이 변동함에 따라 대외거래의 계약시점과 환결제 시점 사이에 환리스크가 발생할 가능성이 생기는데 이것을 미리 보전해줌으로써 원화와 외국통화 간의 안정적 거래를 뒷받침하는 거래제도를 말한다.

금융상품거래에 서명·날인 없는 구두계약, 유효한가? 183

L씨가 H은행을 상대로 계약서에 서명·날인을 하지 않았으므로 은행과 맺은 선물환거래 연장계약은 무효라면서 소송을 냈다.

서울중앙지방법원(2009년) 재판부는 **원고 패소 판결**했다. 재판부는 "**개별외환거래**

약정에는 '상대방이 구두, 전화 또는 팩스 등으로 외환거래를 신청하고 은행이 이를 승낙한 때에 성립한다'고 돼 있어 보통 담당자가 고객에게 전화로 계약내용을 설명하고 구두계약을 한다"며 "L씨는 우편으로 계약서를 받아 서명 · 날인해서 회송하지 않아 무효라고 주장하지만 사실상 계약이 이뤄진 것으로 봐야 한다"고 판결 이유를 밝혔다. 또 재판부는 L씨가 은행 직원과의 통화에서 자신의 주소를 알려줬고 계약조건에 대해 문의한 점과 계약서를 보고 이의를 제기하지 않은 점 등을 이유로 계약이 유효하다고 덧붙였다.

보험금

피보험자 서면동의 없는 계약효력 유무, 보험모집인의 사전설명 없었다면? 184

P씨는 어머니 Y씨 이름으로 우체국보험 상품에 가입했다. 보험모집인 S씨는 P씨에게 'Y씨의 서면동의가 없으면 보험계약이 무효가 된다'는 사실을 설명하지 않았다. Y씨는 이듬해 숨졌다. 보험사인 우체국보험은 "Y씨의 서면동의가 없어 계약이 무효"라며 보험금 지급을 거부했다. P씨는 우체국보험사를 상대로 소송을 냈다.

1심 재판부는 "보험모집인은 계약자에게 서면 동의 등의 요건에 관해 구체적이고 상세하게 설명할 의무가 있다"며 "모집인이 이런 설명을 하지 않아 계약이 무효*가 되고 보험금을 받지 못하게 됐다면 계약자에게 손해를 배상할 의무가 있다"고 원고 승소 판결했다.

대법원(2007년) 재판부는 원심과 같이 원고 승소로 판결했다. 재판부는 "보험계약 당시 보험모집인으로부터 보험명의자의 서면동의가 있어야 한다는 사전설명이 없었다면 보험가입 당사자의 서명이 없더라도 보험금을 받을 수 있다"고 판결 이유를 설명했다. 그러나 "P씨에게도 40%의 책임이 있다"며 "보험사는 계약에 따른 보험금 5천만원 가운데 60%인 3000만원을 지급하라"고 덧붙였다.

[해설] **보험계약(保險契約)**이란 당사자 일방(보험계약자)이 약정한 보험료를 지급하고 상대방(보험회사)이 보험계약자에게 재산 또는 생명이나 신체에 관하여 사고가 생길 경우에 일정한 보험료 기타의 급여를 지급할 것을 약정함으로써 효력이 생긴다(상법 제638조 참조).
[해설] **무효**: A-6 참조.

보험금수령포기 각서에 속아서 잘못 서명, 약정된 보험금 못 받게 되나? 185

J씨는 오토바이를 몰고 가다 트럭을 받아 의식불명이 됐고 1급 장애진단을 받았다. 보험사 직원은 부인 G씨로부터 "장해보험금을 받은 후 모든 보험금 청구를 포기한다"는 각서를 받아냈다. J씨는 한 달 뒤 숨졌고 G씨 등 유족들은 H생명보험사에 속아 사망보험금을 받을 수 없게 됐다며 소송을 냈다.

서울고등법원(2007년) 재판부는 1심결과를 깨고 **G씨에게 승소 판결**했다. 재판부는 "보험금을 받을 수 있는 권리를 가진 사람이 **보험금을 포기한다는 것은 경험상 인정할 수 없으므로, 보험사 직원이 속여서 쓴 것으로 보이는 각서는 무효다**"라고 판결 이유를 밝혔다.

가입자 본인의 동의 없는 보험계약, 보험금 지급의무 없나? 186

H보험사가 보험가입자의 사망으로 보험금을 받은 가입자의 어머니 J씨를 상대로 "가입자의 동의가 없었으므로 보험계약은 무효"라며 부당이익금반환 청구소송을 냈다.

서울고등법원(2004년) 재판부는 **J씨는 보험사에 7500여 만원을 돌려주라**며 **보험사 측에 승소 판결**했다. 재판부는 "**보험가입자의 동의*** **없이** 보험실적을 높이기 위해 보험모집인이 마음대로 체결한 **보험계약은 무효**라서 가입자는 보험금을 받을 수 없다"고 판결 이유를 설명했다.

[해설] **동의(同意)**라 함은 타인의 법률행위에 대한 인허(認許) 또는 시인의 의사표시를 말한다. 즉 행위자 단독의 행위로는 완전한 법률효과가 발생하지 않는 경우에 이것을 보충해 주는 타인의 의사표시를 말한다.

남편이 부인명의로 보험가입 후 이혼, 남편의 반환청구권은? 187

K(73)씨는 금융소득세 등 세금감면을 받기 위해 부인 L씨와 딸 3명의 이름으로 보험금액 수십억원의 연금보험계약을 했다. 매달 연금형식의 보험금을 받아썼다. 그런데 부인과 불화 끝에 이혼하게 됐다. 부인은 연금수령계좌를 K씨로부터 변경하여 본인 이름으로 해 놨다. 따라서 그 후 보험금을 수령할 수 없게 되자 K씨는 소송을 냈다.

서울중앙지방법원(2009년) 민사합의재판부는 **원고 패소 판결**했다. 재판부는 "K씨가 자신의 돈으로 보험금을 납부했다고 해도 **계약자명의나 수익자가 부인 L씨와 딸 3명의 이름**으로 돼 있는 만큼 이들이 계약당사자로 볼 수 있다"며 "**부인 L씨와 딸들이 보험수익자의 권리를 양도했다는 의사표시를 했다고 볼 수도 없다**"고 K씨의 패소 판결 이유를 밝혔다.

전화로만 읽어준 면책약관, 효력은? 188

S씨는 전화로 보험가입을 권유받고 암보험에 가입했다. 그리고 두 달 후 내시경검사 과정에서 위암이 발견되자 보험금지급을 요구했으나 보험사 측이 거부하자 소송을 냈다. H보험사 측은 S씨에게 보험가입을 권유할 당시 전화녹음으로 '계약 후 90일 이전에 암이 발견되면 보험금을 지급하지 않는다'는 약관을 설명했다는 것이 보험금지급 거부사유였다.

서울고등법원(2005년) 재판부는 **H보험사는 S씨에게 보험금 전액인 6000만원을 지급하라고 원고 승소 판결**했다. 재판부는 "보험금지급 면책약관은 보험사가 고객에게 명시적으로 설명해야 할 중요한 내용인데, 보험사직원이 **전화로 빨리 읽어준 것만으로는 설명의무를 다했다고 볼 수 없다**"고 판결 이유를 설명했다.

면책약관에 불구하고 암 때문에 자살, 보험금 받을 수 있나? 189

K(여)씨는 암 보험에 가입했다. 보험약관에 '자살의 경우 보험금을 지급하지 않는다'는 보험사 면책조항이 있었다. 그런데 K씨는 자궁암 3기 상태에서 극심한 통증, 우울증, 무기력감, 불안, 전신쇠약 등으로 자살했다. H보험사는 자살한 K씨의 유가족을 상대로 "자살의 경우 보험금을 지급하지 않는다는 약관에 따라 보험금 6400여 만원을 지급할 의무가 없다"며 채무부존재 확인소송을 냈다.

서울중앙지방법원(2004년) 재판부는 **H보험사에 패소 판결**했다. 재판부는 "K씨는 암 재발에 따른 극심한 통증, 우울증 등으로 자살했기 때문에 **질병과 사망 사이에 상당한 인과관계**[*]**가 인정**된다"며 "**자살 면책약관은 보험금을 노린 인위적 사고를 막기 위한 규정이기 때문에 K씨의 경우에는 적용되지 않는다**"고 판결 이유를 밝혔다.

[해설] 상당인과관계: B-3 참조.

암으로 인한 고통 못 이겨 자살, 보험금 줘야 하나? 190

경찰관이던 H씨는 담낭암말기 진단을 받고 약물치료로 투병생활을 하던 중 병세악화로 고통이 심해지자 자살했다. H씨는 목숨을 끊기에 앞서 S보험사의 상해보험에 가입했었다.

H씨가 자살한 후 유족들은 보험금을 청구했다. 보험사는 "가입자가 질병으로 인한 사망이 아닌 자살한 경우에는 보험금을 지급하지 않기로 약관에 규정돼 있다"며 보험금 지급을 거부하며 채무부존재 확인소송을 제기했다.

부산지방법원(2008년) 재판부는 **원고인 H보험사에 패소 판결**했다. 재판부는 "자살의 경우 보험사가 책임을 지지 않는다고 규정한 보험약관은 보험금 취득을 노린 인위적 보험사고 방지 등을 위한 것이므로 **질병과 사망 사이에 상당한 인과관계가 인정되는 경우 이 약관의 적용은 배제된다고 봐야한다**"며 원고의 청구를 기각하고 **보험사는 유족들에게 보험금 8000만원을 지급하라고 판결**했다.

손해배상청구권 포기 후 후유증 치료비, 별도로 인정되나? 191

N씨는 교통사고로 손해배상금을 받고 더 이상 이의를 제기하지 않기로 보험사와 합의했다. 그런데 얼마 뒤 후유증이 발생하여 또 요양급여를 받자 청구권을 포기한다는 합의각서를 썼기 때문에 급여를 반환하라고 요구했다. N씨는 불복하여 근로복지공단을 상대로 소송을 냈다.

서울행정법원(2005년)은 **피고는 반환처분을 취소**하라고 **원고 승소 판결**했다.

손해액이 산재보험 보상범위 넘으면 자동차보험사가 부담해야 하나? 192

회사 소유의 업무용 차량을 타고 가던 중 교통사고로 사망한 회사 직원 S씨와 C씨 등의 유족이 S화재보험회사를 상대로 낸 손해배상 청구소송에서 근로자의 손해가 산업재해보상보험법에 규정된 보상범위를 넘어선다면서 유족에게 패소 판결했다.

대법원(2005년) 재판부는 **원심 판결을 깨고 원고 승소 취지**로 사건을 대전고법으로 돌려 보냈다. 재판부는 "교통사고로 인한 초과 피해액은 자동차보험회사가 배상해야 한다"며 "피고 S화재보험사가 교통사고로 생긴 근로자의 손해가 산재보험법상의 보상범위를 넘는다면서 면책약관을 근거로 배상책임이 없다고 주장하고 있으나 이 약관은 **보험사가 부담해야 할 위험을 고객(업주)에게 이전시킨 것으로 무효**이다"라고 판시하면서 이 **약관을 인정한 종전 판례를 변경**한다"고 판결 이유를 설명했다.

[해설] 이는 지금까지 법원이 보험사 약관에 규정된 면책조항을 근거로 초과 피해액에 대한 보험사의 책임을 인정하지 않았던 판례를 파기한다는 점에서 중요한 의미를 갖는다.

성폭행 피하려 차에서 뛰어내려 중상, 보험사의 책임은? 193

C(여 · 23)씨는 서울의 한 나이트클럽에서 낯선 남자가 성폭행하려 접근하는 것을 옆에 있던 낯선 L씨의 도움으로 위기를 모면했다. L씨는 "경찰서까지 데려다주겠다"고 안심시킨 뒤 자신의 차에 타라고 해서 탔다. 그러나 L씨는 엉뚱한 방향으로 차를 몰았다. 이상한 낌새를 느낀 C씨는 차에서 내려달라고 수차례 부탁했지만 거절당하자 문을 열고 뛰어내려 머리 등에 중상을 입었다. C씨는 가해 차량의 보험사를 상대로 손

해배상 청구소송을 제기했다. 보험사 측은 "전혀 알지 못하는 사람의 차에 타고, 달리는 차에서 뛰어내린 행위는 적절했다고 볼 수 없다"고 주장했다.

서울중앙지방법원(2005년) 재판부는 **보험사는 치료비 등 8500여 만원을 지급**하라며 **원고 승소 판결**했다. 재판부는 "원고 C씨가 차 안에서 느꼈을 극도의 절박함과 불안 심리 등을 고려할 때 차 밖으로 뛰어내린 행위를 **과잉 대응으로 볼 수 없다**"며 "이번 사고는 남성 L씨가 원고를 납치하여 성폭행하기 위해 차량에 감금했기 때문에 벌어졌으므로 **원고의 과실은 없다**"고 판결 이유를 밝혔다.

보험사가 증거제시용으로 교통사고 피해자 몰카 촬영했다면? 194

고속도로에서 교통사고를 당한 K씨 가족은 H보험사를 상대로 손해배상 청구소송을 냈다. 그런데 K씨 가족이 신체 장해(障害)상태를 과장한다는 느낌이 들어 H보험사는 피해자의 신체 장해부위의 움직이는 모습을 담은 50여 장의 사진을 몰래 찍어 법원에 제출했다. K씨 측은 피해자 사생활이 침해됐다며 위자료 청구소송을 제기해서 1심에서 500만원의 승소 판결을 받았다. 이에 보험사가 항소했다.

서울중앙지방법원(2004년) 민사항소재판부는 **K씨 가족에 패소 판결**했다. 재판부는 "보험사가 교통사고 피해자의 사생활을 몰래 촬영했더라도 법원에 증거로 제출하기 위한 목적으로 **공개된 장소에서 공개적으로 촬영한 것이라면 정당**하다"며 따라서 "사생활 침해라고 볼 수 없다"고 판결 이유를 설명했다.

보험금 노린 방화 의혹, 확증이 없더라도 보험금 지급 안할 수 있나? 195

경기도에 펜션을 소유한 J씨는 S화재보험회사와 화재보험계약을 체결했는데 이듬해 불이 나면서 보험금 1억8000여 만원을 받았다. J씨는 펜션을 수리한 뒤 D화재보험과 2억 8000만원의 보험계약을 다시 맺었고 다음 해 그 보험가액을 3억8000만원으로 증액 변경했다. 그리고 이 건물 1층에 대해 다른 보험사와 1억원이 넘는 보험을 이중으로 계약했다. 그 후 펜션이 또다시 불이 났다. 국립과학수사연구소의 감정 결과 인화성 물질에 의한 고의 방화 가능성이 크고 누전 등으로 인한 발화가능성은 적은 것으로 나타났다.

서울중앙지방법원(2008년) 재판부는 J씨가 D화재보험회사를 상대로 제기한 소송에서 **"D화재는 J씨에게 보험금을 지급할 의무가 없다"**고 판결했다. 재판부는 "J씨가 가액이 1억3000여 만원 상당인 건물에 대해 이를 **초과하는 금액의 보험에 중복 가입**했고 당시 상당액의 빚을 지고 있었으며 산장이 사실상 폐업상태였던 점과 또 방화 외에는 달리 화인을 찾기 어려운 점 등을 종합하면 **J씨가 보험금을 노리고 고의**[•]**로 불을**

낸 것으로 인정된다"고 판결 이유를 설명했다.

[해설] 고의: B-109 참조.

앓고 있는 질병 속이고 보험가입, 보험금 요구했다면? 196

H(여 · 57)씨는 건강검진과정에서 소변검사결과 신장결핵 및 신장결석이라는 진단을 받았다. H씨는 진단받은 다음 달 결핵을 포함한 특정 질병을 담보하는 보험계약을 D보험사와 맺으며 "최근 3개월 이내에 의사로부터 진찰 · 검사를 통해 진단을 받은 바 없다"고 허위로 기록했다. 결국 신장수술을 받게 된 H씨는 신장결핵을 사유로 보험료를 청구했다가 사기 미수로 기소됐다.

대법원(2004년) 재판부는 "특정 질병을 앓고 있는 사람이 보험약관의 고지의무•를 알면서도 이를 숨긴 채 계약을 맺고 바로 그 질병을 이유로 보험금을 청구했다면 특별한 사정이 없는 한 사기죄•로 인정된다"며 H씨에 대해 벌금 100만원을 선고한 원심을 확정했다. 재판부는 "사기죄 요건으로서의 기망은 재산상 거래관계에서 서로 지켜야 할 신의와 성실 의무를 저버린 모든 적극적 또는 소극적 행위를 말하는 것"이라고 덧붙였다.

[해설] 고지의무(告知義務)란 보험계약자 또는 피보험자가 보험계약을 체결함에 있어서 중요한 사실을 고지하고, 중요한 사실에 관하여 거짓 사실을 고지하지 아니할 의무를 말한다. 이를 위반하면 보험자(보험회사)에게 계약의 해지권이 인정되기 때문에 보험계약자가 계약해지로 인한 불이익을 받게 된다.
[해설] 사기죄: B-150 참조.

보험효력 발생 전에 생긴 암인지 몰랐다면 사망보험금 줘야 하나? 197

K씨는 위염으로 치료를 받은 적이 있다. K씨는 질병으로 숨지면 보험금을 받을 수 있도록 사망보험 상품에 가입해 뒀다. 보험계약 당시 위염치료 전력을 보험사 측에 알렸다. 이틀 뒤부터 보험계약효력이 생기게 돼 있다. 그런데 위염치료를 받다 갑자기 복통이 일어나 정밀진단을 위해 초음파 검사를 받은 결과 간암으로 의심된다는 의사 소견을 받았다. 보험 효력이 생긴 지 3시간이 지난 뒤였다. 그리고 그 진단을 받은 이틀 뒤 K씨는 사망했다.

이에 유족들은 보험사를 상대로 보험금을 청구했지만, 보험사는 "K씨가 복통을 일으킨 시각은 보험계약 효력이 발생하기 전이다"며 보험금 지급을 거부하자 소송을 냈다.

서울중앙지방법원(2004년) 재판부는 K씨 유족 측에 승소 판결했다. 재판부는 "숨진 K씨가 보험효력발생 전에는 간암발병 사실을 몰랐던 점이 인정되므로 보험사는 유족에게 3400만원을 지급하라"고 판결 이유를 설명했다.

부부싸움 끝에 칼부림으로 남편 사망, 수익자인 부인의 보험금 수령은? 198

W(여 · 37)씨는 술에 취해 부부 싸움을 하다가 남편이 주먹으로 때리고 목을 조르자 부엌에 들어가 흉기를 갖고 나와 가까이 오지 말라고 얘기했다. 남편은 죽여 봐라. 안 죽이면 네가 죽는다고 위협하며 달려들자 남편을 흉기로 찔렀다. 남편은 다음 날 숨졌다. W씨의 남편은 자신이 죽으면 W씨와 자녀들이 모두 1억5000만원을 받을 수 있는 보험에 가입해 두었다. 그러나 보험사는 보험약관에 있는 "보험수익자가 고의로 피보험자를 해친 경우에는 보험금 지급을 할 수 없다"는 규정에 해당된다며 보험금 지급을 거절했다. W씨 등 유족은 보험사를 상대로 소송을 했다.

대법원(2010년) 재판부는 원고 패소로 판결한 원심을 확정했다. 재판부는 "W씨가 남편의 죽음을 바라지는 않았다고 하더라도 최소한 살인의 미필적 고의•가 있었고, 이로 인해 사고를 일으킨 만큼 보험사가 보험금을 지급해야 할 의무가 없다고 판단한 원심은 정당하다"고 판결 이유를 밝혔다. W씨는 형사재판에서 상해치사죄가 인정돼 징역 3년이 확정된 상태였다.

[해설] **미필적 고의(未必的 故意)**란 구성요건적(범죄) 결과의 발생가능성을 인식하면서도('그럴 수 있을거야. 그러나 아무튼 좋아') 이를 감히 받아들여 행하는 것을 말한다.

보험설계사의 잘못된 설명 믿고 보험계약, 가입자의 책임은? 199

S사는 저축성 종신보험에 가입하면 납부보험료 전액에 대한 법인세를 감면받을 수 있다는 H보험사소속 보험설계사의 설명에 따라 보험에 가입했다가 약속받은 세금혜택을 받지 못하자 소송을 냈고 1, 2심에서 승소했다. 보험설계사의 잘못된 설명에 따라 체결한 보험계약은 무효이므로 납입보험료 전액을 돌려줘야 한다고 판결했다.

대법원(2010년) 재판부는 원심을 파기하고 원고 패소 취지로 사건을 서울고법으로 돌려보냈다. 재판부는 "세법전문가가 아닌 보험설계사의 설명만 듣고 보험료 전액이 손실금에 포함된다고 가볍게 믿어 보험계약을 체결한 원고 S회사도 손해발생에 대한 어느 정도의 과실이 있다고 봐야 한다"고 판시하면서 "피고 H보험사의 과실상계• 요구가 없어도 원고 S사의 과실을 참작해야 함에도 그렇게 하지 않고 피고의 손해배상 범위를 정한 원심의 판단에는 법리를 오해한 위법이 있다"고 판결 이유를 설명했다.

[해설] **과실상계(過失相計)**란 채무불이행에 있어서 채권자에게도 과실이 있거나 불법행위에 있어서 피해자에게 과실이 있는 경우에 손해배상의 책임 및 그 금액을 정함에 있어서 이를 참작하는 것을 말한다. 가

령 빨간불인데 보행자가 무단횡단하다 교통사고로 크게 다쳤을 때 피해자에게도 과실이 있으므로 손해배상액을 산정할 때 일부 감액을 당하게 되는 경우가 이에 해당된다.

'설명의무' 이행하지 않은 보험사, 보험금 납입액 전액 돌려줘야 하나? 200

K씨는 A생명보험회사의 유니버셜 무배당변액보험에 가입했다. 그런데 사정이 생겨서 중도에 해지하게 됐다. A보험사는 체결한 보험계약서에 의한다며 납입한 보험료 전액을 돌려주지 않았다. K씨는 소송을 제기했다. 1심에선 원고 패소 판결을 받았다.

서울고등법원(2010년) 재판부는 보험금 납입액 전액을 돌려줘야 한다며 **원고 승소 판결**했다. 재판부는 "유니버셜보험이나 변액보험의 경우 보험설계사는 고객이 보험계약의 중요사항을 이해한 뒤 보험계약체결 여부를 자주적으로 판단할 수 있도록 **구체적이고 상세하게 설명할 의무가 있다**"며 "유니버셜보험의 보험료는 저축보험료와 위험보험료로 구분되며 **위험보험료는 환급되지 않는다는 사실을 설명하지 않았다**"며 "보험사와 모집인에게 요구되는 설명의무와 고객보호의무를 위반했다"고 판결 이유를 밝혔다.

음주운전 사망, 감액약관에 불구하고 사망보험금 100% 지급해야 하나? 201

H씨는 '다보장(多保障) 상해보험'에 가입한 뒤 술을 마신 상태에서 화물차를 몰다 신호등 기둥을 들이받아 현장에서 사망했다. H씨가 가입한 보험의 약관에는 음주운전을 하다 사고를 내 숨지면 보험금의 20%만 지급한다고 '감액 약관'에 명시돼 있다. 보험사 측이 이 약관을 근거로 유족들에게 전체보험금액 6000만원의 20%인 1200만원만 지급하자, 유족들은 나머지 돈도 달라고 요구했고 보험사는 거절했다. 이에 대해 G손해보험회사는 교통사고로 숨진 H씨 유족들을 상대로 소송을 했다.

서울중앙지방법원(2009년) 재판부는 **원고 G손해보험에 패소로 판결**하면서 "상법 제732조의 2(중과실로 인한 보험사고)는 '**사망보험은 사고가 계약자의 중대한 과실로 인해 생긴 경우에도 보험금을 지급해야 한다**'고 **규정하고 있다**"며 "**사망 · 상해에 관한 보험은 고의가 아닌 사고라면 보험금을 줘야 한다**"고 판결 이유를 설명했다.

[해설] 음주사망사고의 경우 보험가입자의 책임이 크다는 이유로 전체 보험금의 20%만 주도록 한 보험사 측의 감액약관은 불법이라고 판단하였다는 데 의미가 있다.

금융기관의 책임

송금 의뢰인 실수로 엉뚱한 계좌로 송금한 돈, 은행은 반환책임 있나? 202

B사는 인터넷뱅킹을 이용해 물품대금 1700여 만원을 H사에 이체하려 했으나 직원의 실수로 예전 거래처인 S사 계좌에 입금했다. S사는 부도로 이미 폐업했고 S사 계좌에 대해 은행은 대출금 연체를 이유로 지급정지 조치를 했고 기타 채권회사들은 예금채권을 압류한 상태였다. 따라서 잘못 입금한 돈은 이미 이들 채권자가 가져가고 없었다. 송금회사인 B사가 "계좌번호를 착각해 H사에 보낼 물품대금을 S사에 보냈으니 은행에게 그 돈을 돌려 달라"며 오입금(誤入金)으로 인한 부당이득반환 청구소송을 했다.

1심은 원고에 패소 판결했다. 그러나 항소심은 1심과 반대되는 판결을 내렸다. "B사가 S사에 계좌 이체한 것은 법률적 원인 없이 이뤄진 행위이기 때문에 S사가 예금채권을 갖지 못하고 은행이 금전가치를 실질적으로 보유한다"며 은행이 부당이득을 반환할 의무가 있다고 선고했었다.

대법원(2007년) 재판부는 **원심을 깨고 원고 패소 취지**로 사건을 서울중앙지법 항소부로 돌려보냈다. 재판부는 "현금으로 송금이나 계좌 이체할 경우 수취인의 예금원장에 입금 기록이 된 때에 예금이 된다는 예금거래 기본약관에 따라 송금의뢰인과 수취인 사이에 돈이 입금되면 예금계약이 성립하고, 수취인이 예금채권을 갖는다"라고 하면서 "**수취인이 예금채권을 갖고, 은행은 이익을 얻은 것이 없기 때문에 B사가 은행 측에 부당이득반환청구권*을 행사할 수 없다**"고 판결 이유를 설명했다.

> [해설] **부당이득반환청구권(不當利得返還請求權)**이란 부당이득을 얻은 자에 대하여 그 반환을 청구할 수 있는 권리를 말한다. 부당이득이란 법률상의 원인 없이 부당하게 재산적 이득을 얻고, 이로 말미암아 타인에게 손해를 준 자에 대하여 그 이득의 반환을 명하는 제도이다. 누구도 정당한 이유 없이 타인의 손실로 이득을 얻어서는 안 된다는 데에 이론적 기초가 있다.

실수로 딴 계좌에 송금, 은행은 피송금자 인적사항 알려줘야 하나? 203

L씨는 아들 명의 계좌로 300만원을 이체하던 중 계좌번호를 잘못 기재해 다른 사람 계좌로 돈이 들어가자 부당이득반환 청구소송을 제기하기 위해 해당계좌의 예금주의 개인정보가 필요하게 되어 은행에 요청했으나 거절당하자 소송을 냈다.

서울중앙지방법원(2010년) 재판부는 **L씨에게 패소 판결**했다. 재판부는 "L씨가 실수를 한 사실은 인정되지만 **은행 측이 해당계좌 예금주의 성명 · 전화번호 · 주소를 공개할 의무는 없다**"며 "개인정보를 타인에게 제공하려면 당사자의 동의를 미리 받아야 한다"고 판결 이유를 설명했다.

엉뚱한 사람에게 잘못 대출, 은행의 책임은? 204

자신의 이름으로 된 아파트를 팔려던 P씨는 자신의 아파트를 담보로 3억여 원의 대출이 있는 것을 알게 됐다. 자신의 부인이 은행 VIP룸으로 다른 남자를 데려와 P씨의 신분증과 인감도장 등을 제시하며 아파트를 담보로 대출을 받아 간 것이다. 그 후 대출이자가 연체되자 은행은 P씨를 신용불량자로 등록하기까지 했다. P씨는 은행 VIP 고객담당자인 J씨와 은행을 상대로 손해배상 청구소송을 냈다.

서울중앙지방법원(2007년) 재판부는 **원고 승소 판결**했다. 재판부는 "J씨는 원고로 행세하는 남자가 주민등록증 사진과 다르다고 생각했으면서도 통상 거쳐야 할 주민등록번호, 주소지 등의 **확인절차를 거치지 않았다**"며 "이로 인해 대출금액이 1억5000만원에서 3억원으로 증가하게 해 손해를 배상할 책임이 있다"고 판결 이유를 밝혔다. 또 "은행은 사실관계조사를 제대로 하지 않고 **원고를 신용불량자로 등록하고, 신용불량자 해제를 타 기관에 늦게 요청해 원고로 하여금 경제활동을 하는 데 지장을 받게 했다**"고 지적하면서 위자료도 지급해야 한다고 판시했다.

명의도용해서 발급된 신용카드, 이용대금 연체는 발급회사의 책임인가? 205

S카드회사는 C씨 명의를 도용한 사람의 신분확인을 철저히 하지 않고 카드를 발급해준 뒤 사용대금이 연체되자 C씨를 상대로 신용카드대금 청구소송을 냈다. C씨는 S카드사를 상대로 신용불량자로 몰리는 등 피해를 봤다며 손해배상청구 반대소송을 냈다.

서울중앙지방법원(2002년) 재판부는 **S카드사에 패소 판결**하고 C씨가 낸 반대소송에서 "**카드회사는 C씨에게 위자료 300만원을 지급**하라"고 판결하면서 "S카드사가 명의 도용된 카드로 인해 대금이 연체된 사실을 알고서도 부당하게 C씨를 신용불량자로 등록하고 C씨에게 정신적 고통을 준 점이 인정된다"고 판결 이유를 밝혔다. 또 재판부는 "S 카드회사가 신청인의 신분증검사 등 본인확인을 게을리 한 과실로 명의 도용인에게 카드를 발급했고 대금이 연체됐다면, 그 손해를 감수해야지 본인이 신청한 카드가 아니라는 항의를 받고도 **신용불량자로 등록하는 부당한 수법으로 카드대금납부를 독촉한 것은 불법행위**•"라고 덧붙였다.

[해설] 불법행위: A-168 참조.

대출금 연체 회사에 추가 대출 추인, 추인의 책임은? 206

K금고 대표 M씨는 S캐피탈에 90억원을 대출한 상태에서 같은 해 25억원을 추가 대출키로 한 뒤 J이사의 추인을 받았다. 하지만 대출금 87억원을 제때 받지 못했고 다른 미회수 대출금도 누적돼 결국 파산했다. 예금보험공사는 J이사를 상대로 소송을 냈다.

대법원(2007년) 재판부는 **피고 J씨는 회사 손해액의 10%를 배상**하라고 **원고 승소 판결한 원심을 확정**하면서 "피고는 거액이 대출된 회사에 대한 추가대출을 추인하는 이사회에서 이사로서 '선량한 관리자의 주의 의무•'를 게을리 한 채 **대출에 찬성했다는 원심 판단은 옳다**"고 판결 이유를 설명했다. 또 "비록 대표이사에 의해 대출이 실행됐더라도 추인•은 하자있는 행위를 유효로 만들어 주는 것으로서, 피고가 의무를 다하지 않아 **추인에 찬성했다면 손해발생과 인과관계가 인정된다**"고 판시했다.

[해설] 선량한 관리자의 주의 의무: A-9 참조.
[해설] 추인: A-96 참조.

신용불량자로 등록한 사실, 본인에게 알리지 않았다면? 207

Y씨는 J은행에서 빌린 돈을 제때 갚지 않았다는 이유로 자신도 모르는 사이에 은행연합회에 신용불량자로 등록되는 바람에 다른 금융기관에서 일시에 대출금 상환을 요구받고 사업체도 사실상 폐업하는 등 손해를 봤다며 J은행을 상대로 소송을 냈다.

대법원(2003년) 재판부는 "은행 측이 은행연합회에 신용불량 정보를 등록한 사실을 **Y씨에게 알리지 않은 것은 위법**"이라고 밝혔다. 재판부는 다만 "이 때문에 Y씨가 손해를 입었다는 인과관계가 인정되지는 않는다"며 은행 측의 손해배상 책임은 인정하지 않았다. 재판부는 "금융기관이 신용불량 정보를 등록할 때 **거래처에 이 사실을 통지하도록 한 규약을 위반함**으로써, 신용불량자로 등록된 사람으로 하여금 잘못된 정보의 정정 등을 요구할 기회를 잃게 하거나 빚을 갚아 등록을 해제할 기회를 박탈당하게 하는 것은 위법"이라고 판시했다. 그러나 "Y씨는 다른 금융기관에도 대출금을 연체하고 있었으므로 신용불량 등록 때문에 손해를 입었다고 보기는 어렵다"고 설명했다.

명의 도용당해 피해 발생, 신원확인 안 한 카드사의 책임은? 208

간호사인 S씨는 자신도 모르게 신용불량자가 된 사실을 뒤늦게 알게 됐다. 얼마 전까지 함께 살던 친구 K씨가 몰래 S씨의 주민등록증과 통장, 도장 등으로 모 카드사에서 S씨 명의의 카드를 만들어 사용했던 것이다.

S씨는 신원을 제대로 확인 안 하고 엉뚱한 사람에게 카드를 발급한 카드사에 항의했다. 카드사는 향후 S씨에게 K씨가 쓴 카드빚 독촉을 하지 않겠다는 확인서를 써 줬고 신용불량자로 등록된 것도 삭제해 줄 것을 약속했다. 그러나 카드사는 S씨의 신용불량자 정보를 받은 다른 카드사에도 직접 해제사실을 알려야 하는데도 전국은행연합회에만 삭제를 요청했을 뿐 다른 카드사에 통보하지 않았다. 이 때문에 삭제를 요청한지 몇 개월이 지난 뒤에도 S씨는 무엇을 사려고 다른 카드를 냈으나 '사용정지' 이유로 요금을 못 냈다. S씨는 카드사를 상대로 항소했다.

서울중앙지방법원(2003년) 민사항소재판부는 "카드사 직원이 카드 발급 시 본인 여부를 제대로 확인하지 않고 문제가 된 **신용불량 해제정보를 타 카드사에 뒤늦게 통보한 과실이 있다**"며 "카드사는 이같이 통보 의무를 게을리 한 불법행위로 경제활동에 지장을 받은 S씨에게 **위자료 200만원을 지급하라**"고 원고 승소 판결했다.

진짜 인감 · 통장 · 비밀번호로 예금 인출, 본인확인 안 한 은행의 책임은?

209

C(여 · 61)씨는 자신의 집에서 6400만원이 입금된 A은행 통장과 인감을 도난당했다. 범인들은 같은 날 A은행 전북 모 지점에서 2500만원, 전북 도내 다른 2개 지점에서 잇따라 2000만원과 1900만원을 인출해 가는 등 범행 2시간 40분 만에 A은행 지점 3곳을 돌며 돈을 모두 빼내 달아났다. 범인들은 C씨가 돈을 인출하는 데 필요한 통장 비밀번호를 집 전화번호 끝 네 자리로 설정해 놓는 바람에 이를 쉽게 찾아 낼 수 있었다.

피해를 입은 C씨는 은행 측이 본인 확인을 제대로 하지 않은 채 돈을 내줬다며 손해배상 청구소송을 냈고, 1 · 2심 법원은 "범인들이 통장개설지점이나 첫 번째 인출지점과는 전혀 다른 지점을 짧은 시간 안에 옮겨 다니며 잇따라 거액을 인출했는데도 은행 직원들이 별다른 의심 없이 돈을 내줬다"며 은행 측에 일부 책임을 인정했다.

그러나 대법원(2007년) 재판부는 **"철저한 보안이 요구되는 비밀번호까지 일치한 점을 볼 때 금융기관이 의심을 가지기 어렵다"며 C씨가 일부 승소한 원심을 깨고 무죄취지**로 사건을 광주고법으로 돌려보냈다. 재판부는 "통장과 예금지급청구서에 아무런 하자가 없고, 진짜 인감•을 사용하고 비밀번호까지 아는 사람에게 은행이 돈을 내준 것은 특별히 의심할 만한 사정이 없는 한 **금융거래 관행으로 볼 때 유효**하다"고 판결 이유를 설명했다.

[해설] **인감(印鑑)**이란 미리 행정관청 또는 은행 등에 제출해서 대조용(對照用)으로 쓰도록 한 인영(印影)을 말한다.

본인확인 없이 개설해준 타인명의통장, 범죄에 이용했다면 은행책임은? 210

K씨는 '텔레뱅킹 서비스'를 이용해 자신의 은행통장에서 2800만원을 K은행으로 몰래 이체해 놓은 후 인출해 간 사실을 알게 됐다. 누군가가 주운 주민등록증으로 P씨 명의로 휴대전화번호를 기재하고 예금계좌를 개설한 것이다. '범인'의 얼굴과 주민등록증 사진이 달랐지만 은행 직원은 이를 발견하지 못했다. 범인이 미리 알고 있던 K씨의 통장 계좌번호 및 비밀번호 등을 이용해 돈을 이체 후 인출해 간 것이다. K씨는 K은행을 상대로 손해배상 청구소송을 냈다. 1심은 "K은행이 범행에 도움을 줬다"며 "손해의 70%를 배상하라"고 판결했다.

대법원(2007년) 재판부는 **원심을 깨고 원고 패소 취지**로 사건을 서울중앙지법으로 돌려 보냈다. 재판부는 "범인이 **이미 통장번호와 비밀번호 등을 알고** 있어 돈을 훔칠 수 있는 수단을 확보한 뒤 훔친 돈을 잠시 입금 · 보관하는데 K은행 계좌를 사용한 것에 불과하고, **K은행 계좌를 개설한 탓에 범행이 가능해진 게 아니므로 배상책임이 없다**"며 판결 이유를 설명했다.

대출시 근저당 설정비용, 은행이 부담해야 하나? 211

공정거래위원회는 대출계약을 맺을 때 인지세는 은행과 채무자 간의 협의에 따라 한쪽이 전액을 부담하거나 양측이 50%씩 부담하도록 해온 기존 표준약관을 은행과 채무자가 50%씩 부담하도록 개정했다. 또 그 동안 은행, 채무자, 근저당권 설정자가 협의를 통해 부담하도록 돼 있던 근저당권 설정 및 말소등기도 근저당설정비용은 은행이, 말소비용은 채무자 또는 설정자가 부담하도록 바꿨다. 은행연합회 등 16개 은행은 기존 약관이 불공정하지 않은데도 개정 표준약관의 사용을 권장한 공정위의 처분은 위법하다며 공정거래위원회를 상대로 소송을 했다.

대법원(2010년) 재판부는 **공정위의 승소 취지**로 사건을 서울고등법원으로 돌려보냈다. 재판부는 "불공정 약관 여부에 대한 심사는 전체약관 내용을 종합적으로 살펴 판단해야 하며 약관이 사용되는 거래 분야의 통상적인 거래관행, 거래대상 상품이나 용역의 특성 등을 함께 고려해야 한다"며 **공정위의 표준약관 개정이 정당**하다고 판단했다. 항소심을 맡은 서울고법은 "부담주체를 고객이 선택할 수 있도록 한 기존 약관은 부당하지 않은 만큼 개정 표준약관 사용권장은 부당하다"며 은행 측에 승소 판결했다.

부모 동의 없이 미성년자에게 발급된 카드로 결재, 무효인가? 212

K(20)씨 등이 미성년자일 때 부모 등 법정대리인의 동의 없이 발급받은 카드로 결재

한 채무는 무효라며 7개 신용카드사를 상대로 채무부존재확인 청구소송을 냈다.

서울중앙지방법원(2002년) 재판부는 **K씨 등에게 원고 승소 판결**했다. 재판부는 "민법상 **만 20세 미만자가 법률행위를 할 때는 부모 등 법정대리인의 동의•가 필요**하다"며 따라서 "원고들이 아직 갚지 않은 카드 빚은 카드계약 자체가 취소됐으므로 갚을 의무가 없다"고 밝혔다. 그러나 "원고들이 카드로 구입한 물품이나 현금서비스 금액 역시 무효인 법률행위•에 의한 부당이익"이라며 "카드사는 이미 원고들로부터 카드대금을 받았을 경우 그 대금을 **부당이익과 상계•할 수 있고, 아직 원고들에게 못 받은 돈에 대해서는 부당이득반환 청구소송•을 낼 수 있다**"고 밝혔다. 재판부는 다만 "연체료나 수수료는 부당이득•으로 볼 수 없어 카드사가 받아낼 수 없다"고 덧붙였다.

[해설] **동의**: A-186 참조.
[해설] **법률행위(法律行爲)**란 어떤 법률효과의 발생을 목적으로 하는 의사표시로 성립한다. 법률행위는 의사표시의 형태에 따라 단독행위 · 계약 · 합동행위로 나눠고 법률효과의 종류에 따라 채권행위 · 물권행위 등으로 분류된다. 그 밖에도 여러 형태로 분류할 수 있다. 어떤 경우든 권리와 의무가 발생한다.
[해설] **상계(相計)**란 채권자와 채무자가 동종의 채권 · 채무를 가지는 경우에 일방적 의사표시로 그 대등액에서 채권과 채무를 소멸시키는 것을 말한다. 가령 갑이 을에게서 받아야 할 일만원 빚(채권)이 있고 동시에 을이 갑에게 3천원 받을 빚(채권)이 있는데 모두 변제기한이 도래한 것이라면 갑이 을에게 달라고 하면 갑의 동의가 필요 없이 잔금 7천원만 돌려주면 된다는 것이다.
[해설] **부당이득반환청구권**: A-202 참조.
[해설] **부당이득**: A-126 참조.

3. 자동차

자동차 매도자와 매수자 간 명의이전청구권 소멸시효 기간은? 213

J씨는 자신이 갖고 있던 화물차를 L씨에게 매각했다. 그런데 L씨는 10년이 넘도록 명의이전을 해 가지 않아 J씨 앞으로 자동차세, 면허세 등 자동차 관련 세금 고지서가 계속 나왔다. J씨는 L씨를 상대로 화물차소유권자 명의를 이전해 가고 밀린 공과금을 배상하라는 소송을 냈다.

1심 재판부는 "자동차의 명의이전을 청구할 수 있는 기간은 10년인데 J씨는 14년이나 지나 소송을 냈다"며 J씨의 청구를 기각했다. 항소심 재판부도 "J씨가 세금고지서를 받고도 3년 내에 소송을 내지 않아 손해배상에 대한 소멸시효•가 지났다"며 원고 패소 판결했다.

하지만 대법원(2008년) 재판부는 **원고에게 승소 판결**했다. 재판부는 **"명의 이전에 대한 시효•가 지나지 않았다"**면서 "자동차를 양도 · 양수한 사람이 상대방에 대해 명의이전을 이행하도록 청구할 수 있는 권리는 서로 맞물려 있어 독립적으로 시효가 소멸되지 않는다"고 하면서 **"L씨가 자동차를 넘겨받아 갖고 있던 동안은 명의이전청구권의 시효가 정지된다"**고 판결 이유를 설명했다.

[해설] **시효(時效)**란 사실상태가 일정기간 계속된 경우에 그 상태가 진실한 권리관계에 합치하느냐를 묻지 않고 그 상태를 진실한 권리관계로 인정하여 일정한 법률상의 효과를 부여하는 제도이다. 취득시효와 소멸시효가 있다.
[해설] **소멸시효(消滅時效)**란 권리자가 자신의 권리를 행사할 수 있음에도 불구하고 일정기간(시효기간이라 함) 동안 권리를 행사하지 않는 경우 그의 권리를 소멸시켜버리는 제도를 말한다. 소멸시효기간은 채권의 종류에 따라 다르다.

음주운전

● 차가 출렁거리기만 해도 운전으로 보아야 하나? 214

K씨는 대로변에서 혈중 알코올농도 0.150% 상태로 승용차를 운전하기 위해 시동장치에 키를 꽂고 돌렸다. 하지만 수동변속 차량인 K씨의 차는 당시 기어가 1단인 상태여서 시동이 걸리지 않았고 차는 출렁이며 1~2m 움직이다 그쳤다. 바로 이때 차 옆을 지나던 경찰은 K씨를 붙잡아 음주검사를 했고 이어 음주운전 혐의(도로교통법 위반)로 불구속 기소했다.

대전지방법원(2007년) 재판부는 **K씨에게 벌금 100만원을 선고**하면서 "K씨는 운전석에 앉아 시동장치에 열쇠를 꽂고 돌렸으므로 도로교통법상 운전행위에 필요한 주관적 객관적 요건을 모두 충족했다"며 **"비록 짧은 거리이긴 하지만 차량이 앞으로 진행했으므로 엄연히 운전행위에 해당한다"**고 판결 이유를 설명했다.

● 아파트 내 지상주차장에서 지하주차장까지 음주운전, 그 처분은? 215

G씨는 회사 회식을 마치고 대리운전을 이용해 회사숙소인 아파트까지 도착한 뒤 요금문제로 대리운전기사와 다투던 중 기사가 그냥 가버리자 아파트 지상주차장에서 지하주차장으로 이동하기 위하여 약 30~50m를 운전했다가 112신고를 받고 출동한

경찰에 적발돼 운전면허가 취소됐다. G씨는 울산지방경찰청장을 상대로 자동차운전면허취소처분취소 청구소송을 냈다.

울산지방법원(2007년) 재판부는 **원고 승소 판결**했다. 재판부는 "원고 G씨가 자동차 면허증 취득 후 7년 동안 음주운전전력이 없고 단지 아파트 안에서 대리운전 기사와의 다툼으로 인해 이 같은 일이 벌어진 것을 놓고 운전면허를 취소한 것은 공익목적을 실현하고자 하는 의도에 비해 **원고가 입게 되는 불이익이 너무 크다**"고 판결 이유를 밝혔다.

음주측정은 언제, 어떻게 해야 하나? 216

Y씨는 논현동 인근에서 음주운전단속에 적발됐다. 단속경찰관은 Y씨에게 입 안을 헹굴 기회를 주지 않고 음주측정을 한 뒤 혈중 알코올농도가 0.109%로 나오자 면허를 취소했고 이에 불복한 Y씨는 서울지방경찰청을 상대로 소송을 냈다.

서울고등법원(2008년) 재판부는 **원고 승소 판결**했다. 재판부는 "경찰청의 내부 사무처리 지침에 따르면 단속 **경찰관이 음주 측정을 할 때에는 최종 음주시간과 장소, 음주 후 20분이 지났는지를 반드시 확인**하고 이를 음주 운전자 적발보고서에 쓰게 돼 있다"며 "음주측정 당시 단속경찰관이 Y씨에게 입 안을 헹굴 기회를 줬다는 증거가 없으므로 이 같은 음주측정에 의한 면허취소처분은 위법"이라고 판시했다. 또 "음주 후 20분이 지나지 않은 상태에서 입 안을 헹구지 않고 음주측정을 하면 입 안의 잔류 알코올에 의해 혈중 알코올농도가 **과대 측정될 가능성을 배제할 수 없다**"고 덧붙였다.

취중운전으로 도로에 30cm만 접촉, 그 처분은? 217

L씨는 혈중 알코올농도 0.134%의 만취상태에서 주상복합 건물의 1층 주차장에서 차를 몰고 나오다 입구에서 음주단속에 걸려 도로교통법 위반죄로 1 · 2심에서 벌금 50만원을 선고받았다. 당시 L씨가 몰던 차는 주차장 밖으로 앞바퀴만 30cm쯤 나와 있었다.

대법원(2007년) 재판부는 "술에 취한 상태에서 전부가 아니라 **차의 일부라도 주차장을 벗어나 도로에 들어섰다면 음주운전을 한 경우에 해당**한다"며 "사건정황과 운전면허 취소의 공익적 필요를 감안하면 **면허를 취소한 처분이 잘못됐다고 볼 수 없다**"고 판결 이유를 밝혔다.

음주운전 차에 동승한 상태서 충돌사고로 전신마비, 동승자의 책임은? 218

만취한 친구가 운전하는 자동차 조수석에 탔다가 불법 주차된 차와 충돌하는 사고를 당해 온몸이 마비된 군인 H씨가 불법주차 차량의 보험사를 상대로 낸 손해배상 청구소송에서 **"H씨 책임이 50% 있으니 보험사는 3억1000여 만원만 배상하라"**는 판결을 내렸다.

서울중앙지방법원(2005년) 재판부는 "불법주차 차량이 없었다면 사고가 생기지 않았거나 피해가 작았겠지만 **H씨도 친구의 음주운전을 말리지 않은 채 차에 탄 잘못**이 있으므로 **절반의 책임은 H씨에게 있다**"고 판결 이유를 밝혔다.

함께 음주 후 운전석 옆에 탔다 난 사고, 본인의 책임은? 219

J씨와 Y씨는 함께 술을 마신 뒤 J씨는 친구 Y씨가 운전하는 화물차를 타고 경기도 광명시에서 귀가하던 길이었다. 도중에 Y씨가 핸들을 잘못 조작하는 바람에 차가 인도에 설치된 가로등을 들이받고 도로 옆 논으로 추락하는 사고를 당했다. **당시 Y씨는 무면허에 혈중 알코올농도가 0.216%에 달할 정도로 만취한 상태**였다. 이 사고로 J씨는 양쪽 다리가 마비되고 성기능 장애가 발생하는 등 크게 다쳤다. 이에 J씨 가족은 Y씨가 운전했던 화물차 차주의 보험사인 G보험사를 상대로 손해배상 청구소송을 냈다.

서울중앙지방법원(2003년) 재판부는 **"G보험사측은 J씨 가족에게 2억1700만원을 지급 하라"며 원고 일부 승소판결**하면서 "J씨는 친구 Y씨가 음주상태에서 운전한다는 점을 알고도 차에 탔고 안전벨트도 제대로 착용하지 않았으므로 **피해액의 40%는 J씨 본인 책임**"이라며 "이 중 30%는 음주운전을 알고 있었던 점 때문에, 10%는 안전벨트를 제대로 매지 않은 점 때문에 지게 된 책임"이라고 판결 이유를 설명했다. 따라서 위 보험금액은 피해액으로 산정된 금액의 60%에 해당하는 금액이다.

단지 내 건물 사이 공간에서 음주운전, '도로'가 아니라서 무죄다? 220

L씨는 혈중 알코올농도 0.111% 상태로 술을 마신 뒤 수원시 권선구 한 아파트 단지 내 B동 앞에서 같은 동 주차장까지 20여 m 운전하다가 경찰에 적발되어 기소됐다.

수원지방법원(2008년) 재판부는 L씨에게 무죄를 선고했다. 재판부는 "L씨가 운전한 장소는 아파트입구로부터 출구까지 가는 주(主)통로가 아니라 **단지 내 건물 사이 공간에 주차구획선을 그은 주차통로에 불과**하다"며 **"이는 불특정 다수의 사람이나 차량의 통행로로 사용되는 도로교통법 상 도로*라고 할 수 없다"**고 판결 이유를 설명했다.

[해설] 도로교통법 제2조에는 '도로'를 도로법에 의한 도로, 유료도로법에 의한 유료도로, 현실적으로 불특정 다수의 사람 또는 차마(車馬)의 통행을 위해 공개된 곳으로서 안전하고 원활한 교통을 확보할 필요가 있는 장소의 3가지로 정의하고 있다.

함께 술 마신 부하 직원에게 운전시킨 상사의 죗값은? 221

직장 상사인 J씨는 부하 직원과 함께 술을 마신 후 운전면허조차 없는 것을 알면서도 자신을 대신해 운전할 것을 제의하여 **음주운전교사 혐의로 기소**됐다.

대구지방법원(2009년) 재판부는 "운전면허가 없는 부하 직원에게 음주운전을 시킨 혐의(도로교통법 상 음주 · 무면허운전 교사•)로 기소된 J씨에게 **징역 8월에 집행유예 2년을 선고하고, 사회봉사 120시간과 준법운전강의 40시간 수강을 명령**했다"고 판시했다.

[해설] 교사(教唆)란 타인에게 범죄의 결의를 유발케 하는 것이다. 교사범은 정범과 동일한 형으로 처벌한다.

열쇠 맡기고 조수석에 앉아 음주운전 방조• 한 차 주인, 배상책임은? 222

부산 서구 충무동 모 나이트클럽에서 J씨는 후배 N씨와 함께 술을 마셨다. J씨는 자신의 승용차 열쇠를 N씨에게 주어 운전하도록 하고 자기는 조수석에 탔다. 당시 혈중 알코올 농도는 0.255%의 만취상태였다. N씨는 남부민동을 향하여 2차로로 가다 갑자기 직각으로 1차로로 끼어들었기 때문에 택시와 충돌한 뒤 반대편 상가를 덮치는 큰 사고를 냈다. 피해 택시회사가 가해차량 주인 J씨를 상대로 손해배상 청구소송을 냈다.

부산지방법원(2010년) 재판부는 **차량 수리비 500여 만원과 운행중단에 따른 손해 56만원을 지급**하라며 **원고인 피해 택시회사에 승소 판결**했다.

[해설] 현행 자동차손해배상보장법은 소유주가 운전하지 않았을 경우 차량 사고의 손해배상책임을 원칙적으로 인적 피해에 대해서만 지도록 규정하고 있다. 그런데 이 사건의 경우는 재판에서 차 주인이 음주운전을 방조했다는 이유를 들어 물적 피해도 추가하여 배상하게 한 것이다.
[해설] 방조(幇助)란 종범(從犯)이라고도 하며 교사범과 함께 좁은 의미의 공범에 해당한다. 방조행위는 정신적 내지 물리적으로 또는 적극적 작위 내지 소극적 부작위로 정범의 실행행위를 돕는 것을 말하며 그 방법에는 제한이 없다. 방조범의 형은 정범의 형보다 감경하도록 규정되어 있다.

'음주운전 삼진 아웃', 헌법상 과잉금지원칙에 어긋날까? 223

음주운전으로 3회 이상 적발되면 운전면허를 취소하는 도로교통법 제93조 1항 2호의 '음주운전 삼진아웃' 조항은 헌법상 과잉금지원칙•에 위반된다며 운전면허가 취소된 C씨가 헌법재판소에 헌법소원을 냈다.

헌법재판소(2010년) 재판부는 재판관 전원일치로 **도로교통법 제93조 1항 2호는 합헌**이라고 결정했다.

[해설] 헌법상 **과잉금지원칙**이란 헌법 제37조 제2항을 근거로 국민의 기본권을 제한할 경우에 준수해야 할 4가지 원칙을 내용으로 한다. 즉 1. 목적의 정당성, 2. 수단의 적절성, 3. 피해의 최소성, 4. 법익 균형성 등이다. 이 원칙을 지나치면서 기본권을 제한하면 '과잉금지' 원칙을 위반한 것이 된다.

음주직후 호흡측정 대 '위드마크' 공식에 의한 측정, 양자의 신빙성은? 224

K씨는 음주상태에서 차를 몰다 경찰단속에 걸렸다. 호흡측정기에 의한 혈중 알코올농도가 0.064%로 나왔다. 처벌기준인 0.05%를 넘긴 K씨는 경찰에 넘겨졌다. 3시간 뒤 K씨는 혈액검사에서 0.021%의 수치가 나왔다. 경찰은 혈액검사결과에 음주량, 체중 등을 대입해 음주당시 혈중 알코올농도를 추산하는 '위드마크 공식'에 따라 K씨의 적발 당시 혈중 알코올농도를 0.045%로 추산했다. K씨는 호흡측정치(0.064%)에 따라 도로교통법 위반(음주운전)혐의로 기소됐다.

1심은 K씨에게 무죄를 선고했다. 위드마크 공식에 의해 산출한 운전 당시 혈중 알코올농도가 0.045%인 만큼 처벌기준을 넘지 않았다고 본 것이다. 그러나 **항소심은 1심을 깨고 K씨에게 유죄를 인정하여 벌금 50만원을 선고**했다. 호흡측정 당시 측정기나 측정방법이 잘못됐다고 볼 수 없고, 혈액검사결과에 위드마크공식을 적용해도 처벌 기준(0.05%)에 가까운 결과가 나오는 점 등을 볼 때 호흡측정결과를 믿을 수 있다고 판단한 때문이다.

대법원(2007년) 재판부는 **항소심 판단이 옳다며 원심을 확정**하면서 **"음주 몇 시간 뒤 혈액을 검사해 추산한 결과보다는 음주직후 이뤄진 호흡측정결과가 더 신빙성이 있다"**고 판결 이유를 설명했다.

교통사고로 갈비뼈 부러져 음주측정요구에 불응했다면? 225

교통사고로 쇄골과 갈비뼈가 부러지는 등 전치 8주 상해를 입고 입원한 상태에서 경찰의 음주측정요구를 거부한 혐의로 불구속 기소된 K씨에 대해 **상고심은 원심대로 무죄**를 선고했다.

대법원(2006년) 재판부는 "운전자 K씨는 음주여부에 대한 경찰의 측정요구에 응할 의무가 있으나 신체이상 등 이유로 심호흡이 곤란할 때는 혈액채취가 아닌 호흡측정을 요구할 수 없으며 제대로 호흡이 측정되지 않았다고 해서 음주측정에 불응한 것으로 볼 수 없다"고 판결 이유를 밝혔다. 재판부는 또 "쇄골과 갈비뼈가 부러진 피고인이 **음주측정 당시 통증으로 깊은 심호흡을 하지 못해 음주측정에 제대로 응하지 못한 것일 뿐 경찰 측 요구에 불응한 것으로 볼 수 없다**"고 덧붙였다.

실제 마신 음주량보다 음주측정치가 지나치게 높게 나왔다면? 226

택배 일을 하는 N씨는 술을 마시고 운전하다 경찰에 적발됐다. 음주측정을 했는데 측정 결과가 너무 지나치게 높게 나왔는데도 1심에서 유죄 판결을 받았다. N씨는 항소했다.

서울서부지방법원(2010년) 항소재판부는 **지나치게 높게 나왔는데도 유죄로 판단한 것은 잘못**이라며 **원심을 깨고 무죄를 선고**했다. 재판부는 "적발 당시 N씨의 언행이나 보행상태, 운전자 혈색 등 정황과 몸속에서 알코올이 분해되는 속도를 감안해 최종 음주시간과 음주량으로 혈중 알코올농도를 계산해 보면 0.052%로 추정된다"며 "호흡측정치인 혈중알코올 농도 0.134%의 술에 취한 상태에서 운전을 했다고 볼 수 없다"고 밝혔다. 또 **"N씨가 맥주 2잔을 마셨다고 인정한 것을 보더라도 호흡측정치뿐 아니라 혈액검사에 의한 혈중 알코올농도가 0.571%로 지나치게 높게 나왔다"**며 "이 경우에는 두 가지 **측정결과를 믿을 수 없다**"고 판결 이유를 설명했다.

측정 전에 입 헹굴 기회 주지 않았다면? 227

술에 취한 상태에서 자동차를 운전한 군인 J씨는 음주 후 4시간이 지난 상태에서 입을 헹구지 않고 음주측정을 받았는데 혈중 알코올농도가 면허정지에 해당하는 0.05%로 측정됐다. 이로 해서 J씨는 음주운전 혐의로 유죄가 선고됐다.

대법원(2010년) 재판부는 **유죄를 선고한 원심을 파기하고 무죄 취지**로 사건을 고등군사법원으로 돌려보냈다. 재판부는 "혈중 알코올농도는 혈액 속에 용해된 알코올이 폐를 통과하면서 공기로 배출되는 것을 측정한다"며 **"입 안에 남아 있는 알코올과 함께 측정될 경우 실제보다 높은 수치가 나타날 가능성을 배제할 수 없다"**고 설명하면서 "J씨의 음주측정 결과가 단속할 수 있는 최저 기준점인 0.05%에 불과한 점도 고려했다"고 밝혔다. 원심 재판부는 "음주 후 4시간이 지났기 때문에 구강 안에 알코올 성분이 남아 있을 가능성이 없다"며 유죄를 선고했다.

음주 운전 대 무면허 운전, 그 과실 비율은? 228

무면허로 1100cc 오토바이를 운전하던 J씨는 충북 진천군 광혜원면 신호등 없는 사거리 교차로에서 반대방향에서 좌회전하던 음주운전자 C씨의 화물차 뒷부분을 들이받아 하반신 마비 등의 상해를 입었다. J씨와 가족들이 음주운전자 C씨의 M보험사를 상대로 손해배상 청구소송을 냈다.

창원지방법원(2004년) 재판부는 **피고 C씨는 J씨와 가족들에게 4억9000여 만원을 지급하라며 원고 일부 승소 판결**했다. 재판부는 "피고 C씨가 혈중 알코올농도

0.152%의 만취상태에서 반대방향의 교통상황을 제대로 살피지 않은 채 좌회전을 하다 오토바이와 충돌하여 J씨가 중상을 입은 만큼 **피고 C씨의 보험사 M은 사고차량의 보험자로서 손해배상 의무가 있다**"고 판결 이유를 밝혔다. 그러나 "J씨가 오토바이 운전면허를 취득한 적이 없고, 신호등이 없는 교차로를 통과하면서 **주의의무**[●]**를 다하지 않은 과실**[●]**에 대해 35%의 책임이 있다**"고 덧붙였다.

[해설] **주의의무**: A-9 참조.
[해설] **과실**: A-12 참조.

음주측정 거부하면 면허 취소하도록 한 법률은 합헌인가? 229

택시기사 H씨가 "음주측정 거부자의 면허를 무조건 취소하도록 한 **구 도로교통법 제78조 1항 단서 중 8호** 부분은 위헌"이라며 헌법소원 심판청구를 냈다.

헌법재판소(2005년) 전원재판부는 **합헌 결정**을 내렸다. 재판부는 "해당 조항은 음주운전을 방지하고, **국민의 생명과 신체를 보호**하는 데 궁극적인 목적이 있기 때문에 **입법목적의 정당성**이 인정된다"고 결정 이유를 설명했다.

면허취소

개인택시 운전사 음주운전으로 사망, 면허권 상속 안 되고 취소되나? 230

B씨는 개인택시 운전사로 혈중 알코올농도가 0.190%인 상태에서 친구의 차를 몰고 가다 추돌사고를 내고 사망했다. B씨의 처인 H씨가 개인택시면허권을 상속받으려 했으나 춘천시가 면허취소처분을 하자 개인택시운송사업면허 취소처분 취소소송을 냈다.

서울고등법원(2007년) 재판부는 원심 판결을 깨고 면허 취소는 정당하다고 **원고 패소 판결**했다. 재판부는 "비록 B씨 면허의 직접적인 취소사유는 사망이지만 B씨가 음주운전을 해 사고를 내고 사망한 이상 **실질적인 취소사유는 음주운전이고 이는 여객운수법 제76조 제1항 제15호에 해당하는 사업면허의 취소사유가 된다**"며 "개인택시운송면허사업자가 음주운전을 해 사고를 일으키고 사망하지는 않았더라도 운전면허가 취소되는 것처럼 **사망해도 운전면허가 취소되는 것은 당연하다**"고 취소판결 이유를 밝혔다.

1m 취중 운전, 면허취소사유 될까? 231

L씨는 전북 익산의 한 통닭집에서 술을 마신 뒤 대리운전기사에게 운전을 시켰다. 요금문제로 실랑이가 벌어지자 화가 난 대리운전기사는 L씨의 집을 500m 남겨두고 시동을 끄지 않은 채 차에서 내렸다. L씨가 운전대를 잡고 집으로 가려 하자 대리운전기사가 차량을 막았고 결국 겨우 1m를 간 뒤 대리운전기사의 신고를 받고 현장에 온 경찰에 적발됐다. L씨는 음주측정결과 혈중 알코올농도가 0.119%의 만취상태로 판명돼 면허가 취소되자 전북경찰청장을 상대로 자동차운전면허 취소처분 취소소송을 냈다.

전주지방법원(2009년) 재판부는 원고의 청구를 기각하면서 "원고 L씨가 음주운전에 이르게 된 동기 등은 참작할 수 있으나 적발 당시 혈중 알코올농도 수치가 0.119%로 높은 점, 음주운전으로 인한 교통사고 방지를 위한 공익상의 필요성이 큰 점 등을 종합할 때 운전면허 취소처분은 정당하다"고 판결 이유를 설명했다.

집 앞 주차지역으로 3m 음주운전, 면허취소 정당한가? 232

Y씨는 술을 마신 후 대리운전기사를 불러 광진구 구의동 집 앞에 도착했다. 그런데 자신의 주차구역에 다른 차가 서 있었다. 이 차 주인 K씨와 대리운전기사 간에 시비가 붙었다. Y씨는 대리운전기사를 보냈다. 그리고 자신이 직접 2~3m를 운전해 주차시켰으나 앙심을 품은 K씨가 경찰에 신고하는 바람에 단속에 걸려 운전면허가 취소됐다. Y씨는 서울경찰청을 상대로 면허취소처분을 취소해 달라며 소송을 했다. 1심에서 원고는 승소했다.

서울고등법원(2010년) 재판부는 1심과 같이 원고 승소 판결했다. 재판부는 "Y씨가 음주 운전에 나선 상황이 부득이한 데다 차를 몰아 거래처에 직접 배달을 하는 일을 하고 있고, 고엽제 환자후송 봉사활동도 해온 상황 등을 감안하면 면허취소는 지나치게 가혹하다"고 판결 이유를 밝혔다.

운전면허 취소 제때 통지받지 못한 시점의 사고, 무면허운전일까? 233

여의사인 L씨는 경기도 한 도로에서 차를 몰다 택시를 들이받았다. 이 사고로 택시에 탄 두 사람이 약간 다쳤고 택시수리비로 51만원이 들었지만 L씨는 별 조치 없이 그냥 가 버렸다. 경찰은 뺑소니로 처리하여 L씨의 운전면허를 취소하고 L씨 집으로 결정문을 보냈다. 그러나 두 번이나 받는 사람이 없다는 이유로 뒤돌아왔다. 결국 경찰은 '운전면허를 취소한 때에는 통지해야 하며 다만 소재불명으로 통지를 할 수 없는 때에는 관할경찰서에 10일 간 공고한다'는 법 규정에 따라 경찰서 게시판에 열흘간 공고했다. 그러나 취소사실을 몰랐던 L씨는 계속 차를 몰다 단속에 걸려 무면허운전 혐의로 기소됐다.

대법원(2007년) 재판부는 **L씨에 대한 상고심에서 무죄를 선고한 원심을 확정**했다. 재판부는 "L씨가 살고 있는 아파트는 주소변경이 없었음으로 면허취소 결정문이 반송될 때 그 사유가 이사나 소재불명이 아닌 '수취인 부재'일 뿐이므로 이는 **법에 나와 있는 '소재 불명'에 해당한다고 할 수 없다"고 지적**하면서 "따라서 게시판 공고는 법에 맞지 않아 효력이 없고 무면허 운전에 해당되지 않는다는 원심 판단은 정당하다"고 판결 이유를 설명했다. 다시 말하면 운전면허가 취소됐다는 처분이 당사자에게 제대로 알려지지 않았다면 그 처분을 받은 뒤 운전을 했더라도 무면허 운전으로 처벌할 수 없다는 것이다.

대리기사 성추행을 이유로한 운전면허 취소처분, 정당한가? 234

K씨는 여성 대리운전기사 S씨를 불러 대리운전 중에 S씨의 가슴을 만지고 입을 맞추는 등 성추행을 한 이유로 운전면허를 취소당했다. K씨는 면허취소처분이 부당하다면서 서울지방경찰청장을 상대로 소송을 냈다.

서울행정법원(2005년) 재판부는 "K씨가 자신의 승용차를 대리 운전하던 여성 S씨의 가슴을 만지고 강제로 입을 맞춘 사실이 인정된다"면서 **"여성 대리운전사를 성추행한 사람의 운전면허 취소는 정당하다"**고 판결했다. 또한 "이 같은 행위는 도로교통법의 운전면허 취소사유인 **자동차를 이용한 범죄에 해당한다**"고 판결 이유를 설명했다.

뺑소니

인사사고 후 상처 치료해 줘도 연락처 안 남겼다면? 235

K씨는 아파트 단지 안에서 승합차를 몰다 아파트 안 횡단보도를 건너던 L(여 · 10)양을 치었다. K씨는 곧바로 L양을 근처 약국으로 데려가 상처에 약을 발라주고 같은 건물의 병원으로 데려갔지만 병원 문이 닫혀 있었다. 그러자 K씨는 자신의 명함을 L양에게 건넸다가 곧바로 돌려받고 명함 뒷면에 L양의 집 전화번호를 적고는 L양과 헤어졌다. 나중에 L양은 오른쪽 쇄골이 부러지는 등 전치 5주의 상처를 입은 것으로 밝혀졌다. K씨는 보행자를 치고 도주한 혐의로 기소됐다.

대법원(2007년) 재판부는 **벌금 300만원을 선고한 원심을 확정**하면서 "도로교통법 규정에 따른 교통사고 후 조치에는 사고운전자의 신원을 피해자나 경찰관에게 밝히는 것도 포함 된다"며 **"K씨가 피해자 L양을 다른 병원에 데려가지도 않았고 피해자 가족에게 연락도 하지 않은 사실을 볼 때 도주한 것으로 본 원심은 정당하다"**고 판결 이유를 밝혔다. 앞서 1 · 2심 재판부도 K씨에게 유죄를 선고했다.

사고운전자가 자신은 동승자인 것처럼 운전자 바꿔치기했다면? 236

K씨는 친구 H씨와 함께 술을 마신 뒤 운전하다 중앙선을 넘어 마주 오던 승용차를 들이받았다. 상대 운전자는 전치 2주의 부상을 입었다. 피해자는 경찰을 불렀고, 그 사이 K씨는 친구 H씨가 운전한 것으로 꾸미기로 했다. K씨는 개인택시기사였기 때문에 생업을 위해 음주사고처리를 피하려 한 것이다.

경찰은 H씨를 음주측정을 한 결과 혈중알코올농도 0.159%가 나왔다. 그러나 피해자들은 운전자는 대머리에 점퍼를 입었다면서 K씨였다고 주장했다. 결국 K씨가 운전한 것으로 확인돼 음주운전과 도주차량 혐의로 기소됐다.

1심 재판부 "K씨가 도주 의사를 갖고 현장을 이탈했다고 보기 어렵다"며 뺑소니 혐의를 무죄로 판단했다. 하지만 2심은 이를 뒤집었다. **"K씨가 운전자 바꿔치기를 통해 사고를 낸 사람이 누구인지 확정할 수 없는 상태를 초래한 것은 뺑소니로 봐야 한다"**는 것이었다.

대법원(2007년) 재판부는 **2심 판결이 맞다고 확정**했다. 재판부는 "다친 피해자들을 구호해야 하는 상황에서 자신은 동승자인 것처럼 행세해 **가해자가 누구인지 확정될 수 없는 상태를 초래한 만큼 도주차량죄 적용은 정당하다**"고 판결 이유를 밝혔다.

[해설] 피해자 구호조치만 하고 가해자의 신원을 제대로 밝히지 않으면 뺑소니가 성립한다는 것을 분명히 한 판결이다. H씨가 K씨보다 더 적극적으로 운전사실을 숨겨 주려고 할 경우에는 형법상 범인도피 교사죄로 처벌 받을 수 있다.

사고현장에 대리인이 남아 뒤처리해 줬다면? 237

A(여 · 46)씨는 승용차를 몰고 가다 신호대기 중이던 화물차를 들이받았다. 곧바로 차에서 내려 화물차운전자 K씨가 다치지 않았는지 확인하고 자신의 직장 동료를 현장으로 불렀다. 이어 보험회사에 신고를 한 뒤 사고현장에 도착한 동료에게 현장 수습을 부탁하고 자리를 떠났다. 그러나 화물차운전자 K씨는 A씨를 뺑소니 혐의로 고소했고 A씨는 1심에서 벌금 400만원을 선고받았다. A씨는 항소했다.

서울중앙지방법원(2005년) 항소재판부는 **"피고인 A씨가 달아난 것으로 볼 수 없다"며 원심을 깨고 무죄를 선고**하면서 "A씨는 사고현장을 떠나기 전 **사고사실을 보험**

회사에 알리고 다른 사람을 현장에 불렀다"며 "A씨의 동료가 피해자와 함께 현장에 남아 있다가 출동한 경찰관에게 **A씨 연락처를 알려 줬으므로** 뺑소니라고 볼 수 없다"고 판결 이유를 설명했다.

운전하다 핸들이 흔들린 것을 느꼈는데 그냥 갔다면? 238

Y씨는 술에 취해 도로에 누워 있던 30대 여자를 승용차로 치고 자신이 친 물체가 개나 고양이 또는 시장바구니일 것으로 생각하고 그대로 갔다. 그리고 100m쯤 떨어진 곳에 차량을 주차했다가 사고가 난 것을 알고 늦게라도 신고해야 한다며 신고했다. 그러나 **뺑소니 차량으로 기소**됐다.

1심 법원은 뺑소니 혐의 부분에 대해 무죄를 선고했다. 그러나 상고심은 무죄를 선고한 원심을 파기하고 환송했다.

대법원(2004년) 재판부는 "**'핸들이 흔들렸다'고 진술한 점을 감안하면 친 물체가 사람일 수 있다는 생각을 할 수 있었고**, 그렇다면 그 자리에서 정차해 무엇을 친 것인지 확인했어야 하는데 그러지 않은 것은 **피고인 Y씨에게 도주할 의사가 있었던 것으로 판단된다**"고 밝혔다.

급박한 상황에서 '뺑소니', 뺑소니인가 아닌가? 239

P씨는 귀가 후 음독한 부인을 발견했다. 급히 부인을 차에 태우고 병원을 향하여 가다가 앞서 가던 화물차를 받아 운전자에게 상처를 입혔다. 그러나 내려서 피해자를 돌보지 않고 그대로 병원 응급실을 향하여 운행한 혐의로 기소됐다.

대법원(2002년) 재판부는 "**제초제를 마신 아내를 병원으로 옮기는 급박한 상황이어서 긴급피난*에 해당하는 만큼 사고 피해자를 구호하는 등 필요한 조치를 기대하기 어렵다**"며 **뺑소니 혐의는 무죄**라고 판결 이유를 밝혔다.

[해설] 형사상 긴급피난(緊急避難)이란 "자기 또는 타인의 법익에 대한 현재의 위난을 피하기 위한 행위는 상당한 이유가 있는 때에는 벌하지 아니한다"고 법(형법 제22조)에 규정되어 있다.

버스운전기사가 사고를 냈는데 연락처 남기고 떠났다면? 240

버스운전기사 K씨는 울산시 울주군 한 사거리 교차로를 지나던 중 횡단보도를 건너던 김(5)군의 머리를 부딪치는 사고를 내 전치 2주의 상처를 입혔다. 그런데 자신의 연락처만 남겼을 뿐 구호조치 없이 현장을 떠났다는 이유로 운전면허 취소처분을 받자 소송을 제기했다.

울산지방법원(2009년) 재판부는 원고 K씨에게 승소 판결을 내렸다. 재판부는 "원고 K씨가 사고 즉시 정차해 피해자 상태를 확인했고 피해자 가족에게 연락을 취했으나 연락이 닿지 않자 자신의 차량번호와 전화번호 등을 적은 메모지를 남긴 점 등을 감안하면 운전면허 취소처분은 재량권 남용•에 해당한다"면서 또 "피해자가 아프지 않다며 집에 가려고 했고, 승객들이 기다리는 상황에서 피해자를 병원에 데리고 가는 등 더 적절한 구호조치를 생각할 수 없었을 것으로 보이는 점도 감안했다"고 판결 이유를 설명했다.

[해설] **재량권 남용**: C-129 참조.

"괜찮냐"고만 묻고 차에서 내려 피해상태를 확인 않고 떠났다면? 241

A(여 · 59)씨는 경기도 광주의 한 초등학교 앞에서 승용차를 몰고 좌회전하던 중 횡단보도를 지나던 K(7)양을 운전석 문 부분으로 들이받은 뒤 "괜찮니?"라고 묻고는 대답이 없자 현장을 떠났다. A씨는 목격자 신고로 도주차량으로 확정돼 운전면허가 취소됐다. A씨는 경기경찰청을 상대로 자동차운전면허 취소처분이 지나치다며 소송을 냈다.

수원지방법원(2008년) 재판부는 A씨에게 패소 판결을 했다. 재판부는 "A씨가 7세짜리 피해자에게 인적사항을 알려주지 않고 현장을 떠났고, 피해자가 도로에 넘어졌는데도 차에서 내려 상태를 확인하지 않은 사실로 보면 피해자에게 구호조치를 하지 않고 도주한 것이 인정된다"고 판결 이유를 밝혔다.

뺑소니 피해자에게 거짓 증언부탁하고 돈 건넸다면 양쪽의 죗값은? 242

택시운전사 L씨는 신호위반으로 S씨 운전 차량을 들이받아 S씨 부부에게 각각 전치 2주의 상처를 입힌 뒤 달아났다. 뒤에 L씨는 경찰에 붙잡혔다. 피해가 경미한 데다 합의를 한 점이 참작돼 뺑소니 교통사고로 벌금 300만원에 약식 기소됐다. 그런데 L씨는 신호위반과 도주사실이 인정될 경우 운전면허가 취소돼 직장을 잃을 것을 우려해 법원에 정식재판을 청구했다. 그리고 S씨 부부를 찾아가 사고 현장에서 연락처를 남겼다고 증언해 달라고 부탁하며 150만원을 건넸다. 운전면허가 취소될 것을 우려해 피해자들에게 위증을 교사한 것이다. 하지만 재판과정에서 S씨 부부의 증언이 엇갈리고 돈을 주고받은 사실까지 드러났다.

대전지방법원(2007년) 재판부는 L씨에게 운전면허 취소에다가 위증교사 혐의가 덧붙여져 징역 4개월을, S씨 부부에게는 각각 300만, 500만원의 벌금형을 선고했다. 재판부는 "재판 결과를 그르칠 목적으로 서로 공모하고 위증•의 대가로 돈이 오가는 등 죄질이 극히 불량하다"고 판결 이유를 설명했다.

[해설] 위증: B-251 참조.

정차 중 자동차 문 열다 사고 낸 뒤 그대로 가버렸다면? 243

P씨는 서울 관악구 서울대에서 신림 사거리 쪽으로 향하는 도로에서 소변을 보기 위하여 차를 정차시키고 차문을 여는 순간 뒤에서 오는 자전거운전자 Y씨와 충돌했다. 그런데 P씨는 자기 용무만 보고 Y씨에 대한 특별한 구호조치 없이 현장을 떠났다.

1심 재판부는 P씨의 행위가 뺑소니(특정범죄가중처벌법상 도주차량)에 해당하지 않는다며 무죄를 선고했다. 1심 재판부의 논거는 해당 법조문은 "자동차 등의 '교통'에 의해 사고를 낸 사람이 구호조치를 하지 않고 도주했을 때" 처벌하도록 돼 있는데 "교통이란 원칙적으로 사람 또는 물건의 '이동'을 전제로 하는 용어이기 때문이다"라는 것이다. 다시 말하면 이 사건은 **'정차한 상태'에서 발생했기 때문에 '교통'으로 볼 수 없다**는 것이다. 또 1심 재판부에 의하면 P씨가 화장실에 가기 위해 차량을 정차한 뒤 내리려 했던 점 등을 감안할 때 '고의적으로 도주'하려 했던 것으로 보기도 어렵다는 것이다.

그러나 서울중앙지방법원(2010년) 항소재판부는 1심과 정반대의 결론을 내려 **300만원의 벌금형을 선고**하면서 "자동차의 교통이란 이동이나 운송뿐만 아니라 그와 연결된 주차 · 정차행위, **운전자나 탑승자의 승하차 과정도 포괄적으로 포함하는 개념**으로 봐야한다"고 판결 이유를 설명했다. 따라서 **단순히 자동차의 시동이 꺼졌을 때를 운전행위가 종료된 시점으로 보아서는 안 되기** 때문에 P씨는 교통사고를 낸 운전자라는 것이다.

주차한 뒤 운전석 문 여는 순간 차문과 자전거가 부딪힌 후 도주했다면? 244

새벽기도를 가던 전도사 S씨는 경기도 광명에 있는 교회 앞 도로에 자신의 차를 세웠다. 자동차 문을 여는 순간 뒤에서 달려오던 자전거가 차문에 부딪혔고, 자전거를 몰던 K(68)씨는 길에 쓰러졌다. S씨는 현장에서 K씨를 돕지 않고 그냥 달아났다. K씨는 머리가 찢어졌고 뇌진탕 증세까지 나타났다. K씨는 경찰에 S씨를 뺑소니(특정범죄가중처벌법상 도주) 혐의로 신고하여 S씨는 기소됐다. S씨는 주차 후에 일어난 일이므로 교통사고가 아니다라며 뺑소니 혐의로 기소한 것은 부당하다고 항변했다.

1심 법원은 **S씨에게 벌금 250만원을 선고하면서 "특가법과 교통사고처리특별법의 입법목적 및 다양한 교통사고에서 개인의 신체와 재산의 보호 필요성에 비춰볼 때도 뺑소니로 인정하는 것이 타당하다"**고 판시했다.

대법원(2010년) 재판부도 원심을 확정하면서 "주차 후 운전석 문을 열다 일어난 사고도 교통사고로 인정해야 한다"며 "구호조치 없이 현장을 이탈하면 뺑소니라고 판단한 원심은 정당하다"며 판결 이유를 밝혔다.

4. 지적재산권

음표 하나를 바꿔도 저작권 침해인가? 245

작곡가 Y씨는 자기가 작곡한 창작 동요 '손발체조'를 비디오테이프와 CD로 제작하기로 한 H사가 원곡 중에 '미'(Mi)로 돼 있는 8분 음표 하나를 실수로 '라'(La)로 바꿨고 작곡가 이름을 표시하지 않아 저작권*이 침해됐다며 손해배상 청구소송을 냈다.

서울중앙지방법원(2007년) 재판부는 "H사는 Y씨에게 위자료 1000만원을 지급하라"고 원고 승소 판결하면서 "음표 하나가 바뀐 동요 '손발체조'는 가사가 있는 부분이 12마디밖에 되지 않는 아주 짧은 곡이어서 음 하나만 바뀐다 해도 곡 전체 분위기에 상당한 영향을 미칠 수 있다"면서 따라서 "원고의 저작물에 관한 동일성 유지권이 침해된 것이다"라고 판시했다. 또 "피고 H사는 일반적으로 유아용 비디오테이프에는 원작자의 성명을 표시하지 않는 것이 업계 관행이라고 하지만 업계의 공정한 관행이라고 보기 어려워 성명표시권의 침해"라고 판단했다면서 "동일성 유지권의 침해와 성명표시권의 침해에 대해 각각 위자료 500만원 씩을 책정한다"고 판결 이유를 설명했다.

[해설] **저작권(著作權)**이란 문학 · 학술 또는 예술의 범위에 속하는 창작물에 대한 배타적 · 독점적 권리를 말한다. 저작권은 저작한 때부터 발생하며 저작자가 생존하는 동안과 사망 후 50년이 되기 전에 공표된 것은 그 때부터 10년간 존속한다. 1차적 저작물의 경우는 당연히 원저작자가 되지만 개작 · 편집 · 번역 등에 의한 2차저작물에는 2차저작물을 작성한 자가 저작권자가 된다.

경쟁 병원의 수술 전 · 후 사진 있는 홈페이지를 무단 사용했다면? 246

성형외과 의사인 K씨는 자신의 병원 홈페이지에 환자의 모발 이식수술 사진 등 광고용 사진 또는 상담사례 같은 것을 올려놨다. 그런데 동종 병원 의사 C씨가 허락 없이 이 사진을 갖고 3차례나 TV에 출연하여 광고효과를 부당히 얻고 있어 C씨를 상대로 손해배상 청구소송을 냈다.

서울중앙지방법원(2007년) 재판부는 **"C씨는 K씨에게 위자료 2000만원을 배상하라"**고 판결하면서 "불법행위란 법률에 정해진 권리를 침해한 경우뿐만 아니라 법적으로 보호할 가치가 있는 이익을 침해한 경우에도 해당한다"며 "K씨가 환자들의 동의를 받아 홈페이지에 올린 사진과 상담사례는 모두 노동력 · 비용을 들인 노력의 산물로 이를 경쟁관계에 있는 **C씨가 무단 사용해 광고효과를 얻은 것은 불법행위**●"라고 판시했다. 그러나 "C씨의 행위가 저작권법 위반인지 여부에 대해서는 수술 전 · 후 사진이나 상담 글에는 특별한 개성이나 창조성이 없어 저작물로 보기는 어렵다"고 판결 이유를 설명했다.

[해설] 불법행위: A-168 참조.

학교 시험문제를 무단 발췌했다면 배상책임은? 247

K여고 등 몇몇 고교 교사 수십 명은 자신들이 출제한 시험지를 동의 없이 J닷컴을 통해 인터넷에 올려 팔아온 K사를 상대로 손해배상 청구소송을 냈다. J닷컴은 유료회원제로 운영하면서 온라인상에 시험문제를 올리는 방법으로 대가를 받아왔다.

서울중앙지방법원(2006년) 재판부는 "S여고 등의 시험문제가 고등학교 교과서의 일정 부분을 발췌하거나 변형했다 하더라도 **창작성이 있는 저작물로 인정된다**"며 "관련된 교과서의 2차적 저작물로 인정되더라도 이 사건 시험문제는 교과서와는 독립된 별개의 저작물"이라고 판시하면서 **"K사의 매출액을 기준으로 S여고 교사 등 13명에게 각각 12만원을 배상하라고 선고"**했다.

한편 재판부는 저작권의 귀속자에 관하여 "K여고의 시험문제지에 'K여자고등학교'라고만 명기되어 있을 뿐 출제자 표시가 되어 있지 않고, 학생들에게 배포된 다음 회수되지 않았다는 점 등을 들어 저작권이 교사들이 아닌 학교 측에 있다"고 판시했다.

영화감상실에서 DVD저작권자 허락 없이 돈 받고 무단 상영했다면? 248

L씨는 한국영상산업협회가 저작권을 위탁 관리하는 영화 '괴물' DVD를 동 협회의 허락 없이 상영한 혐의로 기소됐다. L씨는 동 협회가 위탁받았는지를 몰랐다고 항변했다.

1 · 2심 재판부는 **L씨에게 벌금 30만원을 선고**했다.

대법원(2008년) 재판부는 **원심을 확정**하면서 "L씨가 타인에게 저작권이 있는 DVD●를 허락 없이 불특정 다수에게 상영하였다면 **협회가 저작권을 위탁받았는지를 몰랐다해도 저작권법 위반죄에 해당한다**"고 밝히면서 "L씨의 행위는 저작권법상 공연(저작물을 공중에 공개하는 것)이기 때문에 저작권자의 허락을 받아야 한다"고 판결 이유를 설명했다.

[해설] DVD(digital Video Disk)란 영상 및 음성 신호를 디지털 기술을 사용하여 압축하고 기록하는 첨단 광(光) 디스크를 말한다. 기억 용량이 크면서도 대량 생산이 쉬워 값이 싸고 깨끗한 영상과 음성을 반영구적으로 즐길 수 있다.

영어교재 표절, 저작권법 위반인가? 249

창원지방법원(2009년) 통영지원 재판부는 재미 저술가 J씨의 영어 교재를 표절한 혐의로 기소된 현직 고교 교사 S씨에게 **저작권법 위반죄를 적용하여 벌금 1000만원을 선고**했다. 재판부는 "피고인이 인터넷 등을 통해 참신한 영어표현 등을 수집하여 'ENGLISH EXPRESSION DICTIONARY(EED · 한글로 찾는 영어회화 마스터 사전)'를 제작했다고 주장하지만 J씨의 책과 EED에 포함된 영어회화 문장이 완전히 동일하거나 부수적인 부분을 변형시켰을 뿐 실질적으로 동일 또는 유사한 예문이 상당수 존재하는 점 등으로 미뤄 피고인의 주장은 받아들이지 않는다"고 판결 이유를 설명했다.

'옛 이야기'를 새로 배열해서 엮은 책, 창작성은? 250

2004년 출판된 '살아있는 동안 꼭 해야 할 49가지'는 2004년 중국에서 작가 탄줘잉(賈卓穎) 등 2명이 전래 미담 등 99개의 이야기를 정리해 출간한 '일생에 해야 할 99가지 일'이란 원작에서 유래됐다. 이들 작가가 선양원류사에 복제 · 발행 · 번역권 등을 양도했었다. 선양원류사는 '살아있는 동안 꼭 해야 할 49가지'를 출판한 K문고 등을 상대로 저작권을 침해했다면서 소송을 냈다. 이에 대해 피고들은 원작은 기존에 있던 전래 미담들을 수집한 뒤 간단한 감상을 곁들인 것이라 창작성이 없는 만큼 저작권침해가 아니다 라고 주장했다.

서울고등법원(2010년) 재판부는 **피고들은 원고인 선양원류사에게 총 4억원을 지급하고 책 판매를 중단 · 폐기하라고 원고 승소 판결**했다. 재판부는 "소재가 이미 있는 이야기들이더라도 저자들이 수록과정에서 글을 각색해 다듬고 다시 배열했기 때문에 **창작성이 인정되어 저작권 침해행위**"라며 "피고들은 손해배상은 물론 복제 · 판매 등을 금지하고 나오거나 만들던 책들도 폐기해야 한다"고 판결 이유를 설명했다.

교육과학부 지시로 교과서 수정, 저작인격권 침해인가? 251

H대학교 K교수 등이 K출판사를 통해 발행한 한국 근 · 현대사 교과서에서 자기들

의 원고가 수정되어 발행하여 저작인격권이 침해됐다고 K출판사와 한국검정교과서를 상대로 소송을 냈다.

서울고등법원(2010년) 재판부는 **원고 패소 판결**했다. 재판부는 "저자들은 출판계약 및 검정신청 당시 '교과용 도서에 관한 규정'에 근거해 **교과부장관이 검정도서에 대해 수정지시를 할 수 있고 불이행시 검정합격이 취소돼 교과서발행 자체가 무산될 수 있음을 충분히 인식하고 있었다**"고 판단했고 또 "출판계약 및 검정신청 당시 동의를 통해 교과부의 수정 지시가 있을 때는 지시에 따르기로 했다"며 **"교과부장관의 적법한 지시에 따라 교과서를 수정해 발행 · 배포한 이상 저작인격권이 침해됐다고 볼 수는 없다"**고 판결 이유를 설명했다.

특허출원권 양도에 따른 보상금, 따로 줘야 하나? 252

H제약 연구소 부소장이었던 J씨는 재직 중 골다공증 치료에 효과가 있는 '파미드론산 이나트륨염'과 고혈압 치료 성분인 '니코틴산 암로디핀'을 각각 발명하고 특허출원권•을 회사에 넘겼으나 제대로 된 직무발명 보상금을 받지 못했다며 소송을 냈다.

서울중앙지방법원(2009년) 재판부는 **"회사는 J씨에게 880만원을 주라"**며 **원고 승소로 판결**했다. 재판부는 "회사 측은 J씨에게 자문비, 용역비 등으로 1억2000여 만원을 지급했다고 주장하지만 직무발명 보상금은 특허권을 넘긴 대가로 인정되는 것이므로 노동대가인 임금과는 성격이 명확히 구분된다"면서 따라서 "당사자 사이에 명확한 약속이 없었다면 **일반적인 임금 · 성과급 등의 지급으로 특정한 발명에 대한 보상금을 줬다고 봐서는 안 된다**"고 판결 이유를 설명했다.

[해설] **특허출원권(特許出願權)**이란 특허를 출원할 수 있는 권리이다. 특허출원은 특허를 받고자 하는 자가 인적 사항을 기재한 출원서에다 특허도면 등 관련 문건을 붙여 특허청에 제출하는 것을 말한다.

'세종' 명칭, 기존 사용자의 권리는? 253

서울에 있는 세종대학교의 학교법인인 대양학원이 고려대 학교법인인 고려중앙학원이 지방 분교에 '세종'이란 명칭을 사용하려고 하는데 대하여 **'세종'은 세종대학교를 나타내는 고유표지이므로 사용을 금지시켜 달라며 낸 유사표장사용금지 청구소송에서 1심과 같이 원고 패소 판결**을 내렸다.

서울고등법원(2009년) 재판부는 "30년간 수험생, 학부모에게 널리 인식된 세종대와 달리 **세종은 저명한 역사적 인물의 명칭이고 세종과 결합된 상표•가 355개에 달해 사회통념상 특정 영업 주체의 영업표지로 볼 수 없다**"며 "국민들이 세종이라는 인물에 대해 느끼는 존경심 및 긍지와 이 단어가 행정중심복합도시의 명칭이기도 한 점에 비춰 '세종' 단어를 독점시키는 것은 적절치 않다"고 하면서 패소 판결 이유를 설명했다.

[해설] **상표권(商標權)**이란 상표를 독점적으로 사용할 권리를 말한다. 상표란 상품을 표시하는 것으로서 생산 · 제조 · 가공 · 증명 또는 판매업자가 자기의 상품을 다른 업자의 상품과 식별시키기 위하여 사용하는 기호 · 문자 · 도형 또는 그것을 결합한 것이다.

● '버버리 노래방', 버버리 상표 도용인가? 254

충남 천안시에서 '버버리 노래방'을 운영하는 J씨는 영국의 세계적인 패션용품 제조업체인 버버리 사의 한국 소송대리인으로부터 노래방 상호를 쓰지 말아달라는 요청을 받았다. 부정경쟁방지및영업비밀보호법이 금지하는 부정경쟁행위에 해당한다는 것이다. J씨가 이에 불응하자 소송을 당했다.

대전지방법원(2010) 재판부는 **버버리 사에 패소 판결**했다. 재판부는 "부정경쟁행위•는 타인의 상표나 영업표지와 같거나 비슷한 것을 사용해 타인상표 등의 식별력이나 명성을 손상하는 행위"를 가리키는 것이라며 "부정경쟁행위가 성립하려면 단순한 추상적 위험의 발생만으로는 부족하고 식별력 또는 명성 손상이라는 구체적인 결과가 객관적으로 존재하거나 그 가능성이 매우 큰 경우여야 한다"면서 또 **"버버리 사는 자신의 상표 등 식별력이나 명성이 손상됐다는 결과 또는 그 가능성에 관해 별도의 입증을 하지 못한 만큼 부정경쟁행위에 해당하지 않는다"**고 판결 이유를 설명했다.

[해설] **부정경쟁행위(不正競爭行爲)**란 국내외에서 널리 인식된 타인의 상품임을 표시한 표지와 동일 또는 유사한 것을 사용하여 타인의 상품과 혼동을 일으키게 하는 행위를 말한다.

● '우리은행'이란 상표등록, 무효인가? 255

대법원(2009년) 재판부는 국민은행 등 8개 시중은행이 우리은행의 독점적인 상표등록권을 인정할 수 없다며 낸 소송에서 원심을 깨고, **"우리은행의 상표등록은 무효"**라며 사건을 특허법원으로 돌려보냈다.

재판부는 "'우리은행'이라는 상표독점권을 인정하게 되면 같은 업종에 있는 사람이 모두 누려야 할 **'우리'라는 용어에 대한 이익을 상표등록권자(우리은행)에게 독점시켜 공정한 서비스업의 유통질서에 반(反)한다**"면서 "소비자들이 자신과 관련 있는 은행을 나타내는 일상적 용어인 '우리 은행'과 구별하는 것도 어려워진다"고 판결 이유를 설명했다.

‘베르사체’, 숙박업소 이름에 허락 없이 쓰면? 256

베르사체 측은 ‘VERSACE’라는 표장을 호텔업 서비스표로 등록했다. 그런데 B씨가 서울 강남구에서 운영하는 모텔이름으로 ‘HOTEL VERSACE’(베르사체)라고 쓰고 영업하는 것을 알고 이 상호를 사용하지 못하도록 해 달라고 가처분 신청을 냈다.

1심 재판은 “베르사체와 같은 세계적인 패션업체가 소규모 숙박업을 한다는 것은 이례적이라 B씨가 운영하는 모텔을 베르사체가 운영하는 것으로 오인할 우려가 있다고 보기 어렵다”며 신청을 기각했다. 원고 측은 이에 불복해 항고했다.

서울고등법원(2010년) 재판부는 **원고 측에게 승소 판결**했다. 재판부는 “베르사체 측이 운영하는 호텔과 B씨의 모텔은 **숙박업으로 동일 · 유사한 서비스인 점을 고려하면 이는 서비스표권 침해에 해당한다**”며 B씨에게 ‘베르사체’ 표기가 포함된 상호나 광고물 등의 사용을 금지하는 결정을 내렸다. 또 “베르사체가 서비스표권으로 출원되기 전부터 B씨가 이 표장을 사용했지만 이 표장이 B씨의 모텔업을 표시하는 것이라고 국내 수요자들 사이에서 인식됐다는 증거가 없어 **B씨의 우선적인 사용권을 인정하기도 어렵다**”고 판결 이유를 설명했다.

5. 골프 / 로또 · 경품

골 프

초보 골퍼 앞에 서 있다가 친 공에 다쳤다면 피해자의 과실은? 257

평균 타수 100타가 넘는 골프초보자인 K씨는 비슷한 실력의 3명과 함께 강원도 횡성의 공군 모 부대 골프장에서 골프를 치다 사고를 당했다. 사고가 난 홀은 심한 오르막에 오른쪽으로 휘어 있다. 홀을 100m 남긴 상태에서 친구가 날린 세컨드 샷은 마침 약간 왼쪽 앞에 서 있던 K씨를 향해 날아가 오른쪽 눈을 맞혔다. 수정체가 떨어지는 중상을 당했다. K씨는 경기보조원(캐디)이 주의의무를 다하지 않았다며 군 골프장 캐디의 고용주인 국가를 상대로 손해배상 청구소송을 냈다.

서울고법(2006년) 재판부는 “친구가 골프 초보자여서 공이 예상하지 못한 방향으로 날아갈 수도 있다는 것을 대비하고 **공이 놓인 곳보다 앞으로 나가지 말았어야 했는데 주의하지 않은 잘못이 있다**”며 “**원고 K씨에게도 40%의 책임**이 있다”고 판시하면서 동시에 "피고인 국가는 관리 · 감독하는 캐디들이 원고에게 주의를 줘 사고를 방지할 의무를 다하지 않았다"며 "원고에게 4500여 만원을 지급하라"고 판결했다.

[해설] 국내 일반 골프장은 체육시설이용 관련법에 의해 의무적으로 보험에 가입하도록 돼 있다. 따라서 골프장 배상액은 보험사가 대신한다. 그러나 군 골프장은 군사시설인 관계로 이 법의 규정을 적용받지 않기 때문에 국가가 배상해야 한다.

신속하게 그린을 벗어나지 않아 발생한 사고, 피해자의 과실은? 258

용인의 한 골프장에서 골프를 하고 있던 J씨는 퍼팅을 한 뒤 그린(green)을 벗어나고 있던 중에 뒤 팀의 G씨가 친 골프공에 맞아 이마를 다쳤다.

사고 당시 J씨 팀의 캐디는 J씨가 퍼팅을 한 후 홀컵에 깃발을 꽂으며 뒤따라오던 G씨 팀을 향해 인사를 했다. 이를 본 G씨 팀의 캐디는 차례를 기다리고 있던 G씨에게 쳐도 좋다는 말을 했고, 그 후 G씨가 공을 쳐 사고가 발생한 것이다. 다친 J씨는 골프장과 공을 친 G씨를 상대로 치료비 등을 배상해달라며 소송을 제기했고 1심 법원은 G씨는 책임이 전연 없고 골프장에 100%책임이 있다는 판결을 내렸다. 법원은 사고 당시 G씨는 캐디로부터 공을 쳐도 좋다는 말을 듣고 쳤기 때문에 책임이 없고 캐디의 고용주인 골프장에 모든 책임이 있다고 본 것이다.

서울고등법원(2006년) 재판부는 1심 판결을 파기하고 "골프장의 책임을 80%로 제한한다"는 판결을 내렸다. 재판부는 "J씨 측 캐디가 인사를 끝낸 상태인데도 J씨가 꾸물거리면서 일행 중 가장 마지막으로 이동한 점을 들어 신속하게 그린을 벗어나지 않은 부분에 대하여 20%의 책임이 있다"고 설명했다. "골프장 이용표준약관에 따르면 공을 친 뒤 즉시 그린을 벗어나 진입로를 이용해 이동함으로써 안전사고를 방지하고 다음 팀의 경기진행에 방해가 되지 않도록 해야 할 의무가 있다"면서 따라서 "J씨의 경우 캐디가 홀컵에 깃발을 꽂는 것을 보았으면 이는 경기종료 신호이기 때문에 뒤따라오던 팀에서 공을 칠 가능성을 충분히 예상할 수 있었다고 봐야 한다"고 판결 이유를 설명했다.

티샷할 때 앞에 나가 있다가 공에 맞아 다쳤다면 본인 과실은? 259

캐디 Y(여 · 37)씨는 용인의 한 골프장에서 티잉그라운드 35m 앞에 위치한 레이디 티잉 그라운드 옆에 여성 골퍼와 함께 서 있다가 L씨가 티샷한 공에 엄지손가락을 맞아 골절상을 입자 L씨와 골프장을 상대로 손해배상 청구소송을 냈다.

수원지방법원(2006년) 재판부는 "피고 L씨는 원고 Y씨에게 900만원을 배상하라"고 판결하면서 "피고는 사고발생 위험이 있으면 경고를 했어야 함에도 이를 소홀히 한 과실●이 있으므로 원고의 손해를 배상할 책임이 30% 있다"면서 한편 "원고인 캐디 Y씨는 안전수칙을 지켜 사고발생을 미연에 방지할 의무가 있음에도 오히려 피고가 티샷을 한다는 것을 알면서도 전방으로 앞서 나갔다가 사고를 당했으므로 70%의 책임이 있다"고 판단했다. 그러나 골프장을 상대로 한 손해배상청구에 대해서는 "골프장이 캐디들에게 빠른 경기진행을 하도록 재촉한 것이 이 사고와 인과관계가 있다고 보기 어렵고, 시설운영자가 캐디에 대한 안전배려의무를 부담한다고 할 수 없어 원고가 입은 손해를 배상할 책임이 없다"고 판결 이유를 설명했다.

[해설] 과실: A-12 참조.

캐디 안내에 따라 뒷 팀이 친 공에 앞 팀 사람이 맞았다면? 260

K씨는 이천에 있는 한 골프장에서 골프를 치다 퍼팅을 마치고 다음 홀로 가기 위해 그린을 막 벗어났을 때 뒤 팀이 친 공이 날아와 이마에 큰 상처를 입었다. 이 사고로 K씨는 심한 어지럼증이 생겼고, 노동능력이 3년간 12% 상실된다는 의사의 판정을 받았다.

서울중앙지방법원(2005년) 재판부는 K씨가 골프장과 뒤 팀 골퍼를 상대로 낸 손해배상 청구소송에서 "경기자의 안전을 확보할 의무를 어긴 골프장은 K씨에게 8600여만원을 지급하라"고 판결하면서 "앞 팀의 캐디는 고객이 안전한 곳으로 이동한 다음에 홀컵에 깃발을 꽂고 뒤 팀에 인사를 해야 하며, 뒤 팀의 캐디도 앞 팀이 안전한 곳으로 이동했는지 확인하고 고객에게 공을 치게 해야 한다"며 "캐디 사용자인 골프장이 배상을 해야 할 책임이 있다"고 밝혔다. 그러나 "뒤 팀 골퍼는 잘못이 없다"면서 "캐디의 지시를 잘 따랐을 뿐 아니라 자기가 친 공이 그 방향으로 그만큼 날아가리라고 예상하기 어렵다"고 판결 이유를 설명했다.

캐디 없는 골프장에서 안전거리 확보 없이 쳐서 앞 팀에 부상 입혔다면? 261

H씨는 미국 캘리포니아 주의 한 골프장에서 친구 3명과 함께 경기보조원(캐디)없이 골프를 쳤다. 홀 그린이 220야드 떨어진 곳에서 7번 우드로 쳤다. 그 때 게임을 마치고 그린을 벗어나던 앞 팀 골퍼는 이 공에 머리를 맞아 큰 상처를 입었다. 과실치상● 혐의로 기소됐다. 1심 재판부가 구류 29일을 선고하자 H씨는 항소하면서 "경기보조원이 없어 해당 골프장을 자주 이용하던 팀원 중 한 사람이 공을 치라고 해 앞 팀이 게임을 끝낸 것으로 확인한 뒤 공을 쳤다"면서 "평소 7번 우드의 비거리가 200야드 정도인데 바람이 불어 멀리 날아간 것"이라고 항변했다.

그러나 수원지방법원(2008년) 항소재판부는 H씨의 주장을 인정하지 않고 형량을 원심보다 4일 줄여 **구류® 25일을 선고**하면서 **"골프공을 치기 전 앞 팀이 안전한 지역으로 이동했는지, 바람 방향과 세기를 감안해 충분한 안전거리가 확보됐는지를 제대로 확인하지 않고 공을 친 과실이 인정된다"**고 판결 이유를 설명했다.

[해설] **과실치상죄(過失致傷罪)**란 과실로 사람의 신체를 상해함으로써 성립하는 범죄를 말한다. 본죄가 성립하기 위하여는 사람의 신체를 상해한 결과가 발생하여야 하고 신체의 상해가 과실로 인한 것임을 요한다.

[해설] **구류(拘留)**란 수형자를 교도소에 구치하는 것을 내용으로 하는 자유형의 일종이다. 다만 그 기간이 1일 내지 30일 미만인 점에서 징역이나 금고와 구별된다.

카트 주차금지구역에서 발생한 사고, 미리 알리지 않은 골프장 책임은? 262

여자프로골프협회 경기위원인 C씨는 충북의 한 골프장 내 도로에서 정차된 카트를 타고 있다가 골프장 직원 L씨가 몰던 화물차에 실려 있던 농약살포장치가 카트 지붕으로 떨어지는 바람에 카트가 전복되고 C씨는 머리뼈 골절 등으로 한 달 간의 의식불명 상태를 겪는 등 중상을 입었다. C씨는 골프장을 상대로 손해배상 청구소송을 냈고 "골프장 측이 **C씨에게 3억2493만원을 지급하라"고 판결**했다. 이 금액은 C씨의 기대수명 70세와 사고 이후 골프경기위원 임기종료 때까지의 예상수입 4518만원, 향후 치료비 2945만원, 뇌 손상으로 인한 간병비용 2억4502만원 등을 고려해 계산된 금액이다. 골프장 측은 C씨가 주 · 정차 금지지역에 카트를 정차시킨 것이라 C씨에게도 과실이 있다고 주장했다.

수원지방법원(2009년) 재판부는 "사고발생 도로가 주 · 정차 금지지역이 아니며 이를 **교육했다는 아무런 증거®도 없다**"면서 "사고발생 도로에 골프장 차량이 수시로 통행 가능하고 내리막길 S자형으로 굽은 도로라 충돌 위험이 인정된다"며 "원고는 충돌을 피하기 위해 카트를 페어웨이 쪽으로 최대한 밀착하여 주차시켜야 했다"고 **원고 과실 10%를 인정해 골프장의 손해배상 책임을 90%로 제한**했다.

[해설] **증거(證據)**란 사실인정의 자료가 되는 유형물 자체를 말한다. 증인 · 증거서류 또는 증거물 등이다.

캐디 실수로 카트에서 떨어져 부상, 손잡이 안 잡은 이용객의 책임은? 263

골프장 이용객 L씨는 인천의 한 골프장에서 카트에서 떨어져 두개골 골절 등 중상을 입고 운전한 캐디 J씨와 골프장 운영업체를 상대로 손해배상 청구소송을 냈다.

서울남부지방법원(2009년) 재판부는 **"피고들은 원고 L씨에게 6억4900만원을 지급하라"**고 하면서 "피고들이 손님에게 제대로 주의를 주지 않고 급히 좌회전해 중상을 입힌 것이 사실이라 사고에 따른 피해액은 7억6600만원으로 산정됐지만 **원고도 지붕**

에 달린 손잡이를 잡지 않아 주의의무*를 게을리 했다며 피고의 책임을 80%로 제한한다"고 판결 이유를 설명했다.

[해설] 주의의무: A-9 참조.

골프공 찾던 캐디가 일행이 친 공에 맞아 부상, 골퍼의 책임은? 264

캐디 K(여 · 30)씨는 경기도에 있는 한 골프장에서 S씨 일행의 경기를 보조하던 중 다른 2명이 친 공의 위치를 확인하기 위해 그린으로 나갔다가 S씨가 친 공에 오른쪽 눈을 맞아 전체적인 시력의 25%를 잃었다. K씨는 S씨와 S씨가 가입한 보험회사에 일실 수입과 치료비, 위자료 등을 지급하라며 소송을 냈다.

서울중앙지방법원(2009년) 재판부는 원고에게 7000여 만원을 지급하라는 원고 승소 판결을 했다. 재판부는 "골프장에서 공을 칠 때는 전방에 사람이 있으면 안전한 곳으로 피할 수 있도록 경고를 한 후 공을 쳐야 함에도 이를 게을리 한 책임이 있다"면서도 "하지만 경기보조원도 공을 치지 않은 다른 골퍼의 타격을 주시할 필요가 있었음에도 이를 주의하지 않은 책임이 있으므로 피고는 손해배상액의 70%를 배상해야 한다"고 판시했다.

다른 홀에서 날아 온 골프공에 맞아 시력 상실했다면? 265

Y(56)씨는 포천의 한 골프장에서 티샷 대기를 하다가 인접한 홀에서 날아온 골프공이 카트 도로에 튀면서 왼쪽 눈에 맞아 병원진단 결과 영구적 시력저하로 24%의 노동능력을 상실했다는 판정을 받았다. Y씨는 골프장 운영업체 A사를 상대로 손해배상 청구소송을 냈다.

서울고등법원(2009년) 재판부는 손해액과 위자료 등 1억8000만원을 지급하라고 원고 승소 판결을 했다. 재판부는 "6번 홀과 9번 홀 거리가 150~160m에 불과한 점을 고려할 때 피고 A사는 6번 홀의 티박스 부근에 보호시설 및 안전경고판을 설치해 9번 홀에서 날아 올 수 있는 골프공으로 인한 안전사고를 예방할 의무가 있다"며 동시에 "캐디를 통해 9번 홀 경기자에게 타구 시 주의하도록 경고할 의무가 있으나 이를 게을리 한 과실이 인정된다"고 판결 이유를 설명했다.

남편 티샷 때 앞에 서 있던 부인 실명, 골프장 · 남편 · 부인의 책임은? 266

B(여 · 38)씨는 경기도 용인의 한 골프장에서 남편이 멀리건(mulligan: 골프에서 티샷을 잘못 쳤을 때 벌타 없이 다시 치는 것)을 받아 친 티샷에 오른쪽 눈을 맞아 시력

을 잃고 코뼈가 부러지는 등 중상을 입자 골프장과 캐디 등을 상대로 손해배상 청구소송을 제기했다.

수원지방법원(2010년) 재판부는 **골프장 운영회사는 35%의 과실이 있는 만큼 B씨에게 그에 해당하는 9500만원을 지급하라고 화해 권고* 결정**했다. 재판부는 "경기자들이 티샷을 할 동안 캐디는 모든 일행을 티박스 후방으로 이동시켜 대기하게 하거나 볼의 행방을 주시해 나무 등 뒤로 몸을 피하도록 할 업무상 의무가 있는데 이를 게을리 해 손해배상 책임이 있다"고 판시했다. 또 **"목표지점 전방(레이디티 근처)에 그대로 서 있어 주의를 게을리 한 부인 B씨에게는 30%의 과실이 있다"**며 **"나머지 70%에 대해 절반씩 책임을 물어 골프장측이 35%, 자신의 부인 등 일행이 서 있는 데도 티샷을 한 남편에게 35%의 책임이 각각 있다"**고 결정 이유를 설명했다.

[해설] 화해권고(和解勸告)란 당사자가 서로 양보하여 분쟁을 해결할 것을 담당 재판부가 권유하는 것을 말한다.

'3인 플레이' 금지 위반 이유로 위약금 부과, 근거 없는 관행인가? 267

화성시에 있는 L골프장 운영회사인 (주)K가 "3인 플레이를 금지한 것이 지위 남용이라며 공정거래위원회가 내린 시정명령은 부당하다"는 취지로 공정거래위원회를 상대로 소송을 냈다.

서울고등법원(2008년) 재판부는 **원고 패소 판결**했다. 재판부는 "국내 골프장의 경우 4인 플레이를 기준으로 이용료를 책정하는 **관행이 존재한다고 보기 어렵다**"고 판결했다. L골프장은 국내 대다수 골프장에서 4인 플레이를 기준으로 경기가 운영되고 골프장 이용료도 이를 기준으로 책정된다고 주장했다. L골프장은 2006년 3인 플레이 입장객에게 비회원의 경우 12만3000(주중) ~ 15만5000원 (주말), 회원동반의 경우 7만(주중) ~ 7만5000원(주말)의 위약금을 매겼다.

주중회원 추가모집, 정회원 권익침해로 입회금 반환사유가 되나? 268

충북 청주 인근에 있는 A골프장은 주중 회원 추가 모집으로 정회원이 주중에 골프장을 이용하려면 예약 경쟁이 더욱 치열해졌다. 이로 해서 탈퇴를 원하는 정회원들이 입회금을 돌려 달라는 시정명령을 받아들인 충청북도가 부당하다며 골프장 운영업체가 충청북도를 상대로 낸 시정명령 취소소송에서 **골프장 측에 패소 판결**했다.

청주지방법원(2009년) 재판부는 "주중 회원 모집은 권익에 관한 약정이 변경되는 경우로 봐야 함으로 **기존회원은 약정변경에 따른 탈퇴와 입회금 반환을 요구할 수 있다**"며 "골프장의 회원 수가 주중 모집으로 700명이나 더 늘어나 기존 정회원의 주중

이용권한이 제약을 받게 됐다"고 판시하면서 또 "업체가 주중 회원에 대한 모집 근거로 제시한 기존 회칙상의 '기타 회원'의 정의가 불분명하고 주중회원 모집을 이사회에 위임한 운영위원회도 **임의의 정회원들로만 구성돼 대표성이 없다**"고 판결 이유를 설명했다.

정회원 몰래 주중회원 모집, 중대 약정위반으로 입회금 돌려줘야 하나? 269

P씨 등은 충북에 있는 G골프장이 정회원 550명을 모집한다는 광고를 보고 회원으로 가입했다. 그런데 G골프장은 2년 뒤에 정회원들의 의견을 묻지 않고 새로 주중 회원 700명을 모집하려고 했다. P씨 등은 당초 약정과 다르니 탈퇴하겠다며 입회금을 돌려 달라고 요구했으나 골프장 측이 거절하자 소송을 냈다.

서울중앙지방법원(2010년) 재판부는 원고들에게 2억8000만원~3억8000여 만원의 **입회금을 반환하라고 판결**했다. 재판부는 "원고들이 낸 입회금은 소수 회원제로서 고급 골프장 회원으로서 누리는 이익에 대한 대가로 지급한 것으로 볼 수 있는 만큼, **골프장 측이 새로 주중회원을 모집하려는 것은 기존 정회원 권익에 대한 약정을 변경한 것으로 봐야 한다**"고 판시하면서 **"현행법에 따라 회원 가입 뒤 체육 시설업자가 회원 권익과 관련한 약정을 바꾸면 기존회원은 탈퇴할 수 있고, 그 경우 업자는 입회금도 돌려줘야 한다**"고 판결 이유를 밝혔다.

과도한 골프장 입장료 인상, 계약위반으로 보증금 반환사유가 되나? 270

제주도에 있는 L골프장에 법인회원으로 가입한 K사 등 3개 회사가 과도한 입장료 인상은 계약위반이니 입회보증금을 돌려 달라며 골프장 측을 상대로 낸 소송에서 **원고 승소로 판결**했다.

서울중앙지방법원(2009년) 재판부는 "그린피 인상이 부당하다고 할 수 없지만 인상폭이 주중에는 50%, 주말 25%로 과도하게 올린 것은 입회계약의 취소사유가 되어 입회보증금을 돌려줘야 한다. 입장료가 회원자격을 계속 유지할 것인지를 결정하는 데 영향을 미치는 점 등을 고려하면 **인상된 입장료를 거부하며 탈퇴하려는 회원을 막을 수 없다**"고 판결 이유를 설명하면서 "**회원자격 보유기간을 20년**으로 하고 그 전에 입회금을 돌려달라고 할 수 없도록 돼 있는 계약서 조항은 **고객에게 부당하게 불리한 조항이므로 무효**"라고 덧붙였다.

내기골프, 도박인가? 271

S씨 등 4명은 제주도의 한 골프장에서 18홀을 9홀씩 나눠 홀마다 **타당 50만~100만**

원씩을 걸고 스트로크 게임을 하면서 전반 9홀 최소타를 친 우승자에게 500만원, 후반전 우승자에겐 1000만원을 주는 방식의 내기골프를 쳤다. 이들은 도박죄 혐의로 기소됐다.

1심 재판부는 무죄를 선고하면서 "화투, 카드, 카지노처럼 승패의 결정적 부분이 우연에 좌우돼야 도박이 되는데, 운동경기는 **경기자의 기능과 기량이 승패의 절반을 결정하기 때문에 골프는 도박이 아니다**"라면서 "도박이 된다면 LPGA에서 활동 중인 프로골퍼 박세리 같은 선수가 돈이 걸린 골프경기에 나서는 경우도 도박죄를 적용해야 한다"고 무죄판결 이유를 설명했다.

서울고등법원(2006년) 재판부는 1심의 무죄 판결을 깨고 **S씨에게 징역 8월 그리고 L씨, K씨에게는 각각 징역 6월에 집행유예 1년을 선고하고 다른 Y씨에게는 징역 8월에 집행유예 2년을 선고**했다. 재판부는 "기량 차이가 있는 경기자 사이의 운동경기라고 해도 **핸디캡 조정**과 같은 방식으로 승패의 가능성을 대등하게 하거나 **승리의 확률이 낮은 쪽에 높은 승금(勝金)을 지급하는 방식** 등으로 **우연성이 중요하게 작용하는 도박 조건을 얼마든지 만들 수 있다**"고 판결 이유를 설명했다.

대법원(2008년) 재판부는 **유죄 판결한 원심을 확정**하면서 "당사자의 능력이 승패에 영향을 미친다고 해도 **다소라도 우연성의 영향을 받게 되는 때에는 도박죄*가 성립할 수 있다**"고 판결 이유를 설명했다.

[해설] 도박이란 당사자가 서로 재물을 걸고 우연한 승부에 의하여 그 재물의 득실을 결정하는 것을 말한다. 우연한 승패라고 해서 그 승패가 완전히 우연에 의해서 결정될 필요는 없고 당사자의 기능 · 기량이 승패에 다소의 영향을 미치는 경우에도 우연성이 지배되고 있으면 도박에 해당한다고 보는 것이 통설이다.

사기 골프 피해자가 고소, 본인도 상습도박죄로 처벌? 272

골프 초보자 A(여 · 57)씨는 백화점 골프용품 매장에서 우연히 B(60)씨를 알게 됐다. 두 사람은 골프장을 함께 다니며 가까운 관계로 발전했다. B씨는 A씨에게 C(64)씨를 소개해 주면서 "내기골프를 해 보라"고 권했다. 망설이자 지면 자기가 따서 갚아주겠다고 말했다. 내기는 A씨가 53타, C씨가 44타를 목표로 정해놓고 9홀을 목표타수 안에 끝내는 사람이 5000만~1억원을 가져가는 속칭 '핸디치기' 방식으로 진행됐다. B씨는 타수 계산을 해주는 등 내기골프를 도왔다. 그렇게 2년의 시간이 흐르는 동안 A씨는 20~30차례에 걸쳐 모두 20억원을 잃었다.

A씨는 "사기골프 도박에 당했다"며 두 사람을 사기혐의로 고소했다. 그런데 검찰은 B · C씨는 물론 A씨도 기소했다. A씨에게 상습도박 혐의를 적용한 것이다.

1심 재판부는 B씨와 C씨는 상습도박 등의 혐의로 각각 징역 3년, 징역 1년 6월을 선고했다. 또 **A씨에 대해 벌금 500만원을 선고**했다. A씨가 "나는 피해자일 뿐"이라며 불복 항소했으나 기각했다.

서울중앙지방법원(2009년) 항소재판부는 "게임 규칙상 상대방의 실력과 관계없이 A씨도 내기에서 이기거나 비길 수 있었던 점과 도박이 2년 동안 여러 차례 계속된 점 등을 고려하면 B · C씨가 사기도박을 했다고 보기 어렵다"고 하면서 "A씨 같은 아마추어골퍼의 경우 정신적 · 신체적 상태에 따라 경기결과가 상당히 달라질 수 있는 우연성이 있다"며 **"우연성에 의해 승패 결과가 영향을 받게 될 때 도박죄가 성립한다"**고 덧붙였다.

군(軍) 골프장의 민간인 출입 제한, 어떻게 봐야 하나? 273

Y씨 등 개인 2명과 (주)HS 등 12개 법인 등 군(軍) 골프장인 남성대 골프장 명예회원에 대하여 일반인은 6년 이상 쓰게 할 수 없다는 국유재산법상 이유로 회원권을 박탈하였다. 이들은 이러한 조치가 부당하다면서 국가를 상대로 소송을 냈다.

대법원(2009년) 재판부는 **원고 패소 판결한 원심을 깨고 승소 취지로 서울고법으로** 돌려보냈다. 재판부는 "행정처분이 당연 무효가 되려면 처분에 위법사유가 있는 것만으로는 부족하고, 하자가 중대하다는 것이 객관적으로 명백해야 한다"면서 "남성대 골프장이 회원자격부여 당시 **기간을 3년 넘게 정한 것이 위법이라는 사실이 다툼의 여지가 없을 정도로 명백하다고 하기는 어렵다**"고 판결 이유를 밝혔다.

로또 · 경품

별거 중인 부인에게 맡긴 로또 복권 당첨금을 부인이 돌려주지 않는다면? 274

C씨와 K(여)씨는 사실혼 관계로 아이 한 명을 낳고 살다가 별거 중이다. C씨는 로또 복권 1등에 당첨되어 18억원을 받게 됐다. C씨는 K씨에 연락하여 함께 찾으러 갔다. C씨는 신분증을 안 가져 왔다. 할 수 없이 K씨 명의의 통장을 개설하고 입금했다. K씨는 그중 3억원만 C씨 통장으로 송금했다. 나머지 당첨금 15억원을 C씨가 달라고 하자 K씨는 자기가 준 돈으로 사서 당첨된 것이라 돌려 줄 수 없다고 거절했다. C씨는 보관현금반환 청구소송을 냈다.

서울중앙지방법원(2007년) 재판부는 C씨가 관계개선 차원에서 별거• 중이던 K씨에게 당첨금을 맡겨 둔 것이라고 주장하고 있다면서 "당첨금 중 **10억원을 돌려주라**"고 판결했다. 재판부는 "그 밖의 나머지 돈은 C씨가 그 동안 K씨로부터 받았던 경제적

도움에 대한 대가와 자녀 양육비 등의 명목으로 증여하려 한 묵시적 의사가 있었던 것으로 봐야 한다"고 판결 이유를 설명했다.

[해설] 별거(別居)란 혼인관계를 존속시키면서 그 본질적 의무인 동거의무를 소멸시키는 것을 말하는데 우리나라는 법적으로 인정하지 않고 있다. 별거 중이더라도 상호부양의무 · 정조의무를 진다.

승용차 경품 이벤트에 소정 절차에 따른 '참가의사 표시' 안 했다면? 275

K씨는 경기도의 한 골프장에 경기를 예약했는데 기상 악화로 시작 시간이 1시간씩 지연되자 골프장 측은 이에 대한 보상으로 '홀인원 이벤트' 도전권을 제공하기로 했다. 골프장이 발행한 도전권으로 참가신청을 한 뒤 지정된 홀 가운데 어느 한 곳에서 홀인원을 할 경우 오피러스 승용차를 상품으로 주는 행사였다.

K씨는 도전 홀에서 홀인원에 성공했다. 그러나 골프장 측은 K씨가 경기시작 전에 이벤트 접수절차를 거치지 않았기 때문에 경품을 줄 수 없다고 설명했다. 도전권에는 경기 전 접수해야 한다는 내용과 함께 이름과 전화번호, 날짜를 써 넣는 난이 있었다. K씨는 소송을 냈다.

서울중앙지방법원(2009년) 재판부는 K씨에게 **패소 판결**했다. 재판부는 "돈을 내거나 도전권을 접수하는 방식으로 **'참가 의사'를 표시해야 고객과 골프장간에 이벤트계약이 성립**하는데 K씨는 도전권을 지니고 있었을 뿐 **접수를 하지 않았기 때문에 홀인원 이벤트계약을 전제로 오피러스 승용차를 요구하는 것은 타당하지 않다**"고 판결 이유를 밝혔다.

경품 시상 후 뒤늦게 경기규칙 위반 이유로 취소할 수 있나? 276

경북 지역의 한 골프장은 회원 친선대회에 참가해 홀인원한 L(63)씨에게 '홀인원상 혼다 CR-V'(시가 3540만원 상당)라고 적힌 상패를 줬다. 하지만 5일 뒤 L씨가 경기규칙을 어겼다며 승용차 지급을 거절했다. 골프장 측은 게시판 등을 통해 '시니어티(속칭 실버티)는 70세 이상만 사용할 수 있다'는 룰을 알렸는데도 63세인 L씨가 이를 어기고 시니어티에서 플레이했다고 주장했다. L씨는 자동차소유권 이전등록 청구소송을 냈다.

대구지방법원(2009년) 재판부는 **L씨에게 승소 판결**했다. 재판부는 "**골프규칙**에는 '경기자가 실격에 해당하는 규칙을 위반한 것을 알고 있었던 경우 등 일부 예외를 제외하고 **경기 종료 후 벌을 부과할 수 없다'고 규정돼 있다**"며 "**원고 L씨가 실격 사유에 해당됨을 알고 시니어티에서 플레이했다고 볼 수 없다"고 판결**하면서 "시상식까지 해놓고 경기규칙 위반을 문제 삼는 것은 **신의성실의 원칙**•**에도 어긋난다**"고 덧붙였다.

[해설] **신의성실의 원칙(信義誠實의 原則)**이란 모든 사람은 사회공동체생활의 일원으로서 상대방의 신뢰에 반하지 않도록 성의있게 행동할 것이 요구되는데, 이러한 윤리적 · 도덕적 평가를 법적 평가판단의 내용으로서 도입한 것을 말한다. 민법 제2조 1항은 '권리의 행사는 신의에 좇아 성실히 하여야 한다'고 규정하고 있으며 민법 전체의 최고원리로 간주되고 있다.

4등 65,000원 당첨 위해 로또복권번호 변조한 죗값은? 277

J씨는 경기도 화성시 모 복권방에서 로또복권을 구입한 다음 6개 당첨번호 중 3개가 일치해 5등에 당첨되자 복권의 번호 중 하나인 '18'번의 '8'자를 긁어내고 검정 펜으로 칠하는 수법으로 당첨번호인 '19'번으로 변조해 4등 당첨금을 타내려 했으나 이를 알아차린 업소 주인에게 걸려 붙잡혀 불구속 기소(유가증권변조 혐의)됐다.

수원지방법원(2010년) 재판부는 **J씨에게 징역 4월에 집행유예 1년을 선고하고 80시간의 사회봉사를 명령**했다. 재판부는 "피고인이 범행을 부인하고 있어 실형선고가 필요하지만, 로또복권 변조*를 통해 취득할 수 있는 액수가 당첨금 6만5000원으로 적고 수법이 조악한 점 등을 양형에 감안했다"고 판결 이유를 밝혔다.

[해설] **변조(變造)**란 기존 물건의 형상 또는 내용에 변경을 가하는 것이다. 예컨대 문서의 변조란 권한 없이 이미 진정하게 성립된 타인 명의의 문서 내용에 그 동일성을 해하지 않을 정도로 변경을 가하는 것을 말한다.

인쇄 잘못으로 당첨된 복권, 당첨금 안 줘도 될까? 278

K씨 등은 같은 그림이 3개일 경우 1억원, 같은 숫자가 3개일 경우 100만원의 당첨금을 지급하는 '스피또-2000' 복권을 구입했다. 그런데 복권엔 같은 숫자가 3개인데도 당첨금은 1억원으로 인쇄돼 있었다. 이들은 복권사업단에 1억원을 달라고 요구했지만 인쇄오류라며 거절하자 소송을 제기했다. 1심에선 "즉석 복권의 특징은 구입 즉시 당첨확인이 가능하다는 것"이라며 원고 승소 판결했다.

서울고등법원(2008년) 재판부는 **원심을 깨고 원고 패소 판결**했다. 재판부는 "복권 뒷면에 나온 당첨금 지급기준과 인쇄된 방식이 달랐다면, **구입자로서 오류임을 인식할 수 있다"며 "단지 인쇄 오류 때문에 당첨금을 줄 책임은 없다"**고 패소판결 이유를 밝혔다.

경품추첨행사에서 당첨자가 조금 늦게 도착, 무효처리할 수 있나? 279

대구스타디움에서 열린 '대구국제육상경기대회' 본부석에서 경품추첨 발표를 했다.

고교생 L(17)군이 아반떼 하이브리드 승용차(약 2300만원 가격)가 상품인 1등에 당첨됐다고 발표되자 어머니와 함께 본부석으로 뛰어갔다. 그러나 본부석으로 뛰어 가고 있는 것을 모르고 있는 본부석에서는 "너무 늦게 왔다"는 이유로 당첨을 무효처리했다. L군 모자는 소송을 냈다. L군 모자가 본부석에 도착하는데 1분 37초 걸렸다. 앉았던 좌석에서 본부석까지는 215m였고 인파가 붐비고 계단과 통로를 지나는데 4분 이상 걸리는 거리였다.

대구지방법원(2010년) 민사합의재판부는 대회주최 측을 상대로 낸 경품당첨자확인 청구소송에서 **L군에게 승소 판결**했다. 재판부는 "원고와 피고는 경품제공계약의 청약을 맺은 상태로, **당첨번호 고지 1분 37초 만에 원고가 청약*에 대한 승낙* 의사표시를 했음에도 이를 철회한 것은 무효**"라며 "**본부석까지 이동할 충분한 시간을 주지 않은 것은 주최 측의 잘못**"이라고 판결 이유를 밝혔다.

> [해설] **청약(請約)**이란 승낙과 결합하여 일정한 계약을 성립시킬 것을 목적으로 하는 일방적 · 확정적 의사표시를 말한다. 청약은 그 효력이 발생한 때는 청약자가 임의로 철회하지 못한다(민법 제527조).
> [해설] **승낙(承諾)**이란 청약의 상대방이 청약에 응하여 계약을 성립시킬 목적으로 청약자에 대하여 하는 의사표시를 말한다. 승낙은 청약이 효력을 가지는 기간 내에 하여야 한다. 그러나 연착된 승낙도 청약자가 이를 새 청약으로 볼 수 있다(민법 제530조).

슬롯머신 게임 중 몇 차례 기계 때린 후에 잭폿, 당첨금 줘야 하나? 280

K씨는 정선군 강원랜드에서 슬롯머신 게임을 하던 중 주먹으로 기계 아랫부분을 몇 차례 때렸다. 그 때문인지 기계가 제대로 작동하지 않자 K씨가 부른 카지노 직원이 기계를 점검한 뒤 K씨는 다시 게임을 계속했다. 몇 분 뒤 슬롯머신에는 당첨금 2억8535만원을 알리는 잭폿 램프가 켜졌다. 그러나 강원랜드 측은 기계가 충격을 받아 오작동 때문이라며 당첨금 지급을 거부했다. K씨는 소송을 냈다. 1심 재판부는 강원랜드에게 승소 판결했다. 항소심 재판부는 "기계 오작동이라고 볼 증거가 없으므로 **K씨에게 당첨금을 지급**하라"고 1심 판결을 뒤집었다.

대법원(2009년) 재판부는 **K씨에게 승소 판결**했다. 재판부는 "슬롯머신 칩을 외국 제조사에 보내 확인한 결과 **내장된 프로그램에 이상이 없는 것으로 나타난 만큼 잭폿이 기계 오작동 때문이라는 증거가 없다**고 판단한 것이 옳다"고 판결 이유를 밝혔다.

6. 그 외 재산 · 영업 관련

시각 장애인에게만 안마사 자격 부여, 정당한 조치인가? 281

시각장애인에게만 안마사자격을 부여하고 시각장애인이 아닌 사람이 영리목적으로 안마 시술을 할 경우 형사 처벌하도록 한 **의료법 제82조 1항과 제88조**에 대해 한국수기 마사지사협회 등 여러 관련단체는 시각장애인이 아닌 사람들의 **직업선택의 자유 등을 침해**한다며 헌법 소원을 냈다.

헌법재판소(2010년) 재판부는 **기각 결정** 했다. 재판부는 "시각장애인 안마사제도는 **시각 장애인의 생존권을 보장하고 생활전반에 걸친 유무형의 사회적 차별을 보상**해 실질적 평등을 이룰 수 있는 수단"이라며 "해당 조항이 비(非) 시각장애인의 평등권이나 직업선택의 자유를 침해한 것으로 볼 수 없다"고 기각 결정 이유를 밝혔다.

[해설] **의료법 제82조 1항(안마사):** 안마사는 '장애인 복지법'에 따른 시각장애인 중 다음 각호의 어느 하나에 해당하는 자로서 시 · 도지사에게 자격인정을 받아야 한다. 1. '초 · 중등 교육법'에 규정한 교육과정을 마친 자. 2. 중학교 이상의 교육을 받고 보건복지부장관이 지정하는 안마수련기관에서 2년 이상의 안마수련 과정을 마친 자

[해설] **의료법 제88조(벌칙):** 의료법 제82조 1항의 안마사자격 인정을 받지 아니하고 영리 목적의 안마를 한 자는 3년 이하의 징역이나 1천만원 이하의 벌금에 처한다.

음식점 안에서 외친 '어서 오세요', 호객행위일까? 282

서울 중구 을지로 6가 M쇼핑몰 맨 위층 에스컬레이터 상행선 옆 '명당자리'에 김밥집 가게를 운영하는 L(여)씨는 손님들에게 "어서 오세요. 다 똑 같아요"라며 손님들을 적극적으로 가게로 끌어들이자 주변업소 주인들이 중구청에 민원을 제기했다. 중구청 직원들은 이 민원을 해결하기 위하여 손님을 가장해 L씨 가게로 가서 호객행위가 있음을 확인하고 1개월 영업정지와 120만원 과태료 처분을 내리자 L씨는 소송을 냈다. 1심에서는 영업정지처분은 취소했지만 과태료는 내야 한다는 원고 일부 승소 판결을 내렸다.

서울고등법원(2008년) 재판부는 **L씨에게 완전 승소 판결**했다. 재판부는 "종업원들이 음식점 바닥의 구분선 안쪽에서 '다 똑 같아요' 정도의 말만 외치고 손님을 탁자로 안내한 것은 **'손님을 꾀어서 끌어들이는 호객행위' 범주에 들어가지 않는다**"고 판결 이유를 설명했다.

길거리 가판대 운영자의 재산은 얼마여야 하나? 283

서울 동대문구에서 보도 가판대를 운영하고 있는 김(여 · 65)씨 등 10여명이 "가판대영업을 계속하게 해 달라"며 동대문구청을 상대로 도로점용 갱신거부처분 취소소송을 냈다.

서울행정법원(2008년) 재판부는 **원고의 청구를 기각**했다. 재판부는 "보도상 영업행위는 금지돼 있지만 그동안 저소득층 생계보호를 위해 임시적으로 이들의 상업 활동을 보호해 온 것"이라며 "**원고들은 2억원 이상의 자산을 가진 사람들로서 가판대 운영을 허가해 주지 않아도 생존권이 침해될 여지가 적다**"면서 기각 판결 이유를 밝혔다.

반달곰, 식용으로 할 수 있을까? 284

K씨는 농가소득증대를 위해 수입한 반달가슴곰을 사육하다가 상업적 국제거래금지 조치가 내려져 용도변경 신청을 했지만 거부당하자 소송을 냈다. 1심은 "용도변경 허가는 허가권자의 재량이라며 원고 패소 판결했다. K씨는 항소했다.

서울고등법원(2010년) 재판부는 **요리용으론 안 되지만 곰기름 비누나 화장품 등 가공품 재료로는 쓸 수 있다고 판결**했다. 재판부는 "재수출용으로 사육 중이던 반달가슴곰의 수출 길이 막혔으니 인공사육 곰의 경우는 다르게 봐야 한다"며 "K씨가 용도변경을 신청한 반달가슴곰은 1983년에 수입한 곰이 낳은 86년생(24살)으로 가공품의 재료로 쓸 수 있는 경우"라며 "**웅담 등 약재로 쓰거나 곰기름을 비누 · 화장품 제조에 사용할 수 있다**"고 덧붙였다. 그러나 "**가공품 재료에 해당하지 않는 발바닥을 음식의 재료로 사용하거나 판매하는 것은 허용되지 않는다**"고 판시했다.

연예인의 지나친 장기전속계약, 노예계약일까? 285

유명댄스그룹인 Y의 멤버인 K(19)씨가 전 소속사인 S엔터테인먼트를 상대로 낸 전속계약효력 부존재확인 청구소송을 냈다.

K씨는 S엔터테인먼트와 첫 음반을 출시한 날로부터 만 10년간 계약을 유지하되 음반이 50만장 이상 팔리면 5000만원을 지급받고 계약을 위반할 때는 총 투자액의 3배와 남은 계약기간 예상이익금의 2배를 배상하는 내용의 전속계약을 체결했다. K씨는 지나치게 부당하다고 소송을 냈고 1 · 2심에서 승소했다.

대법원(2010년) 재판부 **K씨에게 승소 판결한 원심을 확정**했다. 재판부는 "전속계약기간이 10년 이상인 데다 계약을 해지하는 것이 **거의 불가능해 지나치게 긴 기간 동안 활동의 자유를 제한하고 있다**"고 지적하면서 또 "이익분배 과정에서도 K씨가 얻을 수 있는 이익이 극히 적고 전속계약을 위반했을 때 물어야 하는 위약금도 감당할 수 없이 많다"고 판결 이유를 밝혔다.

대형할인판매점 판촉사원 인건비, 납품업체에 전적으로 떠맡겼다면? 286

O씨는 황태포 등을 납품하면서 A사의 영업점 여러 지점에 협력사원을 파견했는데 채용은 사실상 A사가 주도했고, 인건비 등은 O씨가 부담했다. 협력사원들은 A사 영업점에서 황태포를 판매하거나 시식용으로 제공하는 일을 주로 했지만, 생선코너 근무 등 황태포 거래와 무관한 업무도 시키자 O씨가 협력사원 인건비를 부담하는 것은 부당하다며 소송을 냈다.

대법원(2009년) 재판부는 **O씨에게 인건비를 돌려줘야 한다**면서 **원고 승소 취지로 원심을 파기하고** 사건을 서울고법으로 돌려보냈다. 재판부는 "할인점에 대한 납품업자의 거래 의존도가 높고 O씨가 협력사원을 파견하는 형식이었지만 **A사가 직접 면접을 보고 채용하고 근무시간과 급여 등을 결정한 사실, 협력사원이 황태포판매 이외의 업무도 담당한 사실 등이 인정**된다"며 "이와 같은 행위는 **A사가 거래상 우월한 지위를 이용해서 O씨에게 경제상 이익을 제공하도록 강요한 행위**•"라고 판결 이유를 설명했다.

[해설] **강요된 행위(强要된 行爲)**란 폭력이나 협박 등에 의하여 피강요자의 의사결정 또는 행동의 자유가 침해되어 강요자가 의도 또는 요구하는 일정한 행위를 하는 것을 말한다(민법 제110조 참조). 이러한 상황에서 행한 것은 취소할 수 있고 그로 인하여 발생한 손해를 배상받을 수 있다.

낙찰계 깨져 돈 떼인 계원, 돈 받은 계원에게 책임 물을 수 있나? 287

H(여)씨는 계원끼리 서로 모르는 상황에서 계주의 개인사업 형태로 운영되는 이른바 '낙찰계'에 가입했다. H씨는 계가 깨지는 바람에 돈을 못 받게 되자 순번이 빨라 이미 돈을 받은 계원 L씨를 상대로 부당이득금반환 청구소송을 냈다.

부산지방법원(2008년) 재판부는 **원고 패소 판결**했다. 재판부는 "각 계원이 다른 계원과 상관없이 계주와의 친분관계만으로 계에 가입했기 때문에 그 계는 **계주와 계원 각자와의 개별계약이 여러 개 모여 있는 형태로 볼 수 있다**"면서 "이 경우 계가 파탄나더라도 돈을 못 받은 계원이 이미 **돈을 받은 다른 계원에게 책임을 물을 수 없다**"고 판시했다.

회사비밀을 회사 스스로 비밀답게 보관하지 않았다면? 288

W회사에서 기술담당 차장으로 근무하던 H씨는 영업비밀이 저장된 CD 몇 장을 가

지고 퇴사한 뒤, 경쟁업체의 대리점을 운영하면서 W사의 영업비밀을 제품판매에 이용한 혐의로 기소돼 1 · 2심에서 모두 유죄 판결을 받았다.

대법원(2009년) 재판부는 **징역 6월에 집행유예 2년을 선고한 원심을 깨고, 무죄 취지**로 사건을 서울남부지법으로 돌려보냈다. 재판부는 "CD에 담긴 정보는 회사 내 컴퓨터에도 저장돼 있었는데, 이 컴퓨터나 자료에는 **비밀번호가 설정되거나 별도 잠금장치가 없었고 회사 내 다른 컴퓨터로도 쉽게 접속할 수 있었던 만큼 영업비밀로 보기 어렵다**"고 판결 이유를 밝혔다.

기존 사업자 명칭 그대로 쓰면 영업상 채무도 그대로 인수될까? 289

한국전력공사는 서울 서초동 H아트센트 내에서 운영하던 평생교육시설 'S종합예술원'이 임대료 · 관리비 1억1천여 만원을 체납한 채 새 사업자에게 넘기자 새로 인수한 S종합예술원을 상대로 임대료를 지급하라는 소송을 냈다.

대법원(2010년) 재판부는 **원고 승소 판결한 원심을 확정**했다. 재판부는 "영업을 넘겨받은 사업자가 기존 사업자의 옥호(屋號)나 영업표지(명칭)를 그대로 사용할 경우 영업상 채무도 물려받게 된다고 봐야 한다"고 판결 이유를 설명했다.

착오로 터무니없이 싸게 판매하기로 약정했다면? 290

K씨는 책과 음반 및 전자제품 등을 인터넷에서 판매하는 Y사의 웹사이트에서 개인정보 단말기(PDA)를 정상가에 비해 '90% 할인된 가격'에 판매한다는 글을 보고 신용카드로 2대를 구매했으나 Y사측이 뒤늦게 가격이 잘못 입력됐다며 매매계약 취소를 통보해 오자 소송을 냈다.

서울중앙지방법원(2002년) 재판부는 **K씨에게 패소 판결**했다. 재판부는 "직원의 실수로 인한 가격 입력상의 착오가 없었더라면 원래 가격의 10%에 물품을 판매하지 않았을 것이 분명한 점을 감안할 때 매매행위는 **법률행위상 착오*에 해당**한다"며 "회사측의 매매계약 **취소통보는 용인될 수 있다**"고 판결 이유를 밝혔다.

[해설] 착오(錯誤)란 객관적 사실과 주관적 인식의 불일치를 말한다. 진의(眞意)와 표시상의 의사가 일치하지 않는 의사표시로서 그 불일치를 표의자 자신이 인식하지 못하는 것이다. 법률행위의 내용의 '중요한 부분'에 착오가 있는 의사표시는 취소할 수 있다(민법 제109조 1항).

'훔친 문화재 팔아준 돈 달라', 절도범의 반환청구소송 그 결과는? 291

국보급 문화재 30여점을 도굴하거나 훔친 혐의로 수감 중인 절도범 S씨는 구치소의 교도관 K씨를 상대로 국보급 고서(古書)인 '불경언해본' 등 훔친 문화재를 판매한 돈을 돌려 달라며 매매대금지급 청구소송을 냈다.

S씨는 재판과정에서 "구치소에 수감됐을 때 K씨가 '당신이 훔친 고서를 빼돌려 팔아 나눠 갖자'고 제안했다"며 "세종 때 발행된 불경언해본 3권을 권당 5000만원을 받는 조건으로 K씨에게 판매를 의뢰했는데 K씨가 500만원만 줬다"고 주장했다.

수원지방법원(2008년) 재판부는 **원고 패소 판결**했다. 재판부는 "원고 S씨는 고서를 도굴해 취득하고 피고 K씨에게 처분을 의뢰했다고 주장하지만 **사실을 인정할 아무런 증거가 없다**"고 판결 이유를 밝혔다.

7. 파 산

채무면책결격 사유 있는 파산자, 전액 면책 가능할까? 292

파산자 K씨는 "모친의 질병치료에 소득 전부가 들어가는 상황에서 채무의 일부를 면책대상에서 제외한 것은 부당하다"며 낸 **면책신청사건 상고심에서 원심을 파기하고 1심 재판부로 돌려보냈다.**

대법원(2006년) 재판부는 결정문에서 "K씨는 직장이 없을 뿐 아니라 국민기초생활보장 수급자로서 투병 중인 모친과 두 자녀를 부양하고 있어 특별한 사정이 없는 한 상당한 소득을 올릴 수 없다"며 **"잔존채무를 남겨 둘 경우 다시 파탄에 빠지는 사태를 초래할 가능성이 있다"**고 판결 이유를 설명했다. 그런데 1 · 2심 재판부는 "변제능력을 고려하지 않고 많은 빚을 지며 카드 돌려막기와 카드깡을 일삼은 것은 면책불허가 사유에 해당한다고 본 것이지만 신용카드는 이자변제와 모친의 질병치료비 인출 등에 사용한 점을 감안하여 채무의 70% 면책을 결정했던 것 같다"라고 해석했다. 그러나 대법원은 **"채무자의 경제적 갱생도모가 개인파산제도의 근본취지인 만큼 채무자가 일정한 수입으로 빚을 갚아나갈 수 있을 것으로 소명될 경우에만 일부면책을 허용해야 한다"며 K씨의 경우에는 그런 상황이 아니기 때문에 전액면책 결정을 해 줘야 할 것**이라고 본 것이다.

‘악질적 채무자’에게 철퇴를! 파산선고의 위력? 293

충남 도의원까지 지낸 Y씨는 K대학을 설립하고 대학재단의 이사장으로 있다. 자신이 운영하던 건설회사의 부도로 채무변제소송에 걸려 있는 상태다. Y씨에 대해 소액 채권을 갖고 있는 N씨는 “Y씨가 서울 강남의 아파트에 살고 있으며 고급차를 굴리는 등 부유한 생활을 하면서도 5천여 만원을 갚지 않고 있다”며 Y씨에 대한 개인파산 신청을 서울중앙지법에 냈다.

서울중앙지방법원(2003년) 파산부는 “Y씨는 대학재단 이사장이긴 하지만 본인 명의의 재산이 전혀 없다고 주장하는데다 5천만원도 갚을 능력이 없다고 주장하고 있어서 채권자인 N씨가 Y씨의 개인파산 신청을 하여 온데 대하여 이를 받아 들여 파산선고•를 결정했다”고 파산선고 결정 이유를 설명했다.

[해설] 파산 결정이 내려지면 신원증명서에 “파산자”임이 기재된다. 따라서 대외적 활동에 있어서 금융거래가 금지되고 공무원 피선거권 및 주식회사 임원, 변호사 자격, 의사자격 등 각종 자격이 박탈된다. 채권자들은 재산이 있으면서도 은닉해 두고 변제하지 않는 악질적 채무자들을 상대로 이 제도를 이용하여 보복하고 있다. “사회적 매장”과 다름없는 “자격 상실”을 통해 사회활동을 봉쇄할 수 있기 때문이다. Y씨도 법원의 파산결정 직후 재단 이사장 자격을 상실 당했다.

아버지 재산을 신고 누락했어도 개인파산 허가 받을 수 있나? 294

채무자 K씨는 파산 및 면책신청을 하면서 채무로 1억5800여 만원을 신고하고, 자신 및 친족의 재산은 없다고 기재해 파산선고를 받았다. 하지만 채권자가운데 한 명이 K씨의 아버지가 경북 경산에 건물을 소유하고 있는데도 이를 누락했다고 이의를 제기해서 면책 불허 결정을 받게 됐다.

이에 대해 K씨는 “고의 누락이나 은닉이 아니라 아버지 재산이 내 채무와 관계없다고 생각해 기재하지 않았다”고 주장했다. 1 · 2심 재판부는 “K씨가 신청서에 아버지의 재산을 누락시킨 것은 ‘채무자회생및파산에관한법률’이 규정한 면책불허가 사유 가운데 하나인 채무자가 자신의 재산 상태에 대해 허위진술을 한 경우에 해당한다”고 보고 불허 결정을 내렸다고 설명했다.

그러나 대법원(2009년) 재판부는 **“아버지의 부동산에 대한 실소유자가 K씨라고 볼 근거가 없는 만큼 허위 진술을 이유로 면책을 불허한 원심 판결은 위법하다”**고 판결 이유를 설명했다.

젊다는 이유만으로 파산 신청이 기각될 수 있나? 295

K(36)씨는 장애인 어머니를 부양하면서 배달원으로 일해 매월 76만원 정도의 수입

이 있다. 그런데 현재 4300만원의 빚이 있어 이를 면책해 달라면서 파산신청을 했으나 1심에서 '젊다'는 이유로 기각 당했다. 그러나 상고심에서 원심 판결을 뒤집었다.

대법원 재판부(2009년)는 **"변제능력에 대한 객관적 평가 없이 단지 젊고 건강하다는 등의 추상적 · 주관적인 사정에 근거해서는 안 된다"**고 판시하면서 "K씨가 빚을 일부 갚아야 하는 개인 회생을 신청한다면 2인 가족 최저생계비에도 못 미치는 돈으로 어머니를 부양해야 하기 때문에 개인 파산을 받아들여줘야 한다고 판단했다"고 판결 이유를 설명했다.

Ⅲ 직업에 관한 법률생활

Intro

학습지 지도교사 경력, 호봉 산정에 합산해줘야 하나? 296

서울의 한 중학교 교사 J씨는 11년간 학습지 지도교사로 일한 경력을 호봉산정에 합산해 주지 않았다고 학교를 상대로 소송을 냈다.

대법원(2010년) 재판부는 **원고인 J씨에게 승소로 판결한 원심을 확정**했다. 재판부는 "공무원보수규정의 경력 환산율표에서 정하는 '**기타 직업에 봉사한 경력'은 교육공무원 직무를 수행하는 데 도움이 되지 않는 일이 아닌 이상 일의 종류를 불문하고 경력에 포함**된다"고 판결 이유를 설명했다.

골프장 경기보조원(캐디), 근로기준법상 근로자로 볼 수 있나? 297

용인에 있는 한 골프장은 경기진행 지연문제로 관리자와 마찰을 빚은 경기보조원 J씨를 제명했다. 이어서 인터넷 게시판에 J씨에 대한 조치에 대해 회사 비방 글을 올렸다는 이유로 경기보조원 50여 명에게 무기한 출장 유보를 명령했고, 무단 결장을 이유로 경기보조원 노조간부 3명을 제명했다. 이러한 일련의 골프장 측 조치에 대해 J씨 등은 경기 지연에 대한 문책 과정에서 심한 욕설을 듣고 난 뒤 감정이 격해 폭언을 한 것인데 이를 이유로 적절한 소명기회도 주지 않은 채 일방적으로 제명한 행위는 부당하다며 무효 소송을 냈다.

수원지방법원(2009년) 재판부는 **원고에게 승소 판결**했다. 재판부는 "경기보조원들은 일반회사에서 신입근로자들이 수습교육을 받듯 골프장에서 1개월 이상 교육을 받고 회사의 지시에 따라 일정한 시간을 근무했기에 **종속적인 관계에서 근로를 제공하고 있어 근로기준법상 근로자로 인정할 수 있다**"고 판시하면서 따라서 **"근로자에 대한 징계가 과중해 무효"**라고 원고 승소 판결 이유를 설명했다.

[해설] 근로기준법(勤勞基準法)이란 근로자의 기본적 생활을 보장·향상시키며 균형있는 국민경제의 발전을 기할 목적으로 제정되었다. 근로계약, 임금, 근로시간과 휴식, 여자와 소년, 안전과 보건, 기능 습득, 재해 보상, 취업규칙, 기숙사, 근로감독관, 벌칙 등에 관하여 규정하고 있다.

신원보증인의 보증효력, 언제까지 유효한가? 298

Y씨는 1982년 G새마을금고에 입사해 91년부터 2000년 1월까지 전무로, 2000년 1월부터 2003년까지 이사장으로 근무했다. Y씨는 1999년 퇴직금 9000여 만원을 중간정산하고, 2000년 1월에는 전무를 퇴직하면서 퇴직금 540여 만원을 받았다.

그러나 Y씨가 이사장이 된 후에 예산 등을 횡령하고 형과 형수에게 대출해 줬다가 대출금을 회수하지 못하게 되자 G금고 측은 Y씨와 Y씨의 신원보증인들을 상대로 대출금반환 소송을 냈다.

대법원(2007년) 재판부는 **Y씨의 신원보증인에 대한 원고 측 상고를 기각**했다. 재판부는 "사용자와 피용자 간의 내부 합의에 따라 계속근무를 전제해 일시 퇴직한 뒤 신규입사 처리를 하면서 **퇴직금을 지급한 경우 신원보증인®에 대한 관계에서도 피용자가 회사를 일단 퇴직한 시점에 신원보증 효력이 없어진다**"고 판결 이유를 설명했다.

[해설] **신원보증인(身元保證人)**이란 신원보증을 선 사람을 말한다. 신원보증이란 고용계약에 부수하여 체결되는 계약으로서, 피용자가 장차 고용계약상의 채무불이행으로 사용자에 대하여 손해배상의무를 부담하는 경우에 그 이행을 담보하는 것을 내용으로 한다.

1. 퇴직금, 수당, 연금

학원강사도 근로자인가? 퇴직금 줘야 하는가? 299

O씨와 M씨는 자신이 운영하는 학원에서 근무한 강사들에게 퇴직금 약 3억3000만원을 지급하지 않은 혐의로 기소됐다.

수원지방법원(2010년) 재판부는 **O씨와 M씨에게 각각 징역 4월에 집행유예 1년을 선고**했다. 재판부는 "이 학원에서 강사들이 어떤 과목의 강의를 할 것인지를 결정하고 강의의 질과 내용 등을 독려하는 문건을 수시로 전달한 것은 강사들을 지휘·감독한 것으로 볼 수 있어, **강사들은 종속적 관계의 근로자®에 해당한다**"고 판시하면서 "강사들이 인사고과규정 등의 적용을 받지 않고 근로소득세를 원천징수당하지 않았다지만 이런 사정은 피고인들이 경제적으로 우월한 지위에서 마음대로 정할 수 있는 것들로서 근로자 여부를 결정하는 데 주된 사안이 아니다"고 판결 이유를 설명했다.

[해설] **근로자(勤勞者, laborer)**란 타인에게 사용되어 노무를 제공하는 자를 말한다. 근로기준법에서는 '직업의 종류를 불문하고 사업 또는 사업장에서 임금을 목적으로 근로를 제공하는 자'라고 정의하고 있다.

월급에 포함시켜 미리 지급한 퇴직금, 유효한가? 300

의사 L씨는 병원의 가정의학과장으로 재직하다가 퇴직하면서 퇴직금 1400만원을 병원대표 Y씨에게 요구했다. Y씨는 월급에 퇴직금이 포함되어 있다면서 월급여 장부에 적힌 월급보다 실제 지급된 돈이 월 100여 만원이 더 많다는 증거를 제시하면서 거절했다. L씨는 근로기준법위반 혐의로 Y씨를 고소하여 Y씨는 기소됐다. 1 · 2심 판결은 엇갈렸다. 1심은 Y씨에게 유죄를 인정, 벌금 100만원을 선고했고 2심은 "월급에 퇴직금이 포함됐다는 양자 합의가 있었다고 보여짐으로 고의로 퇴직금을 주지 않은 것으로 볼 수 없다"며 무죄를 선고했다.

대법원(2007년) 재판부는 "Y씨에게 퇴직금을 지급할 의무가 있다"고 **원고 승소 판결**하면서 "설사 양자 간에 퇴직금을 월급에 포함시키자는 약정이 있었다고 하더라도 이는 **퇴직할 때 생기는 퇴직금 청구권을 사전에 포기하게 하는 것이 됨으로 무효**"라고 판시했다. 또한 "Y씨의 병원이 관행상 그런 연봉제를 운영했다고 해서 **L씨의 퇴직금지급 요구를 거절할 상당한 이유가 될 수 없다**"고 판결 이유를 설명했다.

비정규직 기간제 근로자, 성과상여금 받을 자격있나? 301

A공사는 기간제 근로자들에게 성과상여금을 지급하라는 중앙노동위원회의 구제명령에 불복해 소송을 냈다.

서울행정법원(2008년) 재판부는 **원고 패소 판결**했다. 재판부는 "기간제법•에 따라 동종 또는 유사업무에 종사하는 **비정규직을 차별해서는 안 된다**"고 판시하면서 "기간제 노동자라는 이유만으로 정규직과는 달리 **성과상여금을 전혀 지급하지 않을 만한 합리적인 이유가 없다**"고 판결 이유를 밝혔다.

[해설] '기간제및단시간근로자보호등에관한법'이란 기간제근로자 및 단시간근로자에 대한 불합리한 차별을 시정하고 기간제근로자 및 단시간근로자의 근로조건 보호를 위하여 제정한 법이다.

대체 휴일에 노동자가 동의했다면 휴일수당 못 받나? 302

예식사업을 하는 서울대학교 H교수회관 사업부는 공휴일 업무 때문에 다달이 근무표를 만들어 휴일근무와 대체휴일 날짜를 노동자 스스로 정하게 했다. 단체협약에는 '노동자 본인의 동의를 얻어 휴일근무와 대휴일을 지정할 수 있다'고 규정하고 있다.

그러나 노조원들은 "근무표를 작성한 것만으로 대체휴일에 동의했다고 볼 수 없다"며 휴일근무 수당을 지급하라고 소송을 냈다.

1 · 2심 재판부는 "사전에 근무표를 작성했다고 해도 이는 업무특성상 누군가는 휴일에 근로를 해야 한다는 사정을 인식한 상태에서 고통을 분담한다는 의도이지 대체휴일에 동의했다고 볼 수 없다"는 이유로 "국가는 통상 임금의 50%를 지급하라"며 원고 일부 승소 판결했다.

대법원(2008년) 재판부는 **원고 패소 판결**했다. 재판부는 "근무표 작성에 근로자가 참여했다면 **명시적 의사표시가 없었다 해도 대체휴일에 동의한 것으로 봐야 한다**"고 판결 이유를 설명했다.

12월 31일자 정년퇴직, 당해연도 연차수당 받을 수 있을까? 303

한국철도공사에서 근무하던 K씨 등은 만 58세가 되던 해의 12월 31일자로 정년퇴직했다. 공사 측은 "12월 31일자로 퇴직을 하게 되면 12월 30일까지만 일한 것이 되기 때문에 '1년간 일해야 한다'는 연차휴가 요건을 채우지 못하게 된다"며 5900여 만원의 수당지급을 거부했다. K씨 등은 "31일자로 퇴직한다는 것은 그날 24시까지 근무한 것으로 봐야 한다"면서 소송을 냈다.

서울중앙지방법원(2010년) 재판부는 **K씨에게 패소 판결**했다. 재판부는 "원고 주장처럼 12월 31일자로 퇴직했으면서도 그날 24시가 돼서야 퇴직 효력이 생긴다면, 퇴직하는 날에도 늦게까지 일해야 하는 불합리한 결과가 생길 수도 있다"면서 **12월 31일자로 정년퇴직을 했다면 31일 0시부터 그 효력이 생기기 때문에 실제 근무를 한 것은 12월 30일까지**이므로 연차휴가 수당을 받기에는 근무 일수가 하루 모자란다고 기각 판결 이유를 설명했다.

공공기관 취직 퇴역군인, 연금이 깎이나? 304

퇴역연금지급 대상자인 퇴직 군인이 정부출자기관 등에 취업했을 때 연금의 2분의 1을 삭감하도록 한 구 군인연금법 조항은 위헌이 아니냐는 위헌심사 청구에 대하여 헌법재판소(2009년) 재판부는 구 군인연금법 **제21조 5항 2호는 위헌이라는 결정**을 내렸다.

헌법불합치 결정 후 후속입법 이전이라면 현행법 적용해야 하나? 305

고교 교사였던 H씨는 수십 명의 환자에게 침을 놓아주고 일정 금액씩을 받은 혐의로 기소돼 징역 1년에 집행유예 2년, 벌금 100만원을 선고받고 퇴직했다. 이로 인해 이듬해 퇴직연금을 청구했다가 2분의 1만 받게 되자 "헌법불합치 결정이 난 공무원연금법조항 때문에 퇴직수당을 덜 받았다"며 공무원연금관리공단을 상대로 소송을 냈다.

서울행정법원(2009년) 재판부는 2분의 1로 감액한 것은 잘못된 것이라며 **H씨에게 승소 판결**했다. 재판부는 "**위헌으로 판단된 법 조항을 무한정 적용하는 것은 헌법불합치 결정•의 취지에 어긋난다**"고 판시했다.

[해설] **헌법불합치결정(憲法不合致決定)**이란 헌법재판소의 위헌 여부 판단의 하나로서 '헌법에 합치하지 아니한다'고 선고하는 것이다. 이런 결정이 나면 일정기한까지 그 법률의 효력을 지속시킬 수 있게 된다. 국회는 그 결정에 따라 후속 입법을 제정해야 한다.
[해설] 헌법재판소는 2007년 3월 '공무원이 재직 중 금고 이상의 형을 받으면 퇴직급여나 수당을 2분의 1로 감액한다'는 공무원연금법 제4조에 대해 '헌법불합치 결정'을 내렸다. 하지만 국회는 헌법재판소가 법 개정시한으로 명시한 2008년 말은 물론 이 사건의 재판 선고일까지도 법 개정을 하지 않고 있었다. 헌법불합치된 조항은 원래 공무원의 뇌물죄에 국한하여 적용토록 하는 취지였었는데 그 밖의 범죄에도 확대 적용되어 폐지하게 된 것이다.

2. 회식과 근로자

회식자리에서 여성 직원에게 음주 강요, 강요자의 책임은? 306

회사 마케팅팀 부장 C(38)씨는 경력사원으로 입사한 J(여 · 26세)씨의 입사환영 술자리에서 "술을 안 먹으면 남자 직원과 키스를 시키겠다"며 술을 강요했다. 또 다른 회식 자리에서 J씨는 생리통으로 자기 술에 물을 타서 마셨다. C씨는 "아픈 건 네 사정"이라며 야단을 친 뒤 강제로 술을 마시게 했다. 또 C씨는 여직원들을 자신의 옆자리에 앉힌 뒤 허리를 감싸거나 어깨를 주무르게 하기도 했다. 1주일에 두 차례 이상 회의나 부서간 단합 등의 명분으로 회식을 주재했고, 술자리는 보통 다음날 새벽 3~4시까지 이어졌다. J씨는 얼마 후 장출혈증세를 보여 병원치료를 받게 되자 회사와 여성부에 진정서를 냈다. C씨는 인사 조치됐고, J씨에 대한 성추행 혐의까지 인정돼 벌금 200만원을 선고받았다. 또 음주를 강요당해 정신적 · 신체적 피해를 입었다며 J씨가 C씨를 상대로 손해배상 청구소송을 냈다.

서울고등법원(2007년) 재판부는 **C씨는 3000만원을 배상하라며 원고 승소 판결**했다. 재판부는 "음주를 강요하는 것은 **인격적 자율성을 침해**하는 것이며, 상대방이 정신적 고통을 느꼈다면 **불법행위•에 해당**한다"고 판결 이유를 설명했다.

[해설] **불법행위:** A-168 참조.

회식 후 2차로 노래방 가던 중 입은 부상, 업무상 재해인가? 307

경기도에 있는 한 우체국은 직원들의 노고를 격려하기 위해 간담회를 겸한 회식을 음식점에서 가졌다. 회식에 참석했던 Y(50)씨는 1차인 이 회식에서 소주 한 병 가량을 마셨다. 직원들은 노래방으로 2차를 갔다. Y씨는 건물 지하에 있는 노래방에 가기 위해 계단을 내려가다 실족해 뇌를 다쳤다. Y씨는 "업무상 재해*로 인정해 달라"고 공무원연금관리공단에 신청했다. 그러나 공단 측은 회식 이후의 '2차'는 참석이 강제된 것이 아니라며 인정해 주지 않았다. Y씨는 공단의 결정에 불복하며 소송을 냈다.

서울행정법원(2006년) 재판부는 **Y씨의 사고는 업무와의 연관성이 있다며 원고 승소** 판결했다. 재판부는 "통상 회식 중 사고에 대해서는 업무와 연관성이 있다고 보며 이 경우에는 특히 **회사 측이 돈을 지급했고 2차의 참석을 독려**했으므로 업무상 재해로 인정해야 한다"고 판결 이유를 설명했다.

[해설] **업무상 재해:** A-310 참조.

직원 송별회 도중 익사, 업무상 재해인가? 308

회사원 P씨는 충남 당진군 포구 근처 횟집에서 부서원 전출에 따른 송별회 참석 도중 밖으로 나갔다가 발을 헛디뎌 바다에 빠져 숨졌다. P씨의 유족이 근로복지공단을 상대로 낸 유족급여 및 장의비 부지급처분취소 청구소송을 냈다.

서울행정법원(2008년) 재판부는 **P씨 유족에게 승소 판결**했다. 재판부는 "휴가 등 특별한 사유가 없는 직원은 모두 송별회에 참석했고 **비용도 회사가 지불**했다"며 "회사 차원에서 송별회가 진행된 것으로 보인다"고 판시하면서 "**송별회가 끝나지 않은 상태**에서 식당에서 멀지 않은 곳에서 사고가 났다"며 "이 같은 사고는 업무상 재해에 해당 된다"고 판결 이유를 설명했다.

회식 중 '1차 과음'이 원인이라면 '2차' 뒤 사고, 업무상 재해인가? 309

J씨는 실장이 주재한 차장단 회식에 참가해 1차와 2차에 걸쳐 소주와 맥주를 섞은 '폭탄주' 십여 잔을 마셨다. 평소 주량은 소주 1병 정도라 만취한 상태가 되었다. J씨는 회식이 끝난 뒤 귀가 중 2층 계단에서 떨어져 중상을 입었다. 근로복지공단에 요양승인신청을 냈으나 거절당하자 소송을 제기했다. J씨는 1심 재판이 진행되는 도중

숨졌다.

1심 재판부는 "1차 회식은 상사가 주재한 회식이지만, 2차 회식은 예정에 없었고, 당초 모임 목적이 이미 1차에서 끝난 데다 2차 회식비용도 참가자 중 1명이 계산한 만큼 2차 회식은 업무의 연장이라고 볼 수 없다"며 패소 판결했다.

서울고등법원(2009년) 재판부는 **원심을 깨고 원고 승소 판결**했다. 재판부는 "J씨의 사고는 **과음으로 인해 정상적인 거동이 어려워** 계단에서 추락한 것이 주원인으로 업무상 재해에 해당한다"고 판결 이유를 설명했다.

3. 업무상 재해

직장상사 모친상 조문객 접대 중 사망, 업무상 재해인가? 310

P씨는 영화회사의 총무팀장으로서 회사 임원의 모친이자 대표이사의 장모 장례 식장에서 조문객을 접대하던 중 갑자기 쓰러져 병원으로 옮겨졌으나 숨졌다. P씨의 어머니 S씨는 아들의 사망은 업무상 재해*에 해당한다며 근로복지공단에 유족 급여와 장의비 지급을 청구했으나 거부당하자 소송을 냈다.

서울행정법원(2007년) 재판부는 **S씨에게 승소 판결**했다. 재판부는 "S씨의 아들 P씨는 회사 임원의 모친상을 당하자 장례절차를 총괄 진행했는데 당시 조문객 1000여명 중 회사업무와 직접 관련된 사람이 300명을 넘었다"며 "회사 측은 장례식 지원을 위해 공식행사인 워크숍을 연기했고 일부 직원에게는 근무시간에 장례식에 참여하도록 했으므로 **장례식은 회사업무와 무관하지 않다**"고 판결 이유를 설명하면서 "P씨는 과로가 누적된 상태에서 조문객 안내와 접대를 하느라 40시간 이상 잠을 제대로 자지 못하였고 과중한 업무에 따른 육체적 정신적 피로와 스트레스가 P씨의 사망 원인인 것으로 보인다"고 덧붙였다.

[해설] **업무상 재해(業務上災害)**란 업무상의 사유에 따른 근로자의 부상 · 질병 · 장해 또는 사망을 말한다(산업재해보상보험법 제5조 참조). 업무상 재해로 인정되면 동법 규정에 따라 요양급여 등을 받을 수 있다.

야근 중 간호사 피살, 업무상 재해인가? 311

L씨는 충남 제천의 한 병원에서 치료를 받다가 담당 간호사인 Y씨에게 연정(戀情)

을 느껴 사귈 것을 요청했다가 거절당하자 이에 앙심을 품고 병원을 찾아가 Y씨를 살해하였다.

Y씨의 어머니는 "병원 경비가 허술했기 때문이다"라며 근로복지공단을 상대로 유족보상과 장의비 지급을 신청했으나, 공단은 "Y씨의 사적인 사건이어서 업무와는 상관 없다"며 신청을 받아들이지 않자 K씨의 어머니는 소송을 냈다.

1심에선 원고 승소로 판결했으나 2심에선 1심을 번복하고 원고 패소 판결했다.

대법원(2008년) 재판부는 **원심을 깨고 원고 승소 취지**로 사건을 대전고법으로 돌려보냈다. 재판부는 "Y씨의 **야간 당직업무 자체에 범행의 표적이 될 수 있는 위험성이 내재돼 있어 업무상 재해에 해당**한다"며 판결 이유를 설명했다.

흡연 소방관 폐암 사망, 유해물질에 노출된 근무 23년도 원인이 되나? 312

20여 년간 흡연하다가 폐암으로 숨진 소방공무원 K씨는 1981년 소방공무원으로 임용됐다. 2003년 대구지하철 화재당시 인근소방서 119구조대장으로 근무하며 구조 활동을 하기도 했다. K씨의 유족은 "화재현장에서 유해물질을 많이 흡입해 폐암이 발병했다"며 공무원연금관리공단을 상대로 유족보상금 부지급처분취소 청구소송을 냈으나 원고 패소 판결했다.

서울고등법원(2006년) 재판부는 **1심을 깨고 원고 승소로 판결**했다. 재판부는 "K씨가 소방공무원으로 23년간 근무하며 화재 진압과 구조 활동 등을 펼치는 과정에서 유독가스 등 **많은 발암물질에 노출된 사실이 인정**된다"며 "20년 넘게 하루에 한 갑 내지 두 갑 정도의 담배를 피웠지만 흡연 못지않게 발암물질에 노출된 것이 폐암발병과 관계가 많았을 것으로 판단된다"고 지적하면서 "K씨가 일반적인 흡연자보다 조기에 폐암으로 사망한 점을 고려하면 유독가스 흡입이 흡연과 상승작용을 일으켜 폐암의 발생과 전이를 급속하게 진행시킨 것으로 보여 **K씨의 사망과 업무 사이에 상당한 인과관계*가 있다고 볼 수 있다**"고 판시했다.

[해설] 상당인과관계: B-3 참조.

업무 종료 후 TV 보다 입은 부상, 업무상 재해인가? 313

K(49)씨는 2002년 월드컵 때 근무종료 후에 회사 TV로 한국 대 포르투갈 축구경기를 보면서 격렬한 응원을 하다 발뒤꿈치 아킬레스건이 파열됐다. K씨는 근로복지공단에 산재로 인정해 달라는 신청을 냈으나 부결됐다. K씨는 불복하고 요양불승인처분취소 청구소송을 냈다. 항소재판부는 원고 승소 판결을 했다.

대법원(2005년) 재판부는 **원심을 깨고 원고 패소 취지**로 사건을 서울고법으로 돌려보냈다. 재판부는 "원심은 원고가 축구관람 도중 뛴 것도 원인이 됐지만 과중한 업무로 인한 아킬레스건 만성피로가 주원인으로 보인다는 이유로 업무상 재해판정을 받았으나 업무상 재해란 근로자가 업무수행 중 업무에 기인해 발생한 재해로 업무와 재해간 상당한 인과관계가 있어야 한다"며 "원고가 포르투갈전을 시청했던 밤 10시께는 업무종료 후로 업무수행 중이 아니었다"고 판결 이유를 밝혔다.

공무상 재해의 지리적 · 시간적 한계는? 314

중앙부서에서 근무하는 공무원 K씨는 지방에 출장 갔다 귀가 중 자신이 사는 아파트 2층으로 가는 계단을 오르다 넘어져 뇌진탕으로 숨졌다. K씨의 유가족이 공무원연금관리공단을 상대로 유족보상금지급 청구소송을 냈다.

서울행정법원(2004년) 재판부는 K씨에게 패소 판결했다. 재판부는 "자기 아파트 건물에 들어서는 순간부터 자신의 주거영역에 들어가는 것이기 때문에 퇴근 중 재해로 인정되는 '퇴근'은 이 때부터 끝난다"며 "따라서 K씨는 공무상 재해라고 할 수 없다"고 판시했다. 또 "단독주택의 경우 그 주택의 문에 들어서는 순간이 그에 해당하는 시점이다"라고 밝혔다.

단독주택 거주 직장인, 퇴근종료시점은? 315

근무를 마치고 귀가하는 길에 자기 집마당에서 넘어져 부상당한 경찰공무원 K씨가 공무상 요양신청을 기각한 공무원연금관리공단을 상대로 소송을 냈다.

대법원(2010년) 재판부는 K씨에게 승소 판결한 원심을 깨고 패소 취지로 사건을 서울고법으로 돌려보냈다. 재판부는 "퇴근은 일을 마치고 개인의 주거 영역 내로 들어오는 것인데, 마당이 있는 단독주택은 대문을 통해 마당 등 주택부지로 들어섬과 동시에 퇴근행위가 종료된 것으로 봐야 한다"면서 따라서 "K씨는 퇴근 후에 다친 것이기 때문에 공무상 재해가 아니다"라고 판결 이유를 설명했다.

아파트 거주자, 퇴근 종료시점은? 316

육군 부사관인 K씨의 남편은 대대장 주관 회식을 마친 후 퇴근해 자신이 사는 아파트 4층에 오르다 계단에서 발을 헛디뎌 부상을 입고 만기전역한 뒤 사망했다. 부인 K씨는 수원보훈지청에 국가유공자 유족등록을 신청했다. 그러나 "아파트에 사는 경우 건물의 현관문에 들어서는 순간 자신의 주거영역에 들어서는 것이 되어 그 이후는 근무시간 내로 볼 수 없다"는 이유를 들어 반려하자 소송을 제기했다. 2심 재판부는 "자신의 주거영역이라 함은 자신과 가족만의 프라이버시가 존중되고 타인의 생활영역과는 확연히 구분되는 공간"이라며 퇴근 종료시점을 개별호실에 들어서는 순간으로 판단해 K씨에게 승소 판결했다.

대법원(2009년) 재판부는 원고 승소 판결한 원심을 확정했다. 재판부는 "아파트에 거주하는 경우 퇴근 종료시점은 아파트건물 현관을 통과하는 시점이 아니고 건물 내 개별호실로 들어가는 순간으로 봐야 하므로 건물 계단에서 입은 부상은 퇴근 중 상해에 해당한다고 판단한 원심은 정당하다"고 판결했다.

업무상 과로였더라도 술 마신 후 사우나에서 사망했다면? 317

사망한 경찰공무원 K씨의 유족이 유족보상금을 지급해 달라는 청구를 받아들이지 않은 것은 부당하다며 공무원연금관리공단을 상대로 소송을 냈다.

서울행정법원(2008년) 재판부는 K씨의 유족에게 패소 판결했다. 재판부는 "K씨는 업무가 끝난 뒤 곧장 귀가하지 않고 다른 직원들과 함께 술을 마셨고 다음 날 새벽 습식사우나실에서 숨진 채 발견됐다"며 "술을 마신 뒤 사우나를 했을 때의 위험성을 고려하면 K씨가 장시간 연속근무를 했다 하더라고 그에 따른 과로나 스트레스가 통상적으로 참고 견디기 힘든 정도라고 보기 어렵다"고 판결 이유를 밝혔다.

근무 중 현장사무소 화장실서 사망했다면? 318

S씨는 충남의 한 도로건설공사 현장소장으로 근무하던 중 건물 안 화장실 좌변기에서 대변을 본 뒤 갑자기 의식을 잃고 숨졌다.

대법원(2008년) 재판부는 S씨의 유족들이 근로복지공단을 상대로 "업무상 재해로 인정해 달라"며 낸 소송에서 원고 승소 판결한 원심을 확정했다.

근무 중 근무지건물옥상 벌집 제거하다 말벌에 쏘여 사망했다면? 319

사회복지법인 생활지도원으로 근무하던 K씨는 건물 옥상에 있는 벌집을 제거하려다 말벌에 얼굴 부위를 쏘여 25분 뒤 쇼크상태에 빠졌고 병원으로 옮겨졌으나 곧 숨을 거뒀다. K씨 아내는 남편의 사망이 업무상 재해라며 낸 유족급여 및 장의비 지급청구를 근로복지공단이 받아들이지 않자 소송을 냈다.

서울행정법원(2008년) 재판부는 K씨에게 승소 판결했다. 재판부는 "K씨가 벌에 쏘인 뒤 쇼크에 빠지거나 그로 인해 기존의 심장질환이 악화돼 심장마비가 발생해 사망한 것으로 판단된다"며 "K씨의 업무에 시설물 안전관리가 포함돼 있었기 때문에 벌집을 제거하는 일에 대한 업무수행성이 인정된다"고 판결 이유를 밝혔다.

직장상사 지시에 안 따른 이유로 다투다 생긴 부상, 업무상 재해인가? 320

중국동포 J씨는 인력시장에서 소개한 경기도 성남의 한 공사현장에서 일을 하다가 자신보다 나이가 어린 현장 고참 S씨가 욕설을 섞어가며 질책을 하자 "너는 부모도 없느냐"라고 항의하면서 싸움이 벌어졌다. J씨는 얼굴 연골이 파열되는 부상을 입었다. J씨는 업무상 재해 신청을 냈다. 근로복지공단은 받아들였다. 그러나 공사를 맡은 건설회사가 개인적 다툼에 의한 부상을 회사가 산재로 처리하라는 것은 부당하다고 근로복지공단을 상대로 소송을 냈다.

서울행정법원(2008년) 재판부는 **J씨의 부상은 업무상 재해에 해당**한다며 **회사 측에 패소 판결**했다. 재판부는 "J씨는 직장 내 인간관계나 직무에 내재한 위험이 현실화돼 부상한 것"이라며 "이 경우 **아랫사람이 상사를 직무의 한도를 넘어 도발하지 않는 이상 업무상 재해로 인정**된다"고 판결 이유를 설명했다.

회사가 폐쇄회로로 감시하여 스트레스성 적응장애 발생했다면? 321

H회사는 폐쇄회로를 설치하여 직원의 근무동태를 감시해 왔다. 여성근로자들은 회사의 **지나친 감시와 통제로 스트레스를 줘서 만성적 적응장애•가 발생**했다면서 근로복지공단을 상대로 요양승인신청을 냈으나 거절되자 요양불승인처분 취소소송을 냈다.

서울행정법원(2008년) 재판부는 **원고 승소 판결**했다. 재판부는 "**업무와의 관련성이 인정된다**"고 판결 이유를 설명했다.

[해설] 적응장애(適應障碍)란 사회학적 용어로서 환경에 적응하지 못하는 상태를 말한다. 적응이란 환경에 적합한 행동이나 태도를 취해 환경적 조건에 익숙해져 가는 것을 말한다. 다시 말하면 자연환경은 물론이고 집단 · 사회 · 시스템 · 인간관계 등과 더 나아가 문화 환경에 적응해 나가지 못하는 것을 말한다.

업무복귀의사 없는 조퇴 후 회사 내 사망, 업무상 재해인가? 322

전날 과음한 가스충전소 직원 K씨는 소장에게 "몸이 좋지 않아 일을 못 하겠다"고 말하고 사무실을 나간 뒤 직원탈의실에서 30kg 짜리 역기에 목 부분이 눌려 숨진 채 발견됐다. 경찰은 타살가능성은 희박하다고 말했다. K씨 유가족은 근로복지공단에 업무상 재해라며 유족보상 및 장의비지급을 청구했으나 거절당하자 거부처분 취소소송을 냈다.

1 · 2심은 "휴게시간 중 사업장 내 시설에서 근로자가 부상한 경우 그 행위가 근로자의 본래 업무행위 또는 준비 · 정리행위에 수반되는 것으로 인정되거나 행위과정이 사업주의 지배 · 관리하에 있다고 봐져서 업무상 재해에 해당한다"며 K씨 유족에게 승소 판결했다.

대법원(2008년) 재판부는 **원심을 깨고 원고 패소 취지**로 사건을 서울고법으로 돌려 보냈다. 재판부는 "근로시간 도중 주어지는 휴게시간에 발생한 사고라고 볼 수 없다"며 "K씨가 조퇴 허락을 받고 사무실에서 나간 뒤 집에 가지 않고 탈의실에서 쉬었다고 해도 **업무에 복귀하려 했다는 의사를 인정할 아무런 자료가 없다**"고 판결 이유를 설명했다.

점심식사 후 직장복귀 중 동료직원 실수로 부상당했다면? 323

회사원 K(여 · 57)씨는 사업장에서 떨어져 있는 음식점에서 동료들과 식사 후 음식점이 제공한 승합차에 오르려다 동료 근로자가 갑자기 차문을 닫는 바람에 손가락을 다쳤다. K씨는 근로복지공단에 요양급여를 신청했으나 사업장 밖 음식점에서 발생한 사고를 업무상 재해로 인정하기 어렵다는 이유로 거절당하자 공단을 상대로 요양불승인처분 취소소송을 냈다.

전주지방법원(2008년) 재판부는 **원고 승소 판결**했다. 재판부는 "업무상 재해요건으로 휴게시간 중 사업장 내에서 발생했을 것을 요구하는 것은 사무처리준칙에 규정한 것에 불과할 뿐 그 여부는 사업장 내 · 외를 불문하고 과정이 **사업주의 지배 · 관리 하에 있는지 여부**에 달려 있다"고 지적했다.

형사 처벌이 따르는 불법 유사석유제조 중 화재로 사망했다면? 324

인천의 한 불법유사석유제품 공장에서 일하다 화재로 사망한 K씨의 부친이 근로복지공단을 상대로 요양불승인처분취소 청구소송을 냈다.

서울행정법원(2007년) 재판부는 **원고 패소 판결**했다. 재판부는 "**각종 법규로 금지돼있고, 이를 어길 경우 형사적 처벌이 따르는 사업의 경우 국가가 정책적으로 보호해 줄 의무가 있는 산재법* 적용대상이 될 수 없다**"고 판결 이유를 설명했다.

[해설] **산재법(産災法, 산업재해보상보험법)**이란 근로자의 업무상 재해를 신속 · 공정하게 보상하며 재활 및 사회복귀를 촉진하기 위하여 만들어진 법이다.

주유소에서 차 밑에 들어간 고양이 꺼내려다 차에 깔려 사망했다면? 325

주유소에서 일하는 K(62)씨가 키우는 고양이가 주유소에서 기름을 공급받고 떠나려는 유조차 밑으로 들어갔다. K씨는 고양이가 밖으로 나올 생각을 하지 않자 차 밑으로 들어갔는데 유조차 운전자는 이 사실을 모른 채 '차가 움직이면 고양이가 놀라서 나오겠지' 하는 생각으로 차를 출발시켜 K씨를 숨지게 했다. 숨진 K씨의 유족이 유족급여 및 장의비 지급을 근로복지공단에 신청했으나 공단은 "K씨가 고양이를 보살피고 차 밑에서 꺼내는 행위 등은 사적인 것이라 본인의 업무범위를 벗어난 것"이란 이유로 유족보상금 등을 지급하지 않았다. 유족은 공단을 상대로 소송을 냈다. .

서울행정법원(2008년) 재판부는 원고 승소 판결했다. 재판부는 "고양이는 K씨가 돌보고 기르던 동물이라 하더라도, 유조차가 신속히 출발할 수 있도록 고양이를 치우려는 것은 주유원으로서 수행해야 할 업무범위 내에 있는 행위로서 업무상 재해에 해당한다"고 판결 이유를 밝혔다

직장 마라톤 동호회 연습 중 사망, 업무상 재해인가? 326

농협지부 마라톤동호회 간부로 활동하던 J씨는 해변 마라톤대회에 참석하기 위해 동료들과 마라톤연습을 하던 도중 호흡곤란 증세를 호소하다 숨졌다. 병원은 평소 고혈압 · 당뇨 등 질환을 앓아오던 J씨가 급성 심근경색증● 으로 사망했다고 진단했다. J씨의 부인 H씨는 J씨가 실적부진으로 잦은 질책을 받았으며, 과도한 업무스트레스에 시달리다 사망했다며 유족비 등을 근로복지공단에 청구했으나 거절당하자 소송을 냈다.

대법원(2009년) 재판부는 원고 패소로 판결한 원심을 깨고 승소취지로 판결했다. 재판부는 "J씨가 업무스트레스로 인해 기존 질환이 악화됐고, 회사 측이 해변 마라톤 대회 참석을 적극 독려했다는 점을 고려해 볼 때 업무로 인한 재해가 인정된다"고 판시했다. 1심은 J씨의 사망이 업무상 재해에 해당한다고 판단했으나, 2심은 "J씨가 마라톤 연습에 참가한 것은 자율적인 동호회 활동으로 사업주의 지배 · 관리 하에 있었다고 볼 수 없다"는 판결을 내렸었다.

[해설] 심근경색증(心筋梗塞症, myocardial infarction)이란 심장의 벽을 싸고 있는 근육이 갑자기 막혀서 혈액 소통이 잘 안 되어 조직의 일부가 죽어버리는 증상을 말한다.

미등록 이주노동자, 회사의 지배관리 하에서 부상당했다면? 327

중국인 장슈와이(22)씨는 유학생으로 입국해 미등록 상태로 경남 창원 한 전자회사에서 일하던 중 출입국관리소 직원들의 단속을 피해 달아나다 회사 2층에서 떨어져 하반신이 마비됐다. 장슈와이씨는 근로복지공단에 산업재해● 요양승인을 신청했으나, 공단은 불법체류자단속 과정에서 일어난 일이므로 업무상 재해와 무관하다며 받아들이지 않았다. 장슈와이씨는 창원지법에 요양불승인처분취소 청구소송을 냈으나 패소했다. 이에 불복하여 항소했다. 부산고법은 "원고의 피신행위는 사업주의 지배관리아래 있기 때문에 업무상 재해에 해당한다"며 원고 승소 판결을 내렸다.

대법원(2008년) 재판부는 원고 승소 판결한 항소심을 확정했다. 재판부는 "미등록 이주노동자로서 단속과정에서 다쳤다면 회사의 지배관리에 있는 상태였으므로 업무상 재해로 인정된다"며 판결 이유를 설명했다.

[해설] **산업재해(産業災害, industrial accidents)**란 노동과정에서 작업환경 또는 작업행동 등 업무상의 사유로 발생하는 근로자의 신체장애를 말한다. 부상, 그로 인한 질병·사망, 작업환경의 부실로 인한 직업병 등이 포함된다.

출장시작 전날 상경했다가 사고, 업무상 재해인가? 328

L씨는 교육에 참석하기 위해 하루 일찍 서울에 올라와 선배집에 묵었다가 방에서 불이나 화상을 입었다. L씨는 출장 중 사고를 당했다며 요양을 신청했지만 근로복지공단은 사적인 행위로 인한 사고라며 승인하지 않았다. L씨는 이에 불복해 소송을 냈다.

서울행정법원(2008년) 재판부는 L씨에게 승소 판결했다. 재판부는 "출장은 교육 참가를 위해 차에 탄 순간부터 시작됐으며, 선배집에서 잔 것은 출장에 따른 행위이므로 업무상 재해로 봐야 한다"고 판결 이유를 밝혔다.

회사차로 출근 중 교통사고로 부상, 업무상 재해인가? 329

회사소유의 차로 직접 출근하다 교통사고를 당한 K씨가 근로복지공단을 상대로 낸 요양불승인처분 취소소송 상고심에서 원고 패소 판결한 원심을 파기하고 사건을 서울고등법원으로 돌려보냈다.

대법원(2009년) 재판부는 "K씨가 회사차량으로 출근하는 행위는 최단 경로를 이용해 회사에 도착하기 위한 것으로 업무수행 과정"이라면서 "K씨가 회사차량을 출퇴근 외에 개인적인 일에도 사용했지만 회사가 업무편의를 위해 제공한 차량이므로 그 차를 이용해 출근한 행위는 사업주의 지배관리아래 있던 행위로 봐야 한다"고 판결 이유를 설명했다.

의무사항 아닌 연수에 자발적 참여 중 부상, 교과과정과 연관 있다면? 330

공립초등학교 교사 K씨는 사립 사단법인이 주관하는 자전거생활교육을 위한 교직원직무 연수에 참가해 자전거를 타다 골절상을 당했다. K씨는 공무원연금관리공단에 공무상 요양을 신청했지만 공단 측은 "사립기관이 연수를 주최한 데다 연수 참가에 있어 강제성이 없었던 점 등을 고려하면 K씨가 자발적으로 참여한 연수 중에 사고를 당한 것"이라면서 거부했다. K씨는 공단을 상대로 공무상 요양불승인처분 취소소송을 냈다.

서울행정법원(2009년) 재판부는 **K씨에게 승소 판결**했다. 재판부는 "자전거 타기가 K씨가 가르치는 초등학교 3학년 **교과과정에 포함**되어 있고, 교육청이 교사들에게 연 60시간 연수이수를 권장하면서 연수비용도 지원해주고 있다"면서 "연수 내용이 K씨의 공무와 관련이 있고 교육청이 자전거연수 주최기관을 특별연수기관으로 지정한 점 등을 볼 때 이 연수는 초등학교 교사인 **K씨의 공무와 관련성**이 있고, 따라서 이 연수 중 입은 상해는 **공무와 상당한 인과관계**가 있다"고 판결 이유를 설명했다.

[해설] 상당인과관계: B-3 참조.

1인 소방서 겸 구급대 30년간 근무로 과로 발병했다면? 331

퇴직 소방관 K(54)씨는 1인 소방서 · 1인 구급대 근무 등으로 30여 년간 48시간 대기근무, 격일제 근무, 시간외 근무 등 열악한 근무환경 속에서 일하다가 고혈압과 당뇨병이 생겼다. 88고속도로 구급대에서 4년 이상 혼자 근무하면서 각종 교통사고 및 화재현장에 출동했다. 그 밖에 시간외 근무나 휴일근무에 시달리다가 지병이 악화되면서 뇌경색판정까지 받았다. K씨는 "**격무와 스트레스 때문에 지병이 급격히 악화돼 뇌경색**•**이 발병**했다"며 공무상 요양급여를 신청했지만 거부당하자 소송을 냈다.

서울행정법원(2009년) 재판부는 **원고 K씨에게 승소 판결**했다.

[해설] 뇌경색(腦梗塞, cerebral infarction)이란 뇌의 혈관이 막히고 그로 인하여 뇌조직의 세포가 죽은 상태를 말한다. 혈류 두절이나 산소 부족, 포도당 부족 등에 대하여 지극히 저항력이 약해서 몇 분 동안의 단혈(斷血)로도 조직이 죽는다.

1차사고가 원인이 돼 발생한 '트라우마', 업무상 재해인가? 332

건설노동자 H씨는 건물신축공사현장에서 6m 높이의 발판에 올라가 작업을 하다가 발판이 넘어지는 바람에 추락해 척추와 갈비뼈가 부러지는 중상을 입었다. H씨는 이 부상에 대해서는 근로복지공단으로부터 업무상 재해판정을 받았다. 그런데 그 후 H씨는 입원기간 동안 신체상해로 인한 고통에다가 추락사고 당시 위급했던 상황이 자꾸 떠오르고 기억에서 가시지 않아 두통, 불면증, 무기력증 등 정신적 장애가 발생했다. 병원은 외상 후 스트레스 장애로 판정했다. H씨는 근로복지공단에 외상 후 스트레스 장애도 업무상 재해로 인정해 달라고 신청했으나 공단은 "추락사고 후 상당기간이 지나 직접적 인과관계를 인정할 수 없다"며 받아들이지 않았다. H씨는 공단을 상대로 추가상해 불승인처분을 취소해 달라며 소송을 냈다.

서울행정법원(2009년) 재판부는 **원고 승소 판결**했다. 재판부는 "감정 의사들이 **추락사고와 외상 후 스트레스(PTSD) 사이에 인과관계가 있다**는 견해를 낸 점과 원고의 치료경과 등에 비추어 보면 원고의 증상은 추락사고 때문으로 볼 수 있다"고 판시하면서 또 H씨가 겪고 있는 우울증 장애증상에 대해서도 "이 사건의 추락사고로 인해 발생했거나 외상 후 스트레스 장애가 원인이 된 증상으로 봐야 한다"며 업무상 재해로 인정한 이유를 밝혔다.

[해설] 외상 후 스트레스 장애(post-traumatic stress disorder)란 심리적 외상(外傷) 후 스트레스 장애를 말한다. 전쟁이나 사고, 자연재해 등의 후유증으로 인한 정신질환의 일종이다. 깊은 잠을 못자고 밤마다 악몽에 식은 땀을 흘리며 귀울림이나 환청, 노이로제 등의 증상을 보인다. 많은 월남전 참전 용사들이 이 질환을 앓았다.

업무상 과로와 비정규직 스트레스로 불면증 악화와 간질로 사망했다면? 333

한전에서 비정규직으로 근무하다가 숨진 Y(여 · 29)씨는 전남 지사에서 배전설비와 관련된 데이터베이스를 관리하는 일을 하다 발작을 일으킨 뒤 사망했다. Y씨의 유족은 비정규직으로 일하며 극심한 과로와 고용불안에 따른 스트레스, 그로 인한 수면부족으로 고통을 받은 것이 사망의 원인이었다며 근로복지공단을 상대로 유족보상 및 장의비를 청구했으나, 공단 측은 "과로 및 스트레스와 간질은 의학적으로 인과관계가 불명확하다"며 청구를 받아들이지 않자 소송을 냈다.

서울행정법원(2009년) 재판부는 **원고 승소 판결**했다. 재판부는 "Y씨는 5년가량 비정규직으로 근무하면서 **해고될지 모른다는 심한 스트레스 속에서 제대로 잠도 자지 못한 채 일을 하다가 간질을 일으킨 뒤 한 달 후 사망**했다"며 "Y씨에 대한 병원진단 등을 감안하면 업무상 재해로 인정된다"고 판결 이유를 밝혔다. 또 "질병의 주요 원인이 업무와 직접 관련이 없다고 해도 업무상 과로나 스트레스가 질병을 유발하거나 악화시켰다면 업무상 재해에 해당한다"고 덧붙였다.

[해설] 간질(癎疾, epilepsy)란 발작적으로 나타나는 의식장애와 경련을 나타내는 질병을 말한다.

주중 업무로 과로했어도 주말 휴식 중 현기증으로 부상했다면? 334

정보통신업체에서 소프트웨어 개발업무를 담당하는 C씨는 제품 납기일을 앞두고 3주 동안 하루 평균 12시간 일했다. 그러나 주5일제 근무로 주말과 휴일에는 집에서 휴식시간을 가졌다. 그런데 일요일 집에서 휴식 중 갑자기 정신을 잃고 쓰러져 목뼈가 부러지는 사고를 당했다. C씨는 과로와 스트레스로 인한 업무상 재해라고 근로복지공단에 요양신청을 냈으나 거절당하자 근로복지공단을 상대로 요양불승인처분취소 청구소송을 냈다.

서울고등법원(2009년) 재판부는 원고 패소 판결했다. 재판부는 "C씨가 갑자기 쓰러진 원인인 현기증은 의사들의 소견에 따르면 특별한 질환이 없이도 흔히 발생할 수 있는 일반적인 증상"이라며 "원고가 사고 전날부터 사고 발생 시까지 집에서 휴식을 취했던 점을 고려한다면 현기증이 업무상 과로나 스트레스에 의한 것이라고 인정하기 어렵다"고 판결 이유를 밝혔다.

[해설] **현기증(眩氣症, dizziness)**란 안정 감각을 잃은 듯하게 느끼는 증세의 병이다. 일상생활에서 자주 볼 수 있는 주관적인 증후로서, 전신의 각종 질환으로 인하여 일어나므로 정확한 진단이 필요하다.

퇴직 권유 및 잦은 타지역 발령으로 우울증과 적응장애 발생했다면? 335

A회사는 전화상담 업무를 외주로 전환하기로 하고 K씨에게 퇴직을 권했으나 거부하자 기존 업무와 상관 없는 휴대전화 수리나 자재관리업무보조 등을 맡겼다. 또 수개월 단위로 수원, 구미, 대전, 서울, 부산 등으로 계속 전근발령을 내는가 하면, 유아휴직 후 3개월간 보직을 주지 않기도 했다. K씨는 결국 우울증 및 적응장애 · 공황장애 진단을 받고 근로복지공단에 요양신청을 냈다. 그러나 공단은 K씨의 증상을 업무상 재해로 인정하지 않았다. 1심 법원도 "K씨에 대한 인사명령이 부당하지 않았고, 병이 생긴 것도 개인적인 원인에 따른 것으로 보인다"며 원고 패소 판결했다.

서울고등법원(2009년) 재판부는 원고 승소 판결했다. 재판부는 "회사가 K씨에게 지속적으로 도급업체로 옮길 것을 요구하고, 업무수행을 부정적으로 평가해 잦은 전보명령을 내린 것이 인정된다"며 "K씨의 질환은 개인적 성격에 업무상 사유로 받은 스트레스가 복합해서 발병한 업무상 재해에 해당한다"고 판결 이유를 밝혔다.

[해설] **우울증(憂鬱症, depression)**이란 생기감정(生氣感情)이 저하하여 모든 생활체험이 지속적으로 우울해지는 상태로서 자기비하, 절망, 비관, 식욕감퇴, 수면장애, 의욕상실 등의 증세가 수반된다. 애수감(哀愁感)에 빠지고 고민을 하며 허무적이고 공연한 걱정이 생기고 종국에는 자살까지 생각하게 된다.
[해설] **적응장애**: A-321 참조.
[해설] **공황장애(恐慌障碍)**란 아무 이유도 없이 극도로 불안에 빠지는 장애현상을 말한다. 공황장애 환자는 발작에 대한 두려움 때문에 차를 타거나 낯선 장소에 가기를 꺼려 일상생활에 문제가 많다.

안전벨트를 매지 않고 위급환자 구급 중 급정거로 허리부상했다면? 336

구급대원 S씨는 심폐소생술실시 중 구급차가 급정거하는 바람에 허리 등을 다쳤다며 공무상 재해로 인정해달라고 요구했지만, 공무원연금관리공단이 "S씨가 원래 앓고 있던 질환"의 재발이라며 치료비지급을 거부하자 소송을 냈다.

서울행정법원(2009년) 재판부는 원고 승소로 판결했다. 재판부는 "사고 당시 S씨가 심장이 멈춘 환자에게 심폐소생술을 실시하느라 안전벨트를 하지 않았고 이런 상황에서는 구급차가 서행했더라도 급정거 시에 다칠 수 있다"면서 "S씨가 3년간 목뼈와 허리관련 질병으로 치료를 받은 적이 있지만 별다른 증상이 없었기 때문에 S씨의 부상은 구급차 급정거와 관련이 있다"고 판결 이유를 설명했다.

고혈압환자인 공무원, 업무 과중에 의한 병세악화로 사망했다면? 337

공무원인 G씨는 변호사 자격까지 갖고 있는 유능한 사무관이라 기본업무 외에도 법률검토 작업 등으로 타 동료에 비해 훨씬 많은 일을 해 왔다. 어느 날 특별 초청자들을 위한 특강 중에 어지럼증을 호소하면서 정신을 잃고 쓰러졌다. 심근경색증세가 겹치면서 며칠 후 사망했다. 부인 P씨는 과로로 인한 업무상 재해라며 유족보상금을 신청했으나 공무원연금 관리공단은 G씨의 사망은 고혈압 병세와 관련된 것이지 공무와 인과관계를 인정할 수 없다며 신청을 기각했다. P씨는 소송을 냈다. 1심 재판부는 패소판결하면서 "사고 당시 강연 업무가 병을 일으킬 만큼 과중했다고 볼 수 없다"며 "그 동안의 과로와 스트레스 역시 기존의 고혈압 질환을 급격히 악화시켜 뇌출혈을 일으키게 했다고 보기 어렵다"면서 패소 판결 이유를 밝혔다.

서울고등법원(2010년) 재판부는 P씨에게 승소 판결했다. 재판부는 "G씨의 고혈압 증세는 고위험군이 아니었고 그동안 특별한 치료 없이도 건강하게 생활해 왔다"며 "업무 과중으로 인한 과로와 스트레스가 고혈압을 악화시켜 뇌출혈과 심근경색을 유발해 사망에 이르게 한 것으로 보인다"고 판결 이유를 설명했다.

거래처의 공식초청으로 회식 중 뇌출혈로 사망했다면? 338

경남 거제시의 한 대형 조선업체에서 장비검사업무를 담당하던 L씨는 선주회사 측이 마련한 회식에 참석해서 소주 1병을 마셨고 다시 단란주점으로 옮겨가서 맥주 서너 병을 마시고 화장실에 갔다가 쓰러져 의식을 잃었다. 병원으로 옮겨졌으나 뇌출혈* 로 숨졌다. 유족들은 업무상 재해로 숨졌다고 유족급여를 청구했다. 그러나 근로복지공단은 L씨의 회사가 주최한 자리가 아니고 거래처가 마련한 근무시간 외의 모임에 불과하다며 거부했다. 유족들은 소송을 냈다.

서울행정법원(2010년) 재판부는 유족에게 승소 판결했다. 재판부는 "L씨가 과음을 해 사망원인을 일부 제공한 측면이 있지만, 거래처의 공식초청으로 회식이 이뤄진 점 등을 종합하면 L씨가 독자적이고 자립적인 결단에 의해서가 아니라 거래처와 우호적인 관계를 유지하려다 사고가 난 것으로 보인다"며 "이 회식이 노무관리 또는 사업 운영상 필요한 것이어서, **회사의 관리나 지배를 받는 상태 내에 있었다고 보는 것이 상당**하므로 업무상 재해에 해당한다"고 판결 이유를 설명했다.

[해설] **뇌출혈(腦出血)**이란 뇌일혈이라고도 부른다. 고혈압이나 동맥경화 등으로 뇌속에서 핏줄이 터지는 병이다.

사망원인 불분명해도 업무와 상당인과관계 있는 과로사라면? 339

자동차용 부품 수출업체에 근무하는 J씨는 매달 88시간의 연장근로와 30일의 근로를 했다. 쓰러지기 직전에는 매달 1백 시간의 연장근로와 14일의 휴일근로를 해왔다. J씨는 쓰러지던 날 상사로부터 심한 질책을 들었고 직원 간 화합도모차원에서 회식을 하라는 지시를 받고 그날 저녁 회식자리에서 소주 2잔째를 마시던 중 쓰러져 숨졌다.

J씨 부인은 근로복지공단에 업무상 재해보상금을 신청했으나 "병원에서도 정확한 사인을 밝히지 못한데다 쓰러지기 직전 업무가 과중했거나 급격한 작업환경 변화가 있었다고 볼 수 없다"며 거절당했다.

서울행정법원(2004년) 재판부는 **원고 승소 판결**했다. 재판부는 "사망원인이 명확치 않더라도 **업무와의 상당한 인과관계**°**가 있다고 판단**된다면 업무상 재해로 봐야 한다"면서 "사망원인 미상을 이유로 업무상 재해를 인정하지 않은 것은 부당하다"며 판결 이유를 설명했다.

[해설] **상당인과관계**: B-3 참조.

화약 발파공 시절 폭발사고로 난청된 것, 40년 뒤에 알았다면? 340

경기도 양평군에 사는 L(72)씨는 한 건설회사에서 화약 발파공으로 일하다가 1970년 다이너마이트사고로 팔이 잘리고 눈을 잃고 얼굴과 머리가 함몰되어 장해등급 3급 판정을 받았다. 2007년에는 양쪽 귀 모두가 '감각신경성 난청'이란 진단을 받았다. L씨는 근로복지공단에 "70년 당시 사고 때문에 난청이 생긴 것"이라며 추가상병 요양급여신청°을 했다. 공단 측은 노화 등 난청의 발병 원인이 다양한데 38년 전에 일어난 사고 때문이라고 보기 어렵다며 기각했다. L씨는 공단을 상대로 추가상병불승인처분 취소소송을 냈다.

서울행정법원(2010년) 재판부는 **원고 승소 판결**했다. 재판부는 "L씨가 사고 당시 폭발음 때문에 고막이 파열됐는데도 팔이 절단되고 실명하는 등 **더 긴박한 상황 때문에 청력검사나 고막치료를 받지 못한 것**으로 보인다"고 판결 이유를 설명했다. 또 "사고 38년 이후에야 진단을 받았고 노화가 난청의 원인이 될 수 있다는 점은 인정하지만, 재해 이후 다른 사람과 의사소통을 제대로 못하는 등 **청력장애가 지속된 점으로 볼 때 이 사건으로 인해 난청이 발생한 것으로 볼 수 있다**"고 덧붙였다.

[해설] 산업재해보상보험법(제49조)에 의하면 업무상 재해로 요양 중에 있는 근로자가 (1) 그 업무상의 재해로 이미 발생한 부상이나 질병이 추가로 발견되어 요양이 필요한 경우와 (2) 그 업무상의 재해로 발생한 부상이나 질병이 원인이 되어 새로운 질병이 발생하여 요양이 필요한 경우에는 추가상병(追加傷病) 요양급여를 신청할 수 있다고 규정하고 있다.

운송회사의 지휘 · 감독을 받는 개인화물차 차주의 사망은? 341

운송회사와 계약을 맺고 화물차를 운전하다 뇌출혈로 숨진 차주 K씨의 아내 O씨가 근로복지공단을 상대로 유족급여 및 장의비 부지급처분취소 청구소송을 냈다.

서울행정법원(2007년) 재판부는 **원고 승소 판결**했다. 재판부는 "K씨가 형식적으로는 운송회사와 화물운송 용역계약을 체결한 독립 개인사업자처럼 보이지만 계약에 따른 근무규정을 적용받아 **사실상 운송회사의 지휘와 감독을 받았고** 회사가 정한 업무 외에 다른 영업행위를 할 수 없었다"며 "실질적으로 운송회사로부터 임금을 받는 회사의 근로자로 봐야 한다"고 설명하면서 "근로기준법의 근로자에 해당하는지는 계약 형식에 관계없이 근로자가 **사업장으로부터 임금을 받는 종속적인 관계에서 근로를 제공**했는지에 따라 판단해야 한다"고 덧붙였다.

회사 내 체력단련장서 운동 중 사망했다면? 342

금속제품제조회사에서 육체노동을 하는 K씨의 남편 L씨는 평소 출근시간 전 회사 내 체력단련장에서 운동을 했다. 어느 날 누워서 역기를 들다 목이 눌린 상태로 발견돼 병원으로 옮겨 치료를 받았으나 며칠 후 뇌경색으로 숨졌다. K씨는 근로복지공단에 요양급여를 신청했으나 거절당하자 행정소송을 냈다.

대법원(2009년) 재판부는 원고 패소 판결한 원심을 깨고 **원고 승소 취지**로 서울고법으로 돌려보냈다. 재판부는 "L씨는 **강한 근력을 요구하는 업무를 원만히 수행하기 위한 체력유지활동의 일환으로 평가할 수 있어** 업무상 재해에 해당한다"고 판결 이유를 밝혔다.

근로계약 없이 일정한 보수 받으며 아버지 공장 일 돕다 부상당했다면? 343

S(29)씨는 아버지가 운영하는 목재소에서 절단기를 이용해 목재를 자르다 오른쪽

손가락 일부가 절단되는 사고를 당해 근로복지공단에 치료비를 지원해 달라는 신청을 냈다. 하지만 근로복지공단은 S씨가 "사업주와 동거하는 친족일 뿐 정식근로계약을 맺지 않았으므로 근로자로 볼 수 없다"며 신청을 받아들이지 않았다. S씨는 소송을 냈다.

서울행정법원(2009년) 재판부는 원고 승소 판결했다. 재판부는 "S씨가 결혼하고 분가한 뒤 아버지의 목재소에서 일하며 매달 150만원을 받아왔다"며 "부모가 아들에게 지원한 생활비가 아니라 일한 대가로 받은 정상적인 임금으로 봐야 함으로 S씨를 정식 근로자로 볼 근거가 충분하다"고 판결 이유를 밝혔다.

노동자 근로계약 중 일시 중단기간에 현장에서 당한 사고사라면? 344

일용직 노동자인 K씨는 전북 진안군 수해복구공사에서 석축 업무를 담당하기로 건설 회사와 근로계약을 맺었다. 그런데 그 기간 중에 눈이 내리면서 공사가 일시 중단됐다. K씨는 공사 재개가 언제 가능한지 살펴보기 위해 현장에 나왔다가 젖은 몸을 말리기 위해 피운 모닥불이 자신의 몸으로 옮겨붙어 화상을 입고 숨졌다. 유가족 J(여 · 99)씨는 근로복지공단을 상대로 유족급여 및 장의비 부지급처분 취소소송을 냈다.

대법원(2009년) 재판부는 원고 패소한 원심판결을 깨고 원고 승소 취지로 사건을 광주고등법원으로 돌려보냈다. 재판부는 "일용직 노동자가 기간을 정해 근로계약을 했다면 그 사이에 공사가 일시 중단된 시기에도 근로관계는 계속 성립한다"고 판결 이유를 설명했다.

스스로 자청한 5주 연속 야근 후 과로사했다면? 345

5주 연속 야근을 하다가 쓰러져 숨진 P씨의 부인 Y씨가 근로복지공단을 상대로 유족급여 및 장의비 부지급처분취소 청구소송을 냈다.

서울행정법원(2009년) 재판부는 원고 승소 판결했다. 재판부는 "P씨가 야간근무를 자청한 것이기는 하지만 회사는 단순히 주간근무를 권고했을 뿐 이를 적극적으로 만류하거나 금지하지 않았다"고 판결 이유를 설명했다.

상대방 과실의 교통사고라면 산재보험금과 별도로 합의금 받을 수 있나? 346

J(18)군은 인천 부평구 한 도로에서 오토바이로 피자배달을 하던 중 중앙선을 침범해 좌회전하던 트럭과 정면충돌해 대퇴부 골절 등 전치 12주의 부상을 입었다. 근로복지공단은 산재보험을 적용해 치료비 등으로 1500여 만원을 지급했다. J군은 이와 별

도로 사고 가해자인 L씨가 재판과정에서 형사합의금으로 법원에 공탁한 600만원을 수령했다. 근로복지공단은 공탁금 수령을 부당이득금으로 보고 반환을 요구했다. J군은 산재보험 부당이득금결정 취소소송을 냈다.

서울행정법원(2009년) 재판부는 J군에게 원고 승소 판결했다. 재판부는 "원고 J군은 가해자가 공탁한 600만원을 받았는데 이 금액은 교통사고에 대한 정신적 고통에 따른 위자료로 보기에 큰 무리가 없다"면서 "산업재해보상보험급여의 대상항목인 재산상 손해배상금에 해당된다고 볼 수 없다"고 판결 이유를 밝혔다.

출근부에 도장 찍고 작업장 가는 중에 교통사고로 부상당했다면? 347

부산시 동래구청 소속 환경미화원 K(57)씨는 지구대에 들러 출근확인 도장을 찍은 다음 자신의 자전거를 타고 작업 장소에 가다 차량과 충돌해 머리를 다쳤다. 근로복지공단에 요양신청을 냈으나 거부당했다. K씨는 소송을 했다. 1 · 2심 재판부는 "실제 작업장소로 이동해 작업을 시작할 수 있는 단계에 이르러야 출근이 완료된 것으로 볼 수 있다"는 이유로 K씨에 기각 판결했다.

대법원(2010년) 재판부는 원고 패소 판결한 원심을 깨고 원고 승소 취지로 사건을 서울고법으로 돌려보냈다. 재판부는 "K씨는 사업주인 구청의 지배 · 관리 하에 있는 지구대에 도착해 출근확인을 했기 때문에 출근이 완료됐다고 봐야 한다"면서 "출근부에 도장을 찍은 뒤 작업장소로 이동하는 것이 업무수행 자체는 아니더라도 청소업무의 특성상 업무수행에 수반되는 준비행위에 해당한다"고 판결 이유를 설명했다.

교장의 업무상 질책에 시달리던 교감의 투신자살, 공무상 재해인가? 348

중학교 교사 J씨는 도덕교과 수업과 교감직무대행 업무까지 맡아오다 자신의 아파트에서 투신자살했다. 교장의 잦은 질책을 견디지 못한 때문이라며 J씨의 부인 M씨가 공무원연금관리공단을 상대로 공무상 재해로 인정해 달라며 소송을 냈다.

서울행정법원(2003년) 재판부는 부인 M씨에게 승소 판결했다. 재판부는 "27년간 교사로 봉직해온 J씨가 바뀐 교장의 잦은 학사일정 변경, 학교행사와 관련된 업무추궁 및 질책, 모욕적인 비방발언 등으로 인한 불안감과 정신적 스트레스로 우울증이 발병해 자살에 이른 점이 인정된다"고 판결 이유를 설명했다.

4. 쟁의행위

대학교 노조의 쟁의행위, 어느 선까지 허용해야 할까? 349

서울의 F대학교는 총장 P씨와 단체교섭에 실패하자 파업에 들어갔다. 140일간 학내에서 학교시설을 무단 점거하고 북과 꽹과리 등으로 수업을 방해하고 있는 데 대하여 F대학 측이 업무방해금지 가처분신청●을 냈다.

서울북부지방법원(2006년) 재판부는 "F대 노조는 총장실과 총무처장실 등에 허락 없이 들어가 농성했으며 확성기로 방송하고 호루라기를 불어 학생들이 수업받기 어려워 강의실을 옮기기도 했다"면서 "이는 **정당한 쟁의행위●의 범위를 넘어서 학교 측의 소유권, 시설관리권을 침해한 것**"이라고 판시하면서 "8월 말부터 2학기 수업을 시작하기 때문에 한계를 넘어선 쟁의행위를 금지할 급박한 필요성도 있다"고 덧붙였다. 그러나 "단체행동권, 집회 · 표현의 자유는 헌법적 기본권이기 때문에 금지행위는 필요 최소한도의 범위 내에서 구체적인 행위를 특정하여 그 금지를 명해야 한다"며 "노조에 대해 다수의 위력으로 대학 사무실에 출입하는 행위, 교직원에 대한 출입을 방해하거나 폭행하는 행위, 오전 9시에서 오후 6시까지 80dB(데시벨) 이상의 소음을 유발하는 수업방해 행위. 한도를 넘어서 총장, 총무처장 등을 비방하는 내용의 대자보를 부착하는 행위 등을 금지했다"고 결정 이유를 설명했다.

[해설] **가처분**: A-36 참조.
[해설] **쟁의행위(爭議行爲)**란 노동조합 또는 사용자가 근로조건에 관한 주장의 불일치로 인하여 발생되는 분쟁상태를 자기측에게 유리하게 전개하여 그 주장을 관철할 목적으로 행하는 투쟁행위로서 업무의 정상적인 운영을 저해하는 것을 말한다.

단체협약 체결과정에 참여하지 않는 노조의 교섭요구 거부, 정당한가? 350

전국민주공무원 노동조합(민공노)이 "제주자치도지사의 부당노동행위●에 대한 재심판정을 취소하라"며 중앙노동위원회를 상대로 소송을 냈다.

서울행정법원(2009년) 재판부는 **원고 패소 판결**했다. 재판부는 "공무원노조법에 따르면 교섭을 요구하는 노동조합이 2 이상인 경우 교섭대표는 교섭창구 단일화를 요청하고 교섭창구가 단일화 될 때까지 교섭을 거부할 수 있게 됐을 뿐만 아니라 단체협약●체결에 참여하지 않은 노조의 교섭요구를 거부할 수 있다"며 "**제주자치도는 단체협약 체결과정에 참여하지 못한 신설노조의 교섭요구를 거부할 수 있다**"고 판결 이유를 설명했다. 또 "신설노조의 단체교섭권은 이미 체결된 단체협약의 유효기간에 한해 일시로 제한받는 것에 불과하기 때문에 단체교섭권이 과도하게 침해된다고 볼 수 없다"고 덧붙였다.

이와 함께 재판부는 도지사가 감사위원회에 민공노 제주지역본부장 등 간부 4명에 대한 복무위반여부 조사를 의뢰한 것과 관련해 "도지사는 도를 대표하고 사무를 총괄하는 자로서 소속직원을 지휘 · 감독하고 임면 · 복무 · 징계 등에 관한 사항을 처리할 권한과 의무가 있기 때문에 **근로자에게 불이익을 주는 부당노동행위라고 할 수 없다**"고 판시했다.

[해설] **부당노동행위(不當勞動行爲)**란 사용자의 노동조합운동에 대한 방해행위를 말한다.
[해설] **단체협약(團體協約)**이란 노동조합과 사용자 또는 그 단체 사이에 협정으로 체결되는 자치적 법규를 말한다.

구조조정문제는 단체교섭 대상 아니라며 응하지 않은 회사 측 거부는? 351

T사는 노조에서 구조조정관련 사항을 대상으로 특별단체교섭을 하자고 여러 차례 요구해 왔으나 거부했다. 이로 해서 T사와 T사 대표이사 B씨는 노동조합의 단체교섭 요구에 불응한 혐의(노동조합및노동관계조정법 위반)로 기소됐다.

대법원(2010년) 재판부는 **T사와 대표이사 B씨에게 각각 벌금 300만원을 선고한 원심을 깨고 무죄 취지**로 사건을 대전지법 합의부로 돌려보냈다. 재판부는 "**구조조정 실시여부는 경영상의 결단에 속하는 사항이어서 원칙적으로 단체교섭사항에 해당하지 않음**에도, 노조 측이 **구조조정실시 자체를 반대하기 위해 단체교섭을 요청해 회사 측이 이를 거부한 것은 정당하다**"고 판결 이유를 설명했다.

직권중재회부 뒤에도 강행한 파업의 불법행위 여부는? 352

중앙노동위원회는 철도노조가 총파업을 예고하자 직권중재에 회부했다. 직권중재에 회부되면 15일간 파업이 금지된다. 그러나 철도노조는 이를 어기고 총파업을 강행했고 이로 인해 KTX 열차운행 등 승객수송과 화물운송이 차질을 빚었다. 한국철도공사는 소송을 제기했다.

서울서부지방법원(2007년) 재판부는 "**전국철도노동조합(철도노조)는 코레일(한국철도공사)에 51억 7000만원을 배상하라**"고 판시하면서 "직권중재• 제도상 필수공익사업에서는 격렬한 파업을 하더라도 최소한으로 유지해야 하는 업무가 있다"며 **직권중재에 회부된 뒤에도 총파업을 진행한 것은 불법행위•**"라고 판결 이유를 설명했다. 그러나 "직권중재의 목적은 사용자의 이익보호가 아니라 국민의 생명 · 건강 · 안전,

공중의 일상생활 유지 등에 있고, 불법파업을 막지 못한 사측도 일정한 책임이 있기 때문에 배상액을 실제 영업손실 86억여 원의 60%로 제한한다"고 밝혔다. 또 "철도노조는 직권중재가 노동기본권을 침해하기 때문에 위헌이라고 주장하지만 헌법재판소 결정과 대법원 판례에 비춰볼 때 직권중재는 합헌"이라고 설명했다.

[해설] **직권중재(職權仲裁)**란 강제중재라고도 부른다. 공익사업의 경우에 노동위원회가 그 직권 또는 행정관청의 요구에 의하여 중재에 회부한다는 결정을 한 때에는 중재가 개시되는데 이 때의 중재를 말한다.
[해설] **불법행위**: A-168 참조.

파업을 적대시하고 노조와해를 시도한 회사, 직장폐쇄 중 임금은? 353

K씨 등 S카본금속회사 노조원 21명은 노조를 결성한 뒤 회사와의 단체교섭을 시도했으나 부진하자 부분파업과 하루파업 등에 돌입했다. 이에 맞서 회사는 부분적 직장폐쇄를 하고 파업노조원들의 출입을 막았다. 노조는 부분파업 등이 적법절차에 따른 합법적 쟁의였고 파업이 회사에 중대한 타격을 주지 않았는데도 회사가 노조와해 시나리오를 만들어 노조원의 조합탈퇴와 노조원의 폭력유발 등을 통해 노조를 와해시키는 공격적 직장폐쇄를 한 것은 불법이라며 회사를 상대로 직장폐쇄기간 중 주지 않은 임금을 달라며 임금지급 청구소송을 냈다.

수원지방법원(2007년) 재판부는 원고 승소 판결했다. 재판부는 "사용자의 직장폐쇄•가 정당성을 인정받고 임금지급 의무를 면하려면 노사교섭 태도, 사용자의 손해정도 등 형평성의 견지에서 요건을 갖춰야 한다"며 "이 건은 회사가 노조를 적대시하고 교섭을 피하는가 하면 대체인력을 투입하는 등 부분적 직장폐쇄의 정당성이 결여됐다"고 판결 이유를 설명했다.

[해설] **직장폐쇄(職場閉鎖)**란 집단적 분쟁에 있어서 사용자가 그의 주장을 관철하기 위하여 일정한 산업 또는 산업체 내의 다수의 근로자를 취업상태로부터 배제하는 것을 말한다. 즉 근로자들의 파업이 사용자에게 노무의 제공을 거부함으로써 경제적 타격을 주는 것과 마찬가지로, 직장폐쇄로 사용자가 근로자들의 노무제공의 수령을 거부함으로써 임금의 탈락에 의한 경제적 압력을 가하려는 것이다.

파업기간 중 유급휴일에 대한 미지급임금, 청구권 인정될까? 354

H회사의 노조간부 K씨 등은 회사 측과의 단체교섭 결렬로 100일 이상 파업을 거쳐 임금협상이 타결된 뒤 파업기간에 대한 임금의 일부를 받지 못하자 소송을 냈다.

대법원(2010년) 재판부는 원고 일부 승소 판결을 내린 원심을 파기했다. 재판부는 "휴직기간에 포함된 유급휴일에 대해 임금청구권이 없는 것과 마찬가지로 파업기간도 유급휴일에 대한 임금을 청구할 수 없다"며 "파업기간 휴일에 대한 상여금을 지급하라는 원고들의 주장을 받아들이지 않은 원심 판결은 정당하다"고 판결 이유를 밝혔다. 또 "노조전임자들의 급여는 무노동 무임금 원칙이 적용되지 않는다는 주장에 대해서도 노조전임자를 일반조합원보다 유리하게 처우하는 것은 단체협약 취지에 맞지 않는다"고 지적했다. 다만 "파업기간으로 볼 수 없는 기간에 대한 미지급 임금을 산정하면서 상여금을 고려하지 않은 것은 위법하다"는 원심 판결에 대해선 다시 심리하라고 서울고법으로 돌려보냈다.

노조의 불법 점거로 입힌 피해액, 배상책임은? 355

포스코가 장기 파업을 벌이고 포스코 본사를 불법 점거하여 회사에 큰 손해를 끼친 포항건설노조를 상대로 손해배상 청구소송을 냈다.

대구지방법원(2007년) 포항지원 재판부는 건설노조와 노조원 62명은 함께 포스코에 10억8700만원을 배상하라고 원고 승소 판결하였다. 재판부는 "노조파업 당시 포스코가 대체인력 투입 등 부당 노동행위를 한 점이 인정되더라도 노조가 법률에 정해진 구제방법을 시도하지도 않고 곧바로 불법점거를 한 것, 점거기간, 손해발생 범위와 정도 등을 고려할 때 수단과 방법 면에서 정당성을 인정할 수 없다"고 판결 이유를 밝히면서 다만 "회사 측이 청구한 액수 가운데 카펫 등 기존에 설치된 일부 집기와 비품의 감가상각을 감안해 10억8700만원의 초과 부분은 인정하기 어렵다"고 덧붙였다.

5. 공무원의 단체행동

'시국선언'으로 정부 비판한 전교조 간부, 공무원법 위반인가? 356

전교조 인천지부장 K씨는 시국상황에 대한 국정 쇄신을 요구하는 시국선언을 주도한 혐의로 불구속 기소됐다.

인천지방법원(2010년) 재판부는 L씨에게 벌금 100만원을 선고했다. 재판부는 "K씨는 교원노조법(3조)이 금지하는 정치활동을 함으로써 국가공무원법 제66조(집단행위금지)•를 위반하였다"고 판시하면서 "교육과 무관한 시국상황에 대한 국정쇄신 요청은 정치적 의사표현"이라며 "피고인이 전교조가 주도한 정치적 의사 표명에 동조한 것으로 보이기 때문에 국가공무원법에서 금지하는 집단행위에 해당한다"고 판결 이유를 설명했다.

[해설] **국가공무원법 제66조(집단행위의 금지)**: 공무원은 노동운동이나 그 밖에 공무 외의 일을 위한 집단행위를 하여서는 아니된다. 다만 사실상 노무에 종사하는 공무원은 예외로 한다.

전교조 부산지부장 '시국선언', 유죄인가? 357

전교조 부산지부장 등 간부들은 정부의 국정기조 전환을 촉구하는 내용의 미신고 집회인 시국선언에 참가한 혐의로 불구속 기소됐다.

부산지방법원(2010년) 재판부는 **전교조 부산지부 S지부장에게 벌금 100만원을, N 사무처장과 G정책실장에게 각각 벌금 50만원을 선고**했다. 재판부는 "피고인들이 참여한 시국선언은 특정 정치세력을 비판, 반대하는 정치적 의사표현으로 **교원의 정치적 중립성을 위반**했다"고 판시하면서 "교원의 정치적 표현의 자유는 학생에게 미치는 영향과 수업권의 침해 가능성을 고려할 때 휴무여부에 상관없이 헌법에 따라 제한될 수 있다"면서 "피고인의 행위는 공익적 목적이 아닌 직무에 영향을 미치는 행동으로 **공무 이외의 집단행동에 해당한다**"고 판결 이유를 설명했다.

천막농성 등 단체행동 이유로 한 공무원 파면, 정당한가? 358

L씨 등 전공노 S지부 간부들은 불법 노조로 규정된 전공노 사무실을 폐쇄하자 천막농성을 하는 등 반발했다. 이에 해당 S시(市)는 인사위원회의 징계 절차를 거쳐 불법단체로 규정된 전국공무원노동조합(전공노)의 단체행동을 주도했다는 이유로 파면 또는 해임했다. 이들은 S시를 상대로 파면 · 해임처분취소 청구소송을 냈다.

광주지방법원(2008년) 재판부는 **원고 승소 판결**했다. 재판부는 "L씨 등이 공무원으로서 공무를 성실히 수행했고, 권익보호라는 공익을 위한 의사표출 과정에서 집단행위를 하게 됐다"며 "L씨 등에 대한 **파면 · 해임은 징계수위를 결정하는 데 있어 재량권을 일탈 또는 남용•한 것이어서 위법하다**"고 판시하면서 다만 **"당시 전공노 S지부는 공무원노조법상 근로3권의 주체라 할 수 없어 분명한 불법단체였다는 점 등을 고려할 때 L씨 등의 행위는 징계사유에는 해당한다"**고 판결 이유를 설명했다.

[해설] **재량권 일탈 및 재량권 남용**: C-129 참조.

공무원 집단행동을 금지하는 법률, 평등의 원칙에 위배되나? 359

헌법재판소(2007년) 재판부는 공무원의 집단적 행동을 금지하는 것은 헌법상 평등의 원칙•과 집회결사의 자유•를 침해하는 위헌이 아닌지에 대한 심사청구에 대하여 공무원의 집단적 행위를 금지하되 **'노무에 종사하는 공무원' 중 대통령령이 정하는 사람에 한해서만 노동 3권•을 인정한 국가공무원법 제66조에 대하여 합헌 결정**을 내렸다.

재판부는 "사실상 노무에 종사하는 공무원에 대해서만 근로 3권을 보장하고, 그 이외의 공무원들에 대해서는 이를 제한함으로써 양자를 달리 취급하는 것은 **헌법상 평등의 원칙에 위배되지 않는다**"고 밝히면서 "공무 이외의 일을 위한 집단행위를 금지한 것은 공무원의 집단행동이 국민 전체의 이익추구에 장애가 될 소지가 있고 공무원이라는 특수한 신분을 감안한 것이기 때문에 **언론 · 출판 및 집회 · 결사의 자유•를 과도하게 침해한다고 볼 수 없다**"고 합헌 결정 이유를 설명했다.

[해설] **평등의 원칙(平等의 原則)**이란 모든 국민을 평등하게 처우하여야 한다는 것을 말한다.
[해설] **집회의 자유(集會의 自由)**란 개인에게 상호 집합할 수 있는 권리를 부여하고 집회제도 자체를 보장하는 것을 말한다.
[해설] **결사의 자유(結社의 自由)**란 개인에게 단체를 결성하거나 이에 가입하고 활동할 수 있는 권리를 보장하는 것을 말한다.
[해설] **노동 3권(勞動 3權)**이란 근로자의 인간다운 생활을 보장하기 위해 헌법에서 정한 단결권, 단체교섭권, 단체행동권의 3개 권리를 말한다.
[해설] **언론의 자유(言論의 自由)**란 사상표현의 자유, 즉 연설 · 방송 · 연극 등의 수단을 통해 자기의 내심의 사상을 공개할 수 있는 자유를 말한다.
[해설] **출판의 자유(出版의 自由)**란 문서 · 도화 · 사진 등과 같이 문자 및 기타 상형(象形)에 의하여 사상을 발표하는 자유를 말한다.

공무원 정치활동 금지 · 집단행위 금지, 합헌인가? 360

헌법재판소(2008년) 재판부는 전국공무원노동조합 위원장을 지낸 G(6급 지방공무원)씨가 최근 공무원의 정치활동과 집단행위를 포괄적으로 금지한 법조항들이 헌법에 어긋난다며 낸 헌법소원에 대해 **해당 조항들이 합헌이라는 결정**을 내렸다.

지방공무원법 제57조•는 공무원이 특정정당이나 특정인을 지지하거나 반대하기 위해 투표를 하거나 하지 않도록 권유해서는 안 된다고 규정하고 있고 또 **공직선거법 제60조•**엔 공무원이 선거운동을 할 수 없도록 규정돼 있는데 대하여 재판부는 "공무원의 선거운동을 금지하는 것은 자신들의 지위와 권한을 특정인의 선거운동에 남용하거나 직무를 통해 얻은 정보를 선거에 활용할 우려 등이 있어 **선거의 형평성•과 공정성을 보장**하기 위해 불가피한 조치"인 것이고 또 "지방공무원 중 사실상 노무에 종사하는 공무원을 빼고는 공무 이외의 집단 행위를 해서는 안 된다고 규정하여 노동3권(단결권, 단체교섭권, 단체행동권)을 제한한 **지방공무원법 제58조 1항•에 대해서도 합**

헌"이라고 결정했다.

[해설] **지방공무원법 제57조 (정치운동의 금지)** ① (지방)공무원은 공무 외에 영리를 목적으로 하는 업무에 종사하지 못하며 소속기관의 장의 허가없이 다른 직무를 겸할 수 없다. ② 제1항에 따른 영리를 목적으로 하는 업무의 한계는 대통령령으로 정한다.
제58조 (정치운동의 금지) ① 공무원은 정당이나 그 밖의 정치 단체의 결성에 관여하거나 가입할 수 없다.
공직선거법 제60조 (선거운동을 할 수 없는 자)는 선거 운동을 할 수 없는 자를 규정해 놓았다. 외국인, 미성년자, 국가공무원, 지방공무원 등이 포함되어 있다.
[해설] **형평(衡平)**이란 법률과 재판의 이념인 정의(正義)의 구체적 내용을 말한다. 아리스토텔레스는 법률적 정의가 실질적 정의와 사이가 벌어진 경우에는 '형평'을 개입시켜 그 간격을 채워야 한다고 주장하였다.

집회참여하려 무단결근한 학교 행정직공무원의 해임, 정당한가? 361

충청북도의 한 학교 행정실에 근무하던 K씨 등은 전국공무원노동조합(전공노)이 서울에서 개최한 전국노동자대회에 참가하기 위해 여러 날을 무단결근하며 참가했다. 학교장은 이들을 해임했다. K씨 등은 충북 교육감과 학교장을 상대로 해임처분취소 청구소송을 냈다.

대법원(2007년) 재판부는 원고 패소 판결했다. 재판부는 "총파업에 참가하기 위해 각 소속 학교장의 허가 없이 무단결근을 한 행위는 지방공무원법에 의해 금지되는 '무단직장이탈 행위'에 해당한다고 판단한 원심 판결은 정당하다"고 판시하면서 또 "징계처분이 사회통념상 현저하게 타당성을 잃거나 재량권이 남용된 경우를 빼고는 공무원에게 어떠한 처분을 할 것인가는 징계권자 재량에 달려있는 만큼 이 사건의 징계처분이 재량권을 일탈 · 남용•한 것으로 볼 수 없다"고 판결 이유를 밝혔다.

[해설] **재량권 일탈 · 남용**: C-129 참조.

6. 해 고

동료 여직원과 간통, 해고사유 되나? 362

P씨는 회사의 노조위원장 시절에 여성 간부 L씨와 여러 차례에 걸쳐 성관계를 가진 바 있다. 뒤에 이 사실이 회사에 알려져서 회사는 취업규칙에 위반하였다면서 P씨를

해고했다. P씨는 해고조치는 지나쳐서 승복할 수 없다면서 해고무효 확인소송을 냈다.

서울중앙지방법원(2007년) 재판부는 원고 P씨에게 승소 판결했다. "P씨의 간통행위는 취업규칙상 '품행이 불량한 경우'로 징계 사유에 해당되나 간통행위로 회사의 대외 이미지가 실추되는 등 직장 질서를 해쳤다고 보기는 어렵다"며 판결 이유를 설명했다.

회식자리에서 강요한 '러브 샷', 성희롱으로 해고사유 될까? 363

K씨는 외국계 A회사의 간부이다. K씨는 회식 자리에서 여직원에게 이른바 "러브 샷"과 목에 키스하는 행위 등을 강요했다는 이유로 회사에서 1차 징계를 받은 바 있다. 그러나 그 후 다른 회식자리에서 같은 행위를 반복하고 성희롱적 음란한 내용의 발언도 해서 A회사로부터 해고를 당했다. K씨는 중앙노동위원회에 이의신청을 냈다. K씨는 해고철회 판정을 받아냈다. A회사는 곧바로 부당해고구제 재심판정취소 청구소송을 냈다. 항소심에서는 원심을 뒤집고 A회사에게 승소 판결했다.

서울고등법원(2007년) 재판부는 "K씨는 성희롱이 직위를 이용하거나 성적 요구에 대한 불응을 이유로 고용상의 불이익을 주는 것은 아니라고 하지만, 이미 성희롱으로 한 차례 경고를 받은 상황에서 또 다시 회식 자리에서 노골적인 성적 언행을 한 점을 감안하면 징계 해고는 정당하다"고 판결 이유를 설명했다.

상사의 공개적 모욕성 질책에 항의 결근, 해고사유 되나? 364

P조합 이사장 비서인 S씨는 P씨로부터 심한 꾸지람을 받았다. "싫으면 그만두라"는 질책도 받았다. 홧김에 귀가해 며칠간 무단결근했다. 그러나 S씨는 사직의사가 없다는 서신을 회사에 보냈다. 그러나 P조합은 결국 의원면직 처리했다. P씨는 소송을 냈다.

서울중앙지방법원(2006년) 재판부는 원고 승소 판결했다. 재판부는 "원고 S씨가 낸 임금청구소송에서 피고 P조합은 원고가 복직할 때 까지 매월 4백90만원의 비율로 계산한 돈을 주라"고 판시하면서 "원고가 무단결근했기 때문에 징계사유는 존재하나 예상치 못한 질책에 돌발 대응한 점 등을 고려할 때 사회통념•상 고용계약을 끝낼 정도로 책임 있는 사유가 원고에게 있다고 보기 어렵다"고 판결 이유를 설명했다.

[해설] **사회통념**: A-106 참조.

운항 중 기내에서 승무원이 흡연, 해고사유 되나? 365

D항공사 승무원 K씨는 비행기 안에서 3차례 흡연을 한 사실이 적발돼 해고됐다. 중

앙노동위원회에 부당해고 재심신청을 냈으나 기각되자 중앙노동위원회를 상대로 소송을 냈다.

서울고등법원(2005년) 재판부는 **원고 패소 판결**했다. 재판부는 "K씨는 항공기객실 남자 승무원(사무장급)으로 승객의 기내 안전수칙 위반행위를 통제하는 직무를 맡고 있음에도 불구하고 흡연한 사실이 인정된다"며 "회사가 흡연을 문제 삼아 원고를 해고한 것은 **징계재량권을 남용한 것이 아니다**"라고 판결 이유를 설명하면서 "원고가 동승한 부하직원인 여승무원에게 담배를 피우기 위해 주위를 살펴달라고 요구하는 등 행태에서도 매우 부적절한 태도를 보였다"고 덧붙였다. 또한 "기내 흡연은 공중보건상 문제가 될 뿐만 아니라 안전사고로 이어질 경우 엄청난 인적 · 물적 손실을 초래할 수 있어 **기내에서 흡연을 한 사람은 100만원 이하의 벌금형에 처하고 있다**"고 위험성을 판시했다.

항의성 사표제출 후 공식수리 전 철회의사 표명, 해고가 정당한가? 366

X방송회사 사원들이 항의성 집단사표를 냈다가 사표가 수리되기 전에 철회하겠다는 의사를 밝혔다. 그러나 회사는 사원이 제출한 사표를 수리해버렸다. 그러면서 해고는 정당함을 확인해 달라며 중앙노동위원회를 상대로 소송을 냈다.

서울행정법원(2004년) 재판부는 **원고인 X회사에 패소 판결**했다. 재판부는 "제작팀원 10명이 팀장 교체를 요구하며 집단사표를 냈을 때 근로자들이 사직하겠다는 진의를 표시한 것으로 봐야 하지만, **근로자들은 사표가 수리되기 전에 회사에 손해를 끼치지 않는 한 사표를 철회할 수 있다**"며 "**사표가 공식 수리되기 전에 철회**• **의사를 밝혔는데도 회사 측이 그대로 해고한 것은 부당 해고에 해당된다**"고 패소 판결 이유를 설명했다.

[해설] **철회(撤回)**란 아직 종국적 법률효과가 생기지 않은 법률행위 또는 의사표시의 효과가 장래에 존속하는 것을 막거나 일단 의사표시의 효과를 기초로 하는 장래의 종국적 법률효과를 막는 일방적 행위를 말한다.

경영정상화를 위한 임원해고, 정당한가? 367

D보험회사는 과도한 부채 등으로 경영난에 시달리면서 경영정상화 조치로 임원을 해고했다. L씨 등 해고자들은 근로종료일까지 급여와 퇴직금 및 위자료 등을 지급하라며 D보험사를 상대로 손해배상 청구소송을 냈다.

서울중앙지방법원(2003년) 재판부는 **원고에게 패소 판결**했다. 재판부는 "당시 과도한 부채를 떠안은 채 대표이사가 횡령 등 금융비리 혐의로 구속되고 금감위의 관리감독을 받는 등 경영위기에 있던 D피고회사가 새로운 경영진을 선임하면서 **기존 임원들을 해임한 행위는 경영정상화를 위한 불가피한 행위로 정당하다**"고 판결 이유를 설명했다.

단 한번 지각을 이유로 운전기사 해고, 정당한가? 368

B외국어학원 운전기사 L(62)씨는 경기도 양평군 소재 영어마을 캠프에서 벌어진 행사에 첫째 날은 태워다 주고 끝난 후 서울로 태우고 돌아오는 데 아무 문제가 없었다. 다만 다음 날 오전 10시까지 다시 태우고 행사장에 가야 하는데 2시간 늦게 도착해서 학부모로부터 거센 항의를 받은 B학원은 학원의 신용이 훼손됐다며 L기사를 해고했다. L씨는 도로정체로 어쩔 수 없었다고 사정했으나 효과가 없자 법원에 해고무효 확인소송을 냈다.

서울중앙지방법원(2009년) 재판부는 **원고 승소 판결**했다. 재판부는 **"단 한 번의 지연도착이 사회통념*상 근로계약을 지속할 수 없을 정도는 아니다"**며 **"해고는 가혹하여 무효다"**라고 판결 이유를 설명했다.

[해설] 사회통념: A-106 참조.

e-mail 해고통지, 서면통지와 같은 효력 갖는가? 369

K씨는 D건설회사의 사내해외연수 대상자로 선발돼 미국으로 유학을 갔다. 2년의 연수기한이 지난 뒤에 1년을 연장해 석사학위를 취득했다. 그리고 그 뒤 다시 세 차례 더 기간을 연장하며 박사과정을 밟았다. 그리고 K씨는 다시 연수기간 연장을 신청했으나 거절당했고 같은 해 말쯤에 회사의 귀국지시에 응하지 않은 채 미국에 머물다 e메일로 해고통보를 받자 '서면 해고통지를 하도록 규정한 근로기준법에 위배되어 무효'라며 소송을 냈다.

서울중앙지방법원(2009년) 재판부는 **원고 패소 판결**했다. 재판부는 "'근로자를 해고할 때 사유와 시기를 **서면으로 통지해야 효력**이 있다'고 규정한 근로기준법 제27조 1 · 2항은 근로자의 생활에 막대한 지장을 초래하는 해고가 신중하게 다루어져야 하며 분쟁이 생겼을 때 이를 명확히 해결하기 위한 것"이라고 판시하면서 "K씨가 회사와 해외연수기간에 e메일로 교신해 왔고 해고통지 e메일에 '인사위원회 의결통보서'가 첨부 발송된 데다 K씨가 이를 정상적으로 수신한 점 등을 감안할 때 **이 사건에서 e메일 해고통지는 서면에 의한 통지로 봐야 한다**"고 패소 판결 이유를 설명했다.

경영악화를 이유로 받은 일괄 사표, 선별 수리했다면? 370

D사 직원 Y씨는 경영 부실을 이유로 전 직원에게 사직서를 내게 한 후 그 중 6명만을 의원면직 처리한 데 포함됐다. Y씨 등은 강제해고를 당한 것이라며 해고예고 수당 등 각종 수당을 제대로 받지 못했다면서 이들 수당을 지급하라고 소송을 냈다.

서울중앙지방법원(2009년) 재판부는 Y씨 등에게 승소 판결했다. 재판부는 "사용자가 사직 의사가 없는 근로자로 하여금 어쩔 수 없이 사직서를 작성 · 제출케 하면서 그 중 일부만 선별 수리해 의원면직 처리한 것은 정당한 절차를 거치지 않은 해고조치"라고 판시하면서 "해고예고수당과 연 · 월차휴가근로수당, 시간외 근무수당 및 야간근무수당 등을 지급해야 한다"고 판결 이유를 설명했다.

보관만 하겠다고 받은 사표, 수리했다면? 371

간호사인 Y씨는 병원에서 향정신성 의약품으로 분류되는 약물을 무단반출하다 적발됐다. 간호과장 A씨는 Y씨에게 "사건이 조용해질 때까지 한 달간 병가를 줄 테니 쉬다 오라"며 "외부투서 무마용으로 사표를 써서 제출하면 보관만 하고 있겠다"고 말했다. 그래서 Y씨는 사표를 써 줬다. 하지만 약속과 달리 사표가 수리되자 Y씨는 부당해고라고 주장하면서 중앙노동위원장을 상대로 부당해고구제 재심판정 취소소송을 제기했다.

서울행정법원(2009년) 재판부는 Y씨에게 승소 판결했다. 재판부는 "간호사 Y씨는 간호과장 A씨로부터 총무과에 제출하지 않는다는 말을 듣고 사표를 제출했다"면서 "병원이 원고의 사직 의사표시가 진의가 아닌 것*을 알고도 사표를 수리한 것은 부당하여 무효다"고 판결 이유를 설명했다.

[해설] **진의 아닌 의사표시(眞意 아닌 意思表示)**란 표의자가 의사와 표시의 불일치를 스스로 알면서 하는 의사표시를 말하며 심리유보 상태라고도 말한다. 비진의 의사표시는 원칙적으론 의사표시의 효력에 영향을 미치지 않아 표시된 대로 법률행위의 효력이 발생하나 상대방이 표의자의 진의 아님을 알았거나 이를 알 수 있었을 경우에는 무효이다(민법 제107조 참조).

반성의 표시로 낸 일괄사직서, 효력은 유효인가? 372

경기도 남양주시에 있는 자동차부품생산 공장에서 품질관리업무를 담당하던 L씨는 제품 불량으로 회사가 5000만원이 넘는 손실을 보았다며 반성하는 뜻에서 다 함께 사직서를 내자는 팀장과 상무의 말을 믿고 사직서를 제출했다.

사직서가 수리될 일은 없을 것이라고 팀장이 말했다. 그러나 L씨 등이 제출한 사직서는 수리됐고, 회사는 곧바로 신규인력을 채용하여 보충했다.

L씨가 이 결정에 불복해 출근을 계속하자 회사는 L씨의 출근을 저지하고 법원에 고용관계부존재 확인소송을 제기했다.

부산지방법원(2008년) 재판부는 원고 패소 판결했다. 재판부는 "피고 L씨는 다른 팀원과 함께 품질불량에 대해 근신하고 새로운 각오와 일체감을 보이려고 형식상으로 사직서를 제출한 것이기 때문에 사직서는 '진의가 아닌 의사표시'에 불과하다"면서 "직원 50명 정도의 회사에서 이런 사정을 쉽게 알 수 있었던 회사 측이 사직서를 받아들인 것은 무효"라고 판결 이유를 설명했다.

사회통념상 객관적이고 합리적인 이유가 없는 해고란? 373

M씨는 다니던 은행을 새로 인수한 B은행과 6개월간의 수습기간을 가진 뒤 본 계약을 맺기로 고용계약을 체결했다. 그런데 6개월 뒤 해고되었다. 해고당한 M씨 등 10여 명이 B은행을 상대로 부당해고를 취소하라는 소송을 냈다. 1 · 2심에서 승소했다.

대법원(2006년) 재판부는 "B은행은 M씨 등에게 해고 직후부터 복직 때까지 1인당 월 160만~230만원의 임금을 지급하라"고 판결한 원심을 확정했다. 재판부는 "사용자* 측은 수습기간 중에 있는 근로자를 해고하거나 사용기간 만료 때 본계약 체결을 거부할 수 있지만, B은행의 경우 지점별로 해고가능성이 큰 C, D 등급자들을 할당하고 절대평가가 아닌 상대평가방식으로 등급을 매겨 해고의 근거로 삼은 점은 사회통념상 객관적이고 합리적인 해고이유로 볼 수 없다"고 판결 이유를 설명했다.

[해설] **사용자(使用者)**란 근로계약에 있어서 당사자 일방(근로자)이 상대방(회사)에 대하여 노무를 제공할 것을 약정했을 때 근로자에게 보수를 지급할 것을 약정한 자(회사)를 말한다.

상습적인 지각, 해고사유 될까? 374

H씨는 P호텔에서 차장으로 근무하고 있다. H씨는 거의 매일같이 상습적으로 지각을 했다. P호텔은 결국 H씨를 해고했다. H씨는 해고처분은 너무 지나치다고 취소해 달라며 소송을 냈다.

서울중앙지방법원(2010년) 재판부는 H씨에게 승소 판결했다. 재판부는 "H씨의 업무가 호텔고객들을 직접 상대하거나 시간을 다투는 업무로 보이지 않는 점, H씨의 지각이 주로 5~20분 늦는 정도인 점, H씨가 근무평가에서 평균 이상의 평가를 받아온 점 등을 고려할 때 H씨의 상습적 지각습관이 해고사유에 준할 정도로 무겁다고 보기는 어렵다"고 하면서 "강등 또는 정직 등 해고보다 가벼운 징계조치로 재발방지라는 징계목적을 달성할 수 있는 반면, 징계해고를 할 경우 H씨가 입을 경제적 정신적 불이익의 정도는 매우 심각할 것으로 보인다"며 "P호텔이 상습적인 지각을 이유로 H씨에 대해 가장 무거운 징계인 해고를 한 것은 징계정도가 지나치게 가혹하게 보인다"고 판결 이유를 설명했다.

사내 하청 근로자 일방적 해고, 부당해고 아닌가? 375

H자동차회사에서 사내하청업체 소속 근로자로 일하다 해고된 C씨가 중앙노동위원회 위원장을 상대로 부당해고 및 부당노동행위구제 재심판정취소 청구소송을 냈다. 1 · 2심 재판부는 사내하청은 근로자 파견이 아닌 도급에 해당한다며 C씨 주장을 받아들이지 않았었다.

대법원(2010년) 재판부는 원고 패소 판결한 원심을 깨고 사건을 서울고법으로 돌려보냈다. 재판부는 "제조업체의 사내하청도 '근로자 파견'에 해당하기 때문에 2년 이상 근무한 사내하청 근로자는 정규직으로 고용한 것으로 봐야 함으로 일방적으로 해고한 것은 부당해고에 해당한다"고 판시하면서 "지휘명령이 사내하청업체의 현장 관리인을 통해 이뤄졌어도 사실상 H자동차에 의해 통제됐던 점 등에 비춰 볼 때 C씨는 H자동차의 노무지휘를 받는 파견근로자라고 할 수 있다"고 판결 이유를 설명했다.

위헌판결 난 법률의 판결 전 효력으로 면직, 면직기간 임금은? 376

예비군 중대장으로 근무하던 G씨는 항명으로 인한 군형법 위반죄 등으로 고등군사법원에서 징역 6월의 선고유예 판결을 받은 뒤 "금고이상 형의 선고유예를 받을 경우 당연히 퇴직한다"는 군무원인사법 규정에 의해 면직됐다. 그 후 G씨는 서울행정법원에 정부를 상대로 군무원지위 확인소송을 제기했고, 이 과정에서 헌법재판소로부터 선고유예에 따른 면직처분 조항이 "공무담임권을 과도하게 침해해 헌법에 위반된다"는 위헌결정을 받아 군무원으로 복직하게 됐다. G씨는 복직한 후 정부를 상대로 임금 · 위자료 청구소송을 냈다.

서울중앙지방법원(2009년) 재판부는 정부는 G씨에게 임금과 지연손해금 등을 지급하라"며 원고 승소 판결했다. 재판부는 "원고 G씨가 면직된 것은 위헌인 법률에 의한 것으로 무효이기 때문에 정부는 원고에게 군무원으로 계속 근무했더라면 받을 수 있는 임금과 지급기일 다음날부터의 지연손해금, 평균지급률에 따른 상여금을 지급할 의무가 있다"고 판결 이유를 설명했다.

노조를 비방 · 선동했다고 해고, 징계권 남용인가? 377

택시기사 C씨는 노조위원장 H씨가 회사에서 수백만원의 돈을 받고 단체협약 내용을 공개하지 않아 조합원들이 상여금을 제대로 받지 못하는 등 피해를 보고 있다는 전단지를 배포하기도 하고 한 차례 1인 시위도 벌였다. 회사는 '회사나 노조를 비방 · 선동한 자를 징계한다'는 단체협약을 근거로 C씨를 해임했다. C씨는 소송을 냈다.

대법원(2007년) 재판부는 **C씨에게 승소 판결**했다. 재판부는 "근로자의 행위가 단체협약의 징계사유에 해당해도 해고는 사회통념상 근로자에게 책임 있는 사유가 있어야 정당성이 인정된다"며 **"C씨가 노조를 비방 · 선동한 것은 인정되지만, 이는 조합원으로서 의문을 제기할 만한 내용이고 완전히 허위인 것은 아니므로, 회사가 가장 무거운 징계처분인 해고를 내린 것은 징계권 남용"**이라고 판결 이유를 설명했다.

해킹으로 입수한 회사기밀을 노조홈페이지에 올린 노조간부 해고는? 378

H보험회사 노조지부장 H씨는 한 노조원이 인사담당자의 이메일을 해킹해 얻은 내부 인사관련 자료를 전 노조원에게 공개하고 이 자료를 바탕으로 회사에서 전 직원을 연봉제 계약직으로 전환하려는 의도를 갖고 있다는 취지의 글을 노조홈페이지에 올렸고 일부 언론에 보도되면서 파문을 일으켜서 결국 해고당했다. H씨는 해고 무효소송을 냈다.

1심 재판부는 "H씨가 노조원의 해킹을 사전에 알지 못했고, 노조간부가 노조원을 지도 · 감독하는 책임이 있다는 규정이 없다"며 해고는 무효라고 판결했다.

서울고등법원(2010년) 재판부는 원심 판결을 깨고 **원고 패소로 판결**했다. 재판부는 "H씨가 노조원이 해킹으로 입수한 **기밀자료라는 사실을 인식하면서도** 다른 노조간부들로 하여금 회사 측과의 협상자료로 활용하게 했다"면서 **"이는 H씨가 노조지부장으로서 간부들을 지휘 · 감독할 의무를 이행하지 않은 것"**이라고 판결 이유를 설명했다.

생각만으로는 처벌받지 아니한다.

피에 가까울수록 재산에도 가깝다.

매매는 임대차를 깨뜨린다.

횃불에 타는 것은 동산이다.

법률이 없으면 죄도 없고 형벌도 없다.

법의 부지는 용서받지 못한다.

도둑은 언제나 지체하고 있는 것으로 본다.

의심스러울 때는 피고인의 이익으로

법은 국경을 넘지 않는다.

훌륭한 법률가는 나쁜 이웃이다.

양 한 마리 때문에 소송을 하는 자는 소 한 마리를 잃는다.

눈에는 눈, 이에는 이

법률이 없으면 죄도 없고 형벌도 없다.

도둑은 언제나 지체하고 있는 것으로 본다.

의심스러울 때는 피고인의 이익으로.

B

P·A·R·T

불법과 위법에 대한 책임

I 손해배상 · 각종 책임

1. 손해배상청구

수영장 물에 빠져 뇌 손상된 2살 어린이, 부모의 책임은? 1

사고 당시 2살인 H군은 놀이방 원장과 교사의 인솔로 한강시민공원 수영장에 갔다. 유아용 물에서 놀다 빠져 저산소성 뇌손상을 입어 평생 팔다리가 마비되는 장애가 생겼다. H군의 부모는 서울시와 수영장 관리업체, 놀이방 등을 상대로 손해배상책임*을 물어 소송을 냈다.

서울고등법원(2009년) 재판부는 원고에게 승소 판결했다. 다만 피고측 책임을 70%로 인정하고 5억8000만원을 배상하라고 판시했다. 재판부는 "H군의 부모는 아이가 위험한 곳에 가지 않도록 철저히 교육시키거나, 함께 수영장에 가서 보호할 의무가 있음에도 막연히 '잘 부탁한다'는 의사만 전달하고 아무런 조치를 취하지 않았다"고 판결 이유를 설명했다.

[해설] **손해배상책임(損害賠償責任)**이란 불법한 원인으로 발생한 손해를 피해자 이외의 자가 보전하는 것을 말한다. 민법상 채무불이행과 불법행위가 손해배상발생원인이 된다. 손해라 함은 만일에 가해 원인이 없었다고 한다면 있었어야 할 이익 상태와 가해가 이미 발생한 현재의 이익 상태와의 차이다. 손해에는 재산상의 손해뿐만 아니라 정신적 손해도 포함된다.

어린이집서 밥 먹다 질식하여 뇌 손상이 됐다면? 2

20개월 된 어린이 L군은 어린이집에서 멸치볶음 반찬속에 있는 콩을 씹어 먹다가 목에 걸려 기도가 막혔다. 병원으로 이송됐으나 산소 부족으로 심하게 뇌손상을 입고 사지가 마비되는 장애아가 되었다. L군 부모는 손해배상 소송을 냈다.

서울중앙지방법원(2009년) 재판부는 L군 부모에게 승소 판결했다. 다만 피고인 어린이집 측에게 책임을 80%로 인정하고 위자료 4억4600만원의 손해배상금을 지급하라고 판시했다. 재판부는 "L군이 당시 앓니만 난 생후 20개월의 아이라서 콩을 씹어 먹기 어렵다는 것을 예상할 수 있었는데도 담당 교사가 콩을 으깨는 등 먹기 쉽도록 해주지 않았고, 인공호흡 등 필요한 응급조치를 제때 하지 않은 과실이 인정된다"면서도 "부모도 아이를 보육시설에 맡기면서 아이의 식습관에 대해 충분히 설명하지 않은 과실이 있다"고 판결 이유를 설명했다.

[해설] **과실(過失, negligence)**이란 일정한 결과의 발생을 인식하였어야 함에도 불구하고 부주의로 인하여 인식하지 못하는 것을 말한다. 과실로 인하여 타인에게 피해를 입혔다면 손해배상책임을 지게 된다. A-12 참조.

초등학생 '왕따 자살', 관할 교육청과 가해학생 부모의 책임은? 3

초등학교 6학년생이 폭행과 집단 괴롭힘에 시달리다 아파트 4층에서 뛰어내려 자살했다. 피해학생 부모는 가해학생 부모와 교육청을 상대로 손해배상 청구소송을 냈다.

대법원(2007년) 재판부는 피고는 원고에게 1억3000여 만원을 배상하라는 원고 승소 판결을 했다. 재판부는 "가해 학생들은 12세 남짓의 초등학교 6학년생들이지만 집단 괴롭힘의 폐해를 잘 알고 있었을 것"이고 "가해 학생들의 폭행 등 괴롭힘과 자살 사이에 상당한 인과관계•가 있다고 볼 수 있다"고 판시했다. 또한 "학생의 모든 생활을 다 감독할 수 없다"는 경기도 교육청의 주장에 대해 "담임교사가 학생들의 동향을 면밀히 파악했더라면 수개월에 걸친 폭행을 적발해 자살을 예방할 수 있었을 것으로 보이며 가해학생들과 격리해 달라는 부모의 요청도 거절하는 등 미온적으로 대처했다"며 판결 이유를 설명했다.

[해설] **상당인과관계(相當因果關係)**란 우선 '인과관계'란 어떤 사람의 죄를 묻기 위해서는 발생된 결과를 행위자에게 그의 행위로 몰아 부칠 수 있어야 하는데 그러려면 이러한 행위와 결과 사이에 어떠한 연관이 있어야 하지 않느냐의 문제를 다루는 것이다. 가령 목장에 가둬있던 말이 울타리를 부수고 자동차길로 나와서 자동차 행로를 방해하여 차량끼리 충돌사고를 내게 하고 행인에게 인명피해가 발생했다고 하면 결과인 '인명피해'에 대한 책임을 누구에게 지울 것이냐 하는 것이다. 대상은 목장주인 · 울타리 시공업자 · 충돌사고 운전자 · 제2차 피충돌사고 차량운전자 등이 있는데 누구에게 어느 정도 책임을 물을까 하는 것을 다루는 이론이다. 학설이 여럿으로 갈리는데 그 중 '상당 인과관계설'이 가장 유력한 통설이다. 간략히 말하면 이 학설은 경험법칙상 그 결과에 상당한 조건만이 원인이 된다고 보는 학설이다.

연습훈련 중 사고로 운동부 학생의 사지가 마비, 누가 책임지나? 4

전북 S중학교 2학년 배구선수이던 K양은 체육관에서 동계훈련을 하고 있었다. 감독 교사의 지시 아래 배구네트 아래를 통과해 왕복으로 달리던 도중 팽팽하게 당겨진 네트에 이마가 부딪혀서 뒤로 넘어지면서 머리를 뒤따라오던 동료 선수의 무릎에 부닥쳤고 다시 바닥으로 떨어져 사지마비의 중상을 입게 됐다.

K양 가족은 학교에 보상을 요구했지만 S학교는 "네트 밑 왕복은 가장 보편적인 훈

련이고 당시 감독교사가 '네트를 통과할 때 자세를 낮추라'고 주지시켰다"며 거부하자 학교를 상대로 소송을 냈다

서울중앙지방법원(2009년) 재판부는 "학교 측에 손해액의 80%만큼 손해배상책임이 있다면서 K양에게 치료비와 위자료를 합쳐 8억4000만원을 지급하라"고 판결했다.

폭력학생이 보복폭력으로 사망, 학교와 서울시의 책임은? 5

중학교 3학년 K군은 평소 학생에게 폭력을 행사하거나 금품을 빼앗곤 했다. 같은 학년의 P군은 K군이 점심시간에 자신의 친구를 때리는 장면을 목격하고 분을 참지 못했다. K군이 힘이 약한 친구들만 골라 괴롭힌다고 생각하고 있던 중 친한 친구가 폭행을 또 당하자 복수하겠다는 생각에 점심시간인 것을 이용해 집에 가서 흉기를 갖고 왔다. 그리고 K군 교실로 가서 여러 차례 찔렀다. K군은 병원으로 이송 도중 숨졌다. K군 유족은 학교 폭력을 방지하지 못한 책임을 물으면서 서울시를 상대로 손해배상 청구소송을 냈다.

대법원(2007년) 재판부는 서울시는 9700여 만원의 위자료를 유족에게 주라며 원고 승소 판결했다. 재판부는 "이 사건은 수업시간 중 일어나 교장 · 교사의 보호감독 의무가 있으므로 배상책임을 인정한 원심 판단은 정당하다" 또 "평소 K군이 학생들을 상대로 폭력을 행사하고 금품을 빼앗아 온 것을 교사들도 알고 있었으므로 대책을 마련하지 않으면 또 다른 폭력이 발생할 것이라고 예견할 수 있었다"면서 소홀한 학교의 폭력방지 대책을 지적했다.

수업 종료 후 학교 밖에서 발생한 폭력, 학교의 책임은? 6

경기도의 한 중학교 3학년 H군은 책상에 엎드려 잠을 잤다. 깨어 보니 누군가 자신의 얼굴에 낙서한 것을 발견했다. G군을 의심하고 책임을 추궁하면서 다툼으로 번졌다. 그러나 학생들의 만류로 중단했다가 수업이 끝난 후 귀가 중 다시 싸움이 붙었고 H군은 G군의 타격으로 큰 부상을 당했다. 눈 주위 얇은 뼈가 충격을 받아 골절이 생겼고 그로 인해 눈의 움직임에 장애가 생겨 사물이 겹쳐 보이는 복시현상이 나타나는 안와골정상을 입은 것이다.

H군의 부모는 "지도감독 의무를 소홀히 했다"며 가해 학생 G군의 부모와 경기도 교육청을 상대로 손해배상 청구소송을 제기했다.

수원지방법원(2007년) 평택지원 재판부는 "가해학생인 G군의 부모는 4000여 만원을 지급하라"며 원고 승소 판결했다. 재판부는 "G군의 부모는 자녀가 폭력을 행사하지 않고 정상적으로 학교생활에 적응할 수 있도록 보호 감독할 의무를 게을리 했으므

로 원고 H군과 그 부모가 입은 손해를 배상할 책임이 있다"고 설명했다. 하지만 "이 사건 폭행이 수업시간이 종료된 후 학교 밖에서 우발적으로 발생해 예측가능성이 전혀 없었다"며 따라서 "교사들의 감독자인 경기도 교육청의 책임은 인정하지 않았다"고 판결 이유를 설명했다.

동급생들이 집단폭행 후 발가벗겨 사진 찍어 동영상 공개했다면? 7

중학교 3학년인 K양은 같은 학교 동급생의 집에서 친구 네 명에게 두 시간 동안 폭행을 당했다. 나중엔 K양의 교복을 강제로 벗긴 후 휴대전화로 이 장면을 촬영했다. K양은 결국 급성 스트레스성 장애로 입원치료까지 받았다. 촬영한 동영상은 온라인 동영상 매체에 공개됐다. K양 가족은 다른 지역으로 이사를 간 후 가해 학생들과 그 부모들을 상대로 손해배상 청구소송을 냈다.

서울중앙지방법원(2008년) 민사합의재판부는 가해학생 네 명과 부모들은 A양에게 6890여 만원을 배상하라고 판결했다. 재판부는 "가해학생들이 K양의 신체 · 명예 · 인격권 및 초상권을 침해했고 K양과 가족들에게 큰 정신적 충격을 줬다"고 판시하면서 "가해학생의 부모 역시 자녀를 보호하고 가르쳐 타인에게 손해를 가하지 않도록 감독할 의무를 게을리 했다"면서 "손해 배상액 산정은 우선 K양에게 위자료 2000만원과 치료비 840여 만원 그리고 K양 부모에게 위자료 1000만원씩, K양의 두 동생에게도 위자료 각 500만원, 또 폭행사건 이후 K양 가족이 어쩔 수 없이 다른 곳으로 이사를 해야 했던 점을 고려해 이사비 80만원 등으로 계산했다"고 판결 이유를 설명했다.

학교폭력, 그 감독책임자들의 책임 분담 비율은? 8

봉사활동으로 외국에 가서 합숙생활 중에 고교생 K군은 후배를 구타하여 크게 상처를 입혔다. 이로 해서 K군의 아버지가 피해학생에게 일정 금액을 위자료로 지불했다. 그리고 인솔 교사 2명과 교장을 상대로 구상금 청구소송을 냈다.

서울중앙지방법원(2006년) 재판부는 원고에게 승소 판결했다. 재판부는 "방학 중 해외 봉사활동에 참가했다가 일어난 상급생의 하급생 폭행 사건에서 봉사활동은 학교 교육 활동의 일환으로 봐야 하고 봉사활동 과정은 학교의 교육활동과 밀접한 관계에 있는 학생생활에 해당되므로 교사들은 폭행을 방지하지 못한 보호 · 감독 의무의 위반에 대해 책임을 져야 한다"고 하면서 "이번 사건의 폭행 당사자들이 청소년으로 낯선 외국에서 상당 기간 합숙해야 하므로 학교에서는 더욱 세심한 배려를 할 의무가 있고 폭행 경위와 이후 경과를 종합하면 가해학생, 가해자 담당교사, 피해자 담당교사의 과실 비율은 65%, 20%, 15%로 봐야 한다"고 판결 이유를 설명했다.

학생의 자기 과실로 입은 부상, 학교안전공제회는 보상해야 하나? 9

서울의 한 중학교 레슬링 선수인 P군은 소년체육대회를 앞두고 학교에서 훈련을 하던 중 넘어져 목뼈가 부러지고 사지가 마비되는 부상을 입었다. P군과 가족은 학교안전공제회에 공제급여를 달라며 소송을 냈다. 학교안전공제회는 학교가 공제료를 내고 학교 안전사고로 피해를 입은 학생이나 교직원에게 보상을 해주는 제도다. 그런데 그동안 공제회는 학생이나 교직원에게 고의나 과실이 있을 경우에는 보상금을 주지 않거나 일부만 지급해왔다.

서울동부지방법원(2010년) 재판부는 P군에게 **공제회는 치료비와 위자료 등으로 9억 8400여 만원을 지급하라고 판결**했다. 재판부는 "학교안전사고법은 피공제자에게 과실이 있더라도 모든 학교 안전사고로 인한 피해를 신속하고 적정하게 보상하는데 목적이 있다"며 "학교장이나 교사, 감독자 등에게 손해배상책임이 인정되지 않는 경우에도 공제급여를 지급해야 한다"고 판결 이유를 설명했다.

교내 체육활동 시간에 추락 · 하반신 마비, 학교의 손해배상책임은? 10

고등학교 2학년 P군은 자율체육활동 지시에 따라 철봉운동을 하다가 추락해 하반신 마비가 왔다. 부상 당시 담당교사는 현장에 없었다. P군과 P군의 부모는 학생의 보호 · 감독 의무가 있는 교사가 자리에 없어 사전예방 내지 사후조치 등이 늦어졌고 철봉 바닥이 자갈 등으로 깔려 있어 상처를 격화시켰다며 학교를 상대로 손해배상 청구 소송을 냈다.

서울중앙지방법원(2008년) 재판부는 **학교 측이 4억원을 배상하라는 원고 승소 판결**을 했다. 재판부는 "담당교사로서 학생들이 안전하게 운동하고 있는지 살피다가 사고가 났을 경우 신속한 조치를 취할 의무가 있다"며 "또한 사고로 인해 척추가 손상됐을 가능성이 큰 P군을 학생들이 함부로 옮기도록 방치한 잘못이 있다"면서도 그러나 P군에 대해서도 "만 16세의 고등학교 2학년 학생으로서 철봉운동 중 추락 가능성을 익히 알고 있었다 할 것이므로 사태가 발생하지 않도록 대비했어야 한다면서 **학교 측의 책임을 40%로 제한**한다"고 판결 이유를 설명했다.

선배 체조선수의 고난도 기술 강요로 떨어져 전신마비되었다면? 11

체육고등학교 2학년인 Y군은 자율훈련 중에 선배인 3학년 S군이 지시한 체조를 제대로 하지 못하자 기합으로 고난도 기술을 필요로 하고 또 Y군이 평소에 한 번도 시도해 보지 못한 철봉동작을 하라고 했다. 학교 내에서 선 · 후배 사이의 위계질서상 거부할 수 없어 무리하게 시도하다가 결국 땅바닥에 떨어져 척추가 부러지고 전신마비가 되었다. Y군과 부모는 S군과 그 부모 그리고 체조부 감독 및 서울시 교육감을 상대로 손해배상 청구소송을 냈다.

서울중앙지방법원(2006년) 재판부는 "S군과 서울시는 Y군과 가족들에게 8억여 원을 지급하라"면서 "S군은 자율훈련 안전지침을 어기고 후배들에게 벌칙을 부여하는 의미에서 훈련경험이 없는데도 변형적인 동작을 지시함으로써 안전주의의무를 위반했고, 서울시도 소속 교육공무원인 체조부 감독이 보호감독 의무를 다하지 않은 불법행위에 대한 책임이 있다"고 판결 이유를 설명했다.

명단공개를 철회하지 않으면 하루 3000만원씩 전교조 측에 지급하라! 12

국회의원 C씨는 여론수렴을 거쳐 전교조 교사명단을 개인 홈페이지에 공개하겠다고 밝혔다. 전교조 측은 법원에 명단공개금지 가처분신청을 냈다. 법원은 "공개대상과 범위에 대한 합리적인 기준 없이 명단을 공개하면 조합원권리가 부당하게 침해될 수 있다"며 가처분*신청을 받아들였다. 그러나 C의원은 법원의 공개금지 결정은 정치활동을 침해하는 것이라며 법원의 공개금지 가처분결정을 어기고 전교조 명단을 공개했다. 전교조 측은 이를 막아달라는 간접강제* 신청을 냈고 법원은 이를 받아들였다.

서울남부지방법원(2010년) 재판부는 "공개금지 가처분결정에 따라 C의원은 전교조 교사명단을 인터넷이나 언론 등에 공개해선 안 되고, 이를 어길 경우 하루 3000만원씩 전교조 측에 지급해야 한다"고 판시했다. 따라서 C의원이 명단공개를 철회하지 않으면 결정 사실이 고지되는 날부터 하루 3000만원씩 부과되며, 항고한 뒤에도 항고심에서 돈을 내지 않아도 된다고 결정할 경우에도 그날까지 돈을 내야 한다.

[해설] **가처분**: A-36 참조.
[해설] **간접강제(間接强制)**란 채무의 성질이 강제집행을 할 수 있는 경우에 법원은 채권자의 신청에 의하여 법원의 결정으로 상당한 기간을 정하고 채무자가 그 기간 내에 이행을 하지 아니하는 때에는 그 지연기간에 응하여 일정한 배상을 할 것을 명령할 수 있는 제도를 말한다.

수능 듣기평가시험 도중 방송시설 고장으로 시험 실패했다면? 13

삼수생(三修生) J군은 듣기평가 시험 도중 방송시설 고장으로 제대로 들리지 않아 시험을 망쳤다. 결국 낙방했다. 시설관리 책임이 있는 서울시를 상대로 J군과 J군 부모는 손해배상 책임을 물어 소송을 제기했다. 그동안 지출한 학원비 등을 포함하여 3500여 만원을 청구했다.

서울중앙지방법원(2009년) 재판부는 "서울시가 공정한 시험을 치를 수 있도록 방송시설을 미리 점검해야 할 책임을 소홀히 했다면서 위자료로 J군에게 200만원, 부모에게 각각 50만원씩 모두 300만원을 지급하라"고 판결하면서 "삼수(三修)를 하게 되면서 지출한 학원비까지 배상해달라고 요구한데 대하여 사고가 없었다고 해도 J군이 더 좋은 대학에 갔을 거라고 단정할 수 없다"면서 그 부분은 받아들이지 않았다고 판결 이유를 설명했다.

감독관 실수로 답안지 재작성토록 해 불안감으로 불합격됐다면? 14

수능시험을 치른 H군은 3교시 외국어영역 시험을 마친 뒤 쉬는 시간에 시험통제본부로 불려가 답안지를 재작성해야 했다. 3교시 감독관인 K교사가 실수로 답안지의 '감독관 확인란'이 아닌 '결시자 확인란'에 날인한 것이 뒤늦게 발견됐기 때문이었다. 그 시간 이후 불안감이 조성되어 수능 모의평가에서 전 과목 1등급을 받는 등 우수한 성적을 받아 온 H군은 이후 4교시 4과목 중 2과목에서 각각 2등급과 3등급을 받는 데 그쳤다. 서울대 의대를 목표로 하던 H군은 결국 서울대 자연과학부에 지원했다가 떨어졌다. H군은 국가와 K교사를 상대로 위자료와 재수(再修)비용 등 4300만원을 배상하라며 소송을 냈다.

서울중앙지방법원(2008년) 재판부는 "H군에게 국가가 800만원을 배상하라"고 판결했다.

교수임용에 대한 대법원 판결도 무시한 대학재단, 손해배상책임은? 15

K(여)씨는 신임 교수 임용과정의 불공정성에 이의를 제기하다 학교와 마찰을 빚어 재임용에 탈락당하였다. K교수는 해임처분무효 확인소송을 냈고 대법원에서 승소 판결을 받았다. 그러나 학교재단 측은 여전히 재임용을 계속 거부하므로 K씨는 A학교재단을 상대로 손해배상 청구소송을 냈다.

서울북부지방법원(2008년) 재판부는 원고 승소 판결했다. 재판부는 "피고 A재단은 원고 K씨에게 5년 가량 수업할 기회를 박탈하고 끝없는 법적 분쟁으로 극심한 정신적 고통을 줬다"며 "피고의 집요하고 악의적 행위에 따른 원고의 정신적 피해•에 대한 위자료 3억원과 받지 못한 임금 8900만원을 배상하라"고 판결하면서 "소송 당사자가 소송의 결과를 따르는 것은 법치국가 시민의 기본 의무인데도 A대학 측은 대법원 판결도 무시한 채 피해자의 재임용을 거부해 왔다"며 "이는 사법부의 존재를 무시하는 행위일 뿐만 아니라 학교로서 존립가치도 회의케 하는 행위"라고 판결 이유를 설명했다.

[해설] **정신적 피해:** A-30 참조.

2. 제조물책임 및 기타 책임

컵라면에서 나온 지렁이로 스트레스받아 생긴 우울증, 제조사의 책임은? 16

J(32)씨와 J씨의 조카 L(6)양은 함께 컵라면을 사서 나눠먹다 용기 안에서 지렁이를 발견했다. 이때 받은 스트레스로 J씨는 우울증까지 생기자 제조업체를 상대로 손해배상 청구소송을 냈다.

서울중앙지방법원(2007년) 재판부는 치료비 68만원과 위자료 250만원을 지급하라고 원고 승소 판결했다. 재판부는 "하청업체로부터 납품받은 재료에서 지렁이가 나왔다 해도, 이는 제조물책임법•상 완성품인 컵라면 제조업체의 책임에 해당한다"고 판결 이유를 밝히면서 또 "J씨가 라면에서 지렁이가 나온 후 심한 스트레스를 받다 우울증•에 걸렸으므로, 컵라면의 결함과 J씨의 우울증 치료비 사이에는 인과관계가 인정되므로 피고에게 손해배상 의무가 있다"고 덧붙였다.

[해설] **제조물책임법(製造物責任法)**이란 제조자로부터 소매상을 통하여 판매된 상품(제조물)에 어떤 결함 내지 하자가 있어 소비자나 이용자 또는 기타의 자가 인적 · 재산적 손해를 입은 경우에, 제조자가 부담하는 배상책임을 다룬 법을 말한다.
[해설] **우울증**: A-335 참조.

외제차 급발진으로 차량 파손, 판매회사에 제조물책임 물을 수 있나? 17

J(73)씨는 2008년식 벤츠E220 승용차를 구입한 지 8일 만에 이 차를 타고 자택 지하주차장에서 도로로 나오다가 차가 갑자기 굉음을 내며 30m를 질주하여 화단을 타고 넘어 건물 벽에 그대로 충돌했다. J씨는 차량 수입업체 M회사와 판매업체 H회사를 상대로 하자담보책임을 물어 "동종의 새 차량을 달라"며 소송을 냈다. 1심 재판부는 "자동차처럼 고도로 기술이 집약되어 대량생산되는 상품은 소비자가 아니라 제조업자에게 결함 여부를 입증할 책임이 있다"는 법리가 판매업체에게도 적용된다며 원고 승소 판결했다.

서울중앙지방법원(2010년) 항소재판부는 원고 패소 판결했다. 재판부는 "제조업체가 아닌 판매업체에 제조물책임에 관한 법리를 확대 적용할 수 없다"고 판시하면서 한편 J씨의 운전과실 가능성도 있을 수 있다고 지적했다.

고엽제 피해자에게 제조회사의 손해배상책임은? 18

베트남전 참전군인과 유족 2만여 명이 고엽제 제조회사인 미국의 다우 케미컬과 몬산토 회사를 상대로 월남전쟁 참전군인과 유족 6700여 명에게 위자료를 지급하라며 소송을 냈다.

서울고등법원(2006년) 재판부는 원고 승소 판결했다. 재판부는 "이들 회사가 제조한 고엽제*는 기준을 초과한 다이옥신(TCDD)이 있기 때문에 제조물책임을 져야 한다"며 "지급해야 할 금액은 장애 정도에 따라 600만~4600만원씩 모두 630억여 원이다"라고 판시하면서 "미국 회사들의 재산이 국내에도 있기 때문에 위자료를 받아낼 수 있고, 그에 따라 국내 법원에 재판관할권이 있다"고 덧붙였다.

앞서 1심 재판부는 "이들이 앓고 있는 질병과 고엽제 간에 직접적인 인과관계가 있다고 보기 어렵고 손해배상 소멸시효인 10년이 지났다"며 원고 패소 판결을 내린 바 있다.

[해설] **고엽제(枯葉劑)**란 제초제 가운데 극독물인 다이옥신(TCDD)을 함유한 트리클로로페닐을 가리킨다. TCDD가 기형이나 암을 유발한다는 사실이 동물실험에서 증명되었다.

카드 마일리지 적립기준 일방적으로 축소, 계약준수의무 위반일까? 19

J씨는 인터넷을 통해 기본연회비에 항공 마일리지클럽 연회비 2만원을 내는 신용카드를 만들었다. 당시 L카드는 회원들에게 1000원당 2마일의 마일리지를 적립해 주고 있었지만 이듬해 항공사의 마일리지 단가인상으로 인해 L카드는 1500원당 2마일을 주는 것으로 약관을 변경했고 이러한 사실을 이메일을 통해 고객에게 공지했다. 그러나 J씨는 충분한 설명이 없었다며 L카드사를 상대로 축소한 마일리지를 돌려달라고 소송을 냈다.

서울중앙지방법원(2006년) 재판부는 J씨에게 승소 판결했다. 재판부는 "카드사가 인터넷 카드 신청화면을 통해 약관의 변경가능성에 대해 설명했다 하더라도 중요내용에 대해서는 고객에게 따로 설명할 의무가 있다"고 밝히면서 또 "J씨가 높은 연회비를 부담하면서 신용카드를 사용하게 된 이유를 고려해보면 마일리지 제공 서비스는 계약의 중요부분*에 해당한다"고 판결 이유를 설명했다.

[해설] **계약의 중요부분**이라 함은 계약이 일정한 법률효과 발생을 목적으로 하는 서로 대립하는 의사표시, 즉 청약과 승낙의 합치로 성립하는 법률행위인데 당사자 일방의 합의한 내용파기(본문의 경우 일방적 마일리지 단가인상)는 '계약의 중요부분'에 해당되어 채무불이행이 된다.

고액상품권임을 안 알린 채 배송의뢰 후 도난, 배송회사의 책임은? 20

T회사 직원은 배송업체에 전화를 걸어 배송주문을 하면서 "서류를 배달하려고 한다"고 말했다. 배송업체에서 나온 오토바이 기사는 건네받은 박스에 4000여 만원 상당의 상품권이 들어 있다는 사실을 모른 채 배송 도중 오토바이를 잠시 세워놓고 다른 주문을 받으러 간 사이에 상품권이 든 박스를 도난당했다. T사는 배송업체와 오토바이 기사를 상대로 상품권 도매가격 3800여 만원을 배상하라며 소송을 냈다.

서울중앙지방법원(2010년) 재판부는 T사에 패소 판결했다. 재판부는 "상법에는 배달을 맡길 때 고가품에 대해선 그 종류와 금액을 배송하는 사람에게 알려주게 돼 있다"며 "배송업체가 고의로 상품권을 분실하거나 훔쳐 가도록 방치한 것이 아닌 이상 '서류'라고만 알려줬기 때문에 손해배상책임이 없다"고 판결 이유를 설명했다.

[해설] **손해배상책임**: B-1 참조.

훈련소 과실로 애완견이 죽었다면? 21

H씨는 고급 수컷 애완견을 250만원에 산 뒤 G씨의 애완견 훈련소에 위탁했으나 훈련소에서 열사병에 따른 이상고열 증상으로 치료를 받던 중 죽자 소송을 냈다.

부산지방법원(2008년) 재판부는 원고 승소 판결했다. 재판부는 "훈련소는 애완견이 생명이나 건강을 해치는 일이 없도록 환경을 정비하고 훈련을 조절하는 등 필요한 조치를 취해야 할 보호 의무가 있으나 이 보호 의무를 위반한 과실이 있다"고 판결 이유를 설명하면서 "G씨의 배상액은 최초 구입가격과 훈련기간 등을 감안해 애완견의 사망 당시 추정가격 370만원, 장례비 40만원, 정신적 피해에 대한 위자료 100만원 등 모두 510만원이고 동물병원 측으로부터 이미 받은 배상금액을 제외하면 410만원이다"라고 덧붙였다.

부당대출 의결하여 회사에 끼친 손해, 이사회 참여한 임원들의 책임은? 22

부당대출 등으로 회사에 손해를 끼쳤다며 G보험회사가 전 대표이사 K씨와 이사진 등 10여 명을 상대로 손해배상 소송을 냈다.

서울고등법원(2005년) 재판부는 대표이사 K씨와 이사진에게 손해액의 일부를 갚으라며 원고 일부 승소 판결을 내렸다. 재판부는 "5년 연속 적자였던 여러 회사들에 대출함에 있어 재무상태를 철저하게 조사하지 않고 대출이 이루어지도록 이사회 결의를 한 전 대표이사와 이사 및 부실회사에 대한 추가 대출을 저지하고 감시할 의무를 소홀히 한 감사는 회사가 입은 손해를 배상할 의무가 있다"고 밝혔다.

미성년자가 부모 동의 없이 쓴 휴대폰 인터넷 요금, 어떻게 될까? 23

통신사가 부모 동의 없이 미성년자에게 휴대전화 무선 인터넷 서비스를 개통해주면서 과도하게 요금을 받았다며 K군 등 미성년자 5명이 S텔레콤을 상대로 소송을 냈다.

서울중앙지방법원(2007년) 재판부는 원고 일부승소 판결했다. 재판부는 "미성년자•인 K군 등 5명이 S텔레콤과 정보이용계약을 맺고 무선인터넷을 이용한 시기에 법정대리인•의 동의를 얻지 않았기 때문에 이를 취소할 수 있다"며 "K군 등의 법정대리인이 계약을 모두 취소한다는 의사표시를 했기 때문에 K군 등이 낸 정보이용료는 부당이득•이라 돌려줘야 한다"고 밝혔다.

[해설] **미성년자(未成年者)**란 만20세에 달하지 않아 성년(成年)이 되지 못한 자(민법 제4조에 규정 있음)이다. 단독으로 유효한 법률행위를 하려면 법정대리인의 동의를 얻어야 하며(민법 제5조 1항), 이러한 동의없이 한 행위는 미성년자 본인이나 법정대리인이 취소할 수 있다(민법 제5조 2항).

[해설] **법정대리인(法定代理人)**이란 본인의 의사에 의하지 않고 직접 법률에 의하여 대리권이 부여된 자를 말한다. 미성년자에 대하여는 친권자인 부모가 법정대리인이 된다.

[해설] **부당이득**: A-126 참조.

Ⅱ 국가 · 지방자치단체의 책임

집단 성폭행 피해 자매에 모욕을 준 수사 경찰관의 책임은? 24

P군 등 밀양 소재 고교 학생 41명이 집단으로 A양 자매를 성폭행한 사건을 경찰관 여러 명이 조사하는 과정에서 피해자에게 모욕을 주는 등 부적절한 행위를 한 데 대하여 피해자 자매와 어머니가 손해배상 소송을 냈다.

대법원(2008년) 재판부는 국가가 피해 자매에게 각각 3000만원과 1000만원, 어머니에게 1000만원을 배상하라고 판결한 원심을 확정했다. 재판부는 "조사 경찰관들이 '밀양 물을 다 흐려 놨다'고 이들 자매를 모욕한 데 이어 범인 식별실 대신 공개장소인 형사과 사무실에 피의자 41명을 세워놓고 A양 자매에게 범인을 지목하도록 했다. 경찰관들은 또 피해자의 실명이 기재된 사건 관련 문서를 언론 등에 유출하기도 했다"고 지적하면서 "공개 장소에서 피의자를 지목하도록 한 것은 원고들에게 수치심과 심리적 고통을 준 행위여서, 수사 편의라는 목적으로 정당화할 수 없고 A양 자매에 대한 모욕적인 발언도 경찰관의 올바른 직무집행 행위로 볼 수 없는 만큼 원심의 국가배상• 판결은 적법하다"고 판결 이유를 설명했다.

[해설] **국가배상(國家賠償)이란 공무원이 직무를 집행하면서 고의 또는 과실로 타인에게 손해를 끼쳤을 때 국가 또는 지방자치단체가 지는 손해배상의 책임이다.**

경찰관을 모욕했다는 이유만으로 인신 구속했다면? 25

H씨는 서울 마포구 한 빌라 주차장에서 휴대전화 통화를 하다 지구대 경찰관의 불심검문•을 받았다. H씨는 검문 이유를 물으면서 욕설을 했다. 경찰관은 모욕죄 현행범이라면서 H씨를 체포하는 과정에서 몸싸움이 벌어져 경찰관의 팔을 깨문 혐의(상해와 공무집행방해)로 기소됐다.

서울서부지방법원(2010년) 재판부는 H씨에게 무죄 판결을 내렸다. 재판부는 "H씨가 검문 당시 신분증을 보여줘 도망을 하거나 증거인멸을 시도한 증거가 없으며 경찰관을 모욕했다는 이유만으로 인신을 구속한 것은 기본권의 과잉제한•인 만큼 불법체포에 해당한다"고 판시하면서 "해당 체포행위가 적법한 공무집행이 아니라면 이 행위에 반항하다 상해를 입힌 것은 정당방위•로 위법성의 책임을 물을 수 없다"고 판결 이유를 설명했다.

[해설] **불심검문(不審檢問)**이란 경찰관이 거동이 수상한 자를 발견한 때에 이를 정지시켜 질문하는 것을 말한다. 경찰관직무집행법은 '경찰관은 수상한 거동 기타 주위의 사정을 합리적으로 판단하여 어떠한 죄를 범하였거나 범하려 하고 있다고 의심할 만한 상당한 이유가 있는 자 또는 이미 행하여진 범죄나 행하여지려고 하는 범죄행위에 관하여 그 사실을 안다고 인정되는 자를 정지시켜 질문할 수 있다' 고 규정하고 있다.

[해설] **기본권의 과잉제한**: A-223 참조.

[해설] **정당방위(正當防衛)**란 자기 또는 타인의 법익에 대한 현재의 부당한 침해를 방위하기 위한 행위를 말한다. 이러한 행위는 형법 제20조 1항에 의하여 위법성이 없어져 범죄가 되지 아니한다.

여성 시위자에 대한 경찰의 알몸 수색, 국가의 손해배상책임은? 26

K씨 등 H회사 여성 노조원 7명이 여의도 모 은행 본점에서 집회를 벌이다 경찰서에 연행된 뒤 유치장에 입감될 때 경찰관이 가운도 입히지 않은 채 하의를 벗게 하고 상의 끈을 가위로 자르는 등 과잉 신체검사를 했다. 시위자는 손해배상 청구소송을 냈다.

서울중앙지방법원(2003년) 재판부는 "유치장에 입감되는 피체포자에 대한 신체검사는 사고방지와 질서유지를 위해 제한적으로 실시돼야 하고 피체포자의 명예나 수치심을 포함한 기본권을 침해해서는 안 된다"며 "K씨 등은 체포 당시 신체의 은밀한 부위에 금지된 물품을 숨겼을 가능성이 적은 데도 과잉 신체검사를 실시한 것은 위법•하다"며 "국가는 100만~200만원씩 총 800만원을 지급하라"고 판결 이유를 설명했다.

[해설] **위법(違法)**이란 구체적인 법규의 위반 외에 선량한 풍속 기타 사회질서와 같이 법의 이념을 위반한 것도 포함된다. 형법상 범죄가 되고 민법상은 불법행위가 되어 손해배상책임이 발생한다.

불법집회 주도혐의자 체포 위한 주민등록번호 공개, 그 책임은? 27

불법집회를 주도한 혐의로 수배됐던 H씨와 Y씨가 경찰청이 홈페이지 등에 자기들의 주민등록번호를 올려 피해를 입었다며 국가를 상대로 낸 손해배상청구 항소심에서 1심대로 '30만원씩 위자료를 주라'며 승소 판결을 했다.

서울고등법원(2007년) 재판부는 "국가가 정해진 기한을 넘겨 수배 전단을 없애지 않아 개인정보가 드러난 만큼 위자료를 배상하라고 판결"하면서도 "공개적으로 수배할 때 주민등록번호를 표시하는 것은 수사목적을 달성하기 위해 유용한 조치라 정당하다"고 판결 이유를 밝혔다.

도로관리 부실 때문에 사고가 커졌다면 지자체의 책임은? 28

D화재보험 계약자인 C씨는 술을 마신 뒤 광양시 인근 도로에서 차를 몰다가 중앙분리대와 충돌하는 사고를 냈다. C씨를 포함해 4명이 다치고 1명이 사망했다. D보험회사는 보험금을 지급한 뒤에 도로관리가 부실해 피해가 커졌다며 전남 광양시를 상대로 낸 소송에서 승소했다.

대법원(2010년) 재판부는 광양시는 보험금의 10%인 4800만원을 지급하라고 판결한 원심을 확정했다. 재판부는 "차량이 부딪힌 중앙분리대에 시선 유도봉이나 충격흡수시설이 없어 탑승자들의 피해가 커졌다"고 판결 이유를 설명했다.

'흉악 살인범' 방에 합방, 수감자 분류 잘못에 대한 교도소의 책임은? 29

특수강도혐의로 징역 2년 6월을 선고받고 지방의 한 교도소에서 복역 중이던 L씨는 살인죄 혐의로 징역 20년을 선고받고 복역 중이던 K씨의 방으로 옮겨져 단둘이 한 방을 쓰게 됐다. K씨는 이런저런 이유를 붙여 L씨를 마구 때렸다. L씨가 혼수상태에 빠지자 L씨와 가족은 교도소 측이 수감자 분류를 잘못해 피해를 봤다며 국가를 상대로 손해배상 청구소송을 냈다.

서울중앙지방법원(2007년) 민사합의재판부는 국가는 L씨 측에 8억 3257만원을 물어주라는 승소 판결을 했다. 재판부는 "피해자 L씨를 살인과 살인미수, 존속상해 등으로 6차례나 실형선고를 받은 전력이 있는 K씨와 같은 방에 단둘이 있게 배치한 것은 직무상 과실"이라고 판결 이유를 밝혔다.

경찰의 위법한 직무집행이더라도 지나친 폭력으로 맞대응하면? 30

K씨와 P씨는 서울에서 열리는 한 · 미자유무역협정(FTA) 반대집회에 참가하기 위해 광주에서 민주노총 광주지역본부 회원 등과 함께 전세버스를 타고 출발하려고 했으나 경찰이 버스를 가로막자 의경들에게 돌멩이를 던지고 PVC파이프를 휘둘러 특수공무집행방해 혐의로 기소됐다. 원심은 "경찰의 봉쇄조치는 직무범위를 넘은 행위이며 적법한 직무집행이 아니다"라며 "K씨와 P씨의 행동은 정당방위에 해당하거나 위법한 직무집행에서 벗어나려는 소극적인 방어행위"라며 무죄를 선고했다.

그러나 대법원은 무죄를 선고한 원심을 파기하고 유죄 취지로 사건을 광주지법으로 돌려보냈다. 재판부는 "경찰이 적법한 직무집행을 한 것은 아니지만 피고인들이 경찰관들을 때리는 등 폭행을 한 것은 소극적 방어행위를 넘어서 공격의 의사가 포함된 것"이라며 유죄로 판단한 이유를 설명했다.

단순도주 절도용의자에 총 쏴 부상 입혔다면 국가의 책임은? 31

S(22)씨는 50cc 오토바이를 타고 가다 오토바이 절도용의자로 불심검문에 걸리자 도주하던 중 20m 후방에서 경찰이 쏜 총탄에 맞고 척추골절 등의 부상을 당했다. S씨와 S씨 어머니는 국가를 상대로 손해배상 소송을 제기해 1 · 2심에서 승소 판결을 받았다.

대법원(2004년) 재판부는 원고들에게 1천2백만원을 지급하라는 원심을 확정했다. 재판부는 "총격 당시 16세에 불과했던 원고가 거칠게 저항하지 않고 단순 도주만 계속했다는 점, 속도가 느린 50cc 오토바이를 충분히 따라잡거나 다른 경찰관에게 연락해 검거가 가능한 상황이었다는 점 등을 종합할 때 당시 실탄을 발사한 행위는 사회통념상 총기사용의 범위를 벗어난 위법행위*"라고 지적했다. 그러나 "정지 명령에도 불응하고 계속 도주한 원고도 총격의 원인을 제공했다는 점을 들어 국가의 책임을 30%로 제한했다"고 판결 이유를 설명했다.

[해설] **위법행위(違法行爲)**란 적법행위에 상대되는 개념으로, 법률이 허용할 수 없는 것으로 평가하여 행위자에게 불이익한 효과를 발생케 하는 것을 말한다. 형사상으로는 범죄가 되고 민사상으로는 채무불이행이나 불법행위가 있는데 둘 다 손해배상 원인이 된다.

공공근로자 출근하다 사망, 근로복지공단 외에 국가 책임은? 32

공공근로사업을 하기 위하여 출근하다가 사망한 K씨 유가족이 국가를 상대로 낸 손해배상 소송에서 "국가는 K씨 가족에게 3000만원을 배상하라"고 승소 판결했다.

서울중앙지방법원(2003년) 재판부는 "국가가 예산부족을 이유로 근로자들에게 통근수단을 제공하지 못했으면서도 집결지 장소를 위험한 주차장으로 지정한 뒤 안전요원 배치나 위험지역에 대한 경고 푯말조차 설치하지 않아 공공근로자들의 생명이나 신체에 발생할 수 있는 위험을 예방할 의무를 소홀히 했다"고 판결 이유를 밝혔다. 또 "국가는 K씨가 근로복지공단으로부터 장례비를 지급받아 배상청구권이 없다고 주장하지만 관계법은 손해배상액이 보상 금액을 초과하는 경우 초과액에 대한 사용자의 배상책임*이 있다"고 덧붙였다.

[해설] **사용자책임**: A-118 참조.

등기공무원의 태만으로 가압류등기 늦게 해 손해 발생했다면? 33

K(여)씨는 남편 A씨와 그 내연녀 B씨를 상대로 이혼 및 위자료 5000만원의 청구소송을 제기했다. 그리고 위자료청구의 집행을 보전하기 위해 B씨 소유의 부동산에 대

해 가압류 신청을 했다. 법원은 관할등기소에 이 부동산에 대한 가압류결정의 기입등기촉탁 서류를 발송했는데 등기업무담당 공무원이 이유 없이 가압류기입등기를 9일간 처리하지 않았다. 그 사이 B씨의 언니는 이 부동산에 대해 소유권이전 가등기신청을 접수시켜 K씨의 가압류 등기보다 먼저 등기부에 기입했다. 이로 해서 K씨는 위자료를 받을 수 없게 되자 B씨의 언니 명의로 이뤄진 이 부동산에 대한 소유권이전등기를 말소하라는 재판을 걸어 승소 판결을 얻어냈다. 그리고 K씨는 해당 등기공무원의 업무지연으로 인해 지출한 소송비용과 위자료 등을 청구하기 위하여 국가를 상대로 소송을 제기했다.

서울중앙지방법원(2008년) 재판부는 K씨가 "등기공무원의 이유 없는 업무지연 때문에 이혼한 전남편으로부터 위자료를 받는 것에 지장이 발생했으니 이에 대해 국가는 2700여 만원을 배상하라"며 원고 승소 판결 이유를 설명했다.

서울집회 참가 원천봉쇄, 위법한 공무집행에 국가의 배상책임은? 34

X당 경남도당 위원장 L씨 등 경남지역 주민 80여 명은 서울에서 열린 '한 · 미 자유무역협정(FTA)저지' 집회에 참석하기 위해 이날 오전 전세버스를 타고 상경하려고 했으나 경찰이 원천봉쇄하는 바람에 출발하지 못하자 손해배상 소송을 냈다.

1 · 2심 재판부는 "경찰이 지방 거주자들이 정치적 의사를 표현하기 위해 상경하려는 행위 자체를 예외 없이 차단한 것은 기본권을 침해한 것으로 위법한 공무집행"이라고 판결했다.

대법원(2009년) 재판부 역시 원심의 판단이 정당하다며 국가의 상고를 기각하면서 "주민 1명당 10만원씩 배상하라"고 선고한 원심을 확정했다.

경찰의 '임의동행' 때 동행 거부할 권리 알려주지 않았다면? 35

P씨는 경찰의 임의동행을 요구받고 경찰서로 가 조사를 받던 중 현금 480만원을 훔친 혐의로 긴급 체포되자 달아났다가 잡혀 도주죄로 기소됐다.

대법원(2006년) 재판부는 P씨에게 무죄를 선고한 원심을 확정했다. 재판부는 "임의동행•은 피의자의 자발적 의사에 의하여 동행이 이뤄졌음이 객관적으로 입증돼야 적법성이 인정된다"며 "이 사건에서 임의동행은 피의자가 동행요구를 거부할 수 있고 조사 도중 본인의 뜻에 따라 언제든지 돌아갈 수 있다는 사실을 알려주지 않은 채 이뤄져 불법체포에 해당한다"고 판결 이유를 설명했다.

[해설] **임의동행(任意同行)**이란 수사기관이 상대방의 동의나 승낙을 얻어 검찰청 · 경찰서 등에 연행하는 것을 말한다. 경찰관은 질문을 위하여 부근의 경찰서 · 지서 · 파출소 또는 출장소에 동행할 것을 요구할 수 있다.

내용증명 우편물 잘못 배달, 반드시 국가가 배상책임 질까? 36

D화재보험회사는 자사 자동차보험에 가입한 L씨가 보험료를 체납하자 돈을 내지 않으면 계약이 끝난다는 내용증명을 보냈다. 그러나 집배원은 집에 사람이 없자 서명을 받은 것처럼 서류를 꾸며 우편물을 배달했다. 이후 L씨 부인이 자동차를 운전하다 사고를 냈다. D보험사는 내용증명을 들어 보험금지급을 거절했지만 L씨는 "우편물을 수령하지 않았다"며 보험금지급 소송을 냈다. 1심에서 승소했다.

대법원(2009년) 재판부는 원고 승소 판결한 원심을 깨고 패소 취지로 파기 환송했다. 재판부는 "내용증명* 우편물에는 다양한 내용이 담길 수 있고, 우체국 담당직원이 원본과 등본을 대조한다 하더라도 이는 형식적 업무에 불과하다"며 "집배원이 우편물의 내용을 알 수 없는데다 요금도 손해발생 위험까지 감안해 책정된 것이 아니다"라면서 "집배원의 직무위반이 인정되지만 배달 잘못에 따른 손해를 부담시키면 국가에 무차별적 책임을 추궁하는 결과를 초래한다"고 판결 이유를 설명했다.

[해설] **내용증명(內容證明)**이란 특수취급 우편물의 하나로서 우편물의 내용인 문서에 대하여 어떤 내용의 것을, 언제, 누가 누구에게 발송하였는가 하는 사실을 발송인이 작성한 등본에 의하여 우체국장이 공적인 입장에서 증명하는 제도를 말한다. 권리 · 의무의 변경 등의 이유로 후일 당사자간의 분쟁이 생겼을 때에 증거로서 소송이나 재판에 도움을 주기 위한 제도이다.

1000년 만의 집중호우로 사망, 서울시와 지자체의 책임은? 37

해외로 입양된 지 33년 만에 서울 관악구 신림동 동생 집을 찾았다가 수마에 목숨을 잃은 O(여 · 48세)씨의 유족 등 수재민 30여 명이 "도림천 복개시설 때문에 피해를 입었다"며 서울시와 관악구청 등을 상대로 손해배상 청구소송을 냈다.

서울중앙지방법원(2002년) 민사합의재판부는 원고 패소 판결했다. 재판부는 "신림동 일대에 집중 호우가 내린 2001년 7월 15일 새벽 1시간 동안 강우량 관측 사상 최고인 156㎜의 비가 내렸다"며 "이는 1000년 만에 한번 꼴로 찾아오는 재해이며 복개시설의 설치 · 관리상 결함보다는 예측 강우량을 훨씬 넘는 집중 호우가 단시간 동안 복개시설을 통과하면서 발생한 불가항력*적인 것으로 피고들에게 책임을 물을 수 없다"고 판결 이유를 밝혔다.

[해설] **불가항력(不可抗力)**이란 외부로부터 오는 사변(事變)에 의해 손해의 발생이 예견되는데 거래관념상 그 방지에 필요하다고 인정되는 모든 방법을 동원하여도 피할 수 없는 경우를 말한다. 계약상 또는 불법행위상 책임을 지울 수 없는 사유가 된다.

강제집행 진행 중 부주의로 골동품 훼손했다면? 38

G씨는 건물주인 K씨로부터 서울 강남구의 건물 1층을 빌려 골동품점을 운영하던 중 건물을 비워달라는 소송을 당했다. 이후 승소한 K씨는 법원에 강제집행을 신청했고 법원 소속의 집행관은 집행에 나섰는데 G씨나 G씨의 가족이 현장에 없자 K씨는 일단 보관업체로 골동품을 옮겨 보관하도록 했다. 20일 뒤 보관업체를 찾은 G씨는 고려청자의 손잡이가 깨지고 빅토리아시대 도금 나무 의자가 파손되는 등 약 30점이 훼손돼 있자 집행관의 책임을 물어 국가를 상대로 3억6000여 만원의 손해배상 소송을 냈다.

서울고등법원(2008년) 재판부는 **원심을 깨고 원고 G씨에게 일부 승소 판결**했다. 재판부는 "집행관은 동산을 스스로 보관하거나 보관인에게 위탁할 때 동산이 훼손되거나 가치가 **감소되지 않도록 상당한 주의를 해야 한다**"며 "G씨가 국가공무원인 집행관의 불법행위*로 손해를 입었다"고 판단했다. 그러나 "**G씨의 잘못도 인정해 국가의 책임을 25%로 제한하고 법원이 감정한 총 손해액 2억 8700여 만원 가운데 7100여 만원을 물어주라**"고 판결 이유를 설명했다.

[해설] **불법행위**: A-168 참조.

진압 경찰이 시위대로 오인하여 폭행, 중상 입혔다면? 39

2007년 11월 한-미 자유무역협정(FTA) 반대집회 때 시위대로 오인한 경찰에 의해 폭행당한 L(72)씨가 국가를 상대로 손해배상 청구소송을 냈다.

서울중앙지방법원(2009년) 재판부는 **L씨에게 1280만원을 배상**하라며 원고 승소 판결했다. 재판부는 "전경들은 **L씨를 시위참가자로 오인**하고 방패로 때려 뒤통수가 찢어지고 갈비뼈가 부러지는 상해를 입혔다"며 "시위 참가자가 아닌 L씨에게 한 경찰의 이런 행동은 **경찰권 발동의 한계를 넘어선 위법행위**"라고 판결 이유를 밝혔다. 또 "설령 L씨가 시위 참가자라 하더라도 방패로 뒤통수를 때린 행동은 위법하다"고 덧붙였다.

차량 통제 잘못해 도로에서 고립된 피해자, 도로공사의 책임은? 40

2004년3월5일 대전과 충청지역에 하루 49cm의 기록적인 폭설이 내려 이 지역 경부고속도로 상 · 하행선 차량이 10여 시간씩 고립되어 240여 명이 피해를 입었다. 고립된 피해자들은 도로공사를 상대로 손해배상 청구소송을 냈다.

대법원(2008년) 재판부는 **피해자들에게 1인당 35만~60만원씩을 배상하라는 원심 판결을 확정**했다. 재판부는 "도로공사는 폭설이 내릴 당시 교통정체를 **충분히 예견할**

수 있었고 즉시 차량의 추가진입을 통제하는 등의 조치를 취해야 할 의무가 있었다"며 "그럼에도 불구하고 사건 초기 안일한 대응으로 운전자를 포함한 차량 탑승자들의 고립 사태를 야기했기 때문에 고속도로 관리의 잘못을 인정한 원심은 정당하다"고 판결 이유를 밝혔다.

도로관리 잘못해 낙석 사고로 경찰관 사망, 지자체의 책임은? 41

순경 C씨는 울릉도의 한 파출소에서 대기근무를 하다 울릉군 일주 도로에 낙석 사고가 발생했다는 신고를 받고 현장에 교통정리를 하러 나갔다가 2차로 낙석 사고가 발생해 바위가 순찰차를 덮쳐 현장에서 숨졌다. C씨 유족들이 경상북도를 상대로 소송을 냈다.

서울중앙지방법원(2009년) 재판부는 원고에게 1억6500만원을 배상하라며 원고 승소 판결했다. 재판부는 "사고가 난 도로는 평소 낙석 사고가 많아 낙석을 막아주는 터널이 필요하다는 문제 제기가 있었고, 경상북도 측도 사고발생 위험이 크다는 것을 잘 알고 있었을 것으로 보인다"면서 "경상북도 측이 사전에 도로를 제대로 관리하지 않은 책임을 모두 인정할 수 있다"고 판결 이유를 밝혔다.

탈북자 신원노출로 북에 있는 가족 신변위협, 정부의 책임은? 42

K씨 등 탈북자 5명은 몇 년 전에 동해상에서 선박을 타고 표류하다가 국군에 발견돼 귀순했다. 정부는 합동조사반을 구성해 탈북 동기를 조사하고 자신들의 인적사항 · 귀순동기 등을 언론에 배포함으로써 신원이 노출됐다. 조사과정에서 K씨 등은 신원 노출을 말아 달라고 강력하게 당국에 요청했었다. 이 요청을 어긴 정부조치에 대해 정부를 상대로 손해배상 청구소송을 냈다.

서울중앙지방법원(2010년) 재판부는 K씨 등 원고에게 5500만원을 배상하라며 원고 승소 판결했다. 재판부는 "제출된 증거만으로 전체적인 피해사실을 인정하기는 부족하지만 귀순이후 신원정보가 노출돼 북한에 남아 있는 가족들의 신변 위협 걱정으로 정신적 고통을 받은 사실이 인정된다"며 판결 이유를 설명했다.

사법살인 '인혁당' 사건, 국가의 배상책임은? 43

1962년 인민혁명당(인혁당)을 창당한 고 김상한씨가 간첩누명을 쓰고 사망한데 대하여 유족들이 국가를 상대로 손해배상 청구소송을 냈다.

서울중앙지방법원(2010년) 재판부는 국가는 김씨 유족에게 28억원을 배상하라며 원고 승소 판결했다. 재판부는 "그러나 배상금의 지연 이자를 수사 결과가 발표된

1964년부터 계산해 달라"는 유족의 주장을 배척하고 "국가가 잘못을 시인한 2008년 2월을 기준으로 이자를 지급하라"며 국가의 주장을 받아들였다.

군복무 중 순직 사실의 통지를 태만히 한 국가, 손해배상책임은? 44

L씨의 부친은 6 · 25전쟁 당시 군복무 중 전염병에 걸려 사망했다. 사망 당시에는 병사로 처리돼 전공사상자로 인정받지 못했다. 하지만 1989년 국방부의 관계훈령이 개정돼 질병의 발생이 공무수행과 상당한 인과관계*가 있다고 판단되는 경우, 순직으로 인정받을 수 있게 됐다. 이에 따라 1997년 육군참모총장은 L씨의 부친을 순직자로 인정했다. 그러나 사망 구분의 변경사실은 그로부터 10년이 지난 2007년에야 유족에게 통지됐다. 유족은 정부를 상대로 그동안 받지 못한 국가유공자 유족보상금에 대한 손해배상과 정신적 피해*에 대한 위자료를 청구하는 소송을 제기했다.

서울중앙지방법원(2009년) 재판부는 L씨에게 위자료 2700만원을 지급하라며 원고 승소 판결했다. 재판부는 "군인의 경우 국방부장관(권한위임 받은 각 군 참모총장)은 순직 사실이 확인될 경우 이를 지체 없이 통지해야 할 의무가 있다"며 "2007년에 이르기까지 유족 L씨에게 사망 구분의 변경사실을 통지하지 않아 국가로부터 받을 수 있는 보상금 및 각종 혜택을 받지 못하는 손해를 가했다"고 판시하면서 "통지의무를 게을리 함으로써 그 기간에 원고가 국가유공자의 유족으로서 가질 수 있었던 명예감과 자부심을 갖지 못했으므로 금전적으로 보상할 의무가 있다"고 판결 이유를 설명했다.

[해설] **상당인과관계**: B-3 참조.
[해설] **정신적 피해**: A-30 참조.

운전병 성추행한 상사의 죗값은? 45

해병대 참모장 O(47) 대령은 소속 부대 운전병(상병) L(22)씨를 성추행했다. O대령은 군사법원에 넘겨졌다.

해병대사령부 보통군사법원(2010년) 재판부는 참모장 O대령에게 징역 1년에 집행유예 2년을 선고했다. 재판부는 "L씨가 주장한 3번의 추행 중 1, 2차는 무죄이며 3차만 유죄로 인정한다"면서 피해자의 진술이 일관성이 없는 등 신빙성을 담보하기 어렵다는 이유를 들어 1, 2차 추행에 대해 무죄를 선고한 판결 이유를 설명했다.

'담배 코로 피워라' 군 상급자의 가혹행위, 그 처벌은? 46

육군 모 보병사단 주임원사 K(51)씨는 병장 G씨가 금연하지 않는다며 코로 담배를 피우게 하고, 병장 H씨와 S씨 등을 침상 모서리에 이마를 마주 대고 서게 한 뒤 이마 사이에 뜨거운 물이 담긴 컵을 올려놓는 등 수차례 가혹행위를 한 혐의로 구속 기소됐다.

대법원(2009년) 재판부는 K씨의 일부 혐의를 무죄로 판단한 원심을 깨고 유죄 취지로 사건을 고등군사법원으로 돌려보냈다. 재판부는 "병장 G씨 등이 상해를 입지는 않았지만 그들이 느낀 정신적인 압박이 육체적 고통을 수반하는 상해에 비해 결코 작지 않아 군 형법상 가혹행위*로 봐야 한다"고 판결 이유를 설명했다.

[해설] **가혹행위**: 군형법 제62조는 직권을 남용하여 학대 또는 가혹한 행위를 한 사람은 5년 이하의 징역에 처한다고 규정하고 있다.

'실미도 부대원' 유족에게 국가의 배상책임은? 47

실미도 부대원들이 훈련이 위험하다는 내용은 듣지 못한 채 장교로 임용하고 취업을 보장한다는 말에 속아 특수 군부대인 실미도에 지원했고 훈련을 받으면서 인권을 침해당했다며 그 유족들이 국가를 상대로 손해배상 청구소송을 냈다.

서울중앙지방법원(2010년) 재판부는 원고 승소 판결했다. 재판부는 "국가가 34년이 지나도록 실미도 부대*의 진상을 밝히지 않았고, 유족들에게 부대원들의 사망사실도 알리지 않아 유족들이 배상을 청구하지 못했다"면서 "소멸시효*가 지났다는 국가 측 주장은 받아들이지 않는다"고 덧붙였다.

[해설] **실미도 부대**: 청와대를 습격하려고 서울 세검정까지 침투해 많은 인명피해를 냈던 북한 특수부대가 저지른 '1 · 21사태'에 대응하는 차원에서 설립된 북한을 공격대상으로 하는 특수부대를 말한다.
[해설] **소멸시효**: A-213 참조.

전력(戰力)공백 줄이기 위한 조종사 전역 제한 조치, 정당한가? 48

공군사관학교 졸업생인 K(37)씨 등 10여 명은 민간항공사에 취업하기 위해 의무복무기간이 끝나면서 전역을 신청했다. 그러나 공군본부가 그해 전역 신청자가 폭증해 "전력 공백이 우려된다"며 연령순으로 우선 전역시키고 K씨 등의 전역을 제한하자 K씨 등은 소송을 냈다.

1심 재판부는 "합리적 기준이나 근거 없이 전역을 제한한 것은 재량권을 일탈 또는 남용한 것"이라며 공군 측이 K씨 등에 3억여 원을 배상하라고 원고 승소 판결했다.

서울고등법원(2009년) 재판부는 원고 패소 판결했다. 재판부는 "조종사의 전역제한이 재량권 남용*이 아니다"라고 판시하면서 "공군 조종사의 부족은 안보 공백이 생기는 중대한 결과를 초래할 수 있지만 전역 제한 조치는 1년에 불과했고 전역을 제한한 것이 위법하다고 해도 당시 상황에서 다른 방법을 찾기 어려웠던 것으로 보여 손해배상책임이 있다고 보기 어렵다"고 판결 이유를 밝혔다.

[해설] **재량권 남용**: C-129 참조.

공군비행장 소음 피해, 국가 배상책임은? 49

광주 광산구 주민 1만3000명은 광주공항 소음으로 피해를 봤다며 국가를 상대로 손해배상 청구소송을 냈다.

서울중앙지방법원(2009년) 재판부는 "**국가는 주민들에게 215억원을 배상하라**"고 원고 승소 판결했다. 재판부는 "광주공항의 공군비행장에서 발생하는 소음으로 주민들이 일상생활에서 실질적으로 **정신적 · 신체적 피해를 당한 것이 인정**된다"며 "소음도가 80웨클(wecpnl) 이상인 지역에 사는 주민들에게 국가는 손해배상책임이 있다"고 판시하면서 "주민 1인당 손해배상금액을 80~89웨클 지역은 3만원, 90~94웨클 지역은 4만5000원, 95~99웨클 지역은 6만원, 100웨클 이상 지역은 7만5000원으로 산정해 주민들의 거주기간에 따라 매월 지급하라"고 판결 이유를 설명했다. 한편 재판부는 "이미 소음 피해를 알고 이사를 온 주민에게는 알고 왔기 때문에 배상액의 70%만 지급한다"고 덧붙였다.

[해설] WECPNL(Weighted Equivalent Continuous Perceived Noise Level, **웨클**)이란 항공기 소음을 나타내는 국제단위의 하나이다. 항공기 1대마다 내는 소음을 EPNL(실효감각 소음레벨)이라 하고 레벨은 낮더라도 되풀이 비행하면 시끄럽게 느껴지는 정도를 ECPNL(등가평균감각 소음레벨)로 표시한다. 여기에 낮, 저녁, 심야의 소음 가중치를 곱하는 등 종합적인 요소를 고려한 표시단위가 WECPNL이다. 항공기 소음대책의 목표가 되는 '항공기 소음에 관한 환경기준'에서 기준치는 지역의 유형에 따라 WECPNL 70 또는 75로 되어 있다.

미군 평택기지 소음피해 배상액을 1심보다 상향 조정한 이유는? 50

미군 오산비행장과 캠프 험프리스 일대에서 항공기 소음피해에 시달리던 평택 주민 600여 명이 국가를 상대로 소송을 냈다. 1심은 200여 명에게만 4억여 원을 배상하라고 판결했었다. 주민들은 항소했다.

서울고등법원(2009년) 재판부는 "**국가가 위자료 12억여 원을 지급하라**"고 원고 승소 판결했다. 배상규모가 늘어난 이유는 소음피해 기준을 1심보다 엄격하게 정했기 때문이다. 재판부는 "오산비행장 주변의 소음 피해는 80웨클 이상일 때, 캠프 험프리스 부근의 경우 '주 · 야 평균소음도'(Ldn)가 70Ldn 이상인 때 통상적으로 인간이 견딜 수 있는 한도(수인한도)를 초과한다"고 밝혔다. 1심은 소음피해 기준을 85웨클 이상으로 봤다. 다만 "매향리 사격장과 오산비행장 소음 피해가 언론에 연일 보도되면서 널리 알려졌기에 1991년 이후 입주자는 항공기 소음피해를 과실로 알지 못했다고 판단된다"며 배상액을 30% 줄였다고 판결 이유를 설명했다.

공군기지 소음, 주민 피해에 대한 배상은? 51

J씨 등 청주 공군비행장 인근주민 4000여 명은 소음피해로 정신적 고통이 크다면서 국가를 상대로 손해배상 청구소송을 냈다.

서울중앙지방법원(2008년) 재판부는 **원고 승소 판결**했다. 재판부는 "국가는 소음 정도가 80웨클 이상 90웨클 미만 거주자에 대해서는 월 3만원, 90 이상 95 미만은 월 4만5000원, 그 이상 지역 거주자들에게는 월 6만원씩에 거주기간을 곱해 지급하라"고 판시했다. 재판부는 "청주공항의 경우 항공기 운항으로 인해 발생한 소음의 정도, 소음으로 인한 정신적 고통의 성질 및 정도, 생활 방해의 정도, 원고들의 거주지역 현황, 항공기소음규제 기준 등을 감안하면, 청주공항 주변의 항공기소음 피해가 적어도 **소음도 80웨클 이상인 경우에 사회생활에 있어 통상의 수인한도를 초과한다**"고 판결 이유를 밝혔다.

경찰의 신체구속에 항거하고자 침을 뱉고 욕을 한다면? 52

P씨는 술에 취해 서울의 한 경찰서지구대에 들어가 근무 중인 3명의 경찰관들과 시비가 벌어져 욕하고 침을 뱉자 경찰관들은 P씨를 등 뒤로 두 손에 수갑을 채우고 두 발은 넥타이로 묶어 2시간 이상 지구대 바닥에 방치해 놨다. P씨는 직무집행을 방해한 혐의(공무집행방해 등)로 기소됐다.

서울중앙지방법원(2007년) 재판부는 **P씨에게 무죄를 선고**했다. 재판부는 "P씨는 장시간 동안 부당하게 신체의 자유가 완전히 제압된 상태로 지구대 사무실 바닥에 방치돼 있었다"며 "구속을 풀어달라고 요구하고 욕설을 하며 가래침을 뱉는 등의 행위를 했더라도 공권력에 의해 부당하게 신체구속을 당한 뒤 이에 저항하는 과정에서 발생한 것"이라고 판시하면서 "신체 구속을 당하게 된 경위와 구속의 정도와 시간 등에 비춰보면, **신체에 대한 부당한 침해로부터 벗어나기 위한 소극적 저항행위에 불과해 사회통념상 허용되는 정당방위**"라며 무죄로 판결한 이유를 설명했다.

[해설] 정당방위(正當防衛): B-25 참조.

치매노인 변사자를 무연고 처리해 화장, 국가의 책임은? 53

서울 Y구의 치매노인 L(여 · 78)씨는 회사에 간 아들이 귀가하지 않자 아들을 찾아 나섰다가 노들길에서 승합차에 치여 숨졌다. 관할 Y경찰서는 신원 확인을 위해 지문감식을 의뢰했으나 동일한 지문이 없다는 회신을 받자 할머니를 무연고 변사자로 분류하여 장사(葬事)등에관한법률에 따라 화장했다. 이후 경찰은 변사자 지문과 가출신고된 Y씨 지문이 일치한다는 사실을 확인했으나 담당경찰관은 8개월간 방치했다. 아들 G(36)씨는 한참 뒤에 어머니의 화장 사실을 알게 됐다.

서울중앙지방법원(2006년) 재판부는 G씨가 사망한 어머니 신원 확인 후 유족에게 제대로 통보하지 않았다며 국가 등을 상대로 낸 손해배상 청구소송에서 "경찰은 사망자 신원확인 즉시 알릴 의무가 있다"며 "국가는 G씨 등 자녀 3명에게 각 200만원씩 배상하라"고 판결했다.

부당한 임의동행 요구하는 경찰관을 폭행했다면? 54

K씨는 청주시 흥덕구의 한 아파트 인근에서 친구 L씨가 음주운전 후 도주했다는 신고를 받고 출동한 순경 G씨와 경사 Y씨가 L씨를 경찰서로 연행하려 하자 이들의 가슴을 밀치고 멱살을 잡는 등 폭력을 행사하여 각각 전치 2주와 3주의 상처를 입힌 혐의(공무집행 방해와 상해)로 기소됐다.

청주지방법원(2008년) 재판부는 K씨에게 무죄를 선고했다. 재판부는 "피고인의 친구가 자발적으로 경찰관의 동행 요구에 응했다는 증거가 없는 데다 설사 그랬다 하더라도 당시 경찰의 요구를 거절하기 어려운 상황에 있었던 점 등에 비춰 경찰의 행위는 사실상의 강제연행으로 적법한 공무집행이라 할 수 없다"며 "피고인이 경찰관들에게 폭력을 행사한 것은 사실이나 이는 경찰관의 부당한 행위에 의한 법익* 침해를 막기 위한 소극적 저항행위에 불과하므로 정당방위에 해당한다"고 판결 이유를 밝혔다.

[해설] **법익(法益)**: C-87 참조.

임차인이 없는 것처럼 주민등록부 내용 변조, 구청의 책임은? 55

K은행은 N씨와 그 동생 명의의 아파트 두 채를 담보로 대출해 주려고 주민등록을 확인한 결과 선순위 임차인이 없는 것으로 나타나 3억8000여 만원을 빌려줬다. 하지만 N씨에게서 대출금을 회수하지 못해 경매를 신청하는 과정에서 실제로 거주하고 있는 임차인이 있었고, N씨와 평소 친분이 있던 구청 공무원이 N씨의 부탁을 받고 임차인의 주민등록만 다른 곳으로 옮겨놨던 사실을 알게 됐다. 결국 경매에서 선순위 임차

인에게 우선 변제된 6000만원을 제외하고 2억원만을 회수한 K은행은 G구청을 상대로 "위장전출 책임이 있다"면서 소송을 냈다.

서울중앙지방법원(2007년) 재판부는 "임차인 몫으로 배당된 6000만원의 60%를 배상하라"며 원고 승소 판결했다. 재판부는 "주민등록담당 공무원이 평소 친분이 있던 아파트 소유자의 부탁을 받고 본인 확인을 거치지 않은 채 원칙적으로 불가능한 대리신고를 받아준 과실로 주민등록이 잘못 작성됐다"면서 "주민등록을 신뢰한 원고는 담보가치를 높이 평가해 대출을 했다가 손해를 봤으므로 피고는 원고의 손해를 배상할 책임이 있다"고 판결 이유를 설명했다.

동명이인 동창의 합격을 불합격 동명이인에 알려 줘 등록금 날렸다면? 56

J(20)씨는 모 대학 행정학과에 지원한 뒤 담임선생님으로부터 "합격했다"는 소식을 들었다. 하지만 대학교 인터넷 홈페이지에 자신의 주민번호를 입력한 J씨는 '불합격'이라는 결과가 나오자 의구심이 들어 대학교 교무처로 직접 찾아갔다. 마침 대학 직원들의 파업으로 대체업무를 하던 아르바이트 직원은 J씨가 갖고 오지 않은 수험표 대신 주민등록증의 이름만 보고 합격증을 내줬다. 아르바이트 직원은 실수로 같은 대학 같은 학과에 지원했던 동명이인인 J씨의 고교 동기동창의 이름을 합격자 명단에서 보고 J씨가 합격한 줄 착각한 것이다. J씨는 그것도 모르고 한 학기를 무사히 마쳤다. 그러나 뒤에 학교로부터 불합격 통지를 받게 됐다. J씨는 학교를 상대로 대학등록금과 재수준비시간 낭비 등 손해배상을 청구하는 소송을 냈다.

서울중앙지방법원(2003년) 재판부는 J씨에게 패소 판결했다. 재판부는 "J씨가 신입생 신상기록부의 주민번호와 연락처가 자기 것이 아님을 분명히 알 수 있었을 것이고 조금 더 확인했더라면 자신이 합격하지 않았다는 것을 알 수 있었을 것이므로 대학보다 J씨의 책임이 더 크다"며 판결 이유를 설명했다.

Ⅲ 범죄와 처벌

1. 폭행 · 협박

폭 행

상대방 공격에 맞선 소극적 방어, 무죄인가? 57

L(여 · 62)씨는 서울 서초구 한 빌딩에서 큰 소리로 대화하는 A씨에게 조용히 해달라고 했다가 시비가 붙어 말다툼을 하던 중 "밖에 나가서 이야기 하자"며 자신의 손목을 끌고 가려는 A씨의 오른팔을 물어버린 혐의로 기소됐다.

대법원(2007년) 재판부는 L씨에게 벌금 30만원을 선고한 원심을 깨고 무죄 취지로 사건을 원심인 서울중앙지법으로 돌려보냈다. 재판부는 "60대 여자인 피고인이 40대 남자인 피해자 A씨에게 끌려 나가지 않으려다가 의자에 허리와 엉덩이를 부딪치기까지 했고, 더는 끌려가지 않으려고 피해자의 손을 문 사실이 인정된다"며 "이는 불법 공격으로부터 자신을 보호하고 저항하기 위한 수단으로 소극적 방어의 한도를 벗어나지 않는다"고 판결 이유를 밝혔다.

핫팬츠 여성만 보면 칼로 허벅지 찔러 상처 입혔다면? 58

L(20)씨는 6차례에 걸쳐 인천지역에서 밤에 귀가하는 여성들의 허벅지를 이유 없이 흉기로 벤 혐의(폭력행위등처벌에관한법률 위반)로 구속 기소됐다.

인천지방법원(2008년) 재판부는 L씨에게 징역 7년을 선고했다. 재판부는 "야간에 짧은 치마나 반바지를 입은 젊은 여성들의 허벅지를 흉기로 베어 죄질이 매우 불량하며 시민들에게 큰 불안감을 주었고 피해자들이 심각한 육체적 · 정신적 충격을 입었다"고 판결 이유를 밝혔다.

만취상태서 폭력 휘두른 프로야구 선수, 죗값은? 59

프로야구선수 J씨는 만취상태에서 귀가하던 중 경비원을 폭행한 혐의로 기소됐다.

부산지방법원(2008년) 동부지원 재판부는 J씨에게 벌금 700만원을 선고했다. 재판부는 범죄 전력이 2차례 있고 유명 프로야구선수로서 공인이라는 점까지 강조하지 않더라도 피고인 J씨의 죄책은 결코 가볍지 않다"면서 "그러나 동료 선수들로부터 선처탄원서를 받아 법원에 제출했고 징역형•을 선고해 프로야구선수로서의 생명까지 끊는 것은 너무 가혹하다고 여겨지는 점 등을 종합해 벌금형•을 선고했다"고 양형 이유를 밝혔다.

[해설] **징역형(懲役刑)**이란 수형자(受刑者)를 교도소 내에 구치하여 복무케 하는 것을 내용으로 하는 형벌을 말한다. 징역에는 유기(有期)와 무기(無期)가 있다. 무기는 종신형이지만 10년이 경과하면 가석방이 가능하다. 유기는 1월 이상 30년 이하이다.
[해설] **벌금형(罰金刑)**이란 범죄인에게 일정한 금액의 지급의무를 강제적으로 부과하는 형벌을 말한다. 벌금액은 최소 5만원이고 상한은 제한이 없다. 확정판결일부터 30일 내에 완납하여야 한다. 그렇지 않으면 환형처분(換刑處分)으로 1일 이상 3년 이하로 노역장에서 작업으로 대신하여야 한다.

재판에 불만 표시로 법정 경위에게 침 뱉은 죗값은? 60

J(여)씨는 재판결과 선고 형량이 높다고 하면서 거칠게 항의하다 법정 밖으로 퇴장당한 뒤 법정 경위에게 침을 뱉는 등 행패를 부린 혐의(공무집행방해 등)로 불구속 기소됐다.

전주지방법원(2009년) 재판부는 벌금 400만원을 선고했다. 재판부는 "피고인은 법정질서를 문란하게 하고 공무원의 직무집행을 방해하는 등 그 죄질이 매우 불량하다"며 "다만 피고인이 정신질환을 앓고 있는 점과 동종 범죄로 처벌받은 전력이 없는 점 등을 고려해 이같이 선고한다"고 판결 이유를 밝혔다.

강연 중인 일본 대사에 시멘트 덩어리 투척했다면? 61

'우리마당 독도지킴이' 대표 K(50)씨가 강연 중인 주한 일본 대사를 향하여 시멘트 덩어리를 던진 혐의로 기소됐다.

서울중앙지방법원(2010년) 재판부는 K씨에게 징역 2년에 집행유예 3년을 선고했다. 재판부는 "독도가 역사 · 지리적으로 한국 영토임이 명확한데도 일본 대사관이 '독도는 일본 고유의 영토'라는 글을 인터넷에 게시하고 있는 것은 인정된다"면서도 "영토 주권에 대한 이견을 제시했다는 이유로 외국 대사를 폭행하면 외교질서에 지장을 주고 결국 분쟁을 초래할 우려가 있다"고 판결 이유를 밝혔다.

남의 승용차에다 오줌 눴다고 폭행, 피해자의 책임은? 62

C(61)씨는 전북 전주의 한 술집 주차장에서 L(25)씨의 승용차 트렁크에 오줌을 누었다. 이것 때문에 L씨와 언쟁이 생겼다. C씨는 차주 L씨의 뺨을 먼저 때렸다. 화가 난 L씨는 C씨를 때려 C씨가 바닥에 넘어지면서 머리 타박상 등 전치 10주의 상해를 입혔다. C씨는 손해배상 청구소송을 냈다. 위자료 500만원과 치료비 등 1500여 만원을 지급하라는 승소 판결을 얻어냈다.

전주지방법원(2008년) 재판부는 "피고에게 손해배상책임이 있지만, 원고가 피고의 승용차 부근에서 소변을 보고, 또 피고의 뺨을 먼저 때림으로써 폭행을 유발한 측면이 있다"며 피고의 책임을 60%로 제한했다.

신체에 고통 주는 안수기도, 의료행위? 혹은 정당행위? 63

경기 김포에서 기도원을 운영하는 K(여 · 45)씨는 정신분열증 환자 L씨에게 안수기도를 했다. L씨의 머리를 K씨 무릎 사이에 꽉 조이게 해 놓고 L씨의 눈 부위를 세게 누르기도 하고 뺨을 때리기도 했다. L씨의 팔다리가 다른 신도들에게 붙잡히고 이를 빠져 나오려고 몸부림을 치는 과정에서 몸에 멍까지 들었다.

1 · 2심 재판부는 "L씨의 어머니가 먼저 안수기도를 부탁했고, '모든 책임은 보호자에게 있다'는 각서를 작성했으며, K씨 역시 일부러 고통을 준 것으로 보이지 않는다"며 무죄를 선고했었다.

그러나 대법원(2008년) 재판부는 K씨에 대한 상고심에서 무죄를 선고한 원심을 깨고 유죄 취지로 사건을 인천지법으로 돌려보냈다. 재판부는 "종교적 기도 행위를 마치 의료행위인 것처럼 속여 각서를 받은 뒤 통상적인 기도 방식을 넘어 비정상적이고도 과도한 유형력을 행사해 환자의 신체에 상처까지 입혔다면 정당한 행위*로 볼 수 없다"고 유죄 선고 이유를 밝히면서 "아무리 피해자 측의 승낙*이 있었다 해도 이는 사회상규상 용인될 수 없는 행위"라고 판결 이유를 설명했다.

[해설] **정당행위(正當行爲)**: C-19 참조.
[해설] **피해자의 승낙(被害者의 承諾)**이라 함은 민법 적용에 있어서는 가해행위의 위법성이 없어져서 손해배상책임이 발생하지 않는다. 형법 적용에 있어서는 피해자가 가해자에 대하여 침해하는 것을 허락했기 때문에 처벌할 수 없다. 다만 이 판례처럼 '정당행위' 수준을 넘길 때 문제가 될 수 있다.

에이즈 감염 청년이 감염사실 감추고 성관계, 그 죗값은? 64

J씨는 에이즈(AIDS; 후천성면역결핍증) 감염사실을 알면서도 피임기구나 예방조치 없이 10여명의 여성과 성관계를 한 혐의로 구속 기소됐다.

청주지방법원(2009년) 제천지원 재판부는 피고에게 징역 1년 6월의 실형을 선고했다. 재판부는 "피고인 J씨는 상대방에게 자신의 에이즈 감염 사실을 설명하지 않은 채 콘돔 등의 보호조치조차 취하지 않고 성관계를 한 행위는 국민건강 보호와 일반 예방의 관점에서 비난가능성이 적지 않다"며 "다만 피고인이 현재 반성하고 있는 것으로 보이는 점과 연령, 가족관계 등을 참작해 형량을 정했다"고 판결 이유를 설명했다.

'황산테러', 그 처벌은? 65

전자장비회사 대표 L(29)씨는 직원이자 투자자였던 P(여 · 27)씨와 경영권문제로 다퉜다. P씨는 퇴사해 임금청구소송을 내서 승소 판결을 받아 회사와 L씨에게 큰 부담을 줬다. 또 P씨는 L씨를 사기 혐의로 형사 고발했다. L씨는 이에 앙심을 품고 회사직원과 공모하여 경기 성남시 소재 P씨의 집 부근에서 출근 중이던 P씨에게 황산을 뿌려 얼굴과 몸에 3도의 화상을 입힌 혐의(폭력행위등처벌에관한법률 위반)로 기소됐다.

대법원(2010년) 재판부는 L씨에게 징역 15년을 선고한 원심을 확정했다. 또 L씨의 지시를 받아 황산을 뿌린 회사직원 Y(29)씨에게 징역 12년, 황산 운반을 도운 직원 K(27)씨에게 징역 1년에 집행유예 2년, 이들의 알리바이* 조작을 도운 직원 N(24)씨에게는 징역 8개월에 집행유예 1년을 각각 선고했다. 재판부는 "관련자 증언 등을 종합해 보면 회사대표 L씨가 직원들과 공모해 황산투척 범행을 저지른 사실이 인정된다"고 하면서 그러나 "황산이 뿌려진 신체부위와 그 같은 범죄로 인한 사망 가능성 등을 감안할 때 살인의 고의가 입증됐다고 보기는 어렵다"며 살인미수 혐의는 무죄로 판단했다고 판결 이유를 설명했다.

[해설] 알리바이: C-94 참조.

협 박

"세무조사를 받게 하겠다"는 말, 협박죄 해당되나? 66

K씨는 소젖을 짜는 장비인 착유기 수입업자인 Y씨와 협력계약을 하고 전국적으로 착유기 판매 · 설치영업을 해 왔다. K씨는 착유기대리점 업주들과 함께 공동으로 Y씨에게 착유기 값을 올리지 말아달라고 요청했으나 거절당했다. K씨는 Y씨와 동업자인 L씨에게 "가격인하 조건을 들어주지 않으면 세무조사를 시켜 회사를 망하게 할 것"이라든가 "며칠 있으면 국세청에서 조사가 나올 것"이라는 등의 말을 했다. L씨는 이를

Y씨에게 전했다. Y씨는 K씨를 협박죄•로 고소했다. 1 · 2심 법원은 "K씨가 Y씨를 협박한 사실이 인정된다"며 K씨에게 징역 1년, 집행유예 2년을 선고했다. K씨는 상고했다.

대법원(2007년) 재판부는 K씨의 상고를 기각하고 원심을 확정했다. 재판부는 "K씨가 L씨로 하여금 Y씨에게 협박한 말을 전하게 한 행위는 협박죄에 해당한다"며 판결 이유를 설명했다.

[해설] **협박죄**: A-40 참조.

돈 보낼 연락처 잘못 보냈다가 잡힌 어린이 납치범, 죗값은? 67

1억원의 빚 독촉에 시달리던 G(27)씨는 성남시 분당구의 한 아파트단지에서 J(11세)군을 납치했다. G씨는 다른 사람의 이름과 주민등록번호로 이메일계정을 만든 뒤 '아이를 데리고 있으니 현금 5000만원을 준비하라'는 메일을 보냈다. 그리고 딴 사람을 시켜 J군의 부모에게 전해 달라고 이메일 계정의 아이디와 비밀번호를 알려주었다. 그러나 G씨는 이메일의 아이디를 틀리게 알려준 것을 뒤늦게 알았다. G씨는 후배를 시켜 정확한 것을 보내 달라고 부탁하는 과정에서 후배가 수상히 여겨 신고했다. G씨는 몇 시간 뒤 J군을 경찰서 부근에 놓아줬다. 그리고 G씨는 체포되어 기소됐다.

서울고등법원(2006년) 재판부는 G씨에게 징역 3년의 실형을 선고했다. 재판부는 "초등학생인 아이를 이틀 가까이 데리고 다니면서 피해자의 부모에게 돈을 요구하려고 한 행위는 사회적 위험성이 매우 높아 엄중한 처벌이 요구된다"고 판결 이유를 설명했다.

협박성 문자메시지 두 차례 보낸 죗값은? 68

C씨는 자신이 운영하는 마포구 도화동 식당에 있는 전화기가 고장 나서, 전화기 생산업체 수리담당 직원 S씨로부터 한 차례 수리를 받았다. 그러나 전화기가 또 고장 나자, S씨에게 전화를 걸어 항의하다 말다툼이 벌어졌다. 그 후 C씨는 휴대전화로 "핏덩어리 같은 ××야, 잘못 건드린 거 후회하게 해줄게" 등의 내용으로 2건의 협박성 문자메시지를 보낸 혐의로 기소됐다.

서울서부지방법원(2008년) 재판부는 C씨에게 벌금 70만원을 선고했다. 재판부는 "정보 통신망을 이용해 공포심이나 불안감을 유발하는 내용을 반복적으로 보내 벌금형을 선고했다"고 판결 이유를 밝혔다.

택시요금 안 내려고 고장난 공기총으로 위협, 그 죗값은? 69

A(23)씨는 전주시 중앙동에서 자신의 아파트까지 택시를 타고 온 뒤 집에서 가지고 나온 고장난 공기총으로 택시기사 C(60)씨를 위협하고 택시요금 2000원을 내지 않은 혐의로 기소됐다.

전주지방법원(2009년) 재판부는 A씨에게 징역 10월에 집행유예 2년을 선고하고 160시간의 사회봉사명령을 내렸다. 재판부는 "피고 A씨가 비록 술에 만취해 사물 변별력과 의사결정력이 미약한 상태에서 실탄을 장전하지 않고 고장난 공기총으로 상대방을 겨누는 행위에만 그쳤다고 주장하지만 공기총의 재질이 목재와 금속으로 이뤄졌고 길이도 비슷해서 상대방이나 제3자가 살상 위협을 느낄 수 있다"며 "술에 취한 피고가 위험한 물건인 공기총을 겨누는 방법으로 피해자를 협박 · 갈취한 사실이 인정된다"며 판결 이유를 설명했다

항공사에 '항공기 폭파 협박' 장난전화, 부모의 손해배상책임은? 70

A(15)군과 B(17)군은 대한항공에 항공기에 폭발물을 설치했다고 협박성 장난 전화를 걸었다. 대한항공은 A와 B군 그리고 이들 부모를 상대로 손해배상 청구소송을 냈다.

서울남부지방법원(2009년) 재판부는 피고인 A군과 B군 그리고 이들 부모는 각각 700만원을 항공사에 지급하라고 판결했다. 재판부는 "피고들이 허위전화를 함으로써 항공기 운항과 관련한 손해가 발생한 것이 충분히 인정되고, 피고를 감독할 의무가 있는 부모들은 원고가 입은 손해를 배상할 책임이 있다"고 판결 이유를 설명했다.

"항공기에 폭발물 설치" 상습적 장난전화, 그 죗값은? 71

K(27)씨는 항공사와 철도공사 고객 콜센터에 상습적으로 장난전화를 걸고 항공기, KTX열차, 서울역 등에 폭발물을 설치했다고 거짓말해 공항운영과 열차운행을 방해한 혐의로 기소됐다.

서울중앙지방법원(2008년) 형사합의재판부는 K씨에게 징역 2년과 함께 치료감호를 선고했다. 재판부는 "감정결과 K씨는 정신지체 3급 판정을 받은 충동조절 장애를 앓고 있고, 그 전에도 여러 차례에 걸쳐 비슷한 범행을 저질러 실형 2회, 집행유예 1회, 벌금형 1회 등을 선고받은 전력을 갖고 있었다"면서 "피고인의 입장에선 일시적인 장난전화일지 모르지만 사회적으로는 막대한 경제적 손실을 끼치는 범행으로 피해 정도가 커 실형이 불가피하다"면서 "피고인의 범죄 전력 등으로 볼 때 치료 감호시설에서의 치료가 필요하고 재범의 위험성이 있어 치료감호에 처한다"고 판결 이유를 설명했다.

판결에 불만 갖고 대법관을 협박, 그 죗값은? 72

L씨는 자신의 친척과 관련된 소송에서 원심을 뒤집고 패소 판결을 내리자 불만을 품고 10여 차례에 걸쳐 P대법관의 사무실에 전화를 걸어 "살해하겠다"고 협박했고 "법치를 바로잡기 위해 가장 단호하고 끔찍한 방법으로 처단하겠다"라는 우편물을 2차례 대법원으로 보낸 혐의로 기소됐다.

대법원(2010년) 재판부는 1·2심과 같이 징역 2년의 실형을 선고했다. 재판부는 "피고인은 P대법관이 담당하는 사건의 재판 결과에 불만을 품고 살해하겠다고 협박하는 등 죄질이 좋지 않고 잘못을 뉘우치지 않고 있기 때문에 1심 형량인 징역 2년이 무겁지 않다"고 판결 이유를 밝혔다.

친동생 수사한 경찰에 불만 갖고 협박성 문자 보낸 죗값은? 73

J씨는 자신의 동생이 특정인을 무고한 혐의로 입건돼 1심에서 실형을 선고받자 이에 불만을 품고 한 포털사이트에 담당경찰관 개인정보와 사죄를 촉구하는 글을 게시하고 수십 차례 협박성 문자메시지를 보낸 혐의로 기소됐다.

광주지방법원(2010년) 재판부는 J씨에게 징역 8월을 선고했다. 재판부는 "편파 수사를 했다는 뚜렷한 증거도 없이 포털사이트에 경찰관의 휴대전화번호까지 공개하며 파렴치한으로 매도하고, 자녀를 거론해 협박하는 내용의 문자메시지도 수십 차례 보냈다"며 "이는 사람의 피를 말리고 정신을 황폐하게 만드는 악독한 행동으로 엄벌이 불가피하다"고 판시했다. 또 "법과 질서를 무시하고 인간에 대한 예의마저 저버리는 사람을 내버려둔다면 법은 법전에만 있는 것이 될 것"이라고 판결 이유를 밝혔다.

'택배비 3만원 내라' 전화폭력 780여 차례, 그 책임은? 74

택배기사 P씨는 강원도 강릉에서 충남 홍성군 홍성읍의 한 아파트로 컴퓨터용 책상을 배달했다. 그러나 택배비 3만원을 받지 못했다. 주문을 한 J씨가 주문 직후 곧바로 취소했다는 이유에서 지불하지 않았다. 그 뒤 P씨는 J씨에게 5시간에 걸쳐 780여 차례 "운송비를 달라"고 전화로 요구했고 음식점 영업을 하는 J씨는 바쁘니 기다려 달라고 전화를 끊곤 했다. P씨는 J씨 식구들을 가만두지 않겠다고 협박도 했다. J씨는 협박·업무방해 혐의로 소송을 냈다.

청주지방법원(2010년) 재판부는 P씨에게 벌금 100만원을 선고했다. 재판부는 "피고인 P씨가 택배비 미지불과 관련해서 피해자 J씨에게 폭언을 하고 이에 위협을 느낀 피해자가 전화를 끄게 해 일상업무 또는 운영하는 식당영업을 하지 못하게 한 점이 인정된다"고 판결 이유를 설명했다.

2. 강간과 추행

성희롱 · 성추행

회식자리에서 답례로 술 따르라고 권유했다면? 75

초등학교 교장을 포함한 전체 교사가 모인 회식자리에서 교장 선생이 참석자 모두에게 술을 권했다. 교감 선생 K씨는 술잔을 비우지 않고 있는 여교사 3명에게 술잔을 비우고 교장 선생에게 술을 권하라고 말했다. 그 중 두 교사는 K씨가 권하는 대로 했는데 C교사만은 응하지 않다가 마지못해 술을 따르긴 했다. 그리고 뒤에 C교사는 여성부 남녀차별개선위원회에 시정신청을 냈다. 위원회는 K씨의 행위는 성희롱에 해당한다면서 시정권고를 내렸다. K씨는 곧바로 그 시정권고 결정을 취소해 달라는 소송을 냈다.

대법원(2007년) 재판부는 "K교감의 발언은 '성희롱'으로 볼 수 없다"고 판단한 원심을 확정했다. 재판부는 "상대방의 행위가 평균적인 사람•으로 하여금 성적 굴욕감이나 혐오감을 느끼게 하는 행위가 아닌 이상 자신이 성적 굴욕감을 느꼈다는 이유만으로 성희롱이 성립될 수는 없다"는 것이다. 또한 "K교감이 성적 의도를 가지고 이 같은 언행을 했다기보다 직장 상사인 교장으로부터 술을 받았으면 답례로 술을 권해야 한다는 차원에서 한 것으로 보이는 점 등을 고려할 때 '선량한 풍속 또는 사회질서•'에 위반되는 것은 아니다"라고 판결 이유를 설명했다.

[해설] **평균인(平均人, average man)**이란 사회에 있어서 통상의 판단능력과 행위능력을 가진 사람을 말한다. 평균인은 기대가능성의 유무 등 법적 판단의 척도가 된다. 보통인 · 일반인 · 통상인 등으로 표현되기도 한다.
[해설] **선량한 풍속 또는 사회질서**: A-26 참조.

지하철 속에서 여성 신체 더듬는 성추행, 그 죗값은? 76

출근시간의 혼잡한 지하철 속에서 30대의 남성이 K(여 · 23)씨의 등 뒤에서 K씨의 아래 옷 속으로 손을 넣어 엉덩이와 신체 주요부위를 더듬은 혐의를 받고 불구속 기소됐다.

서울남부지방법원(2005년) 재판부는 "피고인이 초범이지만 범행을 부인하고 반성의 기미가 없어 실형 선고가 불가피하다"며 "성추행 피해자들이 수치심에 신고를 못한다는 점을 악용해 온 지하철 성추행 범죄에 대해 경각심을 일으킬 필요가 있다"고 강조하면서 징역 6월을 선고하고 법정 구속했다.

남성을 성희롱한 여성, 정신적 손해배상책임은? 77

J(남 · 28)씨는 의류업체인 A회사에 입사했다. 이 회사 여직원인 P(40)씨, K(35)씨 등 2명은 J씨를 뒤에서 껴안는 성희롱을 했다. J씨는 회사에 이 사실을 알리고 적절한 조치를 호소했으나 오히려 소란을 피웠다는 이유 등으로 해고했다. J씨는 해고의 취소와 여직원들이 괴롭힌데 대한 손해배상 등을 요구하는 소송을 냈다.

서울중앙지방법원(2002년) 동부지원 민사합의재판부는 "P씨와 K씨 등 피고들은 모두 300만원을 원고 J씨에게 지급하고 A회사는 J씨의 해고를 취소하라"며 원고 승소 판결했다. 재판부는 "P씨 등이 갓 입사한 후배 J씨를 뒤에서 껴안고 엉덩이를 만지는 등 의도적으로 접촉하고 '영계 같아서 좋다' '얘는 내 꺼' 등 단순 농담을 넘은 성적 언행으로 J씨에게 성적 굴욕감, 혐오감을 느끼게 해 인격권을 침해하고 정신적 고통을 준 사실이 인정된다"며 "A회사는 사용자*로서 P씨 등의 성희롱을 막을 의무를 다하지 못했고 가해자에 대한 징계 및 피해자 불이익 방지 등 개선책을 신속히 실시하지 않고 오히려 성희롱을 방치하고 J씨의 퇴직을 유도하는 불공평한 방법으로 직장의 질서를 유지하려 한 책임을 면할 수 없다"고 판결 이유를 설명했다.

[해설] **사용자(使用者, employer)**란 근로에 있어서 당사자 일방이 상대방에 대하여 노무를 제공할 것을 약정한데 반해, 상대방으로서 이에 대하여 보수를 지급할 것을 약정한 자를 말한다. 이 판례에 있어서 타인을 사용하여 어느 사무에 종사하게 한 자(A)는 피용자(P씨, K씨 등)가 그 사무집행에 관하여 제3자(J씨)에게 가한 손해를 배상할 책임이 있다. A-118 참조.

교생에게 러브샷 강요한 교사 해임, 정당한가? 78

고등학교 교사 J(54)씨는 동료 교사들과 함께 학교에 실습 나온 교생들에게 술자리에서 술을 마실 것을 강권하며 '러브 샷'에 응하지 않을 경우 교생 점수를 주지 않겠다고 말했다. 또 교사들이 노래방에서 부적절한 신체 접촉을 하자 교생들은 "접대부를 불렀느냐"며 강하게 항의했다. 학교는 J교사를 해임했다. J교사는 해임처분이 부당하다며 교원소청심사위원회를 상대로 해임결정취소 청구소송을 냈다.

서울행정법원(2010년) 재판부는 J교사에게 패소 판결했다. 재판부는 "우월적 지위를 이용해 교생들에게 술을 강권하고 성적인 언행을 한 것은 비난가능성이 매우 크다"며 "J씨의 행동으로 교원의 품위와 명예를 손상시키고 학교의 명예를 실추시킨 점을 고려하면 해임은 적법하다"고 판결 이유를 설명했다.

여제자에게 강제로 키스한 교수, 그 죗값은? 79

K교수는 학교 부근 노래방에 학생을 데리고 가서 학생들이 노래를 부르는 동안 제자 A씨를 껴안거나 강제로 키스하고 심지어 옷 속에 손을 넣는 등 여러 차례 성추행을 한 혐의로 불구속 기소됐다. 그러나 K교수는 오히려 신고한 A학생을 무고죄*로 맞고소했다.

서울중앙지방법원(2009년) 재판부는 K교수에게 징역 10월을 선고하고 법정 구속하면서 "피해자들이 K씨의 추행 경위를 상세하게 진술하고 있고 목격자들의 진술도 이와 일치해 유죄가 인정된다"면서 "자신이 학업성적 판정 등에 절대적 영향력을 행사할 수 있는 위치를 이용해 제자를 강제 추행한 것은 비난받을 가능성이 크며, 잘못을 반성하지 않고 피해자인 제자들을 무고로 고소한 점을 감안하면 실형 선고가 불가피하다"고 판결 이유를 설명했다.

[해설] **무고죄(誣告罪, false charge)**란 타인으로 하여금 형사처분 또는 징계처분을 받게 할 목적으로 허위의 사실을 신고함으로써 성립하는 범죄를 말한다. 본죄는 국가의 심판기능을 보호법익으로 하며 부수적으로 부당하게 개인이 처벌받지 않도록 하는 법의 목적도 있다.

열 살짜리 어린 소녀에게 강제 입맞춤, 그 죗값은? 80

K(74)씨는 자신이 세 들어 사는 집에서 집주인의 딸인 L(10)양에게 접근해 강제로 입맞춤한 혐의(성폭력범죄의처벌및피해자보호등에관한법률 위반)로 기소됐다.

서울동부지방법원(2010년) 재판부는 K씨에게 징역 1년 6월에 집행유예 2년을 선고했다. 재판부는 "갓난아이 때부터 이웃으로 알고 지내던 여자아이를 추행했고 사춘기에 접어들 무렵에 피해자에게 정신적 고통을 주는 등 죄질이 나쁘다"며 "다만 나이가 많고 범죄 전력이 없는데다 추행의 정도가 비교적 경미한 점 등을 참작했다"고 판결 이유를 설명했다.

학원비 못내는 9세 여아를 협박 · 성추행한 죗값은? 81

인천에 있는 태권도학원의 부관장인 C씨는 학원비를 내지 못하는 원생 K(9)양을 학원 사무실로 불러 사기죄로 경찰에 신고하겠다며 협박한 뒤 3차례 강제 추행한 혐의로 구속 기소됐다.

인천지방법원(2010년) 재판부는 C씨에게 징역 10년을 선고하고 20년간 위치추적장치(전자발찌)를 달고 다닐 것과 80시간의 정신치료 교육을 받을 것도 함께 명령했다. 재판부는 "피고인 C씨는 집이 가난해 학원비를 내지 못하는 피해자를 협박해 만 9세에 불과한 아이를 세 차례나 강제 추행했다"며 "죄질이 아주 나쁘고 그 수법이 변태

적일 뿐 아니라 피해자가 어른에 대한 불신과 혐오감, 두려움을 갖게 하는 등 심신 발달에 장애를 가져다준 만큼 중형을 선고하지 않을 수 없다"고 판결 이유를 설명했다.

초등학생을 성추행한 경비원, "전자발찌 풀어 달라"? 82

초등학교 경비원인 J(59)씨는 놀이터에서 놀고 있던 11세 여자 초등학생 2명을 집으로 유인하는 수법 등으로 3차례에 걸쳐 성추행한 혐의로 기소됐다. 1심에선 징역 2년에 5년간 전자발찌 부착을 선고받았다. J씨는 "전자발찌 때문에 생업에 지장이 있다"면서 항소했다.

서울고등법원(2010년) 재판부는 "초등학교 경비원으로 계속 일하게 되면 미성년자와 접촉할 가능성이 높아 재범의 위험성이 더 커질 수 있다"며 J씨의 항소를 기각하는 데 그치지 않고 "1심 형량이 지나치게 가볍다"면서 "1심보다 형량을 높여 징역 3년을 선고"했다.

성폭행

부부 사이에도 강간죄, 성립하나? 83

Y(42)씨는 필리핀 출신의 아내 L(24)씨를 결혼정보회사를 통하여 소개받고 결혼했다. Y씨는 결혼 초 어느 날 아내 L씨에게 성관계를 요구했다. 아내는 생리 중이라며 남편 요구를 거절하자 남편은 흉기로 협박하며 강제로 성관계를 가졌다. 아내 L씨는 이혼 소송과 함께 강간죄로 남편 Y씨를 고소했다.

부산지방법원(2009년) 재판부는 "형법상 강간죄•의 대상인 '부녀'에 '혼인 중의 부녀'가 제외된다고 볼 아무런 근거가 없으며 법이 강간죄로 보호하려는 대상은 여성의 정조가 아니라 성적 자기결정권이며, 아내 또한 이런 권리를 가지고 있다"면서 "폭행과 협박에 따른 강제적 성관계는 부부 사이라도 일반적인 강간죄와 다를 바가 없고 가정 내에서 은밀히 발생하는 부부 사이의 성폭행은 아내를 성의 도구나 노예로 전락시켜 아내의 행복추구권과 자유로운 인격 실현, 존엄성을 해치기 때문에 법률로 규제하지 않으면 반복적으로 발생할 수밖에 없다"고 하면서 "피고 Y씨에게 징역 2년 6월에 집행유예 3년을 선고한다"고 판결 이유를 밝혔다.

[해설] **강간죄(强姦罪)**란 폭행 또는 협박으로 부녀를 강간함으로써 성립하는 범죄를 말한다. 객체가 부녀로 제한된다. 성적 자기결정권의 자유를 보호해 주려는 목적이다. 자기 처에 대해서도 강간죄가 성립한다

는 견해가 있으나 판례 및 다수설은 부정한다. 본문의 사례는 폭행과 협박의 정도가 심히 포악한데 대한 경고적 판결인 듯하다.

만취 상태의 처제가 승낙한 것으로 알고 맺은 성관계, 강간죄가 되나? 84

K(28)씨는 부인과 집을 찾아 온 처제(19) 및 처제의 남자친구 L씨와 함께 술을 마셨다. K씨 부인과 L씨는 취해서 피곤하다면서 각각 방으로 들어 갔다. 그 후 K씨는 처제와 소주 2병을 나눠 마셨다. 그런데 다음 날 L씨가 화를 내고 뛰쳐나가면서 엊저녁 너와 네 형부가 성관계를 갖는 것을 봤다고 했다. 처제는 준강간죄(정신을 잃어 반항할 수 없는 상태에 있을 때 강간한 죄) 혐의로 형부를 고소했다. 형부 K씨는 동의한 것으로 알았다고 변명했다.

1심 재판부는 K씨에 대해 무죄를 선고했다. 재판부는 "당시 처제가 술에 취해 이성적 판단이 흐려진 상태에서 형부의 요구에 응했거나 처제가 저항하지 않자 동의하는 것으로 알고, 성관계를 가진 것이 아닌가 하는 의심이 든다"고 설명했다. 한편 증인으로 나온 친구들은 그녀는 술에 취하면 종종 멀쩡한 사람처럼 행동한다고 진술했다.

서울고등법원(2005년) 재판부는 "윤리적으로 비난받을 행동이긴 하지만 K씨가 처제의 술 취한 상태를 이용해 성관계를 가졌다고 단정하기 어려우므로 무죄를 선고한 원심의 판단은 정당하다"고 판결 이유를 설명했다.

[해설] **준강간죄(準强姦罪)**란 사람의 심신상실 또는 항거불능의 상태를 이용하여 간음 또는 추행함으로써 성립하는 범죄를 말한다. 심신상실이란 사물을 변별하거나 의사를 결정할 능력이 없는 것을 말한다. 항거불능이란 심리적 또는 육체적으로 반항이 불가능한 경우를 말한다. 심신상실 또는 항거불능의 상태를 이용한다 함은 행위자(본문의 경우 형부 K씨)가 이러한 상태를 인식하였을 뿐만 아니라, 그 상태 때문에 간음 또는 추행이 가능하였거나 용이하게 되었어야 한다.

증거부족으로 형사소추 안 된 성폭행, 손해배상책임은 물을 수 있나? 85

K(여 · 21)씨는 4년 전에 농구선수인 Y씨의 팬클럽 회장이었다. Y선수는 자기를 따르는 K씨를 자신의 승용차 안으로 데리고 가서 성폭행했다. 당시 K양 부모는 미성년자 강간혐의로 고소했다. 그러나 증거 불충분으로 무혐의 처리됐다. K양 부모는 K양이 성폭행 후유증으로 정신적 고통•이 심해 Y씨를 상대로 정신적 피해에 대한 민사상 손해배상 청구소송을 냈다.

수원지방법원(2007년) 재판부는 K양과 부모에게 6000만원을 배상하라는 승소 판결을 내렸다. "피고 Y씨는 K씨에게 5000만원, 부모에게 1000만원을 각각 지급하라"고 하면서 "성폭행 당시 17세였던 K씨에 대한 피고의 행위는 형법상 강간죄에 해당하지 않더라도 폭행, 협박 등 강제력을 이용해 K씨의 저항을 억압하고 간음한 것이어서 K씨의 '성적 자기결정권'을 침해한 위법행위●"라고 판결 이유를 설명했다.

[해설] **정신적 고통(精神的 苦痛)**이란 재산적 손해에 상대되는 개념이다. 정신적 손해라고도 부른다. 타인의 위법한 행위로 인하여 받는 고통이나 슬픔 등을 말한다. 신체 · 자유 · 명예 · 생명 등의 인격적 이익에 대한 침해는 예컨대 치료비의 지출 등과 같은 재산적 손해를 발생시키지만, 동시에 거의 모든 경우에 정신적 고통을 발생시킨다. 이 정신적 고통에 대하여 배상책임을 인정하는데 이를 위자료(慰藉料)라고 한다.
[해설] **위법행위**: B-31 참조.

전신마취제 주사 후 성폭행한 의사, 그 죗값은? 86

통영 시내 내과의원 원장인 K(41)씨는 수면내시경을 받으러 온 여성 환자에게 수면내시경 치료를 마친 뒤에 성폭행을 하기 위하여 전신 마취제를 주사해 수면상태에 빠트린 다음에 성폭행한 혐의(성폭력범죄의처벌및피해자보호등에관한법률 위반)로 기소됐다.

창원지방법원(2007년) 재판부는 "치료를 받으러 온 20~30대의 젊은 여성 환자 3명에게 위험한 마취제를 사용해 성폭행한 것은 의료인으로서 근본이 돼 있지 않은 것으로 검찰의 구형 그대로 징역 7년을 선고한다"고 판결 이유를 설명했다.

성폭행을 피하려 주행 중인 차에서 뛰어내려 중상, 과잉방어인가? 87

P(여 · 24)씨는 흉기를 든 괴한이 성폭행 하려고 접근하여 위기에 몰렸는데 행인 L씨가 도와줘서 모면했다. L씨는 P씨의 신변안전을 위하여 경찰서에 데려다 주겠다며 자신의 승용차에 타라고 해서 탔다. L씨는 경찰서 아닌 방향으로 차를 몰았다. P씨가 세워달라고 해도 듣지 않았다. P씨는 공포에 질려 달리는 차의 창밖으로 몸을 던졌다. 두개골 골절 등 중상을 입었다. P씨는 L씨 차량의 보험사를 상대로 소송을 냈다.

서울고등법원(2006년) 재판부는 "사고에 대한 배상 책임은 운전자 L씨가 가입한 보험사에 있다"며 "보험사는 P씨에게 8500여 만원을 지급하라"고 판결했다. 또 "당시 상황을 고려해 볼 때 P씨로서는 다른 방어수단을 취하기 어려웠을 것이므로 주행 중인 차에서 뛰어내린 것이 '과잉방어●'라는 피고 L씨 측 주장은 인정할 수 없다"고 판결 이유를 설명했다.

[해설] **과잉방어(過剩防禦)**란 방위행위를 지나쳐 방위의 상당성(相當性)의 정도를 벗어난 경우를 말한다. 초과방위라고도 한다. 과잉방어는 위법한 행위가 되어 범죄가 되지만 정황에 따라 그 형이 경감 또는 면제될 수 있다. 이 판례의 경우는 방어를 위해 가해자를 공격한 것이 아니고 과잉피신 여부가 문제된 것이다.

어린이 10명을 성폭행한 범인의 죗값은? 88

P(37)씨는 어린 여학생만 골라 "주소를 가르쳐 달라"는 등으로 유인해서 4번 성폭행하여 7년형을 복역하고 출소한 지 4년도 안 돼서 다시 똑같은 범행으로 건물 옥상 또는 지하실로 끌고가 성폭행했다.

서울고등법원(2005년) 재판부는 P씨에게 징역 15년을 선고했다. 재판부는 "어린 아이와 부모에게 평생 씻을 수 없는 상처를 남겼다"면서 "무고한 피해자의 발생을 막고 어린이들의 장래를 보호하기 위해 성범죄 능력이 감퇴하는 연령까지 사회에서 격리할 필요가 있다"면서 판결 이유를 밝혔다.

더 큰 폭력을 두려워해서 저항하지 않았다면? 89

Y씨는 성폭행하기 직전에 엄청난 폭력으로 때릴 듯이 겁을 주어 저항하지 못하도록 한 상태에서 성폭행한 혐의로 구속 기소되어 징역 2년 6월을 선고 받았다. Y씨는 폭력행사가 없었다고 항소했다.

서울북부지방법원(2004년) 재판부는 P씨의 항소를 기각했다. "강간죄를 구성하는 '항거 불능한 폭행'을 판단할 때는 현실적으로 행해지는 폭행과 협박만을 기준으로 할 게 아니라 당시 상황에서 더 강한 폭행이 뒤따를 것으로 판단하고 피해자가 저항을 포기한 데 상당한 이유가 있는지를 기준으로 해야 한다"고 판결 이유를 설명했다.

성폭행 후 여아 살해 등 5차례 성폭행한 죗값은? 90

고교생인 B(17)군은 어린이 놀이터에서 놀고 있는 여아를 인근 지하 창고로 끌고 가서 성폭행한 뒤 목 졸라 살해했다. 그 밖에도 5차례에 걸쳐 부녀자들을 성폭행한 혐의로 기소됐다.

창원지방법원(2003년) 재판부는 "피고인이 6세 여아에서부터 가정주부에 이르기까지 대상을 가리지 않고 잔인한 방법으로 범행을 저질렀으며, 6세 여아를 살해한 뒤에도 다시 범행을 반복하는 등 죄질이 극히 불량해 중형을 선고한다"면서 "피고인 B군을 무기징역형에 처하는 것이 마땅하나 18세 미만에게는 무기징역형에 처할 경우 징역 20년형을 선고하도록 법에 규정돼 있어 20년형으로 선고했다"고 판결 이유를 설명했다.

성폭력에 대한 형사고소 기간은? 91

C씨는 2006년 4월 광주광역시 한 마을 입구에서 길을 잃은 정신지체2급 장애인

K(여 · 21)씨를 발견하고 자신의 승용차에 태워서 노래방으로 데려가서 성추행하고 다시 딴 곳으로 데리고 가서 성폭행한 후 휴대전화로 나체사진을 촬영한 혐의로 기소되어 1심에서 징역 3년을 선고받았다.

그러나 항소심 재판부는 "1심에서 징역 3년을 선고한 부분에 대하여 피해자 K씨는 2006년 5월 9일 경찰서에서 가해자가 누군지 알았는데 같은 해 12월 14일에야 고소했다"면서 "형사소송법상 간음유인 · 강간 · 강제추행의 경우 6개월이 넘으면 고소하지 못하도록 돼 있다"며 나체 사진을 촬영한 혐의만 인정해 징역 2년을 선고했었다.

대법원(2008년) 재판부는 정신지체 장애인을 유인해 성폭행한 혐의(성폭력범죄의처벌및피해자보호등에관한법률 위반) 등으로 기소된 피고 C씨에게 징역 2년을 선고한 원심을 깨고 성폭행 부분에 대한 형벌도 추가하여 판결하라는 취지로 사건을 광주고법으로 돌려보냈다. 재판부는 "항소심 재판부가 강간이나 강제추행과 같은 성폭력범죄 중 친고죄•에 대하여는 형사소송법의 규정에도 불구하고 고소 가능 기간을 연장하여 '범인을 안 날로부터 1년'인데 6개월로 착각했기 때문이다"라고 판결 이유를 설명했다.

[해설] **친고죄(親告罪)**란 고소권자의 고소가 소송조건으로 되는 범죄를 말한다. 간통죄 · 강간죄 등과 같이 범인에 대한 소추가 오히려 피해자의 명예를 해칠 염려가 있는 경우에 친고죄로 규정하고 있다.

친족이 저지른 성추행, 그 죗값은? 92

지적장애자인 K(16)양을 친할아버지, 큰아버지, 작은 아버지 등 3명의 존속이 성폭행 또는 성추행한 혐의로 기소됐다.

청주지방법원(2008년) 재판부는 양육한 노고를 생각해서 친할아버지와 큰아버지에게는 징역 3년에 집행유예 4년을, 작은 아버지에게는 징역 1년 6월에 집행유예 3년을 선고했다. 재판부는 "친족 관계에 있는 어린 피해자를 성폭행하거나 성추행한 피고인들의 범행은 인륜에 반하는 것일 뿐 아니라 피해자에게 씻을 수 없는 정신적 충격을 주었다는 점을 고려하면 중형이 불가피하다"면서도 "어려운 경제적 형편에도 부모를 대신해 피해자를 키워왔고, 앞으로도 피고인들의 지속적인 관심과 도움이 필요할 것으로 보이며 일부 피고인들이 고령과 지병으로 수형 생활을 감내하기 어렵다는 점 등을 참작해 집행유예를 선고한다"고 판결 이유를 설명했다.

[해설] **친족(親族)**이란 혼인과 혈연으로 맺어진 친족관계에 있는 사람을 말한다. 8촌 이내의 혈족 · 4촌 이내의 인척과 배우자를 말한다. 혈족이란 자기의 직계존속과 직계비속을 직계혈족이라 하고 자기의 형제자매와 형제자매의 직계비속과 직계존속의 형제자매 및 그 형제자매의 직계비속을 방계혈족이라 한다. 인척이란 혈족의 배우자, 배우자의 혈족, 배우자의 혈족의 배우자를 말한다.

직계 · 방계존속의 성폭행, 그 죗값은? 93

K(17)양은 아버지와 할아버지, 고모부, 작은 아버지 등 일가족에게 성폭행을 당했다. 그러나 이들은 K양이 합의금을 노리고 허위 진술을 한 것이라고 변명했다.

서울고등법원(2010년) 재판부는 손녀나 조카인 K양을 성폭행한 혐의(친족관계에 의한 강간 등)로 기소된 J(59)씨 등 5명에게 각각 징역 1~6년의 실형을 선고했다. 다만 K양의 아버지에게는 사실상 유일한 보호자라는 점을 감안해 징역 2년에 집행유예 3년을 선고하고 이들의 신상정보를 5년간 공개하도록 했다. 재판부는 "피고인들은 법정에서 범행 사실을 극구 부인하는 등 반성의 빛을 찾아볼 수 없어 중형 선고가 불가피하다"고 판결 이유를 설명했다.

성폭행 위기에서 도움 청할 수 있었는데 하지 않은 경우, 성폭행 피해자인가? 94

K양은 모텔 방으로 차 배달을 갔다가 L씨에게 성폭행 당하고 현금 30여 만원을 빼앗겼다. L씨는 성폭행하고 돈을 뺏은 혐의로 기소됐다.

청주지방법원(2008년) 재판부는 피고 L씨에게 무죄를 선고했다. 재판부는 "피해자 K양은 피고인 L씨가 모텔 방 화장실에서 씻고 있을 때, 또는 L씨와 함께 모텔 주인이 있는 1층 로비로 내려왔을 때 등의 상황에서 타인에게 도움을 요청하거나 수사기관에 신고하는 등 조치를 취할 수 있었으나 그러지 않은 점에 비춰 성폭행을 당했다는 주장의 신빙성을 인정하기 어렵다"는 것이다. 또 "피해자 K양은 성폭행을 당했다고 주장하는 시간에 지인들에게 평상시처럼 자연스럽게 전화를 하거나 문자를 발송한 것으로 드러났다"며 "이는 성폭행이라는 공포 상황에 처한 사람이 취하기 어려운 행동으로 보인다"고 판결 이유를 설명했다.

여중생 집단 성폭행한 고교생들, 죗값은? 95

K(18)양은 채팅 사이트를 통하여 알게 된 J(20)군 등 3명을 만나 놀다가 만취상태로 집단 성폭행을 당했다. 당시에 K양은 중학교 2학년이었고 가해 학생들은 고교 1학년생들이었다. J군 등은 며칠 뒤에 K양을 불러내어 또 집단 성폭행했다. 가담 학생 3명 모두 징역형을 선고받았다. K양은 대인기피증, 우울증에 자살을 시도하는 등 정신적 고통이 심각한 것으로 진단됐다. K양과 부모가 가해자와 그의 부모들을 상대로 손해배상 청구소송을 냈다.

서울중앙지방법원(2007년) 재판부는 "피고 J군 등은 K양에게 4000만원, 부모에게 1000만원을 배상하라"고 판결했다.

여성 57명 성폭행, 죗값은? 96

J(32)씨는 주로 20대 여성만을 골라 흉기로 위협하는 수법으로 7년여 동안 50여 명을 성폭행한 혐의로 기소됐다.

창원지방법원(2009년) 재판부는 피고 J씨에게 무기징역을 선고했다. 재판부는 "J씨가 2001년 5월부터 지난해 9월까지 7년 4개월간 창원 · 마산에서 무려 57명의 여성을 성폭행했으며, 피해자가 저항하자 '아기를 베란다 밖으로 던져버리겠다'고 위협하는 등 인간으로서 차마 상상하기 어려운 수법의 범행이 포함돼 있어 중형을 선고한다"고 하면서 "J씨가 대부분 원룸에 혼자 사는 여성을 흉기로 위협, 성폭행하고 한 장소에서 부녀자 2~3명을 차례로 성폭행하는 등 잔인한 범행을 일삼아 피해자들이 헤아릴 수 없는 정신적 고통에 빠져 있어 중형 선고가 불가피하다"고 판결 이유를 설명했다.

트랜스젠더 성폭행, 강간죄 성립할까? 97

P씨는 호적은 남자로 되어 있지만 10대 때부터 치마를 입는 등 여자 행세를 해 오다가 24세 때 여성으로 성전환 수술을 받았다. 그런데 어느 날 집에 침입한 범인 S씨에게 성폭행을 당했다. 검찰은 남성으로 보고 특수강도와 강제추행 혐의로 기소했다. 그러나 법원은 공소장 변경을 권유하여 강제추행죄가 아니라 강간 혐의를 적용했다.

부산지방법원(2009년) 재판부는 피고 S씨에게 강간죄를 인정하여 징역 3년에 집행유예 4년을 선고하고 120시간의 사회봉사를 명령했다. 재판부는 "성(性)에 대한 판단은 호적상 기록이나 생물학적 기준으로만 판단해서는 안 되며 성적(性的) 자기결정권을 인정해야 한다"며 "P씨는 어릴 때부터 여성으로 행동해 오다 성전환 수술을 받았으며, 이를 아는 남성과 10년간 동거하는 등 여성으로 생활해 온 기간과 이런 삶에 만족한 정황을 고려할 때 강간죄의 객체인 부녀에 해당한다"고 판단된다. 또 "P씨가 호적상 남자이지만 이는 성적 귀속감을 고려하지 않은 출생 당시 신고된 성(性)에 불과하며 진정한 성을 나타낸다고 보기 어렵다"고 판결 이유를 설명했다.

여중생이 부모 동의 없이 고소취하 가능할까? 98

중학생 K(여 · 14)양과 초등학생 L(여 · 12)양을 성폭행한 혐의로 기소된 대학생 C씨 등 4명에 대해 L양을 성폭행한 혐의만 인정해 징역 4년에 집행유예를 선고한 항소심 판결을 확정했다. 가해자들을 처벌하지 말아 달라는 K양의 뜻에 따라 K양을 성폭행한 혐의에 대해서는 공소기각 판결을 내린 항소심을 그대로 받아들였다.

대법원(2009년) 재판부는 "피해자 L 및 K양에게 의사능력•이 있다면 소송능력•이 있다고 봐야 하는 만큼 단독으로 피해자에 대한 처벌을 원하지 않는다는 뜻을 표시할 수 있다"며 "이때 부모 등 법정대리인의 동의가 반드시 필요한 것은 아니다"라고 판결 이유를 설명했다.

[해설] **의사능력(意思能力)**이란 자기의 행위의 의미나 결과를 정상적인 인식력으로 합리적으로 판단할 수 있는 정신적 능력 내지 지능을 말한다. 이 표준에 이르지 않는 정신상태를 의사무능력이라 하며 학설과 판례에서는 이들의 법률행위는 법률상 효력이 없다고 한다. 그 이유는 자기의 의사에 따라 권리를 얻고 의무를 지게 하는 것이 법의 기본원리인데 의사무능력자의 행위는 그의 온전한 의사에 따른 것이라고 볼 수 없기 때문이다.

[해설] **소송능력(訴訟能力)**이라 함은 당사자로서 유효하게 소송행위를 할 수 있는 능력을 말한다. 소송능력의 핵심은 의사능력이며 방어능력이다.

취중에 남의 집 안방에 들어가 발가벗고 잔 죗값은? 99

인천에 사는 H(27)씨는 새벽까지 술을 마시고 만취 상태에서 자신의 아파트로 귀가했다. 이 아파트 603호가 자기 집인데 엘리베이터 안에서 층수를 잘못 눌러 8층에서 나왔다. 마침 잠겨있지 않은 803호 현관문을 열고 안방으로 들어가서 옷을 모두 벗고 곧장 잠이 들었다.

잠을 자다 부스럭 소리에 잠을 깬 집주인 K(여)씨는 놀라서 경찰에 신고했다. 경찰이 출동해서 깨울 때까지 잠만 자고 있던 H씨는 주거침입 및 강간미수 혐의로 기소됐다.

그러나 서울고등법원(2003년) 재판부는 H씨에게 무죄를 선고했다. 재판부는 "아파트 6층과 8층의 집구조가 같은 점, H씨가 평소에도 옷을 모두 벗고 자는 버릇이 있는 점, 경찰이 올 때까지 침대에서 자고 있었던 점 등을 고려하면 H씨가 당시 만취해 실수로 피해자의 집에 들어간 점이 인정된다"며 무죄 판결 이유를 설명했다.

일가족을 한방에 가두고 딸과 엄마를 번갈아 성폭행, 죗값은? 100

L씨는 광주 북구 한 아파트에 들어가 K(16)양을 흉기로 위협해 성폭행하고 달아났다가 다시 돌아와서 K양과 어머니, 할머니, 여동생 2명 등을 한방에 가두고 옆방으로 K양의 어머니만을 끌고 가 성폭행하는 등 부녀자들을 수차례 성폭행한 혐의(성폭력범죄의처벌및피해자보호등에관한법률 위반 등)로 기소됐다.

광주지방법원(2010년) 형사합의재판부는 L씨에게 징역 25년과 벌금 300만원을 선고했다. 재판부는 "L씨는 성폭력 범죄로 2차례 실형을 받았던 전과와 수차례 폭력 전과가 있는데도 누범 기간에 강도 · 강간 등 범행을 반복했다"며 "특히 여고생을 성폭행한 뒤 다시 돌아가 9세 소녀에서 72세 할머니까지 일가족 5명을 가두고 그 어머니를 성폭행하는 등 수법이 대담하고 잔혹하다"고 중형 판결 이유를 설명했다.

성범죄로 두 차례 복역하고 출소 후 다시 12차례 성폭행, 죗값은? 101

M씨는 성폭력 범죄로 두 차례에 걸쳐 징역 5년과 8년을 선고받아 복역하고 출소한 뒤에도 12차례에 걸쳐 성폭행하거나 금품을 빼앗은 혐의(성폭력범죄의처벌및피해자보호등에관한법률 위반 등)로 기소됐다.

1심에서 징역 20년과 10년간 전자발찌 부착명령을 선고했으나 검찰은 형이 너무 가볍다며 항소했다 .

서울고등법원(2010년) 재판부는 M씨에게 징역 25년과 10년간 위치추적 전자장치(전자발찌)부착명령을 선고했다. 재판부는 "M씨가 성폭력으로 2차례 실형을 선고받고 복역했음에도 출소 후 3개월 만에 다시 성범죄를 반복해 저질렀다"며 "피해자 가운데 임산부까지 있는 등 죄질이 극히 나빠 도저히 용서하기 어렵다"며 유기징역 상한선(25년)인 중형 판결 이유를 설명했다.

성폭행 위기 탈출하다 중상, 가해자의 죗값은? 102

K씨는 광주의 한 주점에서 술을 마시던 L(여)씨를 집까지 데려다 준다며 차에 태워 한 무인텔로 끌고 가 성폭행하려 한 혐의로 기소됐다. L씨는 K씨가 차에 두고 온 가방을 가지러 1층 주차장에 내려간 사이 2층 객실 창문 밖으로 뛰어내려 전치 16주의 중상을 입었다.

광주지방법원(2010년) 재판부는 K씨에게 강간치상죄를 적용해 징역 4년을 선고했다. 재판부는 "피해자가 여관 종업원 또는 다른 투숙객에게 구조를 요청할 수 없는 외딴 무인텔로 끌려와 성폭행 당할 뻔한 점과 창문 외에는 탈출이 불가능한 건물구조 등을 감안할 때 비록 가해자가 같은 객실에 없었다 하더라도 강간치상죄에 해당한다"고 판결 이유를 설명했다.

[해설] 강간미수죄를 적용할 경우 피해자와 합의하면 감금치상죄만 성립해 집행유예로 풀려날 가능성이 있기 때문에 합의를 하더라도 실형 선고가 가능한 강간치상죄를 적용한 판결이다.

성폭행 중에 피해자 신고로 처벌될 것이 겁나 멈췄다면 감형 사유가 될까? 103

Y씨는 충북 증평읍내 한 노래방 주인(여)을 "외상값을 주겠다"며 모텔로 불러낸 뒤 성폭행하려다가 가만있지 않겠다는 말을 듣고 성폭행을 중지한 혐의(강간미수)로 구속 기소됐다.

청주지방법원(2010년) 재판부는 강간미수 혐의로 구속 기소된 Y씨에게 징역 2년을 선고했다. 재판부는 "피고인은 피해자로부터 가만있지 않겠다는 말을 듣게 되자 범행 발각 시 처벌에 대한 두려움을 느끼고 범행을 중단한 것으로 보이는 만큼 사회통념상 범죄를 완수함에 장애가 되는 사정이 초래됐다고 봐야지 자의에 의한 중지미수•라고 볼 수 없다"고 판결 이유를 설명했다.

[해설] **중지미수(中止未遂)**란 구성요건(범죄)실현의 결의로 범죄의 실행에 착수한 자가 그 범죄가 완성되기 전에 자의로 범행을 중단하거나 결과의 발생을 방지한 경우를 말한다. 중지범(中止犯)이라고도 한다. 형법 제26조는 중지미수에 대하여 형을 감경 또는 면제하도록 규정하고 있다.

자녀 보는 앞에서 부녀자 수십 명 성폭행한 범죄자에 이례적 사형선고! 104

H(44)씨는 1987년 강도강간죄로 15년형을 선고받고 2001년 가석방됐다. 2002년 경기 평택시의 한 가정집에 들어가 주부를 성폭행하고 현금 27만원을 빼앗았다. 그 후 전국을 돌며 24차례에 걸쳐 강도와 성폭행을 했다.

수원지방법원(2010년) 여주지원은 특수강도강간 등 혐의로 구속 기소된 H씨에게 사형을 선고했다. 재판부는 "자녀가 바로 옆에서 또는 집안에서 울고 있는 상황에서 물건을 빼앗기고 성폭행을 당하는 순간에 피해자들이 겪었을 정신적 충격과 공포는 상상하기 어렵다"며 "피고인은 사람의 존엄성을 박탈하고 의지할 공간인 가정을 파괴했다"고 지적했다. 또 "피해자의 생명이 박탈되거나 중상해를 입는 피해가 없더라도 피고인의 범행은 사회가 감당할 수 없는 극도로 잔인하고 비열한 것"이라며 "피고인을 영원히 사회에서 격리하는 극형의 선고가 불가피하다"고 판결 이유를 밝혔다.

성폭행 현장에서 망만 보는 데 그쳤다면? 105

H(28)씨는 공범 2명과 함께 경북 경산시의 한 원룸에 침입해 G(18)양을 성폭행하고 G양의 몸을 촬영한 혐의 등으로 구속 기소됐다. H씨는 망만 봤을 뿐 성폭행을 하지 않았는데 특수강도강간죄를 적용하는 것은 부당하다고 항변했다.

대법원(2010년) 재판부는 H씨에 대해 징역 6년을 선고한 원심을 확정했다. 재판부는 "H씨가 바깥에서 망만 봤다는 점은 인정할 수 있지만 공범들과 범행을 사전에 모의해 역할을 분담한 사실이 인정된다"며 H씨 주장을 반박한 1심 판결을 받아들였다. H씨의 공범 2명에 대해서 각각 징역 12년과 징역 10년을 선고한 원심을 확정했다.

성추행 후 피해자가 아파트서 뛰어내려 사망, 가해자의 죗값은? 106

L(15)군은 서울 관악구의 한 아파트 23층 비상계단에서 K(14)양을 성폭행하려 했

다. 겁에 질린 K양은 창문을 통해 뛰어내려 숨졌다. L군은 강간치사 혐의로 구속 기소됐다.

서울중앙지방법원(2010년) 형사합의재판부는 L군에게 강간치사 혐의 부분은 무죄로 판단했다. 공갈 및 특수절도* 혐의만 유죄로 인정해 장기 2년, 단기 1년 6개월의 징역형을 선고했다. 1년 6개월 복역한 뒤 수형 태도와 반성 정도를 따져 출소시키거나 아니면 최대 2년까지 징역기간을 연장하는 것이다. 재판부는 "폐쇄회로 화면과 진술 등을 종합하면 L군이 피해자 K양을 추행한 뒤 현장을 떠났으므로 투신 당시 K양은 급박한 위해(危害) 상태에서는 벗어나 있었다"고 본 것이다. 또 "K양의 사망을 예견할 수 없었기 때문에 L군에게 강간치사죄가 성립하지 않지만, 결과적으로 K양이 충격을 이기지 못하고 사망한 점과 유족과 합의가 이뤄지지 않은 점 등을 고려했다"며 실형 선고 이유를 설명했다.

[해설] **특수절도죄(特殊竊盜罪)**란 야간에 건조물의 일부를 손괴하고 사람의 주거, 선박 등에 침입하여 타인의 재물을 절취하거나 흉기를 휴대하거나 2인 이상이 합동하여 타인의 재물을 절취함으로써 성립하는 범죄이다.

성폭행범이 사용한 '쇠젓가락', 특수강도죄 성립요건이 될까? 107

G씨는 길이 20cm의 쇠젓가락을 들고 침입하여 눈을 찌르겠다며 위협해 성폭행하고 현금 5만원을 빼앗은 혐의로 기소됐다.

서울고등법원(2010년) 재판부는 G씨에게 검찰에서 적용한 특수강도 혐의를 무죄로 판단하고, 강도 및 특수강간 혐의만 유죄로 인정해 징역 7년을 선고했다. 흉기를 휴대하고 강도죄를 저지른 경우는 일반강도죄보다 형이 무거운 특수강도죄로 처벌하도록 형법에 규정되어 있어 검찰은 특수강도죄* 혐의로 기소한 것이다. 그러나 재판부는 "쇠젓가락은 일반인이 일상에서 흔히 쓰는 물건이며 범행에 사용된 것이 특별히 연마되거나 변형되지 않은 점에 비춰볼 때 사용방식에 따라 위험한 물건에 해당할 수는 있지만 흉기로 보기는 어렵다"고 판결 이유를 설명했다.

[해설] **특수강도죄(特殊强盜罪)**란 야간의 주거, 건조물이나 선박 등에 침입하여 또는 흉기를 휴대하거나 2인 이상이 합동하여 강도죄를 범한 때에 성립하는 범죄를 말한다.

3. 명예훼손 · 모욕

아무개는 '동성애자'라고 말하면? 108

P씨는 후배 G씨가 자기 친구들에게 자신을 좋지 않게 얘기하고 다닌다는 사실을 알고 복수할 생각을 했다. P씨는 결국 G씨는 동성애자라는 허위 사실의 글을 인터넷을 통하여 G씨 친구들에게 전파시켰다. G씨는 이를 알고 P씨를 고소했다. P씨는 정보통신망이용촉진법상 명예훼손• 혐의로 기소됐다.

대법원(2007년) 재판부는 P씨에 대해 벌금 200만원을 선고한 원심을 확정했다. 재판부는 "현재 우리 사회에서는 자신이 스스로 동성애자라고 공개적으로 밝힐 경우에도 사회적으로 상당한 주목을 받게 되기 때문에 P씨가 G씨를 괴롭히기 위해 이 글들을 게재한 점을 고려하면 명예훼손에 해당한다." 또한 "가치중립적 표현을 사용했다 해도 사회통념상 그로 인해 특정인의 사회적 평가가 저하된다고 판단되면 죄가 성립한다"고 판결 이유를 설명했다.

[해설] **명예훼손(名譽毁損, libel and slander)**이란 명예라고 하는 보호법익에 대한 침해를 말한다. 명예는 사람의 인격적 가치에 대해 사회가 부여하는 평가를 말한다. 형사상으로는 공공연하게 사실을 퍼뜨려 사람의 명예를 훼손함으로써 성립하는 범죄를 명예훼손죄라 한다. 허위의 사실을 퍼뜨리는 경우에는 형이 가중된다. 민사상으로는 가해자에게 정신적 손해에 대해 손해배상(위자료)를 청구할 수 있다. B-114 참조.

진실이란 확신 없는 내용을 공개적으로 발설하면? 109

C씨는 국회의원 보좌관이다. A당 소속 의원의 선거대책본부장이었던 시의원 Y씨가 선거운동 대가로 수천만원을 요구했다는 허위사실을 경찰과 언론사에 고소 · 제보한 혐의(무고 및 명예훼손)로 불구속 기소됐다. 1심에서 C씨에게 징역 1년에 집행유예 2년을, 2심에서 징역 6월에 집행유예 1년을 선고했다.

대법원(2007년) 재판부는 C씨에게 징역 6월에 집행유예 1년을 선고한 원심을 확정했다. 재판부는 "C씨가 진실이라는 확신 없이 '시의원이 선거운동의 대가를 요구했다'며 고소한 만큼 무고죄•가 인정된다"고 하면서 "무고죄는 신고 내용이 허위라는 것을 알고 고의적으로 했을 때는 물론 그 내용이 진실이라는 확신이 없었을 때에도 성립한다"는 것이다. 또 "처벌이 아니라 시비를 가리려는 목적으로 신고한 경우에도 무고죄의 범의(犯意)•는 인정된다"고 판결 이유를 설명했다.

[해설] **무고죄(誣告罪)**란 타인으로 하여금 형사처분 또는 징계처분을 받게 할 목적으로 허위의 사실을 신고함으로써 성립하는 범죄(형법 제156조)이다.
[해설] **범의(犯意)**란 고의와 같은 개념으로 위법성의 인식 또는 그 가능성을 포함하는 의미로 쓰이기도 한다. 자기의 행위로부터 구성요건에 해당하는 결과가 생길 것을 인식하면서 감히 그 행위를 하는 것을 말한다. 구성요건이란 법(형법)이 금지하거나 또는 요구하는 행위가 무엇인지를 추상적 · 일방적으로 기술해 놓은 것을 말한다. 따라서 '살인의 범의'라고 하면 사람에게 칼을 찌르면 죽을 수도 있다는 것을 알면서도 찔렀을 때에 쓰는 표현이라고 말할 수 있다.

사실 아닌 허위 내용을 보도 자료로 언론사에 줘 보도케 했다면? 110

A컴퓨터 회사 사장이었던 K씨는 이 회사의 주식 지분 수십억원 어치를 G씨에게 팔았다. 그런데 G씨는 매입대금을 지불하지 않았다. 그로 해서 A회사는 부도가 났다. K씨는 G씨가 A회사의 증자자금을 횡령했고 고의로 부도가 나도록 해서 결국 A회사가 파국을 맞게 한 장본인이란 것을 부각시킨 보도 자료를 각 언론사에 뿌렸다. 일부 언론은 이를 기사화했다. G씨는 K씨가 허위사실을 유포하여 명예가 훼손됐다며 K씨를 상대로 소송을 냈다.

서울중앙지방법원(2006년) 재판부는 "허위사실을 적시해 기사로 게재되게 함으로써 G씨의 명예를 훼손한 점이 인정된다"며 "K씨에게 벌금 200만원을 선고한다"고 판결 이유를 설명했다.

명예훼손 내용 담긴 댓글 방치한 포털 사이트의 책임은? 111

K씨는 사귀던 여자 친구와 헤어졌다. 헤어진 여자친구 A씨는 자살했다. A씨의 어머니는 자기 딸이 K씨 때문에 자살했다고 인터넷에 글을 올렸다. 언론이 이를 받아 기사로 썼다. 누리꾼들이 댓글을 통하여 K씨를 비난했다. K씨는 인터넷 포털 사이트에 이렇게 올려진 글을 포털들이 방치함으로써 명예가 훼손됐다고 포털 사이트 운영회사들을 상대로 손해배상 청구소송을 냈다.

서울중앙지방법원(2007년) 재판부는 K씨에게 포털들은 1600만원을 배상하라는 승소 판결을 내렸다. 재판부는 "포털 측은 언론사들이 공급하는 기사를 받아 중요도에 따라 배치했을 뿐 기사를 수정 · 삭제 · 편집하는 권한이 없기 때문에 명예훼손의 책임이 없다고 주장하지만 받아들일 수 없다"고 하면서 "포털은 독자의 흥미를 위해 기사 제목을 바꾸기도 하고 기사 아래에 댓글을 달 수 있는 공간을 만들어 여론 형성을 유도하기도 한다"며 "이 사건의 경우 기사에 달린 댓글을 통해 K씨에 관한 구체적 정보가 드러났기 때문에 포털 측이 명예훼손의 책임을 피할 수 없다"고 설명했다.

인터넷 비방 댓글 방치한 사이트 관리자의 책임은? 112

무용평론가 S씨는 A발레단 홈페이지에 무용계의 문제점을 지적한 글을 올렸다. 그런데 그 글에 대해 인신공격성 비난의 글이 많이 실렸다. S씨는 댓글을 삭제해 달라고 요청했다. 그러나 그대로 한참 방치됐다. S씨는 그 댓글로 해서 명예가 훼손되었다며 A발레단을 상대로 손해배상 청구소송을 냈다.

서울중앙지방법원(2006년) 재판부는 A발레단은 S씨에게 200만원을 배상하라며 S씨에게 승소 판결했다. 재판부는 "온라인 서비스 제공자인 인터넷 홈페이지 운영자는 타인의 명예를 훼손하는 내용이 게재된 경우, 삭제할 의무가 있음에도 정당한 사유 없이 방치했다면 손해배상 책임을 져야 한다"며 "삭제 결정 당시 담당자가 퇴근한 이후였고, 휴일인 다음날 출근해 삭제했다고 해도 인터넷의 빠른 확산 속도를 고려하면 정당한 이유가 될 수 없다"고 밝혔다.

인터넷 댓글을 확인 없이 부풀려 퍼나르기 했다면? 113

J씨는 벤처기업 운영자인 N씨가 자신의 기업을 부풀려 허위공시를 했는데 이것을 사실로 믿고 N씨 회사의 주식을 샀다가 큰 손해를 본 일이 있다. 분한 나머지 벼르던 중 N씨를 비방하는 글이 인터넷 사이트의 게시물에 나오자 이를 부풀려 다시 퍼나르기 했다. 그 내용 중에는 주식공모로 번 돈을 빼돌렸다거나 전문 사기꾼, 전과자 등의 표현이 들어있다. 이런 표현들은 뒤에 재판 과정에서 사실이 아닌 것으로 밝혀졌다. N씨는 J씨를 상대로 손해배상 청구소송을 냈다.

대법원(2006년) 재판부는 J씨는 N씨의 명예를 훼손한 것이 인정되므로 N씨에게 550만원의 손해배상액을 지급하라고 판결했다. 재판부는 "인터넷에 공개된 정보는 손쉽게 복사 · 가공해 게시 · 전송할 수 있어서 그 진위가 불명확한 것은 물론 출처도 특정하기 어렵다"면서 "따라서 인터넷 자료실이나 게시판 등의 자료를 보고 확인도 없이 다른 사람의 사회적 평판을 저하할 만한 사실을 적시했다면 해당 정보를 진실이라고 믿었을 만한 상당한 이유가 있다고 보기 어렵다"면서 판결 이유를 설명했다.

시민단체 간부의 비위사실을 인터넷에 폭로했다면? 114

L씨는 전남 S시(市)에서 영향력 있는 A시민단체의 사무국장 K씨가 20만원을 횡령했다는 내용을 여러 차례에 걸쳐 S시청 홈페이지와 공무원노조 홈페이지에 올렸다. K씨는 명예가 훼손됐다며 소송을 냈다.

광주지방법원(2008년) 순천지원 재판부는 K씨에게 패소 판결했다. 재판부는 "시민단체 간부인 K씨는 S시 디지털카메라 동호회장을 맡으면서 S시가 동호회에 행사사진

촬영명목으로 지원한 20만원을 개인적으로 사용한 사실이 인정된다"며 "이를 동료인 L씨가 인터넷에 공개한 것은 위법이 아니다"라고 하면서 "지역의 영향력 있는 시민단체 간부인 K씨는 공인(公人)으로 L씨가 인터넷에 올린 글은 공공의 이익에 관한 것으로 볼 수 있어 명예훼손죄*가 되지 않는다"고 판결 이유를 설명했다.

[해설] 명예훼손죄(형법 제307조)는 "공연(公然)히 사실을 적시하여 사람의 명예를 훼손한 자는 2년 이하의 징역이나 금고 또는 500만원 이하의 벌금에 처한다."고 규정하고 있다. 그러나 그러한 적시행위가 진실한 사실로서 오로지 공공의 이익에 관한 때에는 처벌하지 아니한다(형법 제310조)고 규정하고 있다.

동료교수를 근거 없이 헐뜯는 내용을 퍼뜨렸다면? 115

K교수는 강의를 할 때 또는 동문회 모임에서 몇 차례에 걸쳐 같은 대학 치과병원 원장인 동료 교수 L씨가 병원 행정비를 유용했다는 내용으로 험담을 했다. 비슷한 내용이 담긴 유인물을 배포하기도 했다. L교수는 K교수를 명예훼손으로 고소했다.

광주지방법원(2009년) 재판부는 "K교수가 사실 관계가 객관적으로 밝혀지지 않은 상황에서 동료 교수인 L씨가 병원 공금을 유용했다는 취지의 말을 하고 동문 모임에서 비슷한 내용이 담긴 유인물을 배포한 점이 인정된다"면서 "벌금 200만원을 선고한다"고 판시했다.

대법원 청사 앞에서 판 · 검사 비방 시위를 했다면? 116

K씨는 시위가 금지된 대법원 정문 근처에서 전 · 현직 판 · 검사의 사진과 실명이 인쇄된 현수막을 걸고서 법 집행을 잘못 했다면서 시위를 했다.

서울중앙지방법원(2009년) 재판부는 K씨에게 징역 1년 6월의 실형을 선고했다. 재판부는 "아무 근거 없이 전 · 현직 판사와 검사를 비방하는 시위를 한 것은 피해자들의 개인적 명예는 물론 사법부와 수사기관의 신뢰를 심각하게 훼손하는 행위"라고 판결 이유를 설명했다.

술자리에서의 잡담이더라도 특정인의 사회적 가치를 훼손했다면? 117

Y씨는 대학 후배인 K(여)씨 집에 갔다가 마침 술에 취해 알몸으로 잠자는 것을 보고 동영상으로 촬영해 둔 일이 있다. 그리고 술자리에서 자기와 사귀던 K씨가 다른 사람과 사귀어 괴롭다는 취지와 동영상을 찍었다는 애기를 했다. K씨는 이런 사실을 알게 되어 명예훼손소송을 제기했다.

1심은 술자리에서의 대화이니 만큼 의미 있는 내용이라기보다 단순한 잡담에 불과하다면서 알몸 촬영부분만 유죄로 인정하여 500만원의 벌금형을 부과했고 나머지는 잡담으로 보고 무죄를 선고했다. K씨는 항소했다.

서울동부지방법원(2009년) 재판부는 K씨의 명예훼손을 인정해 1심의 500만원 벌금을 포함하여 1000만원의 벌금형을 선고했다. 재판부는 "K씨의 사회적 가치를 훼손할 만한 구체적 사실의 적시에 해당하고, 당시 참석한 다른 후배들에 의해 불특정 다수인에게 전파될 가능성도 충분히 있다"며 Y씨의 술자리 발언에 대해서도 유죄를 인정한 판결 이유를 설명했다.

대통령 후보로 출마한 뒤 각종 허위사실을 유포했다면? 118

H씨는 2007년 대통령 선거 때에 대통령 후보로 등록한 후 라디오 방송 등에서 "대통령이 되면 전 X당 대표 P(여)씨와 결혼하기로 했다"는 식으로 전혀 근거 없는 허위사실을 유포하여 P씨의 명예를 훼손한 혐의와 공직선거법 위반으로 기소됐다. 그 밖에도 H씨는 "고(故) 이병철 삼성 회장의 양자이고 박정희 전 대통령의 정책보좌역을 역임했다"는 등으로 신상 경력과 관련해 허위사실을 유포한 혐의도 받고 있다.

1 · 2심 재판부는 H씨에게 징역 1년 6월을 선고하면서 "H씨는 P씨의 명예를 훼손하고 유권자들의 선거권을 침해했으며, 정치권에 대한 불신과 냉소를 심어주는 등 선거정치의 발전을 저해했다"고 지적했다. 또 H씨가 전혀 잘못을 뉘우치지 않은 것도 실형을 선고한 이유가 됐다고 부연하여 판결 이유를 설명했다.

대법원(2008년) 재판부는 징역 1년 6월의 원심을 확정했다.

정리해고 비판한 현수막 내용을 회사에 대한 명예훼손으로 볼 수 있나? 119

H보험사 해고복직투쟁위원장 K씨 등 6명은 회사 건물 앞에서 정리해고를 비판하는 현수막을 내보이며 집회를 한 혐의(명예훼손)로 기소됐다. 1심에선 유죄를 선고했다.

서울중앙지방법원(2010년) 항소재판부는 무죄를 선고했다. 재판부는 "집회가 열린 경위와 구호, 당시 상황 등을 종합하면 현수막의 주된 목적은 회사의 사회적 평가를 낮추는 데 있다기보다는 해고가 부당하다는 점을 지적하고 복직을 요구하려는 데 있다"며 "이는 보험사 및 그 근로자와의 관계에서는 공공의 이익에 관한 것으로 평가된다"고 판결 이유를 설명했다.

"여자 친구가 가슴성형 수술했다" 인터넷에 올려 …… 명예훼손? 120

K씨는 여자친구 L씨와 태국 여행을 다녀왔다. 우연히 L씨의 미니홈피에 들어갔다가 L씨가 마치 혼자서 여행한 것처럼 쓴 글을 보고 화가 났다. 화풀이로 "남자를 밝힌다"

"가슴 한쪽의 실리콘이 터져 급히 수술을 했다"는 등의 글을 올렸다. L씨는 K씨를 고소했다.

서울중앙지방법원(2010년) 재판부는 명예훼손으로 불구속 기소된 K씨에게 벌금 300만원을 선고했다. 재판부는 "K씨는 비방할 목적이 아니라 상처받은 심경에 남자친구로서의 존재감을 알리고 싶어 글을 올렸다고 주장하지만 이는 명예를 훼손할 만한 구체적 사실을 드러낸 것으로 인정된다"며 "K씨는 L씨가 쓴 미니홈피의 글만 보고 그 진위나 L씨의 의사도 확인하지 않고 일방적으로 L씨의 명예를 심각하게 훼손하는 글을 올린 이상 비방 목적이나 명예훼손의 고의•가 없었다고 할 수 없다"고 판결 이유를 설명했다.

[해설] **고의(故意)**란 구성요건 실현에 관한 인식과 의사를 말한다. 형법 제13조는 고의를 범의(犯意)라 하여 '죄의 성립요소인 사실을 인식하지 못한 행위는 벌하지 아니한다. 단, 법률에 특별한 규정이 있는 경우에는 예외로 한다'고 규정하고 있다. 다시 말하면 어떤 행위를 한 사람을 형법에 의하여 벌을 주려면 반드시 '고의'가 있는 고의범이라야 한다는 것이 대원칙이란 것이다. 예외적으로 고의가 아닌 과실로 인한 행위에 벌을 주려면 법에 명문으로 규정이 있어야 한다는 것이다.

제자를 성추행한 교수 실명 공개, 명예훼손에 해당하는가? 121

'여성의 전화'란 시민단체의 공동대표 K(여)씨가 국립대학교 교수 L씨가 여제자를 성추행한 사실을 알리는 성명서를 배포한 데 대하여 담당교수 L씨는 K씨를 출판물에 의한 명예훼손 혐의로 고소했다.

K씨는 1·2심에서 유죄 판결을 받고 상고했다.

대법원(2005년) 재판부는 유죄를 선고한 원심을 깨고 무죄 취지로 사건을 대구지법으로 돌려보냈다. 재판부는 "교수가 연구실에서 여제자를 성추행했다는 내용은 국민이 알아야 할 공공성과 사회성을 갖춘 공적 관심 사안으로 사회여론 형성에 기여하는 측면이 강하다"고 하면서 "형법의 명예훼손죄는 타인을 비방할 목적으로 출판물에 사실을 적시해 타인의 명예를 훼손할 경우 성립하지만 적시한 사실이 공공의 이익에 관한 것인 경우는 특별한 사정이 없으면 명예훼손에 해당하지 않는다"고 판결했다.

회사가 동료 운전사들 앞에서 '고객 친절' '복장단정'을 외치게 했다면? 122

A시내버스운송회사는 운전사가 승객들에게 불친절하게 하는지를 감시요원을 배치해서 조사했다. 운전사 K씨가 불친절한 것으로 보고됐다. 회사는 K씨로 하여금 차고지에서 매시간마다 한 번씩 8시간 동안 '고객 친절' '복장 단정' 등의 구호를 외치게 하는 징계처분을 내렸다. K씨는 중앙노동위원회에 재심을 신청했다. 부당징계라는 판정

을 받았다. 회사 측은 징계가 부당하다는 판정에 불복하여 소송을 냈다. 회사 측은 패소했다.

서울행정법원(2007년) 재판부는 "버스회사 측이 봉사활동을 빙자해 구호를 외치게 한 징계처분은 회사 내 질서를 유지하려는 수단이라기보다 K씨에게 수치심과 모멸감을 주려는 목적인 것으로 보인다"며 "이런 징계는 인간의 존엄성*을 해치는 것이므로 부당하고 위법한 것"이라고 판결 이유를 설명했다.

[해설] **인간의 존엄성(尊嚴性)**이란 인간을 인간답게 만드는 핵심으로서의 인격을 말한다. 우리 헌법 제10조는 "모든 국민은 인간으로서의 존엄과 가치를 가지며 국가는 불가침의 기본적 인격을 확인하고 —"라고 규정하여 국민의 기본권으로서의 의미를 갖고 있다.

필자가 누구인지 알면서 그에게 모욕적 표현을 쓰면? 123

S씨는 인터넷 사이트 게시판에 '알거지'란 필명의 필자가 누구인지를 알면서 그 사람이 쓴 글을 비방했다. '꼬맹이' '녀석' 등 그 필자를 비하하는 단어를 넣어 댓글을 달았다. S씨는 모욕죄* 혐의로 불구속 기소됐다. 30만원의 벌금형을 선고받고 상고했다.

대법원(2007년) 재판부는 원심 판결을 확정했다. 재판부는 "S씨는 '알거지'라는 필명을 사용하는 사람의 이름과 나이를 알고 있었으므로, '알거지'에 대해 모욕적인 표현을 한 것은 명예에 손상을 가한 것으로 모욕죄에 해당한다"고 판결 이유를 설명했다.

[해설] **모욕죄(侮辱罪)**라 함은 사람을 모욕함으로써 성립하는 범죄를 말한다. 모욕이란 사람에 대하여 경멸의 의사를 표시하는 것을 말한다. 예컨대 '나쁜 놈', '죽일 놈'이라고 하는 경우가 여기에 해당한다.

뚱뚱한 사람을 뚱뚱하다고 말했더라도 본인이 모욕감을 느꼈다면? 124

K씨는 병원 간병인이다. 병원 간부 L씨가 우연히 병원 복도에서 K씨와 마주쳤다. L씨는 "뚱뚱해서 돼지 같은 것이, 자기 몸도 이기지 못하면서 어떻게 남을 돌보겠느냐"라는 말을 했다. L씨는 K씨가 스스로 환자라는 표현도 썼다. K씨는 L씨를 고소했다.

수원지방법원(2007년) 재판부는 L씨에게 30만원의 벌금형을 선고했다. "L씨가 병원의 건강한 이미지를 유지하기 위해 말했다고 하지만 많은 사람 앞에서 간병인의 사회적 지위를 떨어뜨리고 모욕감을 준 점이 인정된다"고 판결 이유를 설명했다.

냄새난다며 외국인에게 혐오성 발언하면? 125

회사원 P씨는 술에 취한 상태로 시내버스를 탔다. 버스 안에서 한국인 여성과 영어로 대화하는 인도인 B(교수)씨에게 "더러운 OO야. 냄새난다. 조용히 하라"는 등의 모욕적인 비하 발언을 했다. B씨는 P씨를 고소했고 모욕죄 혐의로 약식 기소됐다.

인천지방법원(2009년) 부천지원 재판부는 P씨에게 100만원의 벌금형을 선고했다. "당시 상황을 고려해 볼 때 P씨가 특정 종교나 국적의 외국인을 혐오하는 듯한 발언을 해 피해자 B씨에게 모욕감을 느끼게 한 점이 인정된다"면서 다만 "P씨가 자신의 잘못을 인정해 반성하고 있는 점을 고려해 벌금형으로 사건을 종결하는 것이 합당하다고 판단했다"고 판결 이유를 설명했다.

지자체 홍보지에 대통령에 대한 욕설을 넣은 화백의 책임은? 126

C화백은 강원도 A시(市)가 발행하는 시정홍보지 만평을 그리면서 대통령을 욕하는 모양의 그림과 문구를 게재했다. A시는 C화백을 상대로 손해배상 청구소송을 냈다.

춘천지방법원(2010년) 원주지원 재판부는 A시에게 C화백은 3300여 만원의 손해배상을 하라고 판결했다. 재판부는 "많은 시민이 A시의 업무처리 과정에 의심을 갖게 만드는 등 시(市)의 명예를 훼손한 점이 인정된다"며 "C화백은 A시가 사과 광고 등에 부담한 비용과 위자료를 지급할 의무가 있다"고 판결 이유를 설명했다.

4. 업무(공무) 방해

SAT 부정행위 저지른 학원강사, 죗값은? 127

서울의 어학원 강사 K씨는 SAT(미국대학입학자격시험)가 나라별로 같은 시각에 치러진다는 점을 염두에 두고 태국과 미국 사이의 11시간의 시차를 악용하여 태국 방콕에서 갓 치러진 SAT 시험지를 입수해 이를 미국 코네티컷 주에 있던 한국인 고등학생 2명에게 이메일을 통해 보내주고 정답을 외워 응시하게 한 혐의로 불구속 기소됐다.

서울중앙지방법원(2010년) 재판부는 업무방해 혐의*로 기소된 K씨에게 징역 8월을 선고하고 법정 구속했다.

[해설] **업무방해죄(業務妨害罪)**란 허위의 사실을 유포하거나 위계(僞計) 또는 위력(威力)으로써 사람의 업무를 방해한 때에 성립하는 범죄를 말한다. 위계란 사람의 착오나 부지(不知)를 이용하는 행위를 말하며 위력이란 사람의 의사의 자유를 제압·혼란케 할 만한 세력을 말한다.

공공관청 진입 불허되자 오물 투척, 죗값은? 128

부정부패추방실천시민회 대표인 P(61)씨는 서울 삼청동에 있는 감사원 청사로 진입을 시도하던 중 공익근무요원 L씨가 저지하자 "감사원장에게 줄 것이 있다. 오물이다"라며 인분이 담긴 유리병을 바닥에 던져 L씨에게 유리 파편과 인분이 튀게 한 혐의(공무집행 방해)로 기소됐다. 1 · 2심 재판부는 벌금 200만원을 선고했다

대법원(2008년) 재판부는 "사전에 범행을 계획하고 인분을 준비하는 등 죄질이 불량한 점 등을 고려해 벌금 200만원을 선고한 원심을 확정한다"고 판결 이유를 설명했다.

장난 전화로 "육군 수도군단장" 행세, 죗값은? 129

L씨는 군복무시절 절도죄로 처벌받은 것에 앙심을 품고 자신이 근무하던 부대에 수차례 '장난 전화'를 건 혐의(위계공무집행방해*)로 기소됐다. L씨는 한 모텔에 들어가서 전화로 '수도 군단장' 행세를 하면서 이 부대 장교로부터 부대현황을 보고받는 등 3차례에 걸쳐 부대의 정상적 지휘통제업무를 방해한 혐의로 기소됐다.

인천지방법원(2005년) 재판부는 L씨에게 벌금 400만원을 선고했다. 재판부는 "피고인 L씨의 행위를 엄하게 처벌해야 하지만 공소사실을 순순히 자백하고 뉘우친 점과 술에 취해 우발적으로 범행을 저지른 점 등을 참작해 벌금형을 선고한다"고 판결 이유를 밝혔다.

[해설] 위계공무집행방해죄(僞計公務執行妨害罪)란 위계로써 공무원의 직무집행을 방해한 때에 성립하는 범죄를 말한다. 위계란 타인의 부지(不知) 또는 착오를 이용하는 행위를 말한다.

기본적 사실은 진실이더라도 허위사실을 부가하면 업무방해죄 되나? 130

S대학 L교수는 학과장 재직 당시 무단해외여행과 부당한 학점 수정지시 등을 포함하여 몇 가지 사유로 학교 측으로부터 해임처분을 받았다. 그러나 재심과정에서 실험실습비 임의배정, 금품수수 등의 징계사유는 사실과 다른 것으로 밝혀져 정직 3개월로 수정됐다.

L교수는 복직해서 다시 강의를 맡았지만, 해당학과의 졸업생이며 강사였던 P씨는 "L교수는 비리 교수다. 선물이나 금품을 준 학생에게는 학점을 잘 준다. 특강비를 유용 했다"는 등 악성 루머를 퍼뜨려 수강신청을 못하게 했다. 결국 수강 신청했던 36명 중 4명만 남게 돼 K교수의 수업은 폐강됐다.

대법원(2007년) 재판부는 P씨에게 업무방해죄*를 적용해 벌금 300만원을 선고한

원심을 확정했다. 재판부는 "L교수가 실습비와 특강비를 유용하고 부당한 금품을 수수했다고 P씨가 신입생들에게 말한 것은 허위사실 유포에 해당한다"며 "비록 기본적 사실은 진실이더라도 이에 허위사실을 상당 정도 부가함으로써 타인의 업무를 방해할 위험이 있다"고 판결 이유를 밝혔다.

[해설] **업무방해죄**: B-127 참조.

재판진행 법정서 아들또래 판사라고 반말로 행패했다면? 131

K(65)씨는 첫 재판 때 "배당 이의(異議) 사건은 원고가 모두 출석하지 않으면 소송을 취하하는 것으로 간주하는 만큼 다른 원고와 함께 나와야 한다"는 판사의 언급에 불만을 품고 소란을 피우기 시작했다. 재판 당일 혼자 출석해 "아들 뻘 되는 판사에게 존댓말을 쓸 이유가 없다"며 반말로 행패를 부렸다. K씨는 재판의 위신을 훼손한 혐의로 기소됐다.

청주지방법원(2009년) 재판부는 K씨에게 10일간의 감치• 명령을 내리고 청주교도소에 수감했다.

[해설] **감치(監置)**: 법정(法廷)의 존엄과 질서유지를 위한 제재의 일종으로 교도소에 가둬 두는 것이다.

5. 절도 · 강도

한밤중에 물건을 훔치려고 집 문고리가 열렸는지 확인했다면? 132

새벽 2시경 O씨는 서울 구의동 한 다세대 주택 건물 101호 현관문 손잡이를 돌렸지만 열리지 않았다. 옆 102호도 마찬가지였고 2~3층도 현관문은 전부 굳게 잠겨 있었다. O씨는 옆 동으로 옮겼고 8번 시도 끝에 문이 열린 집을 발견하고 들어가 물건을 훔치다 현장에서 붙잡혔다. 검찰은 O씨를 야간주거침입절도죄•에다 집집마다 돌면서 문이 잠겼는지 확인한 행위도 미수죄•로 함께 기소했다.

1 · 2심재판부는 "O씨가 잠긴 출입문을 부수거나 드라이버 등으로 강제로 열려는 뜻이 없이 그냥 손으로 출입문을 당겨보아 잠겨있는지 확인한 것"이라며 미수죄 부분은 무죄를 선고했다. 검찰은 대법원에 상고했다.

대법원(2006년) 재판부는 O씨에 대한 상고심에서 무죄를 선고한 원심을 깨고, 사건을 서울 동부지법으로 돌려 보내면서 "O씨가 물건을 훔치겠다는 의지를 갖고 출입문을 당겨보는 행위는 주거의 평온을 침해할 위험성을 포함하는 행위를 한 것으로 볼 수 있다"고 판결 이유를 설명했다.

[해설] **야간주거침입절도죄**란 야간(夜間)에 사람의 주거나 건조물 또는 선박 등에 침입하여 타인의 재물을 절취하는 범죄(형법 제330조)를 말한다.

[해설] **미수죄(未遂罪)**란 범죄실현의 의사로써 실행에 착수하여 행위를 종료하지 못하였거나(착수미수), 결과가 발생하지 아니한(실행미수) 경우를 말한다. 미수범을 처벌할 것인지는 각 조문마다 개별적으로 규정되어 있다. 이처럼 처벌규정이 없는 미수범은 처벌받지 아니한다.

주운 휴대폰을 돌려주지 않고 전원 끄고 보관, 절도 고의 있나? 133

G(62)씨는 대구 시내 한 찜질방 탈의실에서 시가 5만원짜리 중고휴대폰을 주운 뒤 주인에게 돌려주지 않은 혐의(절도죄)로 기소됐다.

대법원(2004년) 재판부는 무죄를 선고한 원심을 깨고 사건을 유죄 취지로 대구지법에 돌려보냈다. 재판부는 "G씨가 휴대폰 주인을 찾아주기 위해 옷장에 넣어 뒀을 뿐이라고 주장하나 이 경우 카운터에 맡기거나 분실자로부터 연락을 받기 위해 전원을 켜두는 것이 상식"이라며 "전원을 끄고 옷장에 넣어 둔 것은 절도 의사가 있었다고 봐야 한다"고 판결 이유를 설명했다.

금품을 훔치려고 들어갔다가 오히려 돈까지 주고 나왔다면? 134

G(28)씨는 자정쯤 서울 강동구 L(여 · 42)씨 집에 들어가 핸드백을 훔쳐 가지고 나오다가 잠이 깬 L씨에게 들켰다. L씨는 형편이 어렵다며 집안 사정을 설명하면서 핸드백을 돌려줄 것을 간절히 호소했다. 돈이 있으면 좀 달라고도 했다. G씨는 감동을 받아서였는지 핸드백과 함께 현금 2000원을 L씨에게 주고 나왔다. 그러나 G씨는 L씨 가족의 신고를 받고 출동한 경찰에게 곧바로 붙잡혔다.

서울동부지방법원(2004년) 재판부는 "G씨에 대해 징역 1년 3월을 선고했다"고 밝혔다.

1000원 훔친 절도범, 그 처벌은? 135

Y(50)씨는 서울 휘경동 노상에 주차된 K씨의 승용차 운전석 문 유리창 틈새로 미리 준비한 50cm짜리 쇠막대기를 집어넣어 문을 열고 운전석 밑 동전 통에서 1백원짜리 10개를 훔쳐 달아났다가 경찰에 붙잡혔다.

서울북부지방법원(2004년) 재판부는 Y씨에 대해 절도죄를 적용하여 벌금 3백만원을 선고하면서 "피고인이 이전에 절도죄로 집행유예를 선고받은 것 외에는 동종 전과가 없고 주거지에 내려갈 차비가 없자 우발적으로 범행을 저지른 점이 인정되고, 피해액이 1천원이며 잘못을 뉘우치고 있는 점 등 정상을 참작해 벌금형을 선고한다"고 판결 이유를 설명했다.

1분 1초 만에 전시장 헐고 골프채 절도, 경비업체의 책임은? 136

최첨단 보안시스템을 갖춘 골프용품점에 도둑이 들었다. 도둑이 침입한 시각인 오전 3시 38분 31초에 열선감지기가 1차 이상신호를 낸 뒤 31초 후에 2차 이상신호가 나오자 경비업체 직원과 경찰이 출동하여 현장에 도착한 것은 상황발생 후 각각 6분, 8분에 불과했지만 도둑은 이미 사라진 뒤였다. 강화유리벽은 도려내져 있었고 진열대에 있던 고급 골프채 35개(3천1백50만원 상당)가 없어졌다. 경비업체가 확인한 도둑의 철수시각은 오전 3시 39분 32초였다. 절도 소요시간은 꼭 1분 1초였다.

골프용품점 주인 C씨는 경비업체와 D보험회사를 상대로 손해배상 청구소송을 냈다.

서울중앙지방법원(2003년) 재판부는 C씨에게 패소 판결했다. 재판부는 "너무 짧은 시간에 범행이 끝나 경비업체나 보험회사로서도 대응할 수 없는 불가항력*적 상황이라 책임을 물을 수 없다"며 판결 이유를 설명했다.

[해설] 불가항력(不可抗力, act of God and King's enemies)이란 계약상 또는 불법행위상의 면책사유로서 외부로부터 오는 사변(事變)에 의해 손해의 발생이 거래관념상 그 방지에 필요하다고 인정되는 모든 방법을 동원하여도 피할 수 없는 것을 의미한다. 책임을 부담하게 되는 자는 그 책임에서 벗어난다.

외벽 가스배관 잡고 있는 상태에서 체포당했다면? 137

P씨는 오후 8시 30분께 경기 구리시 한 다세대주택의 2층집 불이 꺼져 있는 것을 보고 물건을 훔칠 목적으로 집 외벽에 설치돼 있던 가스관을 타고 오르기 시작했다. 그런데 2층까지 다다른 P씨는 1층 방범창을 딛고 두 손은 1층과 2층 사이 가스배관을 잡고 있는 상태에서 때마침 순찰 중이던 경찰관에 적발돼 현장에서 체포됐다. 검찰은 P씨가 가스배관을 타고 1층을 지나 2층 창문에 도달한 만큼 주거침입 행위가 시작됐다고 판단하여 야간주거침입절도 미수죄로 기소했다. 이에 대해 1 · 2심은 "P씨는 2층 창문을 열려고 하거나, 2층 창문을 통해 안을 들여다보지도 않았다"며 무죄를 선고했다.

대법원(2008년) 재판부는 P씨에 대해 무죄를 선고한 원심을 확정했다. 재판부는 "1 · 2심에 의하면 P씨는 2층 창문을 열려고 하거나, 2층 창문을 통해 안을 들여다보지도 않았다"며 따라서 "주거의 평온을 침해한 현실적 위험성이 있는 행위를 개시했다고 보기 어렵다"고 무죄 판결 이유를 설명했다.

산에서 나무 절취, 절도죄의 성립 시기는? 138

J씨와 K씨는 경북 영천시 한 종중(宗中) 소유의 산에 들어가 시가로 360만원 하는 수령 100년의 적송(赤松) 한 그루를 삽으로 캐내기 시작해서 오후 6시쯤 뿌리가 들어났다. 같은 날 밤 10시에 이 적송을 싣고 달아났다가 적발되어 적송을 훔친 혐의(특가법상 산림 절도)로 기소됐다. J씨와 K씨에게 각각 징역 2년 6월과 징역 1년 3월이 선고됐다.

대법원(2009년) 재판부는 원심을 깨고 이 사건을 대구고법으로 돌려보냈다. 재판부는 "문제는 대구고법이 J씨와 K씨의 나무 절도 행위가 캐낸 나무를 트럭에 싣고 달아난 밤 10시에 완성된 것으로 보고, '야간 절도' 행위 처벌에 적용하는 특정범죄가중처벌법(특가법)으로 일반절도죄보다 가중 처벌한 부분이다"라면서 "절도죄는 결과가 발생한 직후에 성립하는데, 나무를 도둑질하기 위해 뿌리를 캐냈다면 바로 그때 원래 소유자의 점유(占有)•가 침해되고 사실상 나무가 절도범의 지배 하에 놓이면서 절도죄가 성립한다고 봐야 한다"는 것이다. 다시 말하면 '야간 절도'가 아니라는 취지이다. 따라서 대법원의 파기환송 취지에 따라 원심 형량보다는 다소 가벼운 처벌을 받을 가능성이 높아진 것이다.

[해설] **점유(占有, possession)**란 물건에 대한 사실상의 지배를 말한다. 사실상의 지배란 사회관념상 물건이 어떤 사람의 지배 내에 있다고 할 수 있는 객관적 관계를 말한다. 점유할 수 있는 권리가 있느냐의 여부는 원칙적으로 문제가 되지 않는다.

차량 절도, 행위의 착수 시기는 어느 순간부터? 139

B씨는 새벽에 전남 목포의 한 주택가에 주차돼 있던 S씨 소유의 승합차 문을 열려고 애쓰는 장면이 순찰 중인 경찰관에게 발각돼 기소됐다. 경찰은 B씨가 승합차를 훔치려고 마음먹고, 양손으로 차문을 당겼다면서 B씨에게 절도미수 혐의를 적용했다. B씨는 박스를 포장할 때 쓰는 노끈과 손전등도 갖고 있었다.

1심은 B씨에게 징역 8월을 선고했지만, 항소심을 맡은 광주지법 합의부는 "절도행위의 착수시기는 재물에 대한 타인의 사실상의 지배를 침해하는 데 밀접한 행위를 시작한 때로 봐야 하고, 운전석 문의 손잡이를 잡고 열려다가 발각된 것을 그런 행위로 보기는 어렵다"면서 무죄 판결을 내렸다.

대법원(2009년) 재판부는 절도미수 혐의로 기소된 B씨에게 무죄를 선고한 원심을 깨고, 유죄 취지로 사건을 광주지법 합의부로 돌려보내면서 차의 문손잡이를 잡아당기는 것은 "B씨가 물건을 훔치려고 차량 안으로 침입하기 위한 행위에 착수한 것으로 볼 수 있다"면서 "이는 재물에 대한 피해자의 지배를 침해하는 데 밀접한 상관이 있는 행위가 시작된 것"이라고 판결 이유를 설명했다.

자기명의 통장 매각 후 통장에 입금된 돈, 빼돌린 행위의 죗값은? 140

K씨는 인터넷을 통해 10만원을 받고 자신의 명의로 된 계좌 18개를 팔았다. 판 뒤 이 통장 중 한 개에 3000만원이 입금된 사실을 알고 통장 재발급을 통해 이 돈을 인출하려다가 은행에서 체포되어 절도미수 혐의로 기소됐다. 그러나 항소심에서 무죄 판결했다.

대법원(2009년) 재판부는 절도미수 혐의를 무죄로 판결한 원심을 확정하면서 재판부는 "속칭 '대포통장'의 명의자인 K씨가 인출을 시도했다고 하더라도, 이는 자신 명의의 은행계좌를 이용한 것으로서 애초 계좌를 개설한 은행의 의사에 반한다고 볼 수 없기 때문에 절취행위에 해당하지 않는다고 본 원심의 판단은 정당하다"고 판결 이유를 설명했다. 재판부는 그러나 K씨가 계좌비밀 번호 등을 다른 사람에게 넘기지 못하도록 한 전자금융거래법을 위반한 혐의에 대해서는 유죄를 인정하여 징역 5월을 선고한 원심 판결을 확정했다.

유명 여성 탤런트 납골묘 훼손 혐의자, 죗값은? 141

P(41)씨는 경기도 양평군 갑산공원에 있는 유명 운동선수와 이혼한 뒤 자살한 유명 여성 탤런트 C씨의 납골묘를 망치로 부수고 그 안에 있던 유골함을 훔친 혐의로 구속 기소됐다.

수원지방법원(2009년) 여주지원 재판부는 P씨에게 징역 1년 6월을 선고했다. 재판부는 "P씨가 처음부터 범행을 치밀하게 계획했고 납골묘와 유골함을 파손해 유족에게 씻을 수 없는 상처를 줬는데도 모든 범행을 고인의 탓으로 돌리며 잘못을 뉘우치고 있지 않다"고 판결 이유를 설명했다. P씨는 경찰에 검거된 뒤 줄곧 "C씨의 빙의*가 들었다. 고인이 답답하다고 말해 유골함을 꺼냈다"고 주장했다.

[해설] 빙의(憑依)란 죽은 사람의 영혼이 살아있는 사람의 몸이나 마음에 들어가는 것을 말한다.

무료로 배포되는 무가지(無價紙)를 수십 부 가져 간 행위는? 142

경기 부천에 사는 L씨는 시내의 신문 가판대에 비치돼 있던 무가지인 K신문 25부를 들고 갔다. 무가지 회사의 직원은 그 이전에도 L씨가 몇 차례 대량으로 들고 가는 것을 경고했지만 L씨가 제대로 받아들이지 않았던 적도 있어서 L씨를 고소했다.

1심과 2심은 약식 기소된 L씨에게 절도죄를 인정해 벌금 50만원을 선고하면서 "무료로 배포되는 무가지라도 발행하는 쪽에서는 상업적 목적으로 상당한 비용을 들여서 제작한 것이기 때문에 소유권이 있는 것"이라고 밝혔다.

대법원(2010년) 재판부도 원심의 유죄 판결을 확정하면서 "무가지를 무료 배포하는 것은 구독자가 정보를 취득할 목적으로 최소한의 수량을 가져가는 것을 전제로 한 것"이라고 선고 이유를 밝혔다.

판촉용 볼펜 허락 없이 가져갔다면 절도죄 해당되나? 143

S(52)씨는 경기도 평택 시내에서 판촉활동을 위해 탁자에 놓아 둔 볼펜 한 자루를 판촉 직원 허락 없이 집어갔다. 또 항의하는 직원을 폭행한 혐의 등으로 기소됐다. 1심에선 절도에 대해 무죄 판결했으나 항소심 재판부는 유죄를 선고했다.

대법원(2010년) 재판부는 절도 및 폭행 혐의로 기소된 S씨에게 벌금 100만원을 선고한 원심을 깨고 절도 부분은 무죄 취지로 사건을 수원지법으로 돌려보냈다. 재판부는 "판촉용 볼펜(가격 2000원)을 허락 없이 가져간 사람에게 절도 의사가 있었다고 보기 어렵다"고 판결 이유를 설명했다.

속옷 전문 절도범으로 철창신세만 7번, 다시 속옷 훔친 죗값은? 144

S(28)씨는 서울 강북구 우이동에서 한 빌라창문을 몰래 열고 베란다 빨래건조대에 있던 여성용 속옷 3점과 남성용 속옷 1점을 훔친 혐의(특정범죄가중처벌법상 절도)로 구속 기소됐다. S씨가 속옷을 훔친 죄로 '철창신세'를 지게 된 것은 이번이 7번째이다.

서울북부지방법원(2010년) 재판부는 S씨에게 징역 3년을 선고했다. 재판부는 "같은 범죄로 여러 차례 처벌받은 데다 출소 후 얼마 안 돼 같은 범행을 다시 저지르는 등 상습적으로 속옷을 훔친 점이 인정된다"고 중형 선고 이유를 밝혔다.

[해설] 절도범으로 2회 이상 처벌받고 3년이 지나지 않아 상습적으로 동종 범죄를 저지르면 무기 또는 6년 이상의 징역형을 선고받을 수 있다고 특정범죄가중처벌법에 규정되어 있다.

40여년 교도소 생활한 70대 좀도둑, 법원의 판단은? 145

M(75)씨는 어릴 때부터 유랑극단을 따라 전국 각지를 돌아다녔다. 결혼도 했고 아이도 낳았으나 모두 먼저 세상을 떠나 혼자 살아왔다. M씨는 1962년 징역 8월의 수형

생활을 시작으로 14차례에 걸쳐 40년 이상을 구치소 · 교도소 · 감호소에서 복역했다. 범죄 수법은 가게에다 가짜 금장시계를 맡기고 몇 보루의 담배를 외상으로 받아 챙기는 좀도둑 수준이었다.

대전지방법원(2009년) 형사항소재판부는 상습사기 혐의로 기소된 M씨에 대해 징역 1년을 선고한 원심을 파기하고 징역 7월로 감형했다. 재판부는 "선고에 앞서 김삿갓의 시 난고평생(蘭皐平生)이 눈앞에 어른거린다"며 "시인 (詩人)과 수인(囚人)의 삶은 완연히 다를 것도 같지만, 유랑생활 끝에 객사한 김삿갓의 삶을 그린 시(詩)가, 가족 · 재산 모든 것을 잃고 이 교도소, 저 감호소를 들락거리다 인생을 허비하고 중풍에 걸린 피고인 M씨의 딱한 처지를 읊은 것처럼 보여 가슴 아프다"며 "호구지책으로 범죄를 저지른 피고인이 무기수보다 더 길지도 모를 기간을 복역하게 된 것은 현행 형벌 및 교정제도가 피고인에게는 실패했음을 알려주는 것"이라는 평가도 했다.

흉기로 협박하고 돈 요구, 이후 변심한 범인의 처벌은? 146

강도혐의자 K씨는 성남의 한 가정집에 침입하여 돈을 내라면서 흉기로 주부 J씨를 위협했다. 위험을 벗어나기 위해 J씨는 K씨에게 "식사를 했느냐"고 물었다. K씨는 "안 먹었다"고 답했다. J씨는 "밥을 해 줄 테니 먹고 얘기하자"며 일단 달랬다. 식사를 하면서 마음이 변한 K씨는 "돈이 있으면 조금만 달라"며 누그러졌다. 식사 후 10만원을 줬다. K씨는 받지 않겠다고 거절했다. 그래도 J씨가 주머니에 그 돈을 찔러주자 그대로 받아가지고 갔다. 뒤에 체포됐다. 1심에서 강도죄로 징역 3년을 선고했다. K씨는 불복 항소했다.

서울고등법원(2004년) 재판부는 K씨에게 기각 판결했다. 재판부는 "K씨가 먼저 흉기를 들이대며 돈을 요구했고, J씨가 진정으로 점심을 해주려 한 것이 아니라 위협을 피하기 위한 것이므로 강도죄가 인정된다"고 판결 이유를 설명했다.

현지경찰과 짜고 대마초 피우게 한 뒤 체포하고 돈 뜯었다면? 147

S씨 등은 인터넷에서 골프관광객 2명을 모집해 필리핀으로 데려간 뒤 유흥업소에서 필리핀 담배라고 속이고 대마초를 접대부들과 함께 피우게 했다. 그리고 미리 매수한 필리핀 경찰관에게 대마초흡연 혐의로 체포하도록 한 다음 "1인당 1만 달러를 경찰에게 주지 않으면 마닐라 교도소로 가서 징역 15년을 살아야 된다"고 위협해 5200만원을 갈취한 혐의(특수강도* 등)로 기소됐다.

서울중앙지방법원(2009년) 형사합의재판부는 S씨에게 징역 3년에 집행유예 4년을 선고했다. 공범 K씨와 J씨에겐 각각 징역 2년 6월에 집행유예 3년을 선고했다. 재판부는 "해외에서 관광객을 상대로 하는 특수강도 범행을 모의하고 실행*해 죄질이 가볍지 않지만 합의가 이뤄져 피해자들이 처벌을 원치 않는 점 등을 참작했다"고 양형 이유를 설명했다.

[해설] **특수강도**: B-107 참조.
[해설] **실행행위(實行行爲)**란 구성요건을 실현하는 행위를 말한다. 실행행위의 개시를 실행의 착수라고 한다. 실행의 착수는 미수와 예비 · 음모를 구분하는 척도가 된다.

6. 사기 · 공갈 · 사채

사 기

풍수전문가 제자 사칭, 고액 챙겼더라도 명당자리가 맞다면? 148

풍수지리의 대가로 작고한 C선생의 제자를 사칭하면서 묏자리를 소개해 준 대가로 W씨로부터 7000만원을 받은 혐의(사기)로 불구속 기소됐다.

서울중앙지방법원(2007년) 재판부는 J씨에게 무죄를 선고했다. 재판부는 "피고 J씨는 C선생을 찾아가 풍수지리에 관해 몇 번 물어본 적이 있을 뿐 체계적으로 C선생을 사사한 것이 아닌데도 C선생의 제자인 것처럼 행세한 것은 사칭에 해당한다"며 "그러나 당시 피해자 W씨는 풍수지리 분야에서 C선생이 어떤 존재인지 몰랐기 때문에 C선생의 제자라는 이유로 J씨를 풍수지리전문가로 인식했다고 보기 어렵다"고 설명하면서 "J씨가 풍수지리 전문가로 인정받을 만큼의 실력이 있는 것은 아니지만 풍수지리에 대해 일반적인 수준 이상의 체계적인 지식을 갖고 있다"며 "J씨가 소개해 준 자리가 풍수지리적 관점에서 좋은 명당자리인 것은 맞았기 때문에 처음부터 J씨가 전문지식 없이 W씨를 속이려 했다고 볼 수 없다"고 판결 이유를 설명했다.

말기암환자에 고가의 산삼약침 시술 한의사, 폭리일까? 149

P씨는 위암말기 환자인 J씨가 1년 안에 사망한다는 시한부 판정을 받고 병원을 찾아오자 산삼약침을 맞으면 더 살 수 있다며 치료비로 5600만원을 받아 적정 진료비보다 4700여 만원을 더 받는 등 10여 명의 말기암 환자들로부터 2억2000여 만원의 부당

이득을 취한 혐의로 기소되어 1심 재판에서 징역 2년이 선고됐었다.

서울중앙지방법원(2008년) 항소심재판부는 P씨에게 무죄를 선고했다. 재판부는 "피해자들이 시한부 말기암 환자로 단기간 집중적인 치료가 필요했고 산삼약침은 일부 학계에서 효능을 주목받는 점을 고려할 때 병원에서 예상되는 암 치료비용보다 비싸게 치료비를 받았다 해도 '현저하게 부당한 이익을 취한 것'이라고 보기 어렵다"고 무죄 선고 이유를 밝혔다. 검찰이 대법원에 상고하지 않아 무죄로 확정됐다.

가짜 명품시계 5900만원에 판 사기범, 죗값은? 150

시계제조업자 L씨는 '빈센트 앤 코(Vincent & Co.)'라는 상표로 가짜 명품시계를 만든 뒤 국내 정상급 여배우, 중진 국회의원 부인, 여성 한류스타, 중견 여배우, 중견 여성탤런트, 남성영화 배우 등 연예인에 팔았다. 이들은 시계 한 개에 500만원씩 주고 샀으며, 정상급 여배우의 경우 시계 1점에 5900만원을 지불했다. L씨는 스위스에 '빈센트 앤 코'라는 상표를 '필립 리' 명의로 등록한 뒤 중국산 시곗줄 등으로 조립한 시계를 '100년 전통의 상품' '유럽 왕실 등 로열패밀리와 극소수 상류층 등 세계인구 1% 미만이 소유할 수 있는 한정품'이라고 속여 오다 사기죄* 혐의(특정경제범죄가중처벌법상 사기)로 구속 기소됐다.

서울중앙지방법원(2006년) 재판부는 L씨에게 징역 4년을 선고했다. 재판부는 "시계부품 대부분이 조립됐음에도 불구하고 수입 신고필증을 얻기 위해 시계를 스위스로 가져간 뒤 다시 국내로 수입하는 절차를 거치는 등 범행 방법이 치밀하다"며 "피해자가 다수이고 피해 회복이 거의 이뤄지지 않는 점을 볼 때 엄벌에 처함이 마땅하다"고 판결 이유를 설명했다.

[해설] **사기죄(詐欺罪)**란 사람을 기망하여 재물의 교부를 받거나 재산상의 이익을 취득하거나 제3자로 하여금 재물의 교부를 받게 하거나 재산상의 이익을 취득하게 함으로써 성립하는 범죄를 말한다.

빚 갚을 능력도 없이 마구 신용카드 썼다면? 151

K씨는 신용카드로 2500여 만원의 빚을 졌다. 빚을 갚을 의사도 능력도 없이 카드를 계속 사용해 오다 사기 혐의로 기소됐다.

항소심 재판부는 K씨에게 무죄를 선고하면서 신용카드를 적법하게 발급받은 사람은 카드사용 때마다 카드회사에 자신의 신용상태를 고지할 의무는 없다고 무죄 판결 이유를 설명했다.

그러나 대법원(2005년) 재판부는 원심 판결을 깨고 사기 혐의 취지로 사건을 대전지법으로 돌려보냈다. 재판부는 "신용카드사용은 카드회원이 카드회사에 사용금액을 성실히 갚을 것을 전제로 하는 것"이라며 "빚이 무리하게 쌓여 있고 빚 갚을 능력이 없는데도 신용카드로 2500여 만원의 빚을 진 것은 남을 속이려는 목적이 있다"고 판결 이유를 설명했다.

부동산 매매서류 위조범에게 사기 당했다면 중개업자와 매입자의 책임은? 152

P씨는 부동산중개업자에게서 "시세보다 싸게 매물로 나온 아파트가 있다"는 말을 듣고 강남구 대치동 E아파트를 매입하고 소유권 이전등기까지 마쳤다. 그런데 한 달 후 실제 집주인이 나타나 소유권이전등기를 말소했다. 그 때 비로소 P씨는 신분증과 서류를 위조한 사기범에게 속은 사실을 알게 돼 소송을 냈다.

서울중앙지방법원(2004년) 재판부는 "중개업자는 원고에게 피해액의 60%를 배상하라"고 판결하면서 "중개업자는 부동산을 팔려는 사람이 실제 주인인지 여부와 권리관계 등을 부동산 등기부와 주민등록증 등을 통해 확인할 의무가 있다"며 "특히 매도인이 평소 알지 못하는 사람이라면 더욱 주의 깊게 이를 확인했어야 한다"고 지적하면서 "원고 P씨도 매수인으로서 매도인이 정말 주인인지 확인할 의무가 있는데 중개업자 말만 믿고 계약을 맺은 책임이 있다"며 "따라서 중개업자의 책임은 60%로 제한한다"고 판결 이유를 밝혔다.

주인을 사칭한 부동산 사기, 등기권리증 확인 안 한 피해자의 책임은? 153

부동산 중개업자 K씨는 한 아파트의 소유자라고 자기를 소개한 A(여)씨가 자기 집을 팔아달라는 의뢰를 받은 뒤 등기부등본에서 그가 주인인 것을 확인했다. 해당 아파트를 방문했더니 임차인도 'A씨가 집을 팔려 한다'는 말을 하는 것을 들은 뒤 A씨가 진짜 주인이라고 믿고 거래정보망에 아파트를 등록했다.

매수자 H씨는 K씨를 찾아가 등기부 등본과 주민증 확인 후 7억여 원에 매매계약을 하고 계약금을 주고 이후 중도금을 A씨 명의계좌로 보냈다. 하지만 이후 '진짜 A씨'가 나타났다. A씨를 사칭한 여성이 임차인과 짜고 돈을 가로챈 것이다. H씨는 부동산 중개업자 K씨 등을 상대로 손해배상 청구소송을 냈다.

서울중앙지방법원(2008년) 민사합의재판부는 K씨 등은 2억 8400여 만원을 H씨에게 지급하라고 판결했다. 재판부는 "H씨 역시 계약 당사자로서 등기권리증을 요구하지 않는 등 주의를 소홀히 한 잘못이 있으므로 중개업자들의 책임을 70%로 제한한다"고 덧붙였다.

상습 무전취식 10회, 어떻게 됐을까? 154

회사원 K씨는 서울의 한 유흥주점에서 혼자 술을 마시고 술값 수십만원을 안내고 슬쩍 나가려다 종업원에게 잡혔다. 도망치는 이유는 어머니가 돌아가신 충격으로 술을 마시게 된 데서 온 실수라고 변명했다. 사기죄로 약식 기소돼 실형 없이 벌금 100만원만 선고받았다. 그러나 그 후 9차례에 걸쳐 이 같은 무전취식을 되풀이 했다. 정식재판에 회부돼 1심에서 징역형을 선고 받았다. 그러나 항소심에서 다시 벌금 300만원으로 감형됐다. 그 후 또다시 40여 만원의 술과 안주를 먹고 몰래 나오다 잡혔다.

서울중앙지방법원(2008년) 재판부는 무전취식 10회 만에 K씨에게 징역형을 선고하면서 "2년 사이에 10회 이상 같은 범죄를 반복한 점은 죄질이 나쁘다"며 그러나 "피해자와 합의한 점 등을 고려해 징역 8월에 집행유예 2년을 선고하고 자숙의 시간을 위해 120시간의 사회봉사도 함께 명했다"고 판결 이유를 설명했다.

남의 묘를 자기 조상묘라 속여 이장보상금 받아낸 죗값은? 155

K(69)씨는 울산시 울주군 공동묘지가 원자력발전소건설 사업부지에 편입돼 분묘이장에 대한 보상금을 지급하는 것을 알고 이곳의 다른 사람 분묘와 무연고분묘 등 7기의 묘를 자신의 조부모, 부모, 여동생 등의 묘라고 거짓 신고를 한 뒤 1800여 만원을 교부받은 혐의로 기소됐다.

울산지방법원(2008년) 재판부는 "이장보상금을 교부받은 K씨에 대해 분묘발굴과 사기죄를 적용해 징역 6월에 집행유예 2년을 선고했다"고 판결 이유를 밝혔다.

변호사가 판 · 검사 로비자금을 요구한 후 자기가 챙긴 죗값은? 156

K변호사와 사무장 J씨는 사건을 맡긴 수감자 L씨의 딸을 만나 변호사 수임료 1000만원 외에 "L씨와 연루된 다른 공무원한테까지 수사가 확대되는 것을 막기 위해선 검찰 위아래에 돈을 써야 한다"고 속여 추가로 1억2000만원을 받아 자기들이 챙긴 혐의로 기소됐다. 1 · 2심 재판부는 K씨에게 징역 1년 및 추징금 1억 6500만원을, 공범인 J씨에 징역 8월에 집행유예 2년, 사회봉사명령 80시간을 선고했다. 재판부는 "변호사 신분으로 형사피고인과 그 가족의 급박한 사정을 이용해 판 · 검사에게 제공한다는 명목으로 거액을 받아 챙겨 재판의 공정성을 훼손할 우려를 낳고 국민의 불신을 야기해 죄질이 상당히 무겁다" 고 판결 이유를 설명했다.

대법원(2008년) 재판부도 "변호사법위반 혐의로 구속 기소된 변호사 K씨와 J씨에 대한 상고심에서 원심을 확정했다"고 밝혔다 .

부가가치세 40억원 포탈, 죗값은? 157

비철금속 도소매업자인 C씨는 유령회사 4개를 설립한 뒤 이들 업체로부터 262억원 상당의 비철금속을 사들인 것처럼 허위 세금계산서를 꾸미는 수법으로 부가가치세 42억여 원을 포탈한 혐의로 구속 기소됐다

대전지방법원(2008년) 재판부는 40억여 원의 조세를 포탈한 혐의(특정범죄가중처벌등에관한법률 위반 등)로 구속 기소된 C씨에 대해 징역 3년 6월 및 벌금 100억원을 선고하는 한편 C씨가 벌금을 완납할 때까지 노역장에 유치토록 했다. 벌금 규모가 커 벌금을 미납할 경우에 피고인에게 정해진 하루 노역의 대가도 2000만원이다. 만일 벌금을 모두 노역으로 대체하려면 500일 동안 노역을 해야 한다.

법원 · 검찰청사 주변식당 주인이 사건브로커로 로비, 죗값은? 158

대구 수성구 법원 · 검찰청사 주변 식당주인 L씨는 사건 고소인인 P씨에게 "식당을 하면서 잘 알게 된 법원 간부에게 부탁해 피고소인 K씨를 법정 구속시켜 주겠다"고 속여 여러 차례에 걸쳐 7900여 만원을 받아 챙기는 등 같은 수법으로 모두 1억200여 만원을 받아 챙긴 혐의(변호사법 위반)로 구속 기소됐다.

대구지방법원(2008년) 재판부는 L씨에 징역 2년에 추징금 1억200여 만원을 선고했다. 재판부는 "피고인 L씨는 법원이나 검찰 간부들과의 친분을 과시하면서 사건청탁 명목으로 먼저 금품을 요구했고, 지금까지 수수한 금품 액수도 1억원이 넘는 점을 감안해 이같이 선고한다"고 판결 이유를 밝혔다. 또 "피고인의 행위는 형사사법절차에 대해 국민의 불신을 초래해 공정한 사법작용을 심각하게 훼손하는 점을 고려할 때 죄질이 무거워 엄중한 처벌이 불가피하다"고 덧붙였다.

'삐끼'에 속아 바가지 쓴 술값, 안 냈다면? 159

L(택시운전사)씨와 K(가스충전소 직원)씨는 서울 수유동에서 호객꾼이 "양주 한 병과 안주를 합쳐서 모두 12만원이면 된다"고 해서 인근 유흥주점으로 따라 들어갔는데, 술을 마신 뒤 계산서에는 101만원이라는 금액이 찍혀 있어 지불을 거부했다. 실랑이 끝에 경찰이 출동했고, 결국 사기혐의로 기소돼 재판을 받기에 이르렀다.

서울북부지방법원(2008년) 재판부는 "이들은 안정된 소득이 있었고 사건 당시 수중에 충분한 현금과 신용카드를 갖고 있었다"며 "당시 술값을 변제할 능력이 없는 상태에서 술과 안주를 주문해 먹은 것으로 인정하기 어렵다"고 밝히면서 무죄를 선고했다.

인터넷 채팅으로 남성에게 돈 보내면 만나주겠다 약속, 돈만 챙긴 죗값은? 160

L(35)씨는 인터넷게임 사이트에 여성 이름으로 가입한 뒤 채팅으로 남성에게 접근하여 "만나 줄 테니 통장으로 교통비를 보내라"고 속여 자신 명의의 통장으로 돈을 받아 챙기는 수법으로 50여 명의 남성으로부터 400여 만원을 받아 가로챈 혐의(상습 사기)로 구속 기소됐다.

전주지방법원(2008년) 재판부는 "피고인 L씨는 계획적 · 조직적으로 수십차례 반복 범행하여 상습성이 인정된다"며 징역 1년 6월의 실형을 선고했다.

미혼모라고 속인 남자, 거짓 e-메일로 돈 챙긴 죗값은? 161

B(남 · 26)씨는 세 살배기 아들을 둔 19세 미혼모라면서 무작위로 인터넷 e-메일을 보냈다. e-메일 내용은 "갑자기 기어 다니지도 못하고 울기만 하는 아기를 데리고 대학병원을 찾았는데 백혈병이라는 진단을 받았어요. 수술비 청구서를 손에 꽉 쥐어 손톱이 살을 파고들어 피가 나는 줄도 모른 채 밤새 울었어요". 이 사연은 미국 LA지역의 한인 신문에도 보도됐다. 70여 명이 편지에 적힌 계좌로 송금했다. 두 달간 총 250여 만원을 챙겼다.

서울남부지방법원(2007년) 재판부는 사기 등 혐의로 구속 기소된 B씨에게 징역 1년을 선고하면서 "선의를 가진 사람들을 속여 사회적 신뢰를 깨뜨렸다"고 판결 이유를 밝혔다.

증권사 간부행세 묵인해 고객에게 큰 손해 입힌 증권사의 책임은? 162

L씨는 경기도의 한 M에셋증권 지점을 찾아가 거래실적이 많은 고객을 위해 빌려주는 개인사무실을 빌려 달라고 요청했다. M에셋 측은 검토 후 L씨에게 방을 내줬다. 지점 내에서 L씨를 '부장님'이라 부르게 하고, 'M에셋 부장'이라고 명함을 새겼는데도 별다른 조치를 취하지 않았다.

L씨는 고객인 R사 대주주 C씨에게 50억원을 투자하면 자기가 운용하는 수백억원을 동원해 주가를 끌어올려 주겠다고 제안했다. C씨는 지인 K씨에게 이런 사정을 얘기하며 돈을 빌려달라고 했다. K씨는 L씨의 사무실로 찾아가 M에셋 부장이라는 사실을 확인하고 50억원을 건넸다. L씨는 이 돈으로 다른 종목을 샀고 한 달 뒤 잠적했다가 곧 체포됐다. K씨는 M에셋과 L씨를 상대로 소송을 냈다.

서울고등법원(2009년) 재판부는 패소한 1심 판결을 깨고 L씨에게 징역 3년 10월을 선고했다. 또 재판부는 "M에셋 측이 L씨를 부장급 직원으로 오인하게 했으므로 M에

셋의 이 같은 방조행위와 L씨의 불법행위가 K씨의 손해에 인과관계가 있다"고 지적하면서 "M에셋은 50억원의 30%인 15억원을 K씨에게 지급할 의무가 있다"고 판결했다.

수입 쇠고기를 국산으로 허위표시 후 판매, 죗값은? 163

J씨는 광주 북구에 식육점 2곳을 차려놓고 미국·오스트레일리아·멕시코 등지에서 수입한 쇠고기와 돼지고기를 국내산으로 표시한 후 팔아 4700여 만원의 부당이득을 챙긴 혐의로 기소됐다.

광주지방법원(2008년) 재판부는 J씨에게 징역 6월을 선고했다. 재판부는 "J씨가 범행을 자백했지만, 원산지를 속여 판매한 양이 많고 기간도 길어 실형을 선고한다"고 선고 이유를 밝혔다.

수입쌀의 원산지를 국내산으로 속여 판매, 죗값은? 164

J씨는 중국산 쌀 20t을 구입해 국내산 표기가 되어 있는 쌀 포대에 옮겨 담아 유통시킨 혐의 등으로 구속 기소됐다.

서울중앙지방법원(2008년) 재판부는 J씨에게 징역 1년 6월의 실형을 선고했다. 재판부는 "유사사례에서 실형을 선고한 경우가 거의 없었지만 이번 사례를 검토하면서 엄단의 필요성을 느꼈다"면서 "한국 사람에게 쌀의 원산지를 속인 것은 그 죄질이 중하다"고 양형 이유를 설명했다.

전직 대통령 동생, 건설업자 돈 가로챈 죗값은? 165

전직 대통령 동생 J씨는 건설업자에게서 아파트 신축공사에 쓸 외자 1억 달러를 유치해 주겠다며 업무추진비 등의 명목으로 15억원과 미화 7만 달러를 받은 혐의(특정경제범죄가중처벌법상 사기)로 기소됐다.

대법원(2010년) 재판부는 J씨에게 징역 5년을 선고한 원심을 확정했다.

1·2심 재판부는 "J씨가 돈을 갚을 능력이 없는데도 차용금, 업무추진비 명목으로 돈을 빌려 갚지 않은 사실이 인정된다"며 징역 5년을 선고했었다.

시가 350만원짜리 그림 1억5천만원에 팔았다면? 166

K씨는 감정가격이 3점에 350만원 정도인 그림 3점을 G씨로부터 1억500만원에 샀다. 뒤에 K씨는 G씨가 3억원이 넘는다고 속인 것을 알고 그림 값으로 지불한 금액에

대해 대금반환 청구소송을 냈다.

서울서부지방법원(2010년) 재판부는 원고 K씨에게 패소 판결했다. 재판부는 "예술 작품의 거래 시가는 사는 사람의 기대에 따라 주관적으로 정해질 수 있고, 이들 작품은 시장에서 거래된 적이 거의 없어 시장가격이 형성돼 있지 않아 G씨가 K씨를 속였다고 보기에 부족하다"고 판결 이유를 설명했다.

높은 이자를 미끼로 30억원 챙겨 탕진, 죗값은? 167

증권사에서 주최한 투자대회에서 7600%의 수익을 올려 우승하는 등 '수퍼개미'로 유명한 Y씨는 P씨에게 다섯 차례에 걸쳐 높은 이자를 주겠다고 속여 30억원을 받은 뒤 돌려주지 않은 혐의(특정경제범죄가중처벌에관한법률 위반)로 구속 기소됐다.

서울남부지방법원(2010년) 재판부는 Y씨에게 징역 4년을 선고했다. 재판부는 "Y씨는 P씨로부터 투자자금으로 받은 돈을 주가 조작과 자신의 사무실 운영에 쓰는 등 원금조차 돌려주기 힘든 상황임을 알면서도 P씨를 속였다"고 판결 이유를 설명했다.

남의 휴대전화로 무선인터넷 무단사용, 그 책임은? 168

P씨는 다른 사람의 휴대전화를 훔쳐 상습절도죄로 처벌받았다. 그런데 이 휴대전화로 무선인터넷에 접속하여 5만여 원어치의 통신서비스를 이용한 사실이 드러나 사기혐의(컴퓨터 등 사용 사기)로 추가 기소됐다. 1 · 2심 재판부는 P씨의 행위에 대해 처벌의 필요성은 인정되지만, 별도의 처벌 규정이 없는 한 처벌할 수 없다는 이유로 무죄를 선고했다.

대법원(2010년) 재판부도 P씨에게 무죄를 선고한 원심을 확정했다. 재판부는 "형법상 처벌 대상인 '컴퓨터 등 정보처리장치에 허위의 정보 또는 부정한 명령을 입력하거나 권한이 없는 자가 정보를 입력 · 변경해 이익을 얻는 행위'에 휴대폰의 통화 버튼이나 인터넷 접속버튼을 누르는 행동은 해당되지 않는다"고 지적하면서 "사용자 신원확인절차가 없는 휴대전화의 통화 · 인터넷접속 버튼을 누른 것만으로는 검찰의 공소사실처럼 '정보 혹은 명령의 입력으로 정보처리가 이뤄졌다'고 보기 어렵다"고 설명하면서 원심 판결 이유를 밝혔다.

[해설] 형법(제347조의2)은 컴퓨터 등 정보처리장치에 허위의 정보 또는 부정한 명령을 입력하거나 권한 없이 정보를 입력 · 변경해 처리하게 함으로써 재산상의 이익을 취득한 행위를 처벌하도록 규정하고 있다.

와이브로기술 국외유출 시도한 연구원들의 죗값은? 169

우리나라 IT업체인 P데이타의 전직 연구원 J씨 등 4명은 이 회사가 개발한 제3세대 국제표준 인터넷서비스 기술인 와이브로(WiBro)* 관련 핵심기술을 빼내 미국에 팔아넘기려 한 혐의로 구속 기소됐다.

서울고등법원(2008년) 재판부는 J씨 등 4명에게 징역 1년에서 3년의 실형을 선고하고 법정 구속했다. 재판부는 "범행의 죄질이 매우 불량하고 범행에 가담한 정도도 중하다"며 "J씨를 제외한 나머지 피고인들에 대해 1심 선고 형량이 너무 가벼워서 부당하다"며 이같이 판결했다. 1심은 기술 유출을 주도한 J씨에게 징역 3년을 선고하고, 나머지 3명에게는 징역 2년~2년 6월에 집행유예 4년씩을 선고했었다.

[해설] **와이브로 기술**이란 이동 중에도 인터넷 접속이 가능한 무선통신 서비스 기술을 말한다.

한도 초과대출했더라도 회수 가능하다면, 배임죄 성립여부는? 170

대법원(2008년) 재판부는 한도를 초과한 대출을 허용해 회사에 손해를 입힌 혐의(업무상배임)로 기소된 A새마을금고 이사장 J씨에 대한 상고심에서 징역 2년에 집행유예 3년을 선고한 원심을 깨고 무죄 취지로 사건을 서울고법으로 돌려보냈다. 재판부는 "한도를 초과한 대출을 허용해 회사에 손해를 입혔으나 회수가 가능하다면 업무상배임죄*에 해당하지 않는다"고 판결 이유를 설명했다.

[해설] **업무상배임죄(業務上背任罪)**란 업무상 타인의 사무를 처리하는 자가 그 임무에 위배하는 행위로서 재산상의 이익을 취득하거나 제3자로 하여금 이를 취득하게 하여 손해를 가함으로써 성립하는 범죄를 말한다.

'한국 망하지 않는 한 손실 보장된다'며 펀드 안전성 과장했다면? 171

W은행과 W자산운용회사는 주로 퇴직자와 연금생활자 등을 상대로 '파워인컴펀드'*를 팔아왔다. 그러나 K씨 등 여러 명의 펀드 가입자들이 미국을 시발점으로 전 세계로 확산된 금융 위기로 펀드원금의 80% 가량 손실을 보자 손해액의 보상을 요구하는 소송을 냈다.

서울중앙지방법원(2009년) 재판부는 판매사 측은 원금 손해액의 45%에 해당하는 1억 2000여 만원을 지급하라며 K씨 등에게 승소 판결했다. 재판부는 "안정된 상품에 투자하려는 퇴직자 등을 상대로 펀드에 대해 제대로 이해하지 못한 일부 피고인 측 직원들이 '한국이 망하지 않는 한 손실이 보장된다'는 식으로 허위 과장하여 설명한 점이 인정된다"고 판결 이유를 설명했다.

[해설] **파워인컴펀드**란 미국 국고채에 투자하는 상품으로 '5년 만기 국고채 금리+1.2% 포인트'의 안정된 금리를 지급하는 상품을 말한다.

직접 제작하지 않았다는 사정만으로 허위광고가 정당화될 수 있나? 172

주식회사 O는 포털사이트 첫 화면에 나이키 제품을 7900원에 파는 것처럼 배너 광고를 했다. 그러나 실제로는 (주)O를 선택해 2만1800원을 지급해야만 해당 제품을 구입할 수 있었다. 이에 공정위가 '사실과 다른 정보를 알려 소비자를 유인했다'며 시정명령과 함께 과태료 1000만원을 부과하고 홈페이지에 팝업창을 띄워 시정명령을 받은 사실을 5일간 공지하도록 하는 처분을 하자, (주)O는 '배너광고의 허위 · 과장성을 인식하지 못했다'며 소송을 냈다.

서울고등법원(2010년) 재판부는 공정위의 과태료 처분 등은 정당하다고 판결했다. 재판부는 "(주)O 입점업체가 나이키 슬리퍼 등을 7900원의 기본가격으로 광고했지만 실제 소비자들은 1만3900원을 추가해야만 제품을 구매할 수 있었다"며 "이는 허위 · 과장광고에 해당되며 고의가 없더라도 책임을 부담해야 한다"고 판시했다. 또 "(주)O는 광고에 대한 책임이 있는 사업자로서 네이버 등에 게재할 배너광고를 의뢰할 때 허위광고라는 점을 충분히 알 수 있었다"며 "광고를 직접 제작하지 않았다는 사정만으로 허위광고 행위가 정당화될 수 없다"고 덧붙였다.

법무사가 아닌데 법무사라 부를 때 부인하지 않으면 사칭죄 성립? 173

법무사 사무실에 근무했던 C씨는 L씨로부터 "A씨의 부동산에 근저당을 설정하는 것을 도와 달라"는 부탁을 받으면서 이때 L씨가 C씨를 "박 법무사"라고 잘못 소개를 했다. 그 후로 A씨는 C씨를 박 법무사로 알게 됐다. C씨는 이를 부인하지 않았다. 이후 이들 사이에 싸움이 생기면서 L씨는 C씨가 법무사가 아닌 자는 법무사 명칭을 사용하지 못한다는 법무사법 제3조 2항을 위반했다고 고발하여 C씨는 기소됐다. 1심 재판부는 유죄를 인정해 벌금 50만원을 선고했지만, C씨가 주변에서 오해를 했을 뿐이지 내 입으로 '법무사'라고 말한 적이 없다며 항소했다. 2심에서는 무죄가 선고됐다.

대법원(2008년) 재판부는 2심의 무죄판결을 깨고 사건을 유죄 취지로 서울서부지법으로 돌려보냈다. 재판부는 "C씨는 자신이 법무사가 아님을 밝힐 의무가 있다"며 "그럼에도 C씨가 이를 방치한 것은 사실상 법무사를 사칭한 것과 같다"고 판결 이유를 설명했다.

부동산 판 돈을 위조된 위임장으로 가로챈 악덕 변호사, 죗값은? 174

변호사 P씨는 치매환자로 미국에서 혼자 살고 있는 Y(79)씨의 미국 요양원을 찾아가 위임장에 서명을 받고 허위 공증까지 받아냈다. 한의사였던 Y씨는 결혼에 실패한 뒤 국내에 수십억원 상당의 부동산을 둔 채 미국으로 건너가 혼자 살아왔다. P변호사는 이 허위 위임장을 이용해 Y씨의 서울 은평구 불광동에 있는 빌딩을 19억여 원에 팔아넘기고 계약금과 중도금 등 7억여 원을 가로챈 혐의로 구속됐다.

서울동부지방법원(2008년) 재판부는 P변호사에게 징역 1년 6월을 선고했다.

밤무대에서 유명가수 행세를 한 가짜의 책임은? 175

Y씨는 유명가수 P씨를 빼닮은 외모를 내세워 유흥업소 밤무대에 출연하여 P씨 행세를 한 혐의로 기소됐다. 1 · 2심에서 700만원의 벌금형을 선고했다.

대법원(2009년) 재판부는 Y씨에게 벌금 700만원을 선고한 원심을 확정했다. 재판부는 "Y씨가 P씨의 외양을 흉내낸 것은 유죄로 볼 수 없지만 자신을 P씨로 소개하거나 팬들에게 P씨의 것과 유사한 사인(서명)을 한 것을 유죄로 본 원심은 정당하다"고 설명했다.

P씨와 비슷하게 외모를 꾸민 Y씨는 수도권 나이트클럽 서너 곳에서 90여 차례 출연해 P씨의 히트곡을 틀어 놓고 립싱크(녹음기를 틀어 놓고 노래는 하지 않고 노래하는 시늉만 하는 행위)한 혐의 등으로 기소됐다.

1 · 2심 재판부는 "수년 동안 여러 히트곡을 발표한 P씨에게 'PSM'이라는 이름은 가수로서 그의 특징을 알려 주는 '표지'에 해당한다"면서 "Y씨가 자신이 모방 가수라는 점을 밝히지 않고 실제 P씨인 것처럼 행동한 것은 부정경쟁행위*"라고 판결 이유를 밝혔다.

[해설] **부정경쟁행위(不正競爭行爲)**란 널리 인식된 타인의 성명 · 상표 · 상품의 포장을 포용하거나 유사한 것으로 혼동 · 오인시키는 행위 또는 타인 상품의 원산지 사칭, 과대표시 등을 말한다. 이 같은 행위를 한 자는 손해배상의 책임을 진다.

보이스피싱 악용 계좌, 잔액 있다면 피해자에게 돌려 줄 수 있나? 176

검찰청 직원을 사칭한 전화금융사기를 당한 G(71)씨는 자신의 농협통장에 있던 990만원이 중국인 H씨 명의의 한 은행계좌와 J씨 명의의 D새마을금고 계좌로 잇따라 이체되는 피해를 보았다. G씨는 D새마을금고를 상대로 예금반환 청구소송을 냈다. 1심에선 패소했다. G씨는 항소했다.

춘천지방법원(2008년) 항소재판부는 원심을 깨고 "피고 D새마을금고는 G씨에게 계좌 잔금 700만원을 지급하라"며 원고 승소 판결했다. 재판부는 "G씨의 예금을 가로챈 보이스피싱 범죄에서 공범으로 추정되는 중국인 2명의 예금계좌가 악용된 점이 인정된다"며 " 불법행위자인 중국인에게 계좌를 개설해 준 금융회사는 통장의 잔고를 G씨에게 돌려 줄 책임이 있다"고 판시했다. 또 "보이스 피싱에 앞서 범인이나 공범의 소재가 파악되지 않는 중국인 2명 명의의 은행계좌가 각각 개설된 점, 금융회사가 이들의 여권만 확인한 채 세부적인 확인절차 없이 계좌를 개설해 준 부주의도 있었던 점 등을 고려했다"고 판결 이유를 설명했다.

"아들 납치했으니 돈 보내라"고 협박하고 돈 뜯어낸 죗값은? 177

중국인 W씨는 중국인 공범 G씨와 J씨 등과 함께 중국에서 국내로 무작위로 전화를 걸어 "아들을 납치했는데 돈을 보내지 않으면 납치한 아들을 옥상에서 밀어버리겠다"며 전화 금융사기의 일종인 '보이스피싱(voice phishing)' 수법으로 부모들을 협박하여 6명의 피해자에게서 5000여 만원을 송금 받은 혐의로 구속 기소됐다.

서울중앙지방법원(2007년) 재판부는 중국인 W씨에게 징역 4년을 선고하고, 공범 G씨와 J씨에게 각각 징역 3년과 2년 6월을 선고했다. 재판부는 "이 사건은 부모와 자식 사이의 가족관계를 이용한 것으로 수법이 매우 악랄하다"며 "역할이 세분돼 범행이 점조직형태로 이뤄지는 등 범행수법이 치밀하고 지능적 · 계획적이라 죄질이 매우 불량하다"고 판시하면서 또 "현재도 피해가 계속 확산되고 있고, 중국인 및 대만인들이 이런 범죄만을 목적으로 우리나라에 입국하고 있어, 대한민국이 이 같은 범죄에 적합한 곳으로 보일 우려가 있어 엄벌에 처한다"고 판결 이유를 설명했다.

보이스피싱 범죄자, 출입국관리법으로 처벌할 수 있나? 178

중국인 Y씨는 관광목적으로 입국하여 "우체국카드가 반송돼 보관중인데 정보가 유출됐으니 경찰을 연결해 주겠다"며 보이스피싱 사기에 가담해 거액을 편취한 혐의(사기및출입국관리법 위반)로 기소됐다. 1 · 2심 판결에서 징역 1년을 선고했으나 출입국관리법 위반부분에 대하여는 무죄를 선고했다.

대법원(2010년) 재판부는 Y씨에게 징역 1년을 선고하면서 출입국관리법 위반 혐의에 대해서 무죄를 선고한 원심을 확정했다. 재판부는 "범죄를 저지른 외국인을 형법에 근거해 처벌하는 경우 그 사유만으로 체류 자격을 벗어났다고 보고, 무조건 출입국관리법 위반으로 처벌하는 것은 법령을 지나치게 확대해석한 것이다"라고 판결 이유를 설명했다.

공 갈

모텔에 카메라 설치하고 불륜 촬영, 협박 후 돈 뜯은 죗값은? 179

G씨와 Y씨는 전남 화순군 한 무인텔 객실에 무인카메라 등 녹화 장비를 설치한 뒤 K씨가 여자와 나오는 것을 확인하고 다음 날 전화를 걸어 "사모님으로부터 미행을 부탁받은 심부름센터 직원인데 증거가 잡혔으니 500만원을 주지 않으면 알리겠다"고 협박해 400만원을 받아 낸 혐의로 기소됐다. 이들은 그 밖에도 무인텔 주변에서 고급 승용차를 타고 나가는 남녀를 집까지 미행해 남자의 집 우편물 등을 통해 인적사항을 알아낸 뒤 돈을 요구한 혐의를 받기도 했다.

광주지방법원(2008년) 재판부는 피고 G씨와 공범 Y씨에 대해 공갈죄*를 적용해 각각 징역 6년과 징역 3년 6개월을 선고하면서 "피고는 가석방 기간 만료 후 2년여 만에 다시 공범과 함께 범행을 저질렀다"며 "범행 경위와 수단, 횟수, 피해자들의 정신적 육체적 피해 및 재산 피해 등을 감안할 때 죄질이 매우 나쁘다"고 선고 이유를 밝혔다.

[해설] **공갈죄(恐喝罪)**란 사람을 공갈하여 재물의 교부를 받거나, 재산상의 이익을 취득하거나 또는 제3자로 하여금 재물의 교부를 받게 하거나 재산상의 이익을 취득하게 함으로써 성립하는 범죄를 말한다.

공무원 · 공공기관 직원에게 '여자관계' 협박전화해 돈 뜯은 죗값은? 180

K씨는 불륜이나 성매매사실을 폭로하겠다거나 또는 여자관계를 잘 알고 있다고 협박하면서 수백만원을 송금하지 않으면 직장과 가정에 알려 망신을 주겠다는 내용으로 국가 및 공기업, 지방자치단체, 연구소 연구원과 시 · 도공무원에게 무작위로 협박 전화를 걸었다. 이 중 10여명은 사실여부와 상관없이 협박내용이 구설수에 오를 것을 걱정해 한 사람당 130만~800만원씩 모두 4000여 만원을 K씨가 알려준 통장으로 보냈다. K씨는 자기 신분과 통화 내역을 숨기려고 '대포폰'으로 불리는 선불 휴대전화를 사용했고, 전단지를 부착하는 아르바이트생 모집광고를 내 찾아온 아르바이트생 명의로 차명은행계좌를 개설했다. K씨는 공갈 혐의로 구속 기소됐다.

수원지방법원(2009년) 재판부는 K씨에게 징역 1년 6월에 집행유예 2년을 선고했다.

돈을 받아내려고 "빵에 지렁이가 있다"고 허위신고, 죗값은? 181

K씨는 광주 북구의 한 편의점에서 구입한 단팥빵에 지렁이가 들어있다며 광주 북구청과 제조회사에 신고한 뒤 회사 관계자를 만나 5000만원을 요구했다. S제조회사는 생산라인을 멈추고 제품을 모두 회수한 후 경찰에 조사를 의뢰했다. 국립과학수사연

구소는 '지렁이가 제조과정에서 들어가지 않았다'는 감식결과를 내놨다. K씨가 조작한 것이 확인되어 거액을 요구한 혐의(공갈미수)로 기소됐다.

광주지방법원(2008년) 재판부는 K씨에 대해 징역 8월에 집행유예 2년을 선고했다. 재판부는 "피고인 K씨가 장난삼아 금품을 요구했다고 항변하지만 제품 신뢰도가 떨어질지 몰라 다급한 회사 측에 거액을 요구한 것은 유죄로 인정된다"며 "다만 죄를 깊이 뉘우치고 술에 취해 범행을 저지른 데다 미수에 그친 점 등을 감안해 형의 집행을 유예한다"고 판결 이유를 밝혔다.

사 채

하루 이자 1%, '달러 이자' 받기 위한 폭력행사, 죗값은? 182

S(여)씨는 사채업자 K(여)씨에게서 하루 1%의 이자를 매기는 이른바 '달러이자'로 8000만원을 빌렸다. S씨는 기한 내에 돈을 갚지 못했다. 원금에 매일 이자가 붙어 채권액수는 눈덩이처럼 불어났다. S씨는 1년이 지난 뒤 1억6000만원 이상을 갚았다. 그러나 K씨는 아직 3억원이 더 남았다며 반드시 변제하겠다는 각서를 쓰게 했다. K씨는 이 과정에서 S씨를 수차례 폭행하고 자녀들까지 협박했다. S씨는 K씨를 고소했다. K씨는 폭력행위등처벌에관한법률(공동공갈) 혐의로 불구속 기소됐다.

서울중앙지방법원(2007년) 재판부는 K씨에게 징역 8월의 실형을 선고하고 법정 구속했다. 재판부는 "피해자 가운데 S씨의 경우 여러 차례에 걸쳐 8000만원을 빌렸을 뿐인데 1년 내 두 배 이상을 갚고도 또 3억원을 갚겠다는 각서까지 쓰게 했다"고 지적하면서 "K씨의 이런 행위는 채권자의 정당한 권리행사 수준을 넘어 자신의 부당한 경제적 이익을 위해 채무자들이 약자의 지위에 있다는 사실을 악용했다"고 판시하면서 "채무자들의 프라이버시권이나 행복추구권 같은 기본적 인권을 침해하고 가정의 유지까지도 위태롭게 하는 행위로 엄벌에 처함이 마땅하다"고 판결 이유를 밝혔다.

사회통념상 허용한도를 초과한 고율이자 약정의 효력은? 183

사채업자 O(여 · 45)씨가 연 243%의 이율로 1300만원을 빌려준 S(66)씨 부부를 상대로 원리금을 갚으라며 소송을 냈다.

항소심 재판부는 S씨 부부가 O씨와 약속한 이자 중 연 66%를 넘는 부분은 무효지만, 이미 갚은 이자는 돌려받을 수 없다고 판결했다.

대법원(2007년) 재판부는 원심을 깨고 원고 패소 취지로 사건을 서울중앙지법으로 돌려보냈다. 재판부는 "돈을 빌려준 사람이 사회통념상 허용되는 한도를 초과하는 이율의 이자를 약정한 것은 무효이며 이럴 경우 이미 지급한 이자도 적정한 이자율을 초과한 금액의 반환을 청구할 수 있다"고 판결했다.

적정 이자율을 초과한 폭리 해당분, 안 갚아도 되나? 184

원고 J(여 · 53)씨는 사채업자 Y(27)씨로부터 550만원을 하루 이자율 1%의 조건으로 빌렸다. 이를 1주일 내에 갚지 못하면 매일 원금의 5%를 지연손해금으로 지급하기로 했다. J씨는 원금과 이 약정에 따른 이자 600만원밖에 갚지 못했다. Y씨는 남은 빚 1500여 만원을 요구하며 J씨의 집에 대해 강제경매신청을 냈다. J씨는 이의신청과 함께 소송을 냈다.

서울중앙지방법원(2002년) 재판부는 원고 J씨에게 승소 판결했다. 재판부는 "지나치게 높은 이자율 때문에 불어난 채무는 효력이 없어 피고의 원고에 대한 강제집행을 불허한다"고 판결했다. 재판부는 "국가의 외환위기로 1998년 1월 이자제한법이 폐지돼 차용금에 대한 이자는 당사자 간에 자유롭게 정할 수 있으나 그 정도가 폭리에 이를 정도로 과도한 경우 선량한 풍속에 위반하는 적정 이율을 초과하는 부분은 무효"라고 판결 이유를 밝혔다.

법정한도 초과한 이자율로 선이자 공제, 대부업법 위반인가? 185

J씨는 G씨에게 2008년도에 300만원을 빌려주면서 수수료와 공증료 명목으로 60만원을 공제하고 원금과 이자를 합해 5개월 동안 매월 65만원씩 총 325만원을 받기로 약정했다. 결국 J씨는 연 49% 이자율을 넘지 못하도록 한 당시 대부업법을 위반한 혐의(대부업의등록및금융이용자보호에관한법률 위반)로 불구속 기소됐다. 1심에서는 연 155%의 이자를 받은 것으로 보고 벌금 150만원이 선고됐다. 그러나 2심에선 "이자율 제한 위반으로 처벌하려면 실제로 받은 이자가 있어야 하는데 선이자를 뗀 것은 원금이 줄어든 것으로 봐야 한다"며 무죄를 선고했다.

대법원(2010년) 재판부는 J씨에 대하여 무죄를 선고한 원심을 깨고 유죄 취지로 사건을 인천지법으로 돌려보냈다. 재판부는 "초과 이자를 선이자 형태로 사전 공제하는 경우와 사후에 이자를 받는 경우 사이에 실질적 차이가 없다"고 판시했다. 또 "사례금, 할인금, 수수료 등 대부업자가 대부와 관련해 받는 돈은 모두 이자로 봐야 한다. 그리고 제한 이자율을 초과하는 이자를 사전에 공제하는 행위는 법률위반이다"라고 판결 이유를 설명했다.

7. 횡 령

의료재단공금을 개인용도로 사용한 이사장 부부, 죗값은? 186

의료재단 이사장 J씨와 그의 아내이자 병원 행정원장인 K씨는 의료재단 돈 17억 여원을 토지 · 아파트 · 콘도회원권 구입비, 정기예금, 자녀 과외비 등으로 쓴 혐의(특정경제범죄가중처벌법상 횡령)로 기소됐다. 1 · 2심은 J씨에게 징역 1년 6월에 집행유예 3년, 벌금 1500만원을, K씨에게 징역 2년 6월에 집행유예 4년을 선고했다. 이들은 항소했다.

대법원(2007년) 재판부는 횡령죄•를 선고한 원심을 확정하면서 "회사 대표가 회사 돈을 인출해 쓰고도 사용처에 관한 증빙자료를 제시하지 못하고 납득할 만한 설명을 못한다면 그 돈은 불법영득의사로 쓴 것으로 판단할 수 있다"고 판결 이유를 설명하면서 "법인에 투입된 개인재산을 회수한다는 명목으로 법인자금을 인출해 개인용도로 쓴 뒤 이에 관한 합리적 설명을 하지 못하는 경우에도 마찬가지"라고 덧붙였다.

[해설] **횡령죄**란 타인의 재물을 보관하는 자가 그 재물을 횡령하거나, 그 반환을 거부함으로써 성립하는 범죄(형법 제355조 1항)를 말한다.

계약금액 부풀려 지급한 뒤 되돌려 받는 수법으로 국고를 축낸 죗값은? 187

정부부처산하 연구소에서 회계업무를 담당하던 P씨는 자재를 구입한 것처럼 계약서를 작성하거나 견적서를 부풀린 금액으로 계약한 뒤 공사업체로부터 돈을 되돌려 받는 수법으로 모두 6700만원의 국고를 횡령하고 하도급을 받을 수 있도록 주선한 대가로 1800만원을 받은 혐의로 기소됐다.

1 · 2심 재판부는 징역 1년 6월에 집행유예 3년, 추징금 2800만원을 선고했다.

대법원(2006년) 재판부는 원심 판결을 확정했다. 재판부는 "공사업자 등과 짜고 적정한 금액 이상으로 계약 금액을 부풀려 계약한 뒤 되돌려 받은 것은 성격상 뇌물이 아니라 횡령금에 해당하는 만큼 뇌물 부분에 무죄를 선고하고 국고손실죄•를 적용한 것은 타당하다"고 판결 이유를 설명했다.

[해설] '특정범죄가중처벌등에관한법률' 제5조(국고등손실)가 규정하는 범죄이다. 회계관계직원등의책임에관한법률에 규정된 사람이 국고 또는 지방자치단체에 손실을 입힐 것을 알면서 그 직무에 관하여 형법 제355조(횡령 · 배임)의 죄를 범한 경우에 가중 처벌된다.

명의를 빌려 준 사람이 소유주 자금 가로채면 횡령인가? 188

동거남 L씨로부터 명의신탁 형태로 돈을 받아 자신의 이름으로 임야매입 계약을 체결한 뒤, 이를 중도 해지해 돌려받은 계약금을 가로챈 혐의 등으로 기소된 G(여)씨의 횡령 혐의에 대해 하급심에서 무죄를 선고했다.

대법원(2007년) 재판부는 무죄 선고한 원심을 확정했다. 재판부는 "피고인 G씨는 피해자 L씨와 명의신탁계약을 맺은 뒤 '선의의 매도인'으로부터 임야를 매수했으므로 피해자에게 매매대금 상당액의 부당이득반환 의무만 부담할 뿐"이라며 "피해자 L씨의 허락 없이 대금을 다른 용도에 사용했거나 반환을 거절했다고 해도 이를 횡령죄 또는 배임죄*로 처벌할 수 없다"고 판결 이유를 밝혔다.

[해설] **배임죄(背任罪)**란 타인의 사무를 처리하는 자가 그 임무에 위배하는 행위로써 재산상의 이익을 취득하거나 제3자로 하여금 이를 취득하게 하여 본인에게 손해를 가함으로써 성립하는 범죄를 말한다.

어머니 병원비 마련 위해 횡령, 죗값은? 189

C(여 · 32)씨는 서울 양천구의 한 의류매장 직원으로 일하면서 의류 판매대금을 170차례에 걸쳐 5500여 만원을 횡령한 혐의로 구속 기소됐다. C씨는 횡령한 돈 대부분을 혈액암에 걸린 어머니 병원비로 사용했으나 C씨의 어머니는 숨졌다.

서울남부지방법원(2005년) 재판부는 업무상 횡령 혐의로 구속 기소된 C씨에 대해 징역 8월에 집행유예 2년을 선고하고 80시간의 사회봉사를 명령하면서 "죄질이 가볍지 않지만 피고인이 범행을 반성하는 데다 횡령액 대부분을 어머니 병원비로 사용한 점 등을 고려해 집행유예를 선고한다"고 밝혔다.

회사자금 1800억원으로 해외원정도박? 190

D건설회사 자금부장 P씨는 출금청구서를 위조하는 등의 방법으로 1898억원의 회사 자금을 빼돌려 해외원정도박, 주식 및 부동산 구입 등에 사용한 혐의(특정경제범죄가중처벌법상 사기 등)로 기소됐었다.

서울동부지방법원(2010년) 재판부는 피고인 P씨에게 징역 22년 6월과 벌금 100억원을 선고하면서 "D건설회사가 유동성 위기를 겪어 수많은 공적자금이 투입된 상황에서 일반인은 상상할 수 없는 금액인 1898억원을 횡령해 회사에 심각한 피해를 주는 등 죄질이 좋지 않고 횡령한 돈의 상당부분을 해외원정 도박으로 탕진하는 등 도덕적 해이의 극치를 보여 줬고 변제하려는 노력도 없었다"고 판결 이유를 설명했다.

학교발전기금을 용도 외 공무로 사용했다면 횡령죄 될까? 191

S예술고 교장 H씨는 학부모들이 낸 학교발전기금과 교비 등 1억1000여 만원을 교내 행사에서 전별금 · 회식비 · 조위금 등으로 쓴 혐의로, 같은 예술계 Y학교 교장 K씨는 학교발전기금 12억원 중 2억5000여 만원을 학교직원이 횡령한 돈을 메우는 데 쓴 혐의 등으로 기소됐다.

1심 재판은 H씨에게 유죄를 선고하였고 K씨에 대해서는 후임 교장에게 쓰고 남은 기금을 반납했기 때문에 횡령 의사가 없었다며 무죄를 선고했다.

대법원(2010년) 재판부는 업무상횡령* 혐의로 기소된 H씨와 K씨에게 각각 징역 1년에 집행유예 2년을 선고한 원심을 확정했다.

[해설] **업무상 횡령죄(業務上 橫領罪)**란 업무상의 임무에 위배하여 타인의 금전 등 재물을 보관하는 자가 그 재물을 횡령하거나 그 반환을 거부함으로써 성립하는 범죄를 말한다.

8. 위조 · 변조

학력 위조한 외국인 영어강사, 죗값은? 192

J(30 · 캐나다)씨는 정규대학 과정을 이수하지 못해 비자를 발급받지 못하자 캐나다에서 대학을 졸업한 것처럼 교육학학사 학위증명서와 성적증명서 등을 위조해 국내에 들어와 서울 강남 영어학원에 가짜 성적증명서를 내고 취업했다가 적발돼 구속 기소됐다.

서울중앙지방법원(2007년) 재판부는 강사 J씨에게 징역 6월을 선고했다. 재판부는 "외국어교육 상당부분을 사교육이 담당하고 있는 한국 교육현실에서 강사 자질은 공교육 교사만큼이나 중요한데 정당한 자격이 없는데도 관련서류를 위조해 취업 등에 이용한 것은 국내 사교육 현장을 교란시키는 행위로 엄벌에 처해야 한다"고 판결 이유를 밝혔다.

직무상 얻은 타인의 비밀을 근거로 허위소견서 작성 · 행사한 책임은? 193

K(여 · 47)씨는 아들의 주치의 L(47)씨를 자주 만나다가 동거에 들어갔다. K씨는 동

거하면서 L씨의 돈 수억여 원을 빌려 썼다. 그런데 서로 사이가 멀어지면서 L씨는 K씨를 횡령 혐의로 고소했다. 이에 K씨는 L씨에게 성폭행을 당한 뒤 할 수 없이 동거한 것이고, 내가 빌린 돈은 생활비일 뿐이라며 L씨를 무고 혐의로 맞고소했다.

L씨는 동료 의사 C씨에게 K씨의 자궁내막증이 의심된다는 소견서를 써서 검찰에 내줄 것을 부탁받고 C씨는 그대로 했다. 자궁내막증이 있으면 성관계가 어렵기 때문에 동거기간 중 지속적 성관계를 맺어왔다는 K씨의 주장을 뒤집을 수 있는 증거가 되기 때문이었다. 이에 K씨는 허위 소견서로 명예를 훼손했다며 C씨를 상대로 손해배상 청구소송을 냈다.

서울중앙지방법원(2005년) 재판부는 "K씨에 대해 잘못된 견해를 가질 수 있는 소견서를 발급한 것은 직무상 얻은 타인의 비밀을 누설한 것에 해당한다"며 "의사 C씨와 해당병원은 각각 700만원씩을 K씨에게 배상하라"고 판결했다.

[해설] 무고죄: B-79 참조.

위조 학위로 장교 복무했다면 임관과 복무기간도 무효 되나? 194

G(27)씨는 학사장교로 지원하기 위해 K대학 H교수에게 800여 만원의 돈을 주고 필리핀 A대학의 위조 학위증을 발급 받은 뒤, 장교(소위)로 임관해 3년간의 군복무를 마쳤다. 그러나 뒤에 졸업예정증명서 등을 위조한 사실이 발각되어 임관 무효와 함께 현역병 입영통지처분을 받자 장교로 군복무한 사실을 인정해 달라며 강원지방병무청장을 상대로 소송을 제기했다.

춘천지방법원 재판부는 원고 패소로 판결했다. 재판부는 "원고 G씨는 학력위조라는 불법행위*를 통해 장교에 임용된 만큼 임관 자체가 무효이고 따라서 군복무 사실도 인정할 수 없다"며 아울러 "현역병 입영 통지를 위법한 처분이라 볼 수 없다"고 판결 이유를 설명했다.

[해설] 불법행위(不法行爲): A-168 참조.

수입쇠고기 원산지 표시, 두 나라로 하면 허위표시 해당하나? 195

L씨는 쇠고기 수입업체로부터 미국산 양념쇠갈비를 구입해 자신이 운영하는 수원시 장안구 음식점에서 판매했다. 식단표에는 '양념갈비(호주산 · 미국산)'라고 표기하다 적발돼 농산물품질관리법 위반 혐의로 불구속 기소됐다.

수원지방법원(2009년) 재판부는 L씨에게 벌금 300만원을 선고했다. 재판부는 "L씨처럼 원산지 표시*를 병기할 경우 보통 사람이면 미국과 호주 두 곳에서 수입된 쇠고기를 섞어 판다고 오인할 우려가 있다"며 "원산지가 미국인지 호주인지 물어보지 않고는 미국산이라는 것을 알 수 없어 원산지를 다르게 생각할 위험이 충분하다"고 판결 이유를 설명했다.

[해설] **원산지 표시(原産地 表示)**란 수입상품의 생산국적을 표시하는 것이다. 수입물품의 국별 쿼터관리, 검역, 방역, 수입지역 제한 등의 이유로 세계 각국이 도입 · 사용하고 있다.

"성혼 커플수 1위", 허위과장광고라면 금지해야 하나? 196

결혼정보업체 중 하나인 S회사는 경쟁업체인 D주식회사를 상대로 "'회원수 No.1, 성혼 커플수 No.1'이라는 광고 문구를 사용하지 말라"며 낸 광고금지 가처분*신청을 받아들여 광고하지 못하도록 했다.

서울중앙지방법원(2010년) 민사합의재판부는 "D회사의 '회원수 No.1, 성혼 커플수 No.1' 광고는 허위광고 또는 부당하게 비교하는 광고에 해당한다"며 "광고가 계속될 경우 S회사가 손해를 입게 될 염려가 있으므로 광고를 중단해야 한다"고 판결 이유를 설명했다.

[해설] **가처분**: A-36 참조.

무차별 허위고소 120여건, 그 형사책임은? 197

L(여 · 53)씨는 자기 이웃주민과 말다툼 끝에 상처가 생긴 것을 상해 혐의로 고소하는가 하면 그 수사과정에 참여한 경찰과 검사를 직무유기 또는 허위공문서작성 혐의로, 판결을 내린 판사와 법원실무 공무원을 비방하는 내용을 담아서 120여건의 고소 · 고발 · 진정 등을 했다. 그 밖에 불복절차인 항고 · 재심 · 재정신청 · 위헌법률심사 등 법이 허용하는 절차는 빠트리지 않고 다 했다.

부산지방법원(2010년) 재판부는 L씨에게 징역 1년 4월에 벌금 300만원을 선고하면서 "오랜 기간 많은 피고소인들을 상대로 허위고소를 반복 제기하는 등 죄질이 불량해 실형이 불가피하다"고 판결 이유를 설명했다.

컴퓨터 모니터상의 이미지, 문서로 볼 수 있나? 198

J씨는 사귀고 있던 남성에게 이름과 나이를 속이기 위해 가짜 이름과 주민등록번호 앞자리 숫자를 출력한 종이를 자신의 주민등록증 위에 오려 붙인 뒤 이를 스캔해 e메일로 전송한 혐의(공문서 위조 및 행사)로 기소됐다.

대법원(2007년) 재판부는 무죄를 선고한 원심을 확정했다. 재판부는 "컴퓨터 모니터화면에 나타나는 이미지는 파일을 보기 위한 프로그램을 실행할 경우 그때마다 전자적 반응을 일으켜 화면에 나타나는 것임으로 계속 화면에 고정된 것으로는 볼 수 없어서 형법상 '문서'*에 해당하지 않는다"고 판결 이유를 밝혔다.

[해설] **형법상 문서(刑法上 文書)**란 좁은 의미로는 문자 또는 이에 대신할 수 있는 부호를 사용하여 사람의 의사가 표현된 물체를 말하고 넓은 의미로는 문서 이외의 도화(圖畵)가 포함된다.

족보에 공무원직급을 상급으로 고쳐 등재했다면? 199

N(60)씨는 광주 모 구청장에게서 받은 표창장 직급란에 적힌 '지방행정주사보'의 '보'자를 종이로 덮고, 또 국무총리에게서 받은 표창장에 적힌 '지방행정주사보'의 '주사보'를 종이로 가린 뒤 '사무관'이라고 써 넣은 다음에 사진을 찍어 이 표창장 사진을 문중 족보편찬위원회에 제출해 족보에 실리도록 했다. 그런데 종친회 회원이 배포된 이 족보를 보고 문제 삼으면서 N씨의 변조사실이 발각되어 기소됐다.

광주지방법원(2008년) 재판부는 "국무총리와 구청장에게서 받은 표창장 2개에 적힌 직급을 변조한 혐의로 기소된 N씨에 대해 공문서 변조죄를 적용하여 징역 4월에 집행유예 2년을 선고했다"고 밝혔다.

[해설] **공문서 위 · 변조죄(公文書 僞 · 變造罪)**란 행사할 목적으로 공무원 또는 공무소의 문서 또는 도화를 위조 또는 변조함으로써 성립하는 범죄를 말한다.

교수 승진심사 자료로 표절 논문 제출했다면? 200

K전문대학교 P교수는 조교수에서 부교수로 승진하기 위한 심사자료로 제출하기 위해 남의 논문을 표절하여 자기가 쓴 논문인 것처럼 이름만 바꿔서 제출했을 뿐만 아니라 학회지에까지 게재한 혐의(업무방해)로 기소됐다.

대법원(2009년) 재판부는 부분 무죄를 선고한 원심을 깨고 전부 유죄 취지로 사건을 광주지법 항소부에 돌려보냈다. 재판부는 "원심이 P교수가 학회를 속여 업무를 방해한 혐의는 유죄라고 판결하면서도, 표절 논문을 뺀 다른 논문만으로도 부교수 승진요건을 충족했다는 이유로 대학의 심사업무방해 부분은 무죄를 선고한 원심에 대해 대학의 인사규정에는 승진임용기준으로 연구업적 등의 요건 외에도 교육자로서 인격과 품위를 갖출 것을 기본적 전제로 정하고 있는데 P교수의 행위는 교육자로서의 인격과 품위를 손상한 것"이라고 판결 이유를 밝혔다.

논문 데이터 고의 조작 교수, 파면은 정당한가? 201

서울대학교는 세계적으로 저명한 과학잡지 '사이언스'에 발표한 줄기세포 관련 논문이 조작된 것으로 드러나 서울대학교와 국내 과학수준에 불명예를 안겨줬다고 서울대 수의과학대 석좌교수였던 H씨를 파면했다. H교수는 서울대를 상대로 파면처분취소 청구소송을 냈다.

서울행정법원(2010년) 재판부는 파면 처분은 정당하다면서 원고 패소 판결했다. 재판부는 "H 전 교수가 검사를 직접 지시하지 않고 검사결과도 직접 작성하지는 않았더라도 연구의 총괄책임자로서 줄기세포의 외관을 갖춘 세포가 2개뿐인 데도 11개로 하기로 결정하는 등 논문에 허위내용이 기재된 데 대한 책임이 있다"고 판시하면서 "H 전 교수는 이 사건으로 서울대와 국내 과학수준에 대한 세계인의 평가에 씻을 수 없는 커다란 타격을 줬다"며 "종전의 학문적 공적을 감안하더라도 서울대의 파면 처분이 징계재량권을 남용했다고 볼 수 없다"고 판결 이유를 설명했다.

무인가 대학교 학사학위 기초로 받은 석사학위, 어떻게 될까? 202

K씨는 한국에 분교를 냈다는 나이지리아의 L대학교의 광고를 보고 응모했다. 그리고 한국에서 통신교육프로그램을 통해 교육을 받고 학사학위를 받았다. 그 학위증명서, 졸업증명서 및 성적증명서를 제출하고 국내 K대학원에 입학하였고 소정 절차 이수 후 석사학위를 받았다. 그러나 한국 경찰로부터 L대학의 한국 분교가 무인가 대학이란 것이 밝혀졌다. 그리고 이 학교의 한국 분교에서 졸업한 학생에게 수여한 학위는 모두 무효라고 발표했다. 이로 인하여 K대학원도 수여했던 석사학위를 취소하자 K씨는 소송을 냈다.

대법원(2007년) 재판부는 원고 패소 판결했다. 석사학위 수여를 취소한 것은 정당하다며 원심을 깨고 사건을 서울고법으로 돌려보냈다. 재판부는 "나이지리아 L대학 한국 분교가 수여한 학사학위의 무효를 선언한 이상 K씨는 석사학위 과정에 입학할 자격이 없으며, 석사학위과정에 입학자격을 갖추지 못한 사람이 학칙이 정하는 과정을 이수해 학위를 받았다고 하더라도 이는 당연무효●"라고 판결 이유를 설명했다.

[해설] **당연무효(當然無效)**란 중대한 하자(결함)로 인해 법원에 소송이나 불복 신청을 하지 않아도 그 본래의 효력이 발생하지 않는 것을 말한다. 예를 들면 죽은 사람에 대하여 죽은 자인지 모르고 사형을 선고하는 것 등이다.

9. 마약 · 성풍속

한국 여성을 운반책으로 유인 · 마약을 반출시킨 '국제 마약왕'? 203

'국제 마약왕'으로 알려진 친두(42 · 나이지리아)씨는 서울 이태원 등에서 한국 여성 10여 명에게 접근하여 자신을 미국 의류사업가로 속인 뒤 공짜 해외여행을 시켜 줄 테니 옷가방을 친구에게 전달해 달라는 식의 수법으로 마약을 운반했다. 그는 7차례에 걸쳐 코카인 33kg과 대마 40kg을 네덜란드, 일본, 브라질, 영국 등으로 유통시킨 혐의로 구속 기소됐다.

서울중앙지방법원 재판부는 **피고에게 무기징역과 벌금 1억원을 선고**했다. 재판부는 "한국이 국제사회로부터 **마약청정지대로 평가받고 있다는 것을 적극적으로 이용**해 치밀하게 계획을 세워 마약을 유통했다"며 "전 세계적으로 광범위하고 조직적으로 저지른 범죄에 대해 엄히 처벌할 필요가 있다"고 판결 이유를 설명했다.

계획적 함정수사로 마약 투여시키고 체포하면? 204

K씨는 히로뽕을 투약했다가 징역 10개월을 선고받고 출소한 뒤 채소행상을 하며 지냈다. 어느 날 알고 지내던 Y씨가 히로뽕을 사 달라는 전화를 걸어 왔다. Y씨는 경찰로부터 받은 공작금 50만원을 K씨에게 건넸다. Y씨는 경찰이 마약사범 검거에 협력하면 구치소에 수감된 친구들을 도와주겠다는 약속을 받은 상태였다. K씨는 Y씨가 준 돈으로 히로뽕 0.24g을 사 여관에 투숙한 뒤 히로뽕을 투약하다 검거됐다.

원심은 "이 사건은 범죄의사를 갖지 않은 사람에 대해 **수사기관이 범행을 적극 권유해 범죄를 하도록 한 뒤 바로 그 범죄를 문제 삼아 기소•한 것으로서 기소절차가 법률에 위반해 무효**"라며 공소 기각 판결을 내렸다.

대법원(2007년) 재판부는 **K씨에 대해 공소를 기각한 원심을 확정하면서 원심과 같은 취지임을 밝혔다.**

[해설] 기소(起訴)란 법원에 대하여 형사사건의 심판을 요구하는 검사의 행위를 말한다. 공소의 제기와 같은 뜻이다.

마약을 팔려는 사람에게 범행기회를 준 것이라면 함정수사인가? 아닌가? 205

H(여 · 35)씨는 서울의 한 술집에서 검찰 마약사범 단속반의 수사에 협조하던 정보원 K씨에게 히로뽕 0.7g를 80만원에 팔려다 현행범으로 검거돼 기소됐다. H씨는 K씨가 수사기관의 정보원이라는 점을 들어 '함정수사'라고 주장했다. 원심은 H씨에게 징역 1년 4개월과 추징금 10만원을 선고했다.

대법원(2006년) 재판부는 원심을 확정했다. 재판부는 "H씨에게 히로뽕 판매의사가 전혀 없었는데 수사기관에 의해 비로소 범행 의도가 유발됐다고 할 수 없다"면서 그렇기 때문에 함정수사가 아니라는 취지로 유죄를 인정했다. 앞서 항소심 재판부도 "범의를 가진 자에게 범행기회를 주거나 범행을 용이하게 한 것에 불과하다면 함정수사•라고 할 수 없다"고 판결했다.

[해설] **함정수사(陷穽搜査)**란 수사기관 또는 그 하수인이 신분을 숨기고 범죄를 교사한 후 그 실행을 기다려 범인을 체포하는 수사방법을 말한다. 수사기관이 술수를 써서 범죄를 유발한 다음 범인을 검거하는 경우이므로 적법성이 문제된다. 대법원 판례는 범의유발형의 함정수사는 위법이라는 견해를 취하고 있다.

윤락여성이 윤락조건으로 빌린 돈, 안 갚아도 될까? 206

S신용조합 이사장 A씨는 룸살롱 등 대출해 줄 수 없는 유흥업소의 업주와 K씨 등 여종업원들에게 높은 수익(연 이자율 36~60%)을 얻기 위하여 관련 대출규정을 고친 후에 1인당 약 3천만원씩 900여 명에게 대출해 줬다. 그리고 얼마 후 S신용조합은 파산했다. 부실채권의 약 80%가 이들에게 꿔주고 받지 못한 돈이다. 파산관재인•인 예금보험공사는 이들에게 대출 보증을 서 준 업주와 K씨 등 윤락여성을 상대로 대여금 반환 청구소송을 냈다.

1 · 2심 재판부는 "K씨 등 여종업원들의 대출금은 형식적으로는 S신용조합의 대출 절차를 빌렸지만, 실질적으로는 업주가 K씨 등 윤락여성들로 하여금 성매매를 하도록 알선 · 강요하기 위한 선불금으로 사용됐으며 대출 담당자도 이 사실을 알고 있었다"며 "대출을 알선한 업주 부부만 원금과 이자를 갚으라"고 판결했다.

대법원(2007년) 재판부도 하급심 판결을 받아들였다. 재판부는 "민법이나 대법원 판례를 볼 때 성매매를 하도록 권유 · 알선하는 행위는 '선량한 풍속이나 사회질서•'에 위반되며 이에 대한 채권은 계약 형식에 관계없이 무효이기 때문에 무효로 본 원심은 정당하다"며 원심 판결을 확정했다.

[해설] **파산관재인(破産管財人)**이란 파산재단에 속하는 재산의 관리를 행하는 공적인 기관이다. 파산이란 채무자가 그 채무를 완제할 수 없는 경우에, 채무자의 총재산을 모든 채권자에게 공평하게 변제할 것을 목

적으로 하는 재판상의 절차이다.
[해설] **선량한 풍속이나 사회질서**: A-26 참조.

단골손님 확보수단으로 돈 받지 않고 성관계, 처벌할 수 없지 않나? 207

K(여)씨는 일본에서 주점을 운영하고 있다. 한국에서 주점 여종업원으로 일할 L(여)씨 등 서너 명의 여성을 선불금을 주고 일본으로 데려갔다. 그리고 손님 가운데 돈이 있어 보이는 고객은 단골손님이 되도록 전화를 걸어 불러내고 성관계를 갖도록 지시했다. 종업원들은 돈을 요구하지도 않고 줘도 받지 않았다.

한국 경찰은 K씨를 성매매알선등행위의처벌에관한법률 위반 혐의로 기소했다.

서울중앙지방법원(2007년) 재판부는 "K씨의 영업방식은 '성을 파는 행위'로 볼 수 없다"며 무죄를 선고하면서 "K씨의 주점 운영방식이 관련법의 '불특정인을 상대로 금품이나 그 밖의 재산상의 이익을 수수 · 약속하고 성교 행위 등의 매춘행위를 하는 것'에 해당한다고 봐야할지 의문이 있다"고 판결 이유를 설명했다.

성(性)접대로 받은 로비, 죗값은? 208

서울시 J구(區)의 구의회 의장 선거에서 S의원과 Y의원은 의장선거출마 K후보자에게 지지해 주는 대가로 성접대를 요구했다. K후보자와 S 및 Y 의원은 성접대 관련 혐의로 기소됐다.

서울중앙지방법원(2009년) 재판부는 "J구 의회의장 선출과 관련해 S씨와 Y씨가 성접대를 시켜줄 것을 요구하고 K씨가 그 대금을 지불한 사안으로 지방의회 의원이라는 신분에 비춰볼 때 죄질이 무겁다"면서 "K씨에게는 벌금 100만원을, S의원과 Y의원에게는 자격정지* 1년과 벌금 100만원 그리고 추징금 11만원을 각각 선고한다"는 판결이다.

[해설] **자격정지(資格停止)**란 일정기간 동안 일정한 자격의 전부 또는 일부를 정지시키는 것을 말한다. 형법은 자격정지를 선택형 또는 병과형으로 규정하고 있으며, 이에는 당연정지와 선고정지가 있다. 유기징역 또는 유기금고의 판결을 받은 자는 그 형의 집행이 종료하거나 면제될 때까지 공무원이 되는 자격, 공법상의 업무에 관한 자격이 당연히 정지된다. 선고정지란 판결의 선고에 의하여 일정한 자격의 전부 또는 일부를 일정기간 정지시키는 경우이다. 본문의 경우는 후자에 속한다.

여성용 성인용품임을 이유로 통관 보류했다면? 209

인천지방법원(2008년) 재판부는 H주식회사가 인천공항국제우편 세관을 상대로 낸 수입통관보류처분취소 청구소송에서 원고 승소 판결을 내렸다.

재판부는 "그 용도와 기능이 여성용 자위기구라는 이유만으로 수입통관을 보류하는 것은 잠재적 소비자인 국민 개개인의 성적 자기결정권에 대한 지나친 간섭으로 보인다"면서 "이 물품이 음란물에 해당한다거나 우리 사회의 건전한 가치질서에 중대한 위협이 된다고 볼 뚜렷한 사정을 찾아볼 수 없다"고 판시했다. 따라서 "관세법상 '풍속을 해치는 물품'에 해당한다는 이유로 수입통관을 보류한 처분은 위법• 하다"고 판결 이유를 설명했다.

[해설] **위법**: B-26 참조.

성기나 음모노출 없는 동영상, 형사처벌 대상 안 되나? 210

콘텐츠 제공업체 대표 K씨는 '사모님은 처녀' '꿈의 손빨래' 등 성행위를 묘사한 음란 동영상 10여 편을 여러 달에 걸쳐 인터넷 포털사이트에 유포한 혐의(음란물 유포)로 기소됐다. 1 · 2심에서 벌금 700만원을 선고받았다.

그러나 대법원(2008년) 재판부는 원심을 깨고 K씨에게 무죄 취지로 사건을 중앙지방법원으로 돌려보냈다. 재판부는 "동영상이 남녀 성기나 음모의 직접적인 노출이 없어 저속하고 문란한 느낌을 주지만 형사 처벌할 만큼 사람의 존엄성과 가치를 심각하게 훼손할 정도로 성행위를 묘사했다고 단정할 수 없다"고 판결 이유를 설명했다.

유흥주점에서 가슴 만지게 하고 허벅지 보여주는 것, 음란행위인가? 211

경북 포항에서 영업을 하는 L씨는 여종업원으로 하여금 속옷만 입은 채 손님에게 가슴을 만지게 하고 허벅지를 보여주게 한 혐의(풍속영업법 위반)로 기소됐다.

1 · 2심 재판부는 "노출 부위와 정도, 동기와 경위 등에 비춰 손님들의 성적 흥분을 유발하고 정상적인 성적 수치심을 해친 음란행위에 해당한다"며 유죄를 선고했다.

그러나 대법원(2009년) 재판부는 L씨에게 벌금 100만원을 선고한 원심을 깨고 무죄 취지로 사건을 대구지법으로 돌려보냈다.

재판부는 "풍속영업장에서의 행위가 음란행위에 해당하려면 사회적으로 유해한 영향을 끼칠 위험이 있다고 평가될 정도로 노골적으로 성적 부위를 노출하거나 성적 행위를 표현해야 한다"고 밝히면서 "'음란'이라는 개념은 사회와 시대적 변화에 따라 유동적이고 개인의 사생활이나 행복추구권• 및 다양성과도 깊이 연관된 문제로서 국가 형벌권이 지나치게 적극적으로 개입하기에 적절한 분야가 아니다"고 판결 이유를 설명했다.

[해설] **행복추구권(幸福追求權)**이란 넓은 의미로는 생명 · 자유 · 생존 등 기본적 인권을 내포하는 개념이고 좁은 의미로는 인격형성 · 유지 · 표현의 전제가 되는 알 권리, 읽을 권리, 들을 권리, 자기 자신에 관한 정보를 조정할 수 있는 권리, 인간다운 생활을 할 권리 등이 포함된다.

가짜 성기를 노출하고 성행위 동작을 취한 무용수, 죗값은? 212

나이트클럽에서 미리 몸에 부착해 놓은 모조된 가짜 성기를 꺼내어 성행위를 연상케 하는 동작을 취한 무용수 K씨와 클럽 영업부장 L씨는 음란행위를 한 혐의(풍속영업규제법 위반)로 기소됐다.

대구지방법원(2010년) 재판부는 **K씨와 L씨에게 무죄를 선고**했다. 재판부는 "K씨는 28세 이상 남녀가 출입하는 나이트클럽에서 팬티만 입은 채 가짜 성기를 노출하고 허리를 반복적으로 움직여 마치 성행위를 연상케 하는 동작을 취했지만 파트너가 없는 상태였고 실제 성기 등을 노출시키지 않았다"며 "저속하고 문란하지만 **형사법상 규제 대상으로 삼을 만큼 성적 수치심을 일으킨 음란행위로 단정하기 어렵다**"고 판결 이유를 설명했다.

음란사이트 자동 접속시킨 전화방 업주, 죗값은? 213

L씨는 서울 성동구 성수동의 한 건물 지하에 12개의 칸막이 방이 있는 전화방을 운영하면서 각 방에 인터넷이 가능한 컴퓨터를 설치하고 바탕 화면에 음란사이트와 연결된 아이콘을 설치했다. 그리고 미리 성인 인증을 받아둬 누구든 이 아이콘을 클릭하면 성인 인증 없이 자동 접속되도록 했다. L씨는 정보통신망을 통해 음란한 영상을 공연히 전시한 혐의로 기소됐다. 1 · 2심 재판부는 벌금 400만원을 선고했다.

대법원(2008년) 재판부도 **벌금 400만원을 선고한 원심을 확정**했다.

만 18세 도우미 고용한 접객행위, 노래방영업등록취소 사유가 되나? 214

만 18세의 청소년을 접대부로 고용해 운영하다가 적발된 노래방 운영업자 L씨가 G구청장을 상대로 등록취소처분 취소소송을 냈다.

서울행정법원(2009년) 재판부는 **L씨에게 승소 판결**했다. 재판부는 "청소년에 대한 정의가 청소년보호법에는 만 19세 미만으로, **음악산업법에는 18세 미만**으로 돼 있는데 청소년보호법은 형사처벌에서만 다른 법률에 우선한다"며 "**따라서 청소년을 접대부로 알선했다는 이유로 내린 등록취소처분은 위법**하다"고 판시했다.

따라서 "만 18세의 청소년에게 접객행위를 시키면 청소년보호법에 따라 형사처벌은 받게 할 수 있지만, 노래방 운영은 음악산업법의 적용을 받기 때문에 만 18세인 청소년 접대부의 고용은 연령제한에 걸리지 않아 등록취소 처분을 내릴 수는 없다"고 판결 이유를 설명했다.

유흥업소 접객원이란? 215

주점 주인 P씨가 알고 지내는 여성 K씨가 어느 날 P씨의 주점을 들렀다. 마침 찾아온 손님의 분위기가 좋지 않아 K씨는 손님의 비위를 맞추려고 일시적으로 술을 따라주고 있었는데 그 때 관계당국에서 나온 단속반원에 적발되었다. 허가 없이 유흥접객원을 고용해 영업한 혐의(식품위생법 위반)로 약식 기소되어 벌금 100만원의 명령이 내려지자 이에 불복해 정식재판을 청구했다.

1심에선 유죄로 인정하고 벌금 70만원을 선고했다.

서울중앙지방법원(2010년) 항소재판부는 무죄를 선고했다. 재판부는 "잠시 술을 따른 것만으로 이 여성을 식품위생법에서 정한 유흥접객원으로 볼 수 없다"고 밝히면서 "유흥 접객원은 반드시 고용기간과 임금, 근로시간을 명시한 계약에 의해 취업한 여종업원으로 한정되지는 않지만 적어도 하나의 직업으로 특정업소에서 손님과 함께 술을 마시거나 유흥을 돋우고 보수나 팁을 받는 부녀자"라며 "P씨가 유흥접객원을 고용했다고 판단한 1심은 사실을 오인했다"고 판결 이유를 설명했다.

검사를 흠모해 몰래 대검찰청에 침입, 어떻게 됐을까? 216

S(여 · 37)씨는 검찰의 정보화사업과 관련해서 K검사를 알게 됐다. 이후 K검사에게 자주 전화를 걸어 애정을 표시해 왔고 K검사를 만나기 위해 대검찰청에 3차례 무단 침입한 혐의로 벌금 500만원을 선고받은 적이 있다. S씨는 서울 서초동 대검찰청 청사 후문에서 경비초소 직원의 눈에 띄지 않도록 숨어 들어가 자신이 흠모하는 K검사의 집무실까지 침입한 혐의로 기소됐다.

서울중앙지방법원(2008년) 재판부는 S씨에게 징역 6월에 집행유예 1년을 선고했다. 재판부는 "같은 범죄를 또 저질러 죄질이 나쁘지만 잘못을 뉘우치는 데다 흠모하는 검사를 만나겠다는 것 외의 목적은 없다는 점을 감안했다"고 판결 이유를 밝혔다.

유흥주점에서 '풍기문란' 이란? 217

유흥주점 주인 P씨는 주점 내에서 남자 손님 S씨가 여종업원을 무릎 위에 앉힌 채 가슴을 만지는 등의 행위를 한 것이 적발돼 구청으로부터 1개월의 영업정지를 당했다.

P씨는 유흥주점의 성격상 이 같은 신체접촉 행위는 허용돼야 한다며 P씨가 경기도

수원시 J구청장을 상대로 낸 소송에서 패소하자 항소했다.

서울고등법원(2006년) 재판부는 1심 판결을 깨고 P씨에게 "영업정지 처분을 취소하라"고 원고 승소 판결했다. 재판부는 "원고에게는 종업원의 풍기문란 행위를 방지해야 할 의무가 있으나 영업정지의 이유가 된 종업원의 행동은 행정제재를 당할 만큼 건전한 풍속을 크게 해친 것으로 볼 수 없다"고 판결 이유를 밝히면서 "풍속이나 도덕은 시대와 장소, 개인의 가치관에 따라 그 의미가 다를 수 있다"며 "풍기문란행위의 의미는 형사처벌의 대상이 되는 행위라면 엄격하게 해석돼야 한다"고 덧붙였다.

손님이 직접 '티켓여성' 부르는데 그냥 두었다면? 218

노래방 주인 J(여)씨는 노래방에서 손님들이 인근 다방에서 대기 중인 티켓걸을 불러 함께 술 마시고 노래하도록 하는 등 유흥주점식 영업을 한 혐의(식품위생법 위반)로 기소됐다.

대법원(2006년) 재판부는 J씨에게 벌금 200만원을 선고한 원심을 확정했다. 재판부는 "노래방에서는 허용되지 않는 '유흥주점 영업'에는 인근 다방에 대기하는 티켓걸을 불러 손님과 함께 술 마시거나 노래하고 춤추게 하는 경우도 포함된다"며 "손님이 직접 전화로 티켓걸을 부르고 티켓비도 손님이 직접 지급했더라도 노래방 주인이 이런 사정을 알고 용인한 경우에는 유흥주점 영업으로 처벌된다"고 판결 이유를 밝혔다.

남성 접대부, 위법일까? 아닐까?? 219

Y씨는 행정기관의 허가를 받고 청주시 흥덕구에서 단란주점을 운영해 오던 중 여성 손님들에게 남성접대부를 앉혀 주고 함께 술을 마시게 하는 등 호스트바 영업을 한 혐의(식품위생법 위반)로 기소됐다.

청주지방법원(2008년) 재판부는 Y씨에 대해 무죄를 선고했다. 재판부는 "식품위생법은 유흥종사자(접대부)는 손님과 함께 술을 마시거나 노래 혹은 춤으로 손님의 유흥을 돋우는 '부녀자'로 규정하고 있다"며 따라서 "설사 피고인이 남성접대부들을 이용해 영업을 했다 하더라도 식품위생법에 규정된 유흥주점 영업이라 볼 수 없다"며 판결 이유를 설명했다.

10. 도 박

점당 100원 고스톱, 오락인가? 도박인가? 220

강원 홍천군에 사는 L(73)씨는 같은 마을 후배인 J(59)씨 등과 함께 새해맞이 놀이로 J씨 집에서 '점당 100원짜리' 술내기 고스톱 판을 벌였다. 3시간여 동안 고스톱을 치는 도중 갑자기 경찰관이 들이닥치면서 판돈 10만여 원을 압수당하고 입건됐다. L씨 등은 마을 사람들끼리의 심심풀이 놀이라고 주장했다. 검찰은 L씨에게는 형법상 상습도박죄를, J씨는 도박개장혐의를 적용해 각각 약식 기소했다.

1심 재판부는 L씨와 J씨에게 각각 150만원과 50만원의 벌금형을 선고했다. 하지만 L씨 등은 술내기를 위한 일시적 오락이었다며 항소했다.

춘천지방법원(2009년) 항소재판부는 원심을 깨고 각각 무죄를 선고했다. 재판부는 "속칭 점당 100원짜리 고스톱은 일반인의 입에 쉽게 오르내리는 정도이고 시간도 3시간에 불과하다"며 "여러 정황으로 볼 때 이들의 고스톱은 술내기를 위한 일시적 오락의 정도에 불과할 뿐 상습도박죄를 구성하지 않는다"고 판결 이유를 설명했다.

판돈이 1천~2천원에 압수금 합계 10만원, 도박으로 봐야 하나? 221

경북 청도에서 농사를 짓는 J씨와 M씨는 다방에서 음식을 근처 중국음식점에서 배달시켜 먹었다. 다방 주인 P씨한테 우선 값을 치르게 한 후 음식 값을 걸고 카드 도박인 '훌라'를 하다 경찰에 적발됐다. P씨도 손님들의 도박을 방조했다는 이유로 식품위생법위반 혐의로 입건됐다. 대구지법의 1심은 이들 모두에게 유죄를 인정해 각각 벌금 50만원을 선고했다.

항소심 재판부는 그러나 판돈이 한 차례에 1천~2천원, 현장에서 압수된 돈이 모두 10만6천원에 불과한 점을 지적한 뒤 무죄를 선고했다. 다방 업주 P씨에게도 무죄가 선고됐다.

대법원(2008년) 재판부도 음식 값을 걸고 하는 카드게임은 '일시적 오락'으로 보여져서 도박죄*를 물을 수 없다면서 무죄를 확정했다. 재판부는 "일시적 오락정도에 불과한 도박은 건전한 근로의식과 풍속을 해칠 염려가 없는 경미한 행위로 봐야 한다"고 판시했다. 또 "손님들의 도박이 죄가 되지 않아도 그것을 막지 않은 식품접객업소 주인은 처벌할 수 있다는 검찰의 주장에 대해서도 "정상적이고 역사적으로 생성된 사회생활질서의 범위 안에 있다면 위법성이 없다"고 판단 이유를 설명했다.

[해설] **도박죄**: A-271 참조.

점당 300원 탕수육 내기 고스톱, 도박으로 봐야 하나? 222

오토바이 판매상 H씨는 오토바이 가게를 운영하는 사람들과 가게 안에서 고스톱을 쳤다. 판돈은 점당 300원으로 정하고 판돈을 모아 탕수육을 시켜 먹기로 했다. 10분 정도 치던 중 H씨와 Y씨 사이에 고스톱 규칙 때문에 시비가 벌어져 주먹다짐으로 번졌다. H씨는 상해와 도박 혐의로 벌금 150만원에 약식기소됐으나 이에 불복해 정식재판•을 청구했고 거기서도 벌금 150만원을 선고 받자 항소했다.

서울중앙지방법원(2010년) 항소재판부는 H씨의 도박 혐의는 무죄로 판단하고 상대방을 때려 이를 부러뜨린 혐의(상해)만 유죄로 인정해 벌금 100만원을 선고했다. 재판부는 "H씨는 판돈이 점당 300원이었고 게임비를 모아 탕수육을 시켜 먹으려 했다고 한결같이 진술하고 있다"며 "당시 약 10분간 고스톱을 친 점과 당사자의 직업과 수입, 재산 정도, 도박 횟수와 판돈 규모 등을 감안할 때 이는 일시적 오락에 불과해 위법성이 인정되지 않는다"고 판결 이유를 설명했다.

[해설] 형법은 도박이 일시적 오락에 불과하면 예외적으로 처벌을 면하게 하고 있다. 오락인지는 도박시간과 장소, 당사자의 사회적 지위와 재산정도 등 모든 사정을 종합해 구체적으로 판단한다.
[해설] **정식재판(正式裁判)**이란 공판절차에 의한 재판을 말한다. 약식명령을 받은 피고인 또는 검사가 약식명령에 대하여 불복신청을 하였을 때 및 즉결심판을 받은 피고인이 이에 불복신청을 하였을 때 행하여진다.

밥값내기 화투판 묵인한 음식점에 4000여 만원 과징금, 정당한가? 223

한정식점을 운영하는 G씨는 손님 4명이 식사 뒤 밥값내기로 속칭 '고스톱'을 하겠다고 하자 화투를 제공하고 1시간 동안 손님들이 화투를 치도록 도와줬다. S구청은 식품위생법 위반으로 과징금 4080만원을 부과했다. G씨는 부과금액이 너무 과하다고 S구청장을 상대로 과징금부과처분 취소소송을 냈다.

서울행정법원(2009년) 재판부는 벌금 50만원에 선고유예• 판결했다. 재판부는 "화투내기를 제지하지 않아 과징금부과 사유는 있지만, 이로 인해 달성하려는 공익에 비해 원고가 받는 불이익이 지나치게 크다면서 G씨가 도박행위를 제지하지 않고 방조한 것은 잘못이지만 4080만원에 달하는 과징금은 가혹하다"고 판결 이유를 설명했다.

[해설] **선고유예(宣告猶豫, conditional release)**란 경미한 범죄인에 대해 일정한 기간 동안 형의 선고를 유예하고 그 유예기간을 사고 없이 경과하면 면소된 것으로 간주하는 제도를 말한다. 피고인이 처벌받았다는 오점을 남지지 않음으로써 장차 피고인의 사회복귀를 쉽게 하려는 데 목적이 있다.

세무사, 법인 이사장 등 1점에 500원 고스톱, 도박일까? 224

비영리 사단법인 이사장 K씨와 세무사 Y씨, C씨 등은 H씨의 식당에서 1점에 500원짜리 고스톱 20~30판을 쳤다. G구청은 식당이 도박장소를 제공한 것은 식품위생법 위반이라며 H씨 식당에 대해 2개월 영업정지처분을 했다. H씨는 이에 불복해 소송을 냈다.

서울행정법원(2007년) 재판부는 H씨에게 승소 판결했다. 재판부는 "고스톱을 친 법인 이사장과 세무사들의 지위나 수입, 친분관계 등을 볼 때 1점에 500원의 고스톱은 일시적 오락에 불과하다"고 판결 이유를 밝혔다.

부하와 고스톱 친 대대장 전역조치, 정당한 조치인가? 225

육군 예비군관리부대 대대장(중령) M씨는 주임원사, 행정보급관 등 부하들과 고스톱을 즐겨 쳤다. 장소는 부대 내 자기 사무실이나 영내 휴게실에서 1점에 100원씩 걸고 쳤다. 때로는 3점에 1000원씩으로 판돈을 높인 적도 있다. 부대 밖에서도 여러 차례 쳤다. 이 사실이 알려져 품위유지위반 등의 이유로 정직 1개월 징계를 받았다. 육군규정에 따라 현역복무적합심의위원회에 회부된 M씨는 결국 전역 조치됐다. M씨는 중앙군인인사소청심사위원회에 소청 심사를 냈으나 기각되자 전역처분취소 청구소송을 냈다.

서울행정법원(2010년) 재판부는 M씨에게 패소 판결했다. 재판부는 "액수가 적어 사행성이 적다고 해도 부하들과 고스톱을 치고 사건을 은폐하려 한 것은 모범을 보여야 할 지휘관으로서 부적절한 행동"이라고 판결 이유를 밝혔다.

무허가 카지노 영업 단속, 그 근거법은? 226

K씨는 강남의 한 호텔객실 등에 바카라 테이블 1대와 칩 등을 갖춰 놓고 찾아온 손님을 상대로 불법 카지노를 운영한 혐의(관광진흥법 위반죄 및 도박개장죄)로 기소됐다.

대법원(2009년) 재판부는 K씨에 대한 상고심에서 징역 8월을 선고한 원심을 깨고 사건을 서울중앙지법 합의부로 환송했다. 재판부는 "무허가로 카지노 영업을 했더라도 전문영업장 수준의 설비를 갖추지 못했다면 불법 카지노영업에 대해 적용하는 관광진흥법 위반죄로 처벌하는 것은 위법이며 형법상 도박개장죄•를 적용해야 한다"고 그 이유를 설명했다.

[해설] **도박개장죄**: B-228 참조.

카지노에서 수십억원대 도박한 주부의 죗값은? 227

J(주부 · 57)씨는 서울 중구의 외국인전용 카지노에서 9개월간 310차례에 걸쳐 42억 7000만원을 걸고 '바카라' 도박을 한 혐의로 기소됐다. 또 J씨는 카지노에서 알게 된 K씨 등 3명으로부터 10여 차례에 걸쳐 3억5000만원을 빌려 쓰고 갚지 않은 혐의도 추가 됐다.

서울중앙지방법원(2009년) 재판부는 J씨에게 징역 1년 6월을 선고했다.

불법 인터넷도박 사이트 개설, 실제 도박 여부에 불구하고 유죄인가? 228

K씨는 인터넷 도박 사이트를 개설하기 위해 PC방 업주들을 모집했다. 그러나 도박 사이트의 서버문제로 실제 도박을 한 증거는 없다. K씨는 도박개장죄 혐의로 기소됐다.

1심에서 징역 1년을 선고받고 항소했다. 항소심에서는 도박을 한 구체적 증거가 없다는 이유로 무죄를 선고했다.

대법원(2009년) 재판부는 무죄를 선고한 원심을 깨고 유죄 취지로 사건을 서울북부지법 합의부로 돌려보냈다. 재판부는 "인터넷 도박게임 사이트가 개설돼 이용자들이 도박을 할 수 있는 상태였다면 실제 게임을 했는지 여부와는 관계없이 도박개장죄*에 해당한다"고 판결 이유를 밝혔다.

[해설] **도박개장죄(賭博開場罪)**란 영리의 목적으로 도박을 개장함으로써 성립하는 범죄를 말한다. 도박죄보다 가중처벌하고 있다. 재물 상실의 위험을 부담하지 않고 인간의 사행 본능을 이용하여 도박범을 유인하거나 이를 촉진시킴으로써 영리를 취하는 것은 반도덕성이 도박행위보다 더 크다고 보기 때문이다.

사이버머니 인터넷 도박, '도박개장죄'로 처벌함은 합헌인가? 229

사이버머니를 걸고 하는 인터넷 도박사이트을 운영했다고 도박개장죄가 적용돼 유죄 선고를 받은 M씨가 처벌대상이 아니라며 헌법소원을 냈다.

헌법재판소(2010년) 재판부는 합헌 결정을 내렸다. 재판부는 "도박개장죄에는 형태가 있는 재물뿐 아니라 무형의 재산상 이익을 걸고 하는 것도 포함된다"며 "인터넷 도박도 재산상의 이익을 걸기 때문에 처벌 대상이 된다는 점을 충분히 예측할 수 있어서 명확성 원칙*에 어긋나지 않는다"고 결정 이유를 밝혔다.

[해설] **명확성의 원칙(明確性의 原則)**이란 형사처벌은 항상 성문법 규범에 의거할 뿐만 아니라 무엇이 범죄이고 그에 대한 형벌은 어떠한 것인가가 법률로 명확하게 규정되어야 한다는 것을 뜻한다.

온라인 게임머니 거래, 그 불법성은? 230

K씨와 L씨 등은 게임아이템 중개사이트를 통해 리니지게임에서 아이템을 구매하는데 쓰이는 게임머니 '아덴'을 2억여 원어치를 시세보다 낮은 가격에 사들여 되파는 방법으로 수천만원의 수익을 올린 혐의로 약식 기소됐다. K씨 등은 정식재판을 청구했고, 1심에서 유죄가 인정돼 각각 벌금 400만원과 200만원을 선고받았다.

하지만 항소심 재판부는 "법적으로 환전, 중개가 금지된 '게임머니 및 이와 유사한 것'은 '게임에서 베팅 또는 배당의 수단이 되거나 우연적인 방법으로 획득한 게임머니'를 말하지만 리니지의 게임머니 아덴은 이에 해당하지 않는다"며 K씨 등에게 무죄를 선고했다.

검찰은 이에 대해 "리니지의 게임머니 획득과정에 우연적 요소가 적은 것은 사실이지만 그 과정은 고스톱, 포커 등의 게임에서 게이머의 노력, 경험, 판돈의 다과에 따라 승패가 좌우되는 것과 다를 바 없다"며 상고했다.

대법원(2010년) 재판부는 항소심 판결은 법리를 오해한 것으로 볼 수 없다며 검찰의 상고를 기각했다. 따라서 온라인게임 '리니지'의 게임머니를 현금을 받고 사고판 혐의(게임사업진흥법 위반 등)로 기소된 K씨와 L씨에게 무죄를 선고한 원심을 확정했다.

출입제한 규정 어기고 도박중독자 출입 허용, 강원랜드의 책임은? 231

강원랜드 VIP전용 바카라도박장에서 거의 살다시피 한 도박중독자 K씨는 1년 만에 108억원을 잃었다. 30년간 귀금속판매업을 해 번 돈을 모두 날리고 사채까지 얻어 쓰는 형편이 됐다. K씨는 강원랜드에 자신을 들여보내지 말아달라고 요청했다. 강원랜드는 요청을 받아들였다. 하지만 한 달쯤 지나자 K씨는 다시 출입을 시켜달라고 애걸하면서 "출입제한을 풀어준 것에 어떤 이의도 제기하지 않겠다"는 각서를 쓰고 출입제한이 간신히 풀렸다. 또 다시 모두 100여 억원을 잃었다. K씨는 법적 대응에 나섰다. "출입이 세 번 금지되면 영구 출입금지되는 규칙이 있는데도 출입을 허용해 피해를 봤다"며 강원랜드를 상대로 200여 억원의 손해배상 청구소송을 냈다.

서울동부지방법원(2009년) 재판부는 강원랜드는 K씨에게 15억여 원을 배상하라고 판결했다. 재판부는 "사행성이 강한 카지노사업을 하는 강원랜드가 K씨가 도박에 중독된 것을 충분히 알 수 있었는데도 보호의무를 다하지 않았다"며 판결 이유를 설명했다.

도박중독자에게 한도 초과 묵인한 강원랜드, 배상 책임은? 232

도박 중독에 빠진 J씨는 강원랜드에서 바카라 게임에 몰두해서 1인당 1회 베팅액이 1000만원으로 제한돼 있었지만 카지노 직원의 눈을 피해 '병정'(남의 돈으로 베팅만 대신해 주는 사람)들을 이용해 6000만원까지 걸었다. 이렇게 3년간 300여 차례나 도박을 하면서 200억원이 넘는 돈을 날렸다. J씨는 도박을 끊겠다고 결심하고 강원랜드에 가지 않았다. 그러나 J씨는 한 달 뒤 다시 출입하기 시작했다. J씨의 아들이 강원랜드에 자기 아버지의 출입을 막아달라고 요청하기도 했다. 도박 시작 3년 만에 J씨는 강원랜드를 걸어 도박중독에 빠진 고객을 제대로 보호하지 않고 한도를 초과한 베팅을 묵인하는 등 규정을 위반했다며 소송을 냈다.

서울고등법원(2010년) 재판부는 강원랜드가 J씨에게 21억2000여 만원을 지급하라며 원고 일부 승소 판결을 내렸다. 재판부는 "강원랜드 직원이 이른바 "'병정'의 출입을 묵인해 한도를 초과한 돈을 걸도록 허용한 사실이 인정되며 이는 고객보호 의무를 위반한 불법행위"라고 밝혔다. 다만 "J씨가 대학원을 졸업하고 중소기업 대표까지 지내 도박의 위험성을 충분히 인식할 수 있음에도 사행심을 이기지 못하는 등 J씨의 잘못이 손해를 키운 주원인"이라며 "강원랜드의 책임을 15%로 제한한다"고 판결 이유를 설명했다.

불법오락실에 사용됐던 현금 · 수표, 몰수 대상인가? 233

경품용 상품권을 하루 평균 1만4000~2만5000장 사용하는 오락실을 운영하던 P씨는 상품권을 손님들에게 10%할인 가격에 환전해 주기 위해 현금과 수표를 보관하고 있다가 검찰에 모두 몰수당하고 불법 오락실을 운영한 혐의로 기소됐다. 1심 재판부는 P씨 등에게 집행유예를 선고했지만 억대의 상품권과 현금 및 수표는 몰수하지 않았다. 검찰이 항소했다.

항소심 재판부는 몰수형을 선고하지 않은 것은 부당하다는 검찰 항소를 받아들여 "형법 제48조 몰수는 임의적 몰수이므로 법원 재량에 따라 몰수하지 않을 수도 있지만 이 사건은 일반대중의 사행심을 조장하고 근로의욕을 떨어뜨릴 우려가 크므로 엄히 처벌할 필요가 있다"고 몰수 이유를 밝혔다. P씨는 대법원에 상고했다.

대법원(2006년) 재판부는 원심을 확정했다. 재판부는 "P씨 등이 소지하고 있던 상품권과 현금은 모두 불법 오락실영업에 사용됐거나 사용하려고 한 물건 혹은 불법 오락실영업으로 취득한 물건에 해당하므로 몰수할 수 있다"고 기각 이유를 설명했다.

11. 뇌 물

현직 부장판사가 청탁 대가로 고가의 선물 챙긴 죗값은? 234

전 서울고등법원 부장판사인 피고 J씨는 '법조 브로커' K씨로부터 A피고인을 보석으로 풀어달라는 청탁과 함께 소파와 식탁 1천만원어치를 받은 혐의(특정범죄가중처벌법의 알선수재*)로 기소돼 1심에서 징역 1년과 추징금 500만원을 선고받고 항소했다.

서울고등법원(2007년) 재판부는 징역 10월에 집행유예 2년을 선고했다. 재판부는 "청탁 명목으로 고가 금품을 받아 챙긴 J씨는 법관으로서의 도덕성을 상실했으며 이 사건으로 사법부 전체에 대한 불신풍조가 초래된 점을 고려해 더 엄중한 처벌이 불가피하다"고 판결 이유를 밝혔다. 그러나 "공소사실의 근거가 되는 K씨의 진술에 신빙성이 떨어진다"고 지적하고 "다른 사람도 아닌 사법부에서 20년 넘게 일한 고위 법관인 피고가 이런 행위를 했다는 게 여러 가지로 안타깝다"면서 "K씨의 계획적인 접근에 이용당한 측면이 있고 이 사건으로 모든 명예를 잃은 점을 참작한다"고 덧붙였다.

[해설] **알선수재(斡旋收財)**란 공무원이 그 지위를 이용하여 다른 공무원의 직무에 속한 사항의 알선에 관하여 뇌물을 수수 · 요구 · 약속함으로써 성립하는 범죄를 말한다.

현역 부장판사 시절 고액 현금 받고 동료 법관에게 청탁, 죗값은? 235

K씨는 서울지역 법원의 부장판사로 근무할 당시 브로커로부터 수원지법 관할 재판에 대한 청탁과 함께 2500만원을 받음 혐의(특가법상 알선수재) 등으로 구속 기소됐다.

인천지방법원(2006년) 재판부는 피고인 변호사 K씨에게 징역 1년에 추징금 2500만원을 선고했다. 재판부는 "피고인 K씨는 법관으로서 재직할 때에 다른 법관이 진행 중인 사건 청탁 명목으로 돈을 받는 등 엄격한 도덕성과 높은 윤리성을 생명으로 하는 법관에게 있을 수 없는 과오를 저질렀다"고 판시하면서 "그러나 법관으로 16년간 근무하고 해당 재판에 별다른 영향을 미친 적이 없는 점 등을 고려했다"고 판결 이유를 설명했다.

판사 재직시 술값을 친구가 대신 갚게 했다면? 236

S씨는 현직판사로 재직할 때 친구에게 술값을 대신 갚게 한 혐의(알선수재 및 뇌물수수)로 기소됐다.

서울중앙지방법원(2008년) 형사합의재판부는 S씨에게 징역 1년 6월의 실형 및 추징금 800만원을 선고했다. 재판부는 "현직 판사였던 S씨가 사건과 관련해 금품을 받은 행위는 법치주의의 근간을 위협하는 것이다. 사법부는 누구보다 고도의 청렴성이 요구되는 만큼 일반 공무원의 뇌물 수수보다 더 중하게 처벌해야 한다"고 판결 이유를 설명했다.

피의자로부터 돈 받은 검사, 억울해 대법원까지 상고? 237

서울중앙지검 검사였던 K씨는 자기가 수사하던 피의자인 수입카펫 판매업자 K씨에게서 사건 청탁과 함께 800만원을 받은 혐의(특정범죄가중처벌법상 알선수재)로 기소됐다. 1 · 2심에선 "검사는 수사권과 기소권을 가진 형사사법의 중추적인 역할을 하고 있어 그 누구보다 높은 청렴성이 요구된다"며 "검사 재직 때 자신이 수사하던 피의자에게서 돈을 받은 것은 어떤 이유로도 정당화될 수 없다"면서 S씨에게 징역 8월에 집행유예 2년, 추징금 800만원을 선고했다. S씨는 상고했다.

대법원(2008년) 재판부는 S씨에게 징역 8월을 확정했다. 재판부는 "피고인은 검찰 조사 때 K씨로부터 800만원을 받았다고 진술했고 1심과 항소심 법원에서도 이 진술에 효력이 있는 것으로 인정됐다"며 상고를 기각했다.

경찰관이 돈 받고 마약판매상 풀어준 죗값은? 238

B경위는 대구경찰청 마약수사대에 근무하며 마약판매상 L씨로부터 "히로뽕을 판매한 혐의로 체포된 후배를 풀어 달라"는 부탁과 함께 200만원을 받고 검거된 마약판매상을 풀어준 혐의로 기소됐다. 또 다른 마약판매상 K씨가 지명 수배되자 K씨에게 수배사실을 알려줘 도망가도록 돕고 100만원을 받는 등 마약판매상들에게 12차례에 걸쳐 3450만원을 받아 챙긴 혐의도 있다.

인천지방법원(2008년) 재판부는 B경위에게 징역 1년 6월과 추징금 3450만원을 선고하고 법정 구속했다.

경찰공무원이 유흥업소에서 수년간 금품을 받았다면? 239

마약수사업무를 담당했던 경찰관 L씨는 단속대상인 유흥업소 주인인 S씨에게 3400

만원을 빌려준 뒤 차명계좌를 통해 매달 백여 만원씩 받아 총 5000여 만을 받았다.

대법원(2008년) 재판부는 L씨가 경찰청장을 상대로 낸 해임처분 취소소송 상고심에서 원고 승소 판결한 원심을 깨고 원고 패소 취지로 사건을 부산고법으로 파기 환송했다. 재판부는 "경찰공무원에게는 고도의 청렴성과 공정성이 요구되는 만큼 엄격한 징계를 가하지 않을 경우 경찰관의 법적용의 공정성에 대한 불신과 냉소를 배양할 수 있다"며 "해임 처분은 사회통념상 타당하다"고 판결 이유를 밝혔다.

1 · 2심 재판부는 "L씨가 목적이 불분명한 돈을 받은 것은 사실이나 직무관련성이 적고, 고율의 이자를 먼저 요구한 것도 아니라는 점 등을 볼 때 해임은 재량권을 일탈 · 남용한 것"이라고 판단했다.

주류 수입업체에서 직무와 관련하여 돈을 받은 세관 공무원, 죗값은? 240

세관 공무원 J씨는 주류 수입업체에서 직무와 관련된 돈을 받은 혐의(특가법상 뇌물)로 구속 기소됐다.

서울서부지방법원(2008년) 재판부는 J씨에게 징역 5년을 선고했다. 재판부는 "피고인은 부정하게 업무를 처리한 적이 없다고 주장하지만 관세 부과와 관련해 자신이 실사를 담당하고 있는 주류수입 업체에서 금품을 받았다면 대가성과 직무관련성이 인정된다"고 판결 이유를 설명했다.

전직 국회의원이 재판장에게 대가성 뇌물 전달, 죗값은? 241

전직 국회의원 G씨는 서울중앙지법 S부장판사의 집으로 찾아가 S부장판사의 딸에게 "재판을 유리하게 잘 봐 달라"는 청탁과 함께 800만원이 든 유자차 박스를 건넨 혐의(뇌물 공여)로 구속 기소됐다.

서울중앙지방법원(2008년) 재판부는 G씨에게 징역 8월을 선고했다. 재판부는 "피고인의 행위는 사법부의 신뢰를 훼손시킬 수 있는 일인데다, 이미 다른 사건으로 1심에서 집행유예를 선고받아 항소심이 진행 중인 시기에 범죄를 저질렀으므로 실형 선고가 불가피하다"고 밝혔다.

시청공무원이 오락실 업주에게 양주 등 뇌물 요구, 죗값은? 242

전남 Y시청 공무원 K씨는 관내에서 영업정지 받은 오락실 업주에게서 참치회 식사를 제공받고, 이후 코냑 2병과 시바스 리갈 3병을 받은 혐의로 기소됐다.

대법원(2007년) 재판부는 K씨에게 양주를 받은 부분만 유죄로 인정해 형의 선고를 유예한 원심을 확정했다. 재판부는 "K씨가 오락실 운영업자가 영업정지 처분을 받은 사실을 알고 있었고 양주를 보내달라고 한 것은 뇌물을 받은 것"이라고 판결 이유를 설명했다. 다만 **점심식사 비용 4만5000원에 대해서는 사교적 의례라며 무죄**를 선고한 원심을 유지했다.

억대의 뇌물을 수뢰한 구청장의 죗값은? 243

H씨는 S구(區) 구청장 재직당시 부동산업자와 건설사 등으로 부터 '사업상 편의를 봐 달라'는 청탁과 함께 2억6000만원을 받은 혐의로 구속 기소됐다.

서울서부지방법원(2010년) 재판부는 **H씨에게 징역 5년에 벌금 500만원, 추징금 2억6000만원을 선고**했다. 재판부는 "피고인은 민선 지방자치단체장으로서 막중한 권한을 갖고 있는 반면 높은 공정성과 청렴성이 요구되는 직책에 있었다"면서 "관내 업자들로부터 거액의 **뇌물 또는 정치자금을 수수한 것은 비난받아 마땅하다**"고 판결 이유를 설명했다.

사적 친분관계 없는 구청 공무원에게 식사 대접, 뇌물일까? 244

K씨는 서울 M구청 관내에서 한 재건축조합 설립을 추진하면서 조합설립 인가가 늦어지자, M구청 과장 L씨를 만나 3만원 상당의 식사를 대접했다. K씨는 따로 현금 500만원도 L씨에게 전달하려 했으나 L씨가 이를 거절했다. 그러나 K씨는 뇌물공여 등의 혐의로 기소됐다.

대법원(2008년) 재판부는 재건축조합장 **K씨에 대해 징역 6월에 집행유예 1년을 선고한 원심 판결을 확정**했다. 재판부는 "K씨가 사적 친분관계가 없는 구청 공무원 L씨에게 식사를 제공한 것은 **사교적 · 의례적 범위에서 벗어나 직무와 관련된 뇌물**이라고 판단된다"고 판시했다

업자로부터 억대 뇌물 노골적으로 뜯어낸 감독공무원, 죗값은? 245

S씨는 하수종말처리장 시설공사감독을 맡은 경기도 A시(市) 7급 공무원이다. S씨는 공사에 참여한 D업체에 먼저 뇌물을 요구했다. "공사총액이 23억원인데 리베이트로 최소한 1억원은 내놓아야 되지 않겠느냐"는 식으로 구체적 노골적이었다. 업자와 실랑이까지 벌이다 결국 9000만원으로 깎아서 3차례에 걸쳐 도로변과 상가 지하 주차장에서 현금으로 받아 챙겼다. 또 다른 업자에게 공사기간을 연장해 주는 대가로 2000만원을 받아낼 때는 업체 명의의 현금카드를 사용하기도 했다.

서울고등법원(2006년) 재판부는 **S씨에게 징역 4년에 추징금 1억3000여 만원을 선고**했다. 재판부는 "S씨의 범행은 동종업체 간 공정경쟁을 해쳐 사회 · 경제적 손실을

초래한다는 측면에서 반드시 시정돼야 할 고질적인 악행"이라고 판시하면서 또한 "청렴성과 도덕성을 유지하면서 공정하게 직무를 수행해야 할 공무원으로서 의무를 망각한 채 업체 관계자들로부터 먼저 뇌물을 적극적으로 요구해 현금 1억3000만원을 받은 행위는 중형을 선고해 마땅하다"고 판결 이유를 설명했다.

공정거래위원장이 현직 때 사찰에 10억원 시주 권유, 죗값은? 246

전직 공정거래위원회 위원장 L씨는 S텔레콤회사로부터 기업결합 심사를 선처해 달라는 요청을 받고 자신이 다니던 사찰에 10억원을 시주토록 해 기소됐다.

대법원(2006년) 재판부는 L씨에 대해 징역 2년 6월에 집행유예 3년을 선고한 원심을 확정했다. 재판부는 "10억원 시주는 공정위의 기업결합 심사와 관련해 이뤄진 것이고, 시주를 받은 사찰이 종교단체이며 시주를 세법에 따라 처리했더라도 L씨는 제3자 뇌물수수의 죄책을 면할 수 없다"고 판결 이유를 밝혔다.

공무원이 거래관계 있는 업체의 비상장주식을 시가보다 싸게 구입했다면? 247

O씨는 A통신연구원 연구위원이던 시절에 소프트웨어 개발업체 J사로부터 장외에서 주당 3만원을 호가하던 비상장 주식의 스톡옵션 5000주를 주당 500여 원에 받는 등 연구원과 거래관계가 있는 여러 업체의 주식을 당시 시세보다 2억6000만원만큼 싼 값에 산 혐의(특가법상 뇌물) 등으로 구속 기소됐다.

대법원(2005년) 재판부는 A연구원 원장 O씨에게 징역 1년에 집행유예 2년과 수수주식 몰수 및 추징금 507만원을 선고한 원심을 확정했다. 재판부는 "특별한 청탁이 없었다 해도 공무원이 금품이나 이익을 제공받아 직무 집행의 공정성이 의심된다면 직무와 관련된 이익을 제공받았다고 볼 수 있다"며 "피고인이 업체로부터 비상장주식 • 투자기회를 제공받은 이상 나중에 주식 가치가 하락했다 해도 뇌물수수죄 성립 여부가 달라지지는 않는다"고 판결 이유를 밝혔다.

[해설] **비상장주식(非上場株式, unlisted stock)**이란 상장주식에 반대되는 말로 증권시장에서 거래되지 못하는 주식, 즉 상장되지 못한 주식을 말한다. 상장주식에 비해 객관적 가치(시가)를 알 수 없기 때문에 매수자와 매입자 간의 협상에 의해 거래가 이루어진다.

굴비 상자에 든 뇌물 2억원, 모르고 받았다가 반환했다면? 248

경기도의 한 지자체 A시장은 L씨가 굴비 상자에 현금 2억원을 넣어 전달하려 했는데 현장에서 '돈이면 받지 않겠다'고 말했고 나중에 상자에 든 것이 현금임을 알고 시청 클린센터에 신고했다.

인천지방법원(2005년) 재판부는 A시장에게 무죄 판결했다. 재판부는 돈을 받지 않겠다고 분명히 의사표시했다며 무죄 판결한 이유를 설명했다. 그러나 "A시장이 2억원이 든 굴비 상자를 클린센터에 신고한 이후 그 돈 상자를 받은 시점과 전달자가 누구인지를 숨기는 등 거짓말을 반복해 국민에게 의혹을 증폭시켰다"면서 "굴비 상자에 돈이 들어 있건 없건 A시장이 닷새 동안 상자를 보관하고 있었다"며 공직자로서 처신에 문제가 있었음도 지적했다.

대출사례비 명목의 '뇌물 배달 사고', 횡령죄 되나? 안 되나? 249

K씨는 금융기관 관계자들에 대한 대출사례비 명목으로 인출한 회사 돈을 개인적으로 유용한 혐의(업무상 횡령)로 기소됐다. 또 K씨는 금융기관 관계자들에게 실제로 사례비를 전달한 혐의(특경법상 증재)도 있어 기소에 추가됐다.

서울중앙지방법원(2001년) 형사합의재판부는 피고인 K씨 대해 업무상횡령* 부분에 대해 무죄를 선고했다. 재판부는 "민법상 불법적으로 재산을 준 경우 재산을 준 사람이 받은 사람에게 반환을 요구할 수 없고 소유권 역시 재산을 받은 사람에게 넘어간다"며 "회사에서 뇌물전달 목적으로 피고인에게 준 돈 역시 불법적으로 준 재산에 해당되는 만큼 피고인이 전달하지 않고 마음대로 소비했다고 해서 횡령죄가 성립하지 않는다"고 판결 이유를 설명했다. 재판부는 그러나 "K씨가 금융기관 관계자들에게 실제로 사례비를 전달한 혐의(특경법상 증재) 등에 대해서는 유죄를 인정하고 징역 1년에 집행유예 2년, 추징금 3500만원을 선고했다"고 밝혔다.

[해설] 업무상횡령죄: B-191 참조.

늦게 돌아가는 수도계량기 달아주고 억대 챙긴 계측공무원 죗값은? 250

서울시 상수도사업본부 공무원 A씨는 관내 수도사용량 검침담당을 하고 있던 중 서울 서초구에서 개업한 K스파 피트니스에 갔다가 사장 N씨가 수도요금이 적게 나오도록 해 주면 사례하겠다는 청탁을 받았다. A씨는 알고 지내는 계량기조작 기술자 H씨에게 부탁하여 검침바늘이 천천히 도는 불량계량기로 바꿔 달도록 했다. K스파 측은 6년간 66차례에 걸쳐 1억3000여 만원을 건네줬다. 수도요금 절약금액은 2억1000여 만원이었다.

서울중앙지방법원(2010년) 형사합의재판부는 A씨에게 징역 6년에 벌금 1520만원, 추징금* 1억 3110만원을 선고했다. N씨에게도 징역 2년을 선고했다. 재판부는 "A씨가 거액의 뇌물을 받고 그 대가로 상수도사업본부에 2억원이 넘는 손해를 끼친 점 등을 고려하면 엄히 처벌하는 것이 마땅하다"고 판시하면서 "그러나 피고인이 수사 초기부터 범행을 모두 인정하고 생계가 어려운 가족이 있는 점 등을 감안해 양형기준• 보다는 낮은 형을 선고한다"고 판결 이유를 설명했다.

[해설] **추징금(追徵金)**이란 추징한 돈을 말한다. 추징이란 몰수의 대상물이 몰수하기 불능한 때에 몰수에 갈음하여 그 가액의 납부를 명령하는 것을 말한다. 몰수하기 불능할 때라 함은 소비 · 분실 · 양도 · 혼동 등으로 판결 당시에 몰수할 수 없는 경우를 말한다.
[해설] **양형기준(量刑基準)**이란 양형에 있어서 참작해야 할 조건이다. 양형조건이라고도 한다. 1) 범인의 연령 · 성행 · 지능 · 환경, 2) 피해자에 대한 관계, 3) 범행의 동기 · 수단과 그 결과, 4) 범행 후의 정황 등이다.

12. 위 증

법정에서 성매매에 관해 거짓 진술하라고 시킨 자의 죗값은? 251

안마시술소 주인인 N씨는 자신의 안마시술소에서 성매매를 알선한 혐의(성매매특별법 위반)로 벌금 300만원에 약식 기소되자 N씨는 정식재판을 청구한 뒤 업소 실장인 Y씨를 증인으로 내세워 여종업원들에게 손님과 성관계를 강요하거나 권유한 사실이 없다는 내용의 거짓 증언을 하게 했다. 그러나 뒤에 허위진술인 것이 드러나 N씨는 벌금 300만원을 선고받았고, 또 위증교사 혐의로 기소됐다.

서울중앙지방법원(2007년) 재판부는 N씨에게 징역 6월을 선고하고 법정 구속했다. 또 N씨의 부탁을 받고 거짓 증언을 한 Y씨에게 징역 8월에 집행유예 2년, 사회봉사명령 80시간을 선고했다.

재판부는 "위증죄•는 엄하게 처벌하게 돼 있는데, 300만원의 벌금형을 피하려 위증을 부탁한 피고 N씨의 죄질이 무거워 실형을 선고하고 법정 구속할 수밖에 없다"고 판결 이유를 설명했다.

[해설] **위증죄(僞證罪, perjury)**란 법률에 의하여 선서한 증인이 허위의 공술을 한 때에 성립하는 범죄를 말한다. 허위의 공술이란 증인이 허위의 사실을 진술하는 것을 말한다. 본죄의 보호법익은 국가의 사법기능이다. 국가의 사법작용을 보호하려는 것이다.

동료경찰 뇌물비리 덮어주기 위해 위증, 죗값은? 252

서울의 한 경찰서 수사과 J경장과 L경장은 가짜 상표가 달린 '짝퉁' 가방을 적발했다. 매장 운영자 M씨는 알고 지내던 P경사에게 단속을 막아달라고 부탁했다. P경사는 단속을 무마시켜주고 그 대가로 받은 현금 500만원을 나눠가진 것이 탄로되어 '부정처사 후 뇌물수수' 혐의로 기소돼 징역형이 확정됐다. 그런데 이들의 재판에는 사건 당시 압수물을 싣고 왔던 경찰관 K씨와 사례금 500만원이 건네질 때 동행했던 경찰관 G씨가 증인으로 채택됐다. 이들은 법정에서 "사건 청탁이 없었고 돈도 오가지 않았다"며 거짓말을 했다. 뒤에 이들은 위증 혐의로 기소됐다.

서울중앙지방법원(2009년) 재판부는 G씨에게 징역 10월에 집행유예 2년, K씨에게 징역 4월에 집행유예 2년을 각각 선고하면서 "경찰이 사법질서를 해치는 위증을 했다는 점에서 엄벌에 처해야 하나 늦게나마 잘못을 뉘우치고 있는 점을 참작했다"고 판결 이유를 밝혔다.

법정에서 폭력혐의에 대해 위증하라고 부탁한 폭력 혐의자, 죗값은? 253

P씨는 서울의 한 마을철거 현장에서 주민들에게 폭력을 행사한 혐의로 기소돼 재판을 받던 중 현장에 있던 K씨에게 "사건현장에 내가 없었다고 법정에서 증언해 달라"고 위증을 부탁했다. P씨는 K씨의 위증을 근거로 1, 2심에서 폭력 혐의를 부인했지만 상고심에서 결국 유죄가 인정되자 범행 사실을 시인하기에 이르렀다.

서울중앙지방법원(2007년) 재판부는 P씨에게 징역 1년을 선고하고 법정구속했다. 재판부는 "국민으로부터 신뢰받는 공판중심주의* 정착을 위해서는 위증을 엄벌해 증인에게 진실만을 말하게 할 필요가 있다"고 설명했다. 또 "법정에서 위증이 성행하고 그로 인해 잘못된 판결이 선고된다면 공판중심주의보다는 수사기관의 조서에 기초한 재판이 진실을 찾아낼 수 있는 제도라고 잘못 생각하게 될 것"이라면서 엄벌 이유를 덧붙였다.

[해설] **공판중심주의**: B-255 참조.

바지사장이 실제업주라고 허위진술, 범인도피교사죄 되나? 254

Y씨는 게임으로 받은 경품을 현금으로 환전해 주는 사행성게임장을 운영하면서 '바지사장'인 G씨에게 실제 업주인 것처럼 진술토록 하여 적발기관을 속이라고 사주한 혐의(게임산업법 위반 및 범인도피교사)로 기소된 Y씨에게 범인도피교사 혐의를 인정하여 1심에서 징역 1년 2월, 2심은 징역 1년을 선고했다.

대법원(2010년) 재판부는 1 · 2심이 유죄로 인정한 원심 판결을 유지하면서 "G씨는 단순히 실제 업주라고 진술한 것에서 더 나아가 게임장 등의 운영경위, 자금출처 등에 관해서까지 적극적으로 허위로 진술하거나 허위자료를 제시해 수사기관이 실제 업주를 발견 · 체포하는 것을 어렵게 하였으므로 범인도피죄•가 성립된다"고 판결 이유를 밝혔다. 또한 "이를 교사한 피고인 Y씨는 범인도피교사죄에 해당한다"고 덧붙였다.

[해설] **범인은닉 · 도피죄(犯人隱匿 · 逃避罪)**란 벌금 이상의 형에 해당하는 죄를 범한 자를 은닉 또는 도피하게 함으로써 성립하는 범죄를 말한다. 죄를 범한 자라고 하여 반드시 유죄판결이 확정되었거나 공소가 제기되었음을 요하지 않는다. 은닉이란 장소를 제공하여 범인을 감추어 주는 행위를 말하고, 도피하게 한다는 것은 그 이외의 방법으로 체포 · 발견을 곤란 또는 불가능하게 하는 행위를 말한다.

동일 사건에 대한 재판에서 세 차례 위증했다면 그 죗값은? 255

J씨는 B씨에게 60만원을 주고 히로뽕을 구입했음에도 마약판매 혐의로 기소된 B씨 재판에 증인으로 출석해 "돈을 보낸 것은 맞지만 B씨가 일을 도와준 대가"라고 위증했다가 구속 기소됐다.

서울남부지방법원(2006년) 재판부는 J씨에게 징역 8개월을 선고했다. 재판부는 "피고인이 같은 사건에 대해 두 번 위증했다가 사실대로 자백해 약식 기소된 전력이 있음에도 다시 거짓 증언을 해 징역형을 선고할 수밖에 없다"며 "공판중심주의• 강화 추세에 따라 위증 사범에 대한 엄중한 형선고가 요구된다"고 판결 이유를 설명했다.

[해설] **공판중심주의(公判中心主義)**란 모든 증거자료를 공판에 집중시켜 공판정에서 형성된 심증만을 토대로 하여 사안의 실체를 심판하는 원칙을 말한다. 이 원칙은 법원의 공정한 심판을 목적으로 하는 것인데 일반국민에게 방청이 허용되는 공개주의와 구두변론에 의거해야 한다는 구두변론주의 원칙이 전제조건이다.

13. 기 타

개(犬)를 심하게 학대하면? 256

Y씨는 집에서 기르는 개가 채소밭을 망쳐 개를 발로 차고 채찍질을 했다. 이 장면이 담긴 영상물이 인터넷에 유포돼 네티즌 비난이 빗발치자 경찰은 Y씨를 불구속 입건하고 즉결심판•에 회부했다.

울산지방법원(2006년) 양산지원 재판부는 "개를 학대하는 모습이 보통 사람들에게 혐오감을 줄 정도로 심했다"며 구류 2일을 선고했다. Y씨는 개가 채소밭을 망쳐 훈련 차원에서 몇 대 때렸다고 변명했다.

[해설] 즉결심판에 넘겨지면 통상 7만~10만원의 벌금형을 받게 되는데 이에 비해 중형이다.

시각장애인 안내견에 상처 입혔다면 재물손괴에 해당되나? 257

H씨는 서울 동대문구의 한 초등학교 운동장에서 시각장애인 K씨가 안내견을 운동장에 데리고 들어왔다는 이유로 말싸움을 벌였다. 싸움이 격화돼 H씨는 안내견을 끌고 가 목줄을 철봉 기둥에 묶어 버렸다. 안내견은 목 부분에 상처를 입었고 대인기피증이 생겨서 안내견으로서 제 역할을 다하지 못하게 됐다. K씨는 고소했다.

1 · 2심 재판부는 모두 "이 사건은 시각장애인 안내견으로서의 기능에 문제를 초래했고 안내견의 효용을 해친 사실을 충분히 인정할 수 있다"며 유죄로 판단했다.

대법원(2008년) 재판부는 재물손괴 혐의*(가치가 있는 물건 또는 동물에 손해를 입힘)로 보고 벌금 30만원을 선고한 원심을 확정했다.

[해설] **재물손괴죄(財物損壞罪)**란 타인의 재물, 문서 또는 전자기록 등 특수매체기록을 손괴 또는 은닉 기타 방법으로 그 효용을 해하는 것을 말한다. 재물이라 함은 유체물(有體物)은 물론 동산 · 부동산 · 동물 등도 포함된다. 반드시 교환가치를 가질 것을 필요로 하지 않는다.

고래 잡으려고 작살을 꽂았어도 실제 잡지 않았다면? 258

선원 J씨 등은 경북 영덕군 앞바다에서 밍크고래 한 마리를 발견하고 작살을 던져 몸에 맞혔다. 하지만 옆에 있던 다른 선원이 작살과 연결된 줄에 휘감겨 바다 속으로 끌려 들어가자 그 선원을 살리려 줄을 끊었다. 그 고래는 작살이 꼽힌 채 달아났다. J씨 등은 수산업법 위반 혐의로 기소됐다.

울산지방법원(2009년) 재판부는 선원 J씨와 같은 혐의로 불구속 기소된 선원 L씨에 대해 각각 무죄를 선고했다. 재판부는 "수산업법상 미수범* 처벌 규정이 따로 마련되어 있지 않은 만큼 수산업법으로 처벌할 수 없다"고 무죄 판결 이유를 설명했다.

[해설] **미수범(未遂犯)**이란 범죄실현의 의사로써 실행에 착수하여 행위를 종료하지 못하였거나(착수미수), 결과가 발생하지 아니한(실행미수) 경우 등을 말한다. 미수는 범행이 기수(旣遂)에 이르는 여러 단계 중의 하나이다. 실행행위를 개시했다는 점에서 예비 · 음모와 구별된다. 미수범을 처벌할 것인지는 형법 각 조문에서 개별적으로 규정하고 있다. 다시 말하면 모든 미수범이 모두 처벌받는 것은 아니고 처벌 규정이 없으면 처벌받지 않는다. 처벌 정도는 기수범보다 대체로 감경된다.

숭례문 방화자의 형사책임!! 259

C씨는 토지보상에 대한 소송과 진정이 받아들여지지 않는다는 이유로 창경궁에 방화한 죄로 집행유예 기간 중에 다시 숭례문에 불을 질러 전소시킨 혐의(문화재보호법 위반)로 구속 기소됐다.

서울고등법원(2008년) 재판부는 1심 형량과 같이 징역 10년을 선고했다. 재판부는 "피고인에게 어려운 개인 사정이 있다는 이유로 나라의 문화재인 숭례문에 불을 놓아 훼손시킨 것은 법치주의 국가에서 용납될 수 없는 반사회적 행위*로 도저히 용납할 수 없는 범죄"라고 판시하면서 "피고인이 시신기증 서약서를 작성하는 등 반성하고 있지만 숭례문소실 정도나 예전 상태로의 복원이 어려운 점 등을 고려하면 1심의 징역 10년보다 낮은 형을 선고하기는 어렵다"고 판결 이유를 설명했다. 또 "C씨가 재판에서 범행 사실을 인정했지만 토지보상에 대한 자신의 대응 행위는 돌아보지 않고 국가기관을 비판하는 주장만 계속해 재범의 위험성이 있다" 고 덧붙였다.

[해설] **반사회적 행위(反社會的 行爲)**란 사회적 행위에 어긋나는 행위를 말한다. 사회적 행위란 사회생활에 있어서 정상적인 행위, 다시 말하면 1) 인류의 사회공동생활에 있어서 준수해야 할 규범, 2) 행위 당시의 문화규범, 3) 법질서의 기초를 이루고 있는 사회윤리, 4) 공서양속에 위배되지 않는 행위, 5) 사회통념상 정당시되는 행위 등을 포함하는 개념이다.

내 집으로 잘못 배달된 남의 우편물 뜯어보면? 260

K(여 · 65)씨는 서울 강남구 대치동의 같은 아파트 다른 동에 사는 집으로 배달돼야 할 우편물이 자신의 집으로 잘못 배달되자 이 우편물을 개봉해 읽은 혐의로 기소됐다. K씨는 "당시 우편집배원에게서 여러 개의 우편물을 한꺼번에 받는 바람에 잘못 배달된 것인 줄 몰랐다"고 변명했다.

서울중앙지방법원(2007년) 형사항소재판부는 K씨에게 벌금 30만원을 선고했다. 재판부는 "해당 우편물은 세무서에서 보낸 등기우편물로 일반 우편물과는 봉투자체가 달라 주의를 기울였을 것이기 때문에 K씨는 자신에게 온 우편물이 아니라는 것을 알 수 있었을 것이라"고 판시하였다.

[해설] 형법 제316조(비밀침해죄)에 의하면 다른 사람의 편지 또는 문서를 개봉한 자는 3년 이하의 징역이나 금고 또는 500만원 이하 벌금형에 처하도록 규정되어 있다.

미성년자 유인미수, 죗값은? 261

S(41)씨는 성추행하기 위해 3개월여 동안에 걸쳐 부산 사상구 모 초등학교에서 귀

가하는 K(11)양에게 "과자를 사 주겠다"며 유인했지만 K양은 "과자 안 좋아한다"며 뿌리쳤고, "너희 아빠를 아는데 같이 가자"고 하면 "아빠 이름을 대 보세요"라고 대응하는 등 집요한 6차례의 요구를 모두 거절하고 적절히 피해왔다. 결국 K양 부모의 고소로 S씨는 경찰에 의해 구속 기소됐다.

부산지방법원(2008년) 재판부는 S씨에게 미성년자 유인미수죄• 등으로 징역 8월을 선고하고 개인정보 5년 공개를 명령했다. 재판부는 "S씨가 초등학생을 집요하게 유인하려 해 죄질이 불량하고 어린 학생이 범행에 적절히 대처해 속거나 끌려가지 않은 것이 천만다행"이라고 판결 이유를 밝혔다.

[해설] **약취와 유인의 죄(略取와 誘引의 罪)의 미수죄**란 약취와 유인의 죄를 범하려다가 미수에 머문 경우를 말한다. 약취와 유인의 죄란 사람을 약취 또는 유인하여 자기 또는 제3자의 실력적 지배하에 둠으로써 개인의 자유를 침해하는 범죄를 말한다.

도로상 무허가 포장마차 영업, 교통이 막히지 않았어도 교통방해인가? 262

S씨는 서울 소공동 롯데백화점 옆 왕복 4차선 도로에서 조선호텔 쪽 3개 차로 중 2, 3차로를 무단 점유해 포장마차 영업을 하다가 기소됐다. 항소심은 S씨의 행위가 도로무단점용과 무허가 영업 등에 해당한다며 벌금 450만원을 선고했다. 그러나 영업이 주로 야간에 이뤄졌고 나머지 2개 차로로 차량이 통행할 수 있었다는 점 등을 이유로 일반교통방해 혐의는 무죄로 판단했다.

대법원(2007년) 재판부는 도로법 · 식품위생법 위반은 유죄지만 형법상 일반교통방해는 무죄라고 선고한 원심을 깨고, 모두 유죄라는 취지로 사건을 서울중앙지법 항소부로 돌려보냈다. 또한 "S씨의 포장마차가 설치된 도로는 다수의 차량이 이용하는 도로이고 비록 다른 2개 차로가 통행이 가능하다고 하더라도 2개 차로를 차지하고 영업을 했다면 교통방해죄•에 해당하지 않는다고 볼 수 없다"고 판시했다.

[해설] **교통방해죄(交通妨害罪)**란 교통로 또는 교통기관 등 교통시설을 손괴 또는 불통하게 하여 교통을 방해하는 것을 내용으로 하는 범죄를 말한다. 교통안전의 침해와 이로 인한 생명 · 신체 · 재산의 위험으로부터 보호하려는 것이다.

특별법은 일반법에 우선한다.

법은 국경을 넘지 않는다.

훌륭한 법률가는 나쁜 이웃이다.

양 한 마리 때문에 소송을 하는 자는 소 한 마리를 잃는다.

C

P·A·R·T

공동체와 법률생활

I 사회와 법률생활

집회 · 시위

사전신고를 규정한 집시법의 규정, 표현의 자유 침해인가? 1

'올바른 과거청산을 위한 범국민위원회' 대표 L씨는 한나라당 전 대표 P씨 자택 앞에서 P씨가 탄 차량을 가로막고 "과거사법 제정에 동참하라"며 불법 미신고집회를 가진 후, 집회및시위에관한법률(집시법) 위반 혐의로 기소돼 벌금 50만원을 선고받자 L씨는 집시법이 신고를 하지 않을 경우 형사 처벌하는 등 사실상 허가제로 운영돼 표현의 자유*와 행복추구권* 등을 침해한다며 헌법소원을 냈다. .

헌법재판소(2009년) 재판부는 기각 했다. 재판부는 "(집회) 신고제는 평화적이고 효율적인 집회 및 공공질서를 보호하기 위한 것으로서 목적이 정당하다"며 "일정한 신고절차만 밟으면 원칙적으로 옥외집회 및 시위를 할 수 있도록 보장하고 있으므로 헌법상 '사전 허가 금지' 규정에도 어긋나지 않는다"고 설명했다.

[해설] **표현의 자유**란 사상 발표의 자유라고도 하며 내심에서 생각하는 것을 발표할 수 있는 자유를 말한다. 좁은 의미로는 언론 · 출판의 자유를 의미하고 넓게는 집회 · 결사 및 통신의 자유까지 포함된다.
[해설] **행복추구권**: B-211 참조.

동료교사 파면에 항의하며 수업 거부한 교사의 책임은? 2

A외고 교사들은 교장의 학사운영을 비판한 것이 주원인이 되어 동료 교사 2명이 파면당한 것에 항의하면서 수업을 거부했다. 한 달 이상 확성기와 피켓을 들고 시위와 농성을 벌여 학교는 임시 휴교령을 내렸고 전교생 1000여 명 중 350여 명이 전학가는 등 파행으로 이어졌다. 학부모와 학생 등 400여 명은 시위에 참여하고 수업을 거부한 교사 20여 명을 상대로 손해배상 청구소송을 냈다.

인천지방법원(2006년) 재판부는 "피고들은 학생에게 1인당 50만원씩, 학부모에게는 30만원씩 위자료를 지급하라"고 하면서 "학생들은 개개 교사들의 일정한 범위를 벗어난 행동으로부터 보호받아야 하고, 국가의 교육이념은 지켜져야 한다"고 판시했다. 또 "교사들이 합법적 절차나 수단에 의하지 않고 불법적 방법을 사용한 행위는 책임을 면할 수 없다"고 판결 이유를 설명했다.

시위 중 군(軍)시설물 파손한 시민단체, 국가에 손해배상책임은? 3

5 · 18민주화운동단체가 주최한 '패트리엇 미군기지 폐쇄를 위한 전국대회' 참가자들이 광주 공군비행장 앞에서 시위 도중 800여 미터의 비행장 철조망을 파손하자 공군은 소송을 냈다.

광주지방법원(2007년) 재판부는 **피고 단체는 원고에게 3400여 만원의 손해배상을 지급하라고 판결**했다. 재판부는 "집회 주최자는 위법행위가 발생하지 않도록 참가자들에게 주의를 환기할 의무가 있는 데도 이를 제대로 지키지 않아 손해를 끼친 사실이 인정된다"고 판결 이유를 설명하면서 "대책위는 당시 예상인원보다 많은 7000여 명이 시위에 참가했고 집회 성격상 폭행이나 재물손괴 같은 불상사가 발생할 가능성이 충분히 예상됐는데도 **질서유지에 만전을 기하는 등의 노력을 소홀히 했다**"고 덧붙였다.

시위대를 포위한 상태에서 경찰이 해산명령하고 체포했다면? 4

경찰의 해산명령에 따르지 않고 불법집회를 벌인 혐의(집회및시위에관한법률 위반)로 불구속 기소된 P씨 등은 마포구 H월드컵몰점에서 점거농성을 벌인 이랜드 노조원들을 응원 방문했다가 경찰의 제지로 농성장에 들어가지 못하고 주변에 모여 있다가 경찰의 해산 명령을 받았다. 경찰은 '경찰과 몸싸움을 하면 현행범으로 체포하겠으니 자진해산해 달라'는 내용의 경고방송을 10분 간격으로 했고, 세 번째 방송이 끝나자마자 현장에 있던 사람들 일부를 포위했다. P씨 등이 '밖으로 나갈 수 있게 해 달라'고 요청했지만 경찰은 이를 거부하고 자정께 이들은 현행범*으로 체포되어 기소됐다.

서울서부지방법원(2008년) 재판부는 "집회및시위에관한법률 시행령에 '자진해산 요청에 응하지 않을 경우 세 차례 이상 자진해산을 명령하고 이에 응하지 않으면 직접 해산시킬 수 있다'고 규정하고 있지만, **경찰이 피고인들을 포위한 상태에서 밖으로 나갈 수 없게 한 뒤 해산 명령을 한 것은 시행령에 따른 적법한 해산명령이라고 할 수 없다**"며 "**피고인들이 해산 명령에 응하지 못한 행위가 집회및시위에관한법률 위반이라고 보기 어렵다**"고 무죄 판결 이유를 설명했다.

> [해설] **현행범(現行犯)**이란 범죄의 실행중이거나 실행의 직후인 자를 말한다. 현행범은 범인의 일종을 의미하는 것은 아니다. 범죄의 실행중이란 범죄의 실행에 착수하여 종료하지 못한 상태를 말한다. 현행범은 누구든지 영장 없이 체포할 수 있다.

물리적 폭력 없는 과도한 소음시위, 공무집행방해가 되나? 5

철거민 J씨는 Y구청 청사 안으로 확성기가 설치된 승합차를 타고 들어갔고 구청직원 K씨가 제지했지만 아랑곳하지 않고 5시간 동안 확성기로 시위방송을 틀었다. 검찰은 이에 따라 J씨에게 사전 신고 없이 불법시위를 벌인 혐의(집시법 위반)와 구청직원 K씨의 공무집행을 방해한 혐의 등을 적용해 기소했다.

1심 판결은 J씨 등에게 **공무집행방해**•**와 집시법**• **위반을 모두 유죄로 판단해서 벌금 200만원을 선고했다.** 그러나 항소심 재판부는 "공무집행방해죄•는 직무를 집행하는 공무원에 대해 폭행 또는 협박을 해야만 성립하는데 J씨 등은 시위 방송만 했을 뿐 공무원들을 폭행 협박했다고 볼 증거가 없다"며 공무집행방해 부분은 무죄로 판결해서 1 · 2심의 결론이 달랐다.

대법원(2009년) 재판부는 **J씨에게 공무집행방해 부분을 무죄로 판결했던 원심을 깨고** 사건을 서울서부지법으로 돌려보냈다. 재판부는 "집회나 시위 과정에서 일시적으로 소음이 발생했다고 해서 무조건 폭행으로 볼 수는 없지만, **합리적 범위를 넘어 상대방에게 고통을 줄 의도로 음향을 이용했다면 폭행으로 인정할 수 있다**"며 1심 판단대로 공무집행방해 부분도 유죄라고 판결 이유를 설명했다.

[해설] **공무집행방해죄(公務執行妨害罪)**란 직무를 집행하는 공무원에 대하여 폭행 또는 협박한 때에 성립하는 범죄를 말한다.
[해설] **집회및시위에관한법률(集會및示威에관한法律)**이란 적법한 집회 및 시위를 최대한 보장하고 위법한 시위로부터 국민을 보호함으로써 집회 및 시위의 권리의 보장과 공공의 안녕질서가 적절히 조화되게 함을 목적으로 한다. 집시법이라고 약칭하기도 한다.

불법시위 주도한 민노총의 경찰차 파손, 그 배상책임은? 6

정부는 민주노총이 서울 영등포구 여의도에서 주최한 집회에서 일부 참가자가 차도를 점거한 채 경찰버스 11대를 부수고 경찰장비를 탈취하는 일이 벌어지자 소송을 냈다.

1심 재판부는 민주노총에 피해액인 2430만원 전액을 배상하라고 판결했으나, 항소심 재판부는 민주노총이 폭력사태 직후 경찰과 협의해 질서유지조치를 취했다는 점을 감안해서 배상액을 손해액의 60%인 1460만원으로 낮췄다.

대법원(2009년) 재판부는 "집회 주최자가 질서유지 의무를 다하지 않은 과실이 있어 손해배상 의무를 인정한 만큼 배상책임범위는 해당 과실과 인과관계가 있는 전부에 미치기 때문에 제한할 수 없다"고 1심 판결을 지지하면서 "민주노총이 뒤늦게 질서유지조치를 취했다지만 이는 손해발생에 아무런 영향을 미치지 못해 배상책임을 제한할 사유가 되지 못한다"고 판결 이유를 설명했다.

● '일반교통방해죄'에 있어서 「기타의 방법」의 위헌성은? 7

2007년 '한 · 미 FTA 반대집회'에 참여했던 G씨는 '일반교통방해죄'로 기소돼서 불리했었다면서 형법 제185조에서 '육로 등을 손괴 · 불통하게 하거나 기타의 방법으로 교통을 방해한 자'를 징역 또는 벌금형에 처하도록 하고 있는데 이때에 '기타의 방법'이 불분명하지 않느냐라고 제시한 의견을 서울중앙지방법원에서 받아들여 위헌심판을 제청했었다.

이에 대해 헌법재판소(2010년)는 합헌이라 결정하면서 "다른 사람이 받아들일 수 있는 한도를 벗어난 집단적인 폭력행사 때문에 발생한 교통방해"라고 밝히고 "**교통방해죄**•는 교통방해로 생길 수 있는 일반시민의 생명 · 재산상 위험방지에 중점을 두고 있고 집회의 자유의 제한 여부와는 직접관련이 없다"고 합헌 결정 이유를 설명했다.

[해설] **교통방해죄(交通妨害罪)**: B-262 참조.
[해설] 형법상 일반교통방해죄를 적용할 경우 10년 이하의 징역 또는 1500만원 이하의 벌금형이 적용된다. 반면에 「집회및시위에관한법률」을 적용할 경우 1년 이하의 징역 또는 100만원 이하의 벌금형을 적용받는다. 전자의 법률이 후자에 비하여 엄하게 처벌하도록 규정된 것이 자주 이해관계자들에게 문제가 된다.

● 지방공무원법상 처벌조항 없는 시위참여자의 시위는? 8

전공노 전남 Y시(市) 지부장이며 별정직 공무원 6급인 L씨는 서울역 광장에서 열린 교사 · 공무원시국선언탄압규탄대회에 참석하는 등 공무 이외의 집단행위를 한 혐의(지방공무원법 위반)로 기소됐다. 그런데 L씨에 대한 1심 선고 공판에서 무죄를 선고했다.

광주지방법원(2010년) 순천지원 재판부는 "검찰은 L씨의 이런 행위에 대해 공무원의 집단행위를 금지하는 지방공무원법 제82조와 제58조 1항을 적용하여 기소했으나 L씨는 제82조의 적용 대상이 아니다"라고 지적하면서 "지방공무원법상 모든 공무원에 대해 집단행위를 금지하는 지방공무원법 58조 1항이 적용되나 그 위반행위에 대한 처벌조항인 제82조는 경력직 공무원에 대해서만 적용되고 특수경력직 공무원에 대해서는 적용되지 않는다"고 판시했다. 따라서 "특수경력직 공무원인 L씨에게 위 규정으로 처벌할 경우 처벌할 근거가 없다"고 무죄 선고 이유를 설명했다.

[해설] **지방공무원법(地方公務員法)**이란 지방공무원을 규율하는 법이다. 지방공무원이란 국가공무원에 상대되는 개념으로 지방자치단체에 의하여 임명되고 자치단체의 사무를 담당하며 자치단체로부터 보수가 지급되는 공무원을 말한다.

허가받은 합법적 집회라도 과도한 소음을 발생시키면? 9

N씨는 해고된 모 구청소속 식당 조리원들과 함께 해고자 복직을 요구하며 구청 종합민원실 앞 도로에서 확성기가 달린 차량을 주차시키고 운동권 노래를 틀거나 구호를 외쳐 인근에 있는 사람들이 대화나 사무실에서 전화통화를 할 수 없는 상태 속에서 10여 차례 집회를 가졌다. N씨 등 4명은 기소됐다.

대법원(2004년) 재판부는 **N씨 등 4명에게 벌금 150만~300만원을 선고한 원심을 확정했다**"고 판결 이유를 밝히면서 "집회는 다수인이 공공장소에서 의견을 전달하기 위한 수단인 만큼 확성기를 사용할 수 있고 일반국민들도 어느 정도의 소음은 참아야 한다"고 하지만 **"사회통념•상 용인될 수 없을 정도로 심각한 소음을 발생시킨 경우 정당행위•로 볼 수 없다"**고 판시했다. 또 "N씨 등은 집회과정에서 지나친 소음을 일으켜 인근 사무실 내 전화통화는 물론 대화조차 어려웠으며 통행에 불편을 줘 인근상인 및 사무실 종사자들의 업무를 방해한 점이 인정된다"고 덧붙였다.

> [해설] **사회통념**: A-106 참조.
> [해설] **정당행위**: C-19 참조.

연차휴가 신청 불허에도 근무시간 중 집회 참석했다면? 10

서울 B고등학교 J교사는 전교조의 대규모 연가투쟁집회에 참석하기 위하여 연차휴가를 신청했으나 학교당국이 불허했다. 그럼에도 근무시간에 집회에 참석하여 징계조치를 당하였다. J교사는 서울시 교육감을 상대로 징계처분 취소소송을 냈다.

서울행정법원(2008년) 재판부는 **원고 패소 판결했다**. 재판부는 "연차휴가•를 내는 것은 교사들의 권리로 보장돼야 하지만, 학교장이 학생들의 학습권보장을 위해 이를 일정 부분 제한할 수 있다"고 판시하면서 "전교조의 집단적인 대규모 연가투쟁이 예정된 상황에서 학교교육의 불안정이 초래되는 것을 방지하기 위해 학교장이 집회에 참석하려는 교사들의 집단적인 연가를 일괄적으로 허가하지 않을 수밖에 없었다"며 **"이는 학교장의 재량 안의 결정이고 평등의 원칙에 어긋나지도 않는다"**고 원고 패소 이유를 설명했다.

> [해설] **연차휴가(年次休暇)**란 1년간 계속 근로한 근로자가 유급으로 유가를 받는 것을 말하며, 근로자의 정신적 · 육체적 휴양을 위하여 마련된 것이다.

신고한 목적 · 방법 등을 현저히 일탈한 집회, 미신고 집회일까? 11

K지역 건설노조위원장 K씨 등은 동숭동 마로니에 공원에서 열린 W건설플랜트노조

주도의 집회에 참석해 경찰의 해산명령에도 불구하고 차로를 점거한 채 교통흐름을 방해한 혐의로 기소됐다. 그런데 당시 집회는 덤프연대가 '덤프노동자 생존권쟁취 결의대회'를 목적으로 경찰에 신고했지만 덤프 노조원은 극소수에 불과했던 반면 플랜트 노조원은 600여 명이나 참가했다. K씨 등은 집회및시위에관한법률 및 도로교통법 위반혐의로 기소됐다.

1 · 2심 재판부는 벌금 50만원을 선고하면서 "집회목적과 주최자, 참석인원, 당시 주장 내용 등에 비춰볼 때 덤프노동자 생존권쟁취결의대회 신고내용과 동일성이 인정되지 않는 집회로서 미신고 집회에 해당한다"고 판결했다.

대법원(2008년) 재판부는 **원심을 깨고 무죄 취지**로 사건을 서울중앙지법으로 돌려보냈다. 재판부는 "이 집회가 '신고한 목적 · 일시 · 장소 · 방법 등 그 범위를 현저히 일탈하는 행위에 이른 때'에 해당한다고 볼 여지는 있지만 **미신고 집회에 해당한다고 단정하기는 부족한 것으로 판단된다**"며 원심을 파기했다.

● 차벽(遮壁) 설치용 경찰버스에 밧줄을 걸어 끌어당겼다면? 12

K씨는 미국산쇠고기반대불법 촛불집회에서 경찰버스에 밧줄을 묶어 잡아당기고 버스를 부순 혐의로 기소됐다.

서울중앙지방법원 재판부는 **K씨에게 징역 6월에 집행유예 2년의 징역형**을 선고했다. 재판부는 "비록 직접 가담하지 않았더라도 경찰버스에 밧줄을 걸어 함께 잡아당기는 등 **암묵적으로 의사 결합이 이뤄진 이상**, 다른 시위대가 경찰버스를 쇠파이프 등으로 부순 것에 대해 함께 **공범*으로서 형사책임*을 져야 한다**"고 판결 이유를 설명했다.

[해설] **공범(共犯)**이란 단독으로 실행할 것을 예정하여 규정되어 있는 구성요건의 실현에 여러 사람이 관여하는 것을 말한다.
[해설] **형사책임(刑事責任)**이란 형벌이라는 법적 효과를 부과할 수 있는 법적 책임을 말한다. 행위가 구성요건에 해당하고 위법 · 유책한 때에 형사책임을 지게 된다.

● 마스크 쓰고 도로점거하고 경찰관에게 폭력행사하면서 시위한 죗값은? 13

L씨는 노동절인 5월 1일 오후 9시경 서울시 명동 앞 도로를 불법점거한 채 자신의 신원이 드러나지 않도록 마스크를 착용하고 시위를 벌이다 강제해산에 나선 경찰을 향해 스프레이에 불을 붙여 방사하는 등 폭력을 행사한 혐의(특수공무집행방해치상 등)로 기소됐다.

서울중앙지방법원 형사합의재판부는 **L씨에게 1년 6월의 징역형**을 선고했다. 재판부는 "마스크를 쓰고 삼단봉 등 도구를 미리 준비해 시위에 참가했고, 화염을 방사하는 등의 방법으로 **경찰관을 다치게 한 점**에 비춰보면 경찰관의 시위진압에 대한 저항 과정에서 우발적으로 발생한 행위로 볼 수 없다"고 지적하면서 "증거관계가 명백함에도 L씨가 정당행위*라고 지속적으로 주장하고 잘못을 뉘우치지 않는 점 등을 종합하면 중형 선고가 불가피하다"고 판결 이유를 밝혔다.

[해설] **정당행위**: C-19 참조.

학 교

학원의 수강생 보호 · 감독의무, 학교의 그것과 같은가? 14

초등학교 1학년 Y군은 학원에서 피아노 수업을 마치고 휴식시간 중에 학원 밖으로 나가 길을 건너가다가 승합차에 치여 숨졌다. Y군의 부모는 학원장 L씨를 상대로 손해배상 청구소송을 냈다. 1심과 2심에서는 "학원은 사설 교육기관에 불과해 원장이나 강사에게 유치원이나 학교의 교사에게 요구되는 정도의 보호감독 의무가 있다고 보기 어렵다"며 소송을 기각했다.

그러나 대법원(2008년) 재판부는 **원고에게 승소 취지**로 사건을 서울고법으로 돌려보냈다. 재판부는 "통학차량을 운영하는 학원이나 유치원, 학교는 학생을 맞아 통학차량에 태운 때로부터 교육활동이 끝난 뒤 학생을 보호자가 미리 지정한 장소에 안전하게 내려줄 때까지 **학생을 보호 · 감독할 의무가 있다**"고 하면서 "학원의 보호 · 감독의무에는 어린 학생이 쉬는 시간에 함부로 학원 밖으로 나가 위험한 행동을 하지 않도록 안전교육을 철저히 하고 외출을 통제하는 등 **안전조치를 취할 의무도 포함된다**"고 판결 이유를 설명했다.

과도하게 체벌한 담임교사, 책임은? 15

A(여)씨는 초등학교 2학년 담임교사이다. K(8)군이 받아쓰기 시험의 답안을 미리 흐리게 써 놓고도 계속 아니라고 거짓말을 한다는 이유로 엉덩이를 80여대 때렸다. K군은 전치 2주의 상처를 입었다. A선생은 다른 아이들에게도 가혹하게 매질한 것으로 들어났다. K군 부모는 상해혐의로 소송을 제기했다. A선생은 불구속 기소됐다.

인천지방법원(2009년) 재판부는 **A교사에게 징역 8월에 집행유예 2년**을 선고했다. 재판부는 "A씨의 체벌 행위는 교사로서 **체벌의 방법이나 정도가 지나쳤다**"며 "자기 행동의 책임을 알기에는 아직 어린 아이들에게 과도한 횟수의 체벌을 하는 것은 체벌로 아이들을 쉽게 통제하려는 자세라 **교사로서 사랑과 관심이 부족한 행동**"이라고 판결 이유를 설명했다.

초등학교 급식비의 학부모 부담, 위헌인가? 16

학생 S양의 부모가 급식운영비와 식품비 등을 학부모가 부담토록 한 학교급식법 제8조 2항 · 3항은 위헌이라며 위헌법률 심판제청을 신청했다.

서울중앙지방법원(2010년) 재판부는 **위헌법률심사● 신청을 기각**했다. 재판부는 "헌법은 교육 재정에 관련된 사항을 법률로 정하도록 했는데, 해당 법률인 초 · 중등교육법은 의무교육의 범위를 수업료 면제로 명확하게 제시하고 있다"고 하면서 "급식운영비나 식품비를 학부모에게 부담시키는 것은 입법권자의 정책판단 범위에 포함된 만큼 **헌법을 위반했다고 보기 어렵다**"고 기각 결정 이유를 설명했다.

[해설] **위헌법률심사(違憲法律審査)**란 법률이 그 상위규범인 헌법에 합치하는가 여부를 사법기관이 심사하여 헌법에 위배된다고 생각하는 경우에는 그 효력을 상실하게 하거나 그 법률의 적용을 거부하는 제도를 말한다. 헌법재판소가 담당하고 있다.

교내규칙이더라도 법적 근거 없으면? 17

K군은 외국에서 복학한 A중학교 1학년 학생이다. K군은 A학교에서 싸움을 제일 잘하는 학생과 한 판 대결할 것을 제안했다. L군이 도전했다. 초반전은 팽팽하다가 K군이 열세에 몰리기 시작했다. 결국 K군은 전치 2주, L군은 전치 4주의 상처를 입었다. 학교는 K군에 3일, L군에 5일의 사회봉사 명령을 내렸다. K군은 자신이 더 얻어맞았다면서 항의하자 학교는 강경조치로서 사회봉사 전까지 무기정학 처분을 내렸다. K군은 이에 불복하고 조건부 무기정학 처분을 취소하라면서 학교장을 상대로 소송을 냈다.

서울행정법원(2007년) 재판부는 **K군에게 승소 판결**했다. 재판부는 "학교는 출석정지 처분을 취소하라"면서 "K군이 싸움에 이르게 된 경위 등을 보면 자신이 피해자일 뿐이라는 말은 믿기 어렵고 쌍방이 입은 피해로 볼 때 사회봉사 3일 처분은 합당하다"고 판시했다. 그러나 "현행법은 학생이 학교의 징계를 따르지 않을 경우 이를 강제하기 위한 규정을 두고 있지 않다"며 따라서 "**'사회봉사를 할 때까지 무기정학'의 근거가 된 교내규칙은 법적 근거가 없어 취소해야 한다**"고 판시했다. 또 "학교의 무기정학 처분은 사회봉사를 강제하기 위한 것으로 보이나 K군의 학습권을 인정하지 않았다는 점에서 재량권을 남용●한 것이기도 하다"라고 판결 이유를 설명했다.

[해설] **재량권 남용(裁量權 濫用)**: C-129 참조.

지나친 체벌로 고막 파열, 폭행 유발한 학생의 책임은? 18

초등학교 6학년 G군은 같은 반 친구와 다투다 담임교사 K씨에게 꾸중을 들었다. 다툰 다음 시간이 미술 수업시간이라 K선생은 그림 그릴 종이를 나눠주기 위해 G군을 불렀다. G군은 대답을 하지 않았다. 계속 호명해도 대답을 안 하다가 뒤늦게 K씨에게 다가가 K씨의 손에서 종이를 낚아채듯 가져가는 반항을 했다. K씨는 여러 차례 꾸짖었다. G군은 반성의 기미를 보이지 않았다. K씨는 마침내 "너를 때리고 교사를 그만두겠다"며 G군의 뺨을 서너 차례 강하게 때려 고막이 파열됐다. G군과 부모는 K씨와 제주도교육청을 상대로 손해배상 청구소송을 냈다. 1 · 2심 재판에서 승소했다.

대법원(2010년) 재판부는 **"K씨와 제주도 교육청은 G군 등에게 4950만원을 지급하라"고 원고 승소 판결한 원심을 확정**했다. 재판부는 "다만 K씨와 도교육청에 책임이 있지만 G군도 불손한 행동을 유발한 잘못이 있다"며 **"K씨와 교육청의 책임을 70%로 제한했다"**고 판결 이유를 설명했다.

규격 위반 대나무로 학생 머리를 가격해 의식 잃고 쓰러졌다면? 19

전남 목포의 한 중학교 교사 K씨는 자율학습시간에 떠든다며 학생 여러 명을 교탁 앞으로 불러내 길이 38cm, 폭 2cm 대나무 매로 머리 1대, 손바닥 2대씩을 때렸다. 잠시 후 학생 1명이 갑자기 의식을 잃고 쓰러져 K교사가 기소됐다.

광주지방법원(2010년) 항소재판부는 **K씨에게 벌금 80만원의 선고유예***로 **판결**했다. 재판부는 "K씨가 자신이 근무하는 **학교의 체벌규정이 허용하는 규격을 넘는 매를 이용해 신체 중요부위인 머리를 상당한 강도로 때린 것은 정당행위*로 볼 수 없다"**고 판결 이유를 설명했다.

이 학교는 학습태도가 불성실한 경우 길이 60cm 이하, 지름 1.5 cm 이내 표면이 매끄러운 회초리를 이용해 둔부나 손바닥 등에 5대 이내로 체벌할 수 있도록 교칙에 정해 놓고 있었다.

[해설] **선고유예(宣告猶豫, system of the conditional release)**란 경미한 범죄인에 대해 일정한 기간 동안 형의 선고를 유예(미루어 두는 것)하고 그 유예기간을 특정한 사고 없이 경과하면 면소(免訴)된 것으로 간주하는 제도를 말한다. 피고인이 처벌받았다는 나쁜 기록을 남기지 않게 함으로써 사회생활에 도움을 주려는 것이다.

[해설] **정당행위(正當行爲)**란 법률에 기초한 일상생활에서 법감정(法感情)이나 사회윤리에 비춰봐서 용인되는 행위를 말한다. 형법 제20조에서는 "법령에 의한 행위 또는 업무로 인한 행위 기타 사회상규에 위배되지 아니하는 행위"라고 규정하고 있다.

전교조의 수업거부, 학생의 학습권 침해인가? 20

S고교는 학원비리 척결을 요구하면서 교사들의 수업 거부와 학생들의 시위참여 등으로 파행을 겪고 있었다. 고3 학부모와 일부 학생들은 수업 받을 권리를 침해당했다며 전교조 교사들을 상대로 소송을 냈다.

대법원(2007년) 재판부는 학부모에게 승소 판결했다. 재판부는 "권리 침해로 인한 정신적 고통에 대한 위자료로 이들 전교조 교사 34명이 함께 학생 13명에게는 100만원씩을, 학부모 15명에게는 30만원씩을 지급하라"고 판시하면서 "학생의 교육받을 권리는 교사의 가르칠 권리보다 우선한다. 비록 목적이 정당했더라도 불법적인 방법으로 수업을 거부하는 것은 학생들의 학습권을 본질적으로 침해하는 것이다"라고 하면서 "교사의 수업권은 교육상의 직무 권한이지만 어디까지나 학생의 학습권 실현을 위해 인정되는 것으로 봐야 한다. 따라서 교사의 수업권은 일정한 범위 내에서 제약을 받을 수밖에 없다"고 판결 이유를 설명했다.

법인직원과 학교직원 사이의 전보조치, 이사장의 정당한 인사권인가? 21

학교법인 D학원에서 S대학으로 전보된 P씨 등은 전보발령조치가 정관에 근거규정이 없다며 법인을 상대로 무효확인소송을 냈다.

서울동부지방법원(2010년) 재판부는 원고 P씨에게 패소 판결했다. 재판부는 "P씨 등은 전보발령으로 입은 불이익이 분명하지 않아 권리남용*에 해당하지 않는다"며 "법인 정관이나 인사관리규정에 법인직원과 학교직원 사이의 전보를 인정하는 근거규정이 없더라도 근로기준법에 위반되거나 권리남용이 아닌 한 전보발령은 정당한 인사권에 속한다"고 판결 이유를 설명했다.

[해설] **권리남용(權利濫用)**이란 외형상으로는 적법한 권리의 행사인 것과 같이 보이나, 구체적인 경우에 실질적으로 검토해 볼 때, 권리 본래의 사회적 목적을 벗어난 것이어서, 정당한 권리의 행사로서 시인할 수 없는 것을 말한다.

학생들의 의사를 묻지 않은 폐과(廢科), 교육 받을 권리 침해인가? 22

S대학은 재정상 어려움의 해결방안으로 구조조정 끝에 신입생의 지원이 감소되는 학과를 폐강 조치하게 되어 자신이 다니던 학과가 없어지게 되자 학생 J씨 등은 본인의 의사와 관계없이 전과가 불가피하게 되었다. 학생 J씨 등 10여 명은 대학을 상대로 손해배상 청구소송을 냈다.

서울고등법원(2008년) 재판부는 원고에게 승소 판결했다. 재판부는 "S대학은 신입생에게 100만원씩, 재학생 J씨 등에게 200만원씩을 지급하라"고 판시하면서 "원고들이 자신들의 과(科)에 지원해 입학한 이상 그 과의 교육과정을 이수하고 학위를 취득하는 데 대한 기대와 신뢰는 물론 그에 합당한 교육을 받을 권리가 있다"고 판결 이유를 설명했다.

예 · 체능 교수의 1회성 고액지도, 불법일까? 23

H대학교 K교수는 입시철을 앞둔 시점에서 학원이 주최하는 미술대학 입시설명회에 참석하여 수강생들에게 그림 그리는 요령 등을 강의한 후 100만원을 받은 혐의(학원의설립운영및과외교습에관한법률 위반)로 기소됐다.

1 · 2심 재판부는 "과외 형태가 다양화되고 1회만으로도 고액의 '족집게 과외'를 하는 현 시점에서 일정기간 지속적으로 이뤄지지 않으면 불법이 아니라는 기존 판례는 단기간의 고액 과외를 처벌할 수 없게 만드는 폐단이 있다"며 K교수에게 유죄를 선고했다.

대법원(2009년) 재판부는 K교수에게 벌금 100만원을 선고한 원심을 확정했다. 재판부는 "일정기간 과외교습이 이뤄지지 않았다고 해도 입시에 좋은 평가를 받게 해 주도록 하는 교습은 불법 과외에 해당돼 원심판결이 정당하다"고 판결 이유를 설명했다.

학원 수강료 책정, 당국이 간섭할 사항인가? 24

T학원은 수강료를 학년과 수강과목 등에 따라 29만~69만원으로 올리겠다고 교육청에 신고했는데 수강료원가 산출자료 미비로 적정성 검토가 어렵고 대외경제 여건과 사교육비부담 완화라는 정부시책에 따라 수강료를 낮춰야 한다며 하향조정 통보를 했다. T학원은 이에 불복하고 소송을 냈다.

서울행정법원(2010년) 재판부는 교육청의 조정명령을 취소하라면서 T학원에 승소판결했다. 재판부는 "사교육 시장에 합리적 기준 없이 획일적 가격통제 명령을 내리는 것은 헌법과 법률에 반한다"며 "학원 수강료에 영향을 미치는 요인은 다양하기 때문에 학원운영자나 교육수요자의 기본권을 침해하지 않는 선에서 원칙적으로 수요공급의 원칙이란 시장경제 원리에 맡겨야 한다"고 판시했다. 또 "서민가계의 학원비부담 완화라는 정부와 서울시 교육청의 지침에 따라 수강료 상한을 일률적으로 정하고 이를 근거로 수강료 조정명령을 내린 것은 위법하다"고 판결 이유를 설명했다.

수능 원점수 공개, 어떻게 봐야 하나? 25

A국회의원이 학교 간 학력 격차가 존재하고 사교육 의존도가 높은 교육현장을 개선하기 위해 대학수학능력시험 원점수를 공개하는 것이 마땅하다면서 정부를 상대로 정

보공개거부처분취소 청구소송을 냈다.

대법원(2010년) 재판부는 정보를 공개하라면서 원고 승소 취지로 사건을 서울고등법원으로 돌려보냈다. 재판부는 성적자료 공개로 인한 부작용보다 이익이 더 크다면서 "수능정보가 공개되면 학교 서열화나 사교육 심화 등 부작용이 생길지도 모르지만, 학력격차가 엄연히 있고 이미 사교육 의존이 심화한 현실에서 시험정보를 연구자에게 공개해 현실 개선에 활용하게 하는 게 정보공개법의 목적에 더 부합한다"고 판시했다. 또 "학생 및 학부모도 학교선택에 유용한 자료를 제공받을 수 있고, 다른 학교들도 차별화된 전략으로 학생과 학부모의 선택을 유도해 효율적인 학교모형이 확산되는 계기가 될 수 있다"고 판결 이유를 설명했다.

세 금

재단에 장학기금으로 낸 주식에 증여세 부과, 정당한가? 26

H씨는 모교인 A대학교에 자신이 운영하는 회사의 주식(200억원 상당)과 현금 10억여 원을 기증했다. A대학은 이 자금으로 G장학재단을 설립했고 H씨는 재단 이사장으로 취임했다. 관할 S세무서는 "주식 기부는 현행법상 무상증여에 해당된다"며 140억원의 증여세를 부과했다. H씨는 증여세부과처분 취소소송을 냈다.

수원지방법원(2010년) 재판부는 원고 H씨에게 승소 판결했다. 재판부는 "주식기부에 증여세를 부과하는 것은 경제력 집중이나 경제력 세습을 막기 위한 것"이라며 "이번 사건의 경우 경제력 세습의 의도가 아닌 순수한 장학사업을 위한 것이므로 증여세 부과 대상의 예외로 인정해야 한다"고 판결 이유를 설명했다.

발코니를 전용면적에 포함한 양도소득세 부과, 정당한가? 27

H씨는 서울 도곡동 타워팰리스 주상복합아파트를 분양받아 살다가 매각했다. 성남세무서는 H씨의 주상복합아파트 발코니 면적을 전용면적에 포함시켜 조세법상 고급주택(전용면적 165㎡ 이상)으로 규정해 양도세를 부과했다. H씨는 이에 양도세감면 신청을 했으나 세무서가 거부하자 양도세부과처분 취소소송을 냈다.

수원지방법원 재판부는 아파트 발코니 면적을 전용면적에서 빼고 양도세를 계산해야 한다는 H씨에게 승소 판결하면서 "주거를 목적으로 한다는 점에서 일반 아파트와 주상복합 아파트가 별반 차이가 없고, 최근에는 내력벽을 설치하지 않는 아파트도 있어 발코니가 내력벽 안에 있거나 밖에 있는 것으로 두 아파트의 차이점을 두기 어렵다고 판결 이유를 밝혔다.

대법원(2010년) 재판부는 원고 H씨에게 승소 판결한 원심을 확정했다.

경제적으로 세금납부여력 없어 체납했다면? 28

P씨는 도봉구 창동에서 시행한 아파트건설 사업과 양천구 목동의 오피스텔건설 사업 등이 분양 부진으로 사채를 얻어 사업을 지속해 오다 결국 5억여 원의 세금을 못 내서 조세범처벌법 위반죄로 기소됐다.

1심 재판부는 세금 체납을 이유로 징역 6월에 집행유예 2년을 선고했다. 그러나 P씨는 과세관청의 재산압류와 사업부진으로 부득이 세금을 납부할 수 없었음은 물론 빌린 빚도 갚지 못했으며 사업을 포기한 상태에 있다면서 항소했다.

서울중앙지방법원(2007년) 항소재판부는 원고 P씨에게 무죄를 선고했다. 재판부는 "P씨가 소유한 건물수익금 등 수입이 공사대금을 갚는 데 쓰였고 과세관청의 재산압류에 따라 재정난이 심화돼서 빌린 돈을 갚지 못하였고 경제적으로 세금을 내기 곤란한 사정 때문에 세금을 내지 못한 것으로 보인다"며 "범죄 증명•이 없어 무죄"라고 판결 이유를 설명했다.

[해설] **증명(證明)**이란 법관에게 문제점의 존부에 관하여 확신을 얻게 할 목적으로 하는 당사자의 노력이나 또는 이에 따라 법관이 확신을 얻은 상태를 말한다.

오피스텔의 붙박이용 편의시설, 취득세 과세대상일까? 29

L씨는 13층짜리 오피스텔을 짓고 세탁기 등 붙박이 제품의 값을 과세표준에 포함시키지 않고 취득세와 등록세를 자진 납부했다. 그런데 세무당국이 공사비가 축소신고됐다며 이들 제품에 대한 취득세와 등록세를 추가로 부과 고지했다. L씨는 소송을 냈다.

1심 재판부는 "세탁기, 냉장고, 에어컨, 가구는 편의를 제공하기 위한 시설이고, 건물에 딸리지 않은 것이 명백해 취득세 과세표준에 포함할 수 없다"며 원고 승소 판결했다.

그러나 서울고등법원(2009년) 재판부는 원고에게 부분 승소 판결했다. 재판부는 "이 오피스텔의 세탁기와 가구는 건물에서 분리하는 것은 상당히 어렵다"며 "세탁기와 가구는 오피스텔이 주거용으로 기능하게 하는 데 필수적인 시설이어서 그 값과 설치비용을 건물 취득세 과세표준에 포함시키는 게 타당하다"고 판시했다. 다만 "냉장고와 에어컨은 부수시설이라고 할 수 없으므로 과세표준에 넣는 것은 위법하다"고 판결 이유를 설명했다.

부담부 증여의 양도세 산출 기준은? 30

K씨는 가족 2명에게 부동산을 증여하려고 한다. 증여세를 감소시켜주기 위하여 증여할 부동산을 담보로 주택담보 대출금을 얻었다. 그리고 이 대출금을 수증자가 갚는 조건으로 증여했다. 그리고 부담해야 할 대출금을 감액하고 양도차익을 계상한 데 대한 양도소득세를 자진 납부했다. 그런데 S세무서장은 대출받은 금액을 고려하지 않고 양도차익을 기준시가로 계산하여 거액의 양도소득세를 부과하였다. K씨는 "투기지역 내 부동산의 양도차익을 계산할 때는 취득 · 양도 때의 실거래가를 기준으로 삼아야 하지만 부담부 증여*의 취득가액을 계산할 때는 실제 취득가액으로, 양도가액을 계산할 때는 채무 상당액을 감액한 가격으로 계산해야 한다"며 양도소득세부과처분취소 청구소송을 냈다.

대법원(2007년) 재판부는 **원고 패소 취지로 판결**했다. 재판부는 "투기지역 안의 부동산 양도가액은 실지거래 가액에 의해야 하지만 K씨의 경우 **양도 당시의 실지거래가액을 인정 · 확인할 수 없는 경우에 해당하므로 양도가액 산정은 기준시가를 기준으로 해야 한다**"고 판결했다.

[해설] **부담부 증여**란 대출금을 갚는 등의 조건으로 증여하는 것을 말한다. 수증자로 하여금 상대적으로 낮은 세금을 내게 하고, 증여자가 대신 대출을 갚아 주기도 하여 이중적인 탈세 수단으로 악용될 우려가 있다.

주식회사 발기인 되기 위한 명의대여자에 증여세 부과, 정당한가? 31

P씨는 1인 회사인 건설회사 대표 L씨가 상법상 요구되는 발기인 수를 채우기 위하여 명의대여를 요구해와 승낙해준 적이 있다. 그런데 세무당국은 P씨에게 16억원의 증여세를 부과했다. 실질과세원칙*에도 불구하고 명의자에게 증여세를 부과한 것이다. P씨는 증여세 부과처분 취소소송을 냈다. 상고심에서 원고 패소 판결한 원심을 파기하고 **승소 판결**했다.

대법원(2006년) 재판부는 "명의신탁*이 조세회피 목적이 아닌 다른 이유에서 이뤄졌음이 인정되고 명의신탁으로 사소한 조세경감 효과가 있다고 해서 조세회피 목적이 있다고 볼 수 없다"고 판시하면서 "1인 회사인 건설회사 대표이사인 L씨가 원고 P씨의 이름으로 주식을 인수한 것은 상법상 요구되는 발기인 수*를 채우기 위한 것인 점, 이 건설회사가 설립 후 30여 년 동안 조세 체납이 없는 점 등을 감안하면 **명의신탁 당시 L씨가 배당소득의 종합소득합산 과세에 따른 누진세율 적용을 회피할 목적이 있다고 보기 어렵다**"고 판결 이유를 설명했다.

[해설] **실질과세원칙(實質課稅原則)**이란 과세물건의 명목상의 귀속 여하에 관계없이 사실상으로 과세물건이 귀속된 자를 납세의무자로 하여 조세를 부과하는 제도를 말한다.
[해설] **명의신탁(名義信託)**: A-5 참조.
[해설] **발기인 수(發起人 數)**란 발기인이 몇명이냐 하는 수를 말한다. 발기인이란 상법 제288조에 의하여 정관에 발기인으로 서명한 사람을 말하며 주식회사를 설립하려면 적어도 3인 이상의 발기인이 있어야 했다.

퇴직금 지연지급에 대한 손해배상금, 소득세 과세대상인가? 32

P씨는 회사를 퇴직했는데 규정에 따른 퇴직금을 주지 않자 소송을 냈다. 퇴직금과 퇴직금 지연손해배상금으로 모두 1000여 만원을 받았다. P씨는 이 돈이 임금과 같은 고정수입이 아닌 일시적인 '기타소득'으로 신고한 뒤 소득세 200여 만원과 주민세 20여 만원을 냈다. 그 뒤 P씨는 '기타 소득'이 아니라 '퇴직 소득'이라면서 세금을 돌려달라는 소송을 냈다. 퇴직금의 일부로 인정되면 원천징수된 소득세 이외에는 세금을 추가로 내지 않게 되기 때문이었다.

대법원(2006년) 재판부는 **"퇴직금 지연손해금을 받게 될 경우 그에 따른 소득세를 내야 한다"며 원고 패소 판결**을 했다. 재판부는 "밀린 퇴직금 이자가 '퇴직소득'에 해당한다"며 원심의 판결을 파기하고 이 사건을 부산고등법원으로 돌려보냈다.

재판부는 "근로계약은 근로자와 사용자가 서로 대가적인 관계로 근로와 임금을 교환하는 것으로, 이로 인해 지급되는 **퇴직금은 그 자체가 소득세의 과세대상이 된다"** 고 판시했다. 또한 "퇴직금 지연손해금은 한 사람의 재산권에 피해를 준 데 대한 손해배상금이나 마찬가지이기 때문에 세금이 부과되는 **'기타 소득'에 해당한다"**고 판결 이유를 설명했다.

접대부가 없다면, 특별소비세 부과는 정당한가? 33

단란주점을 운영하는 B씨는 흥을 돋우고 분위기를 주도하는 '룸DJ'를 고용하여 영업을 해왔다. 그런데 세무서는 유흥업소인데도 부가가치세와 특별소비세 과세표준 신고를 누락했다며 특별소비세를 부과했다. B씨는 불복하고 소송을 냈다.

서울행정법원(2009년) 재판부는 **B씨에게 승소 판결**했다. 재판부는 "해당 업소는 중앙 홀 1개와 그 주변에 20여 개의 룸으로 구성되고 중앙 홀에 룸DJ가 있었지만 DJ는 손님들이 요청하는 경우 노래와 춤 등으로 흥을 돋우고 분위기를 주도하는 사람"이라며 **"이들은 연예인 지망생이나 직업DJ가 대부분으로 이들을 유흥부녀자 또는 접대부라고 볼 수 없다"**고 판결 이유를 설명했다.

미등록 종교단체, 비과세 혜택은? 34

K종교단체는 종교단체 설립을 위하여 마련했던 사업준비금 등을 지출하였다. 해당 세무서장은 법인세를 부과했다. K종단은 법인세부과처분취소 청구소송을 냈다.

서울행정법원(2009년) 재판부는 **원고에게 패소 판결**했다. 재판부는 "법령에 주무관청에 등록된 단체에만 비과세 혜택을 주고 있다"면서 "**미등록 공익법인의 사업준비금에 비과세 혜택을 주지 않는 것은 세금혜택을 노린 단체의 난립을 막기 위한 것**"이라고 판시하면서 "K종단은 문화체육관광부에서 종교단체 등록기준과 절차를 마련하지 않아 등록할 수 없었으므로 등록된 다른 단체와 동일하게 취급해달라고 주장하지만 이를 받아들이기 어렵다"고 판결 이유를 설명했다.

비과세특례 혜택 만료일이 휴무일이라면 만료일은? 35

A씨 부부는 자기 집이 있는데 추가로 2006년 12월 15일 한 채를 더 샀다. 그리고 다음해 12월 15일 기존의 집을 팔고 토요일 휴무 때문에 다음 월요일에 등기이전을 해줬다. 그런데 세무서가 1가구1주택 비과세 특례조항의 1년 시한을 넘겼다며 세금 8600여 만원을 부과했다. A씨는 소송을 냈다.

서울고등법원(2010년) 재판부는 **A씨에게 승소 판결**했다. 재판부는 "새집을 취득하고 1년이 되는 날이 **토요 휴무일이어서 월요일에 종전 주택의 소유권 이전등기를 접수시켰다면 만료일을 월요일까지 연장해 1가구 1주택 비과세 특례혜택을 줘야 한다**"고 판시하면서 "만약 월요일까지 연장해주지 않으면 토요일에는 등기업무를 하지 않으므로 금요일까지 등기를 접수해야 하고 결과적으로 만료일이 하루 앞당겨져 주택양도 시한 1년을 보장하고 있는 법의 취지에 어긋난다"고 판결 이유를 설명했다.

비과세 공무원퇴직연금과 특례노령연금, 국민건강보험료 산정자료 되나? 36

P씨는 공무원으로 있다가 퇴직한 뒤 공무원퇴직연금과 부인에게 나오는 특례노령연금으로 생활하면서 국민건강보험 지역가입자가 됐다. 그런데 이 같은 비과세 대상인 연금을 기준으로 보험료를 산정하여 보험료가 부과되자 불복해 소송을 냈다.

서울행정법원(2009년) 재판부는 **원고 패소 판결**했다. 재판부는 "국민건강보험법은 보험료 산정 및 부과기준을 소득세법상의 '종합소득'으로 규정하고 있는데 여기에는 이자소득, 배당소득, 부동산임대소득, 사업소득, 근로소득, 기타소득에 **연금소득까지 포함된다**"고 판시했다. 동시에 "보험료산정 시 근거가 되는 소득을 과세여부에 따라 다르게 취급하라는 규정이 없어서, **비과세대상인 연금소득도 종합소득으로 보고 보험료 부과기준으로 삼는 것은 적법한 조치**"라고 판결 이유를 설명했다.

실소유자 아닌 명의자에게 부과한 이행강제금, 적법한가? 37

J씨는 짓고 있는 오피스텔을 샀다가 얼마 후에 K씨에게 팔았다. 그런데 강서구청이 준공 허가를 받기 전 세입자를 입주시켰다는 이유로 이행강제금 1200여 만원을 부과했다. J씨는 자신은 명의자이지만 이미 팔아 버려 실소유주가 아니라며 소송을 냈다.

대법원(2010년) 재판부는 원고 승소 판결한 원심을 깨고 **원고 패소 취지**로 사건을 서울고법으로 돌려 보냈다. 재판부는 "건축주로 기재된 사람이 실제 건축주인지 행정기관이 심사할 권한이 없기 때문에 **명의자에게 이행강제금* 등을 부과할 수 있다**"며 "이렇게 하지 않으면 건축법을 위반한 건축주가 자신은 명의자에 불과하다고 주장해 책임을 회피하거나, 명의 대여행위가 조장될 수 있다"고 원고패소 판결 이유를 설명했다.

[해설] **이행강제금(履行强制金)**이란 시장이나 군수가 불법 건축물 또는 이에 준하는 규정위반을 적발한 후 철거 등 시정 명령에 따르도록 하기 위해 건축주에게 부과하는 금액이다.

체납과태료 부과, 아파트경비원이 수령한 날자를 기준으로 할 수 있나? 38

강남세무서는 2008년 5월에 종합소득세(2억1000만원)를 납부하라는 납세고지서를 L씨에게 발송했다. 우편집배원은 L씨가 부재중이라 아파트 경비원에게 건넸다. L씨는 그 때 가족들과 함께 미국에 머물고 있었다. 그해 8월 귀국해서야 고지서가 온 사실을 알고 같은 해 10월 체납 과태료에 대한 부과분 등 1억여 원은 부당하다며 이의신청을 했으나 세무서는 이의 신청기간(90일)이 지났다며 받아주지 않았다. 조세심판원도 심판청구를 기각했다. L씨는 소송을 냈다.

1심 재판부는 "경비원이 집배원으로부터 고지서를 받은 날이 L씨가 처분을 통지받은 날로 봐야 한다"며 세무서에 승소 판결했다.

서울고등법원(2010년) 재판부는 L씨에게 승소 판결하면서 "경비원이 우편물을 받았을 때 납세자가 장기간 해외에 체류하고 있고, 경비원이 해외 주소나 전화번호를 알 수 없어 연락하는 것이 불가능한 사정이 있다면, **그 경우까지 우편물 수령 권한을 경비원에게 위임했다고 보기는 어렵다**"고 지적했다. 따라서 "L씨가 한국에 돌아온 뒤에야 고지서를 받았다고 봐야 하므로 **L씨의 이의신청 등은 모두 적법하다**"고 판결 이유를 밝혔다.

병 역

병역기피 돕기 위해 어깨 탈구시켜준 의사의 끝은? 39

정형외과 전문의 Y씨는 어깨를 고의로 탈구시킨 사람의 팔을 잡아당기는 어깨탈구 관절경 수술 뒤 부상을 과장한 진단서를 내면 4급 공익근무 또는 5급 면제판정을 받는다는 사실을 알고 찾아온 축구선수 45명에게 자기공명영상촬영(MRI) 등의 절차를 무시한 채 수술을 해주고 진단서를 떼 준 혐의(병역법 위반)로 기소됐다.

서울중앙지방법원(2008년) 재판부는 **Y씨에게 징역 2년을 선고하고 법정 구속**했다. 재판부는 "선수들이 병역기피를 위해 수술이 필요 없는 가벼운 어깨탈구 환자에게까지 수술을 시행했기 때문에 Y씨의 행위는 **치료 목적의 수술로 볼 수 없다**"며 "병역 의무를 공평하게 부담해야 한다는 우리 사회의 공감대를 크게 저해하는 행위로 책임을 엄히 물어야 한다"고 판결 이유를 밝혔다.

'국방의 의무' vs. 개인의 '양심의 자유', 어떻게 봐야 하나? 40

O(22)씨는 지방병무청으로부터 입영하라는 통지서를 받고도 이를 이행하지 않아 기소됐으나 1심 법원은 "양심적 병역 거부자에게 아무런 대안 없이 병역의무를 강제할 수 없다"며 무죄를 선고했다.

청주지방법원(2008년) 항소재판부는 **무죄를 선고한 1심을 깨고 징역 1년 6월을 선고**했다. 재판부는 "국민의 기본권행사는 다른 헌법적 가치와 국가 법질서를 위태롭게 하지 않는 범위 내에서 이뤄져야 한다"며 **"헌법에 국민의 의무로서 '국방의 의무'가 규정**돼 있는 현실상, 양심적 병역거부자의 **양심의 자유●가 헌법적 법익●보다 우월한 가치라고 볼 수 없다**"고 판결 이유를 밝혔다.

[해설] 양심의 자유: Intro 9 참조.
[해설] 법익: C-87 참조.

현역 입대를 피하도록 돈 받고 가짜 고혈압 환자로 만든 죗값은? 41

K씨는 인터넷 사이트에 병역상담카페를 열고 입대예정자들을 모집한 뒤 개인당 350만~500만원을 받고 이두박근 등에 힘을 주고 잠을 자지 않는 방법으로 혈압을 높여 현역입대를 피하게 해 준 혐의(병역법 위반)로 구속 기소됐다.

서울중앙지방법원(2008년) 재판부는 **K씨에게 징역 2년을, 이들에게 돈을 주고 현역 입대를 피하려 한 10여 명에게는 각각 징역 1년에 집행유예 2년을** 선고했다. 재판부는 "국가공동체 구성원으로서 **병역 등 기본 의무를 다하지 않은 것은 국가 존속을 위협하는 중대한 범죄**"라고 선고 이유를 밝혔다.

병무청 홈페이지 통한 입영통지에 불응했다면? 42

현역병 입영대상자인 A(27)씨는 병무청 홈페이지에 접속해 '육군훈련소에 현역병으로 입대하라'는 내용의 병역통지서를 확인했다. 병무청 담당자와 전화통화에서도 "홈페이지에서 병역통지서를 확인했다"고 말했다. 그러나 입영기일에 입대하지 않아 병역법 위반으로 기소됐다.

서울중앙지방법원(2008년) 재판부는 **A씨에게 무죄를 선고**했다. 재판부는 "병무청은 A씨의 병역통지서를 홈페이지에만 게시했을 뿐 직접 송달이나 등기우편에 의한 송달은 없었다"고 지적하면서 "민사소송법상 '전화, 팩스, 보통우편, **전자우편** 등으로 기일을 통지할 땐 당사자가 기일을 지키지 않더라도 불이익을 줄 수 없다'는 규정을 근거로 판결 이유를 설명했다.

입영 피하려 노역장 유치처분 자원하여 병역소집연령 넘겼다면? 43

부산에 거주하는 P씨는 공익근무요원 소집통지서를 배달 받을 때에 나이가 30세여서 소집에 응하지 않고 1년만 잘 연기시키면 병역면제연령에 도달된다는 것을 이용하기로 했다. 사법시험준비 중인 P씨는 얼마 전에 사기죄로 벌금 700만원을 선고받았는데 지불능력이 없다는 이유를 들어 노역장 유치처분을 지원하였다. P씨는 부산구치소에 수용돼서 노역하는 140 여일 중에 병역소집기준 연령인 31세를 넘겨 공익근무요원 소집의무가 면제됐다. 그러나 병역을 기피하려 소집에 응하지 않은 혐의(병역법 위반) 등으로 기소됐다.

대법원(2010년) 재판부는 **원심대로 무죄를 선고**했다. 재판부는 "국방부의 징집업무와 법무부의 형집행업무 모두 정부의 행정력이 미치는 업무로서 협의에 의해 병무행정을 집행시킬 수 있는 상태였다"면서 "**노역자로 유치돼 있었기 때문에 소집에 불응할 정당한 사유가 있었다**"고 무죄 선고 이유를 설명했다.

남자만 병역의무를 지는 것, 평등권 침해로 위헌 아닌가? 44

2006년에 입대해 군 복무를 마친 K씨는 병역법이 남성에게만 병역의무를 부과하는 것은 평등권과 거주이전의 자유 등을 침해하는 위헌이 아닌지에 대하여 입대 전에 헌법 소원을 냈다.

헌법재판소(2010년) 재판부는 **합헌 결정**을 내렸다. 재판부는 "집단으로서의 남자는 집단으로서의 여자에 비해 **전투에 적합한 신체적 능력을 갖추고 있다**"며 "남녀 간 신체적 특징 차이에 따라 최적의 전투력을 확보하기 위해 남자만을 병역 의무자로 정한 것이 현저하게 자의적이라고 보기 어려워 **평등권을 침해했다고 볼 수 없다**"고 결정 이유를 밝혔다.

지능지수 평균 이하(IQ 85), 합리적인 병역의무 이행방법은? 45

A씨는 세 차례나 입영연기를 해오다가 훈련소에 입소했다. 훈련소에서 아침 점호 중 옷을 입은 채 바지에 소변을 봤다. 자대 배치를 받은 이후에는 행군 중 군복에 대변을 보는 등 1년 동안 모두 다섯 차례에 걸쳐 옷을 입은 채 대소변을 봤다. 근무를 기피하기 위해 군복을 입은 채 용변을 본 혐의(근무기피목적 위계)로 기소됐다.

대법원(2008년) 재판부는 **A씨에 대해 무죄를 선고한 원심을 확정**했다. 재판부는 "IQ 85로 군복무에 어려움을 겪던 A씨는 '전역을 하기 위해 그렇게 한(옷을 입은 채 용변을 본) 것'이라고 충동적으로 진술한 뒤 진술을 번복할 경우 따돌림 당할 것이 두려워 자포자기 심정으로 거짓 진술을 계속한 것으로 보인다"며 "애초 **자백의 신빙성을 인정할 수 없다**"고 판결 이유를 밝혔다.

국내서 가족과 함께 살고 있는 미국 시민권자 ,병역의무 어떻게 되나? 46

미국 시민권자로서 가족과 함께 한국에서 살고 있는 P(29)씨는 입영통지서를 받고 서울병무청장을 상대로 현역병입영처분 취소소송을 냈다.

서울행정법원(2004년) 재판부는 **P씨에게 패소 판결**했다. 재판부는 "P씨는 미국에서 태어났기 때문에 자동적으로 시민권을 얻은 것일 뿐, 영주권 자격을 얻은 뒤 심사를 거쳐 시민권을 얻은 것이 아니기 때문에 **영주권자라고 볼 수 없고** 병역면제 여부는 영주권이나 시민권이 있느냐가 아니라 가족과 함께 실제 외국에 사는지에 따라 판단해야 한다"며 "**부모들도 우리나라에서 사업 활동을 하며 살고 있어 병역면제대상으로 보기 어렵다**"고 판결 이유를 설명했다.

학위인정 안 되는 졸업장으로 학사장교 전역, 재입대해야 하나? 47

P(27)씨는 학사학위가 인정되지 않는 외국대학을 졸업한 뒤 학사장교로 2년 6개월 근무하고 중위로 전역했다. 그런데 국방부가 P씨의 장교 임관을 무효로 처리하고 현역병 입영을 통보했다. P씨는 강원지방병무청장을 상대로 현역병입영처분 취소소송을 냈다.

춘천지방법원(2010년) 재판부는 **원고 패소 판결**했다. 재판부는 "원고는 자신이 졸업한 외국대학의 학위가 사관후보생 자격요건을 갖추지 못했다는 사실을 **사전에 알고 있었거나, 적어도 알지 못한 점에 대한 중대한 과실이 있다**"며 그로 해서 "임관이 무효가 된 만큼 2년 6개월 간 장교로 복무해 왔다고 하더라도 **이를 의무복무 기간에 포함해야 할 아무런 근거가 없다**"고 판시했다. 또 "장교복무 기간의 효력을 인정하지 않고 현역병으로 복무하게 한다고 해서 이러한 조치가 지나치게 가혹해 **원고의 신뢰를 침해한다거나 재량권을 넘었다**● **고 보기도 어렵다**"고 판결 이유를 설명했다.

[해설] **중대한 과실(重大한 過失)**이란 주의의무(A-9 참조) 위반의 정도가 지나친 경우의 과실을 말한다. 즉 조금만 주의하였더라면 결과발생을 회피할 수 있음에도 불구하고 이를 태만한 경우를 말한다. 중과실의 경우에는 형법상 형이 가중된다.
[해설] **재량권 일탈**: C-129 참조.

국가유공자

● 군 생활 스트레스로 탈모, 국가유공자 해당되나? 48

P(21)씨는 입대 이듬해부터 부분적인 탈모 증상이 나타났고 치료 효과도 전혀 없어 그해 말경에 국군통합병원에 입원했다. 병원은 P씨에 대해 머리 전체의 털이 빠지는 전두탈모증 진단을 내렸고 P씨는 의병전역했다. P씨는 전역 뒤 서울지방보훈청에 군 복무 중의 스트레스 등으로 전두탈모증이 발생했다며 국가유공자등록 신청을 했으나 보훈청은 "군 생활과 무관하게 T림프구 자가면역기전에 의해 발병한 것"이라며 거부했다. P씨는 보훈청을 상대로 소송을 냈다.

서울행정법원(2007년) 재판부는 "**피고 보훈청은 거부처분을 취소**하라"며 **P씨에게 승소 판결**했다. 재판부는 "P씨는 탈모증과 관련한 가족력이 없으며, 전역 이후에는 증세가 상당 부분 호전되는 등 **군 복무로 인한 스트레스 외에는 발병이나 악화 원인을 찾을 수 없다**"고 판결 이유를 밝혔다.

[해설] 국가유공자등예우및지원에관한법률에 따르면 군 복무기간 직무수행 중 상이(공무상 질병 포함)를 입고 전역한 군인은 '공상 군경' 국가유공자로 분류돼 부상 등급(1~7급)에 따라 간호 수당 등 정부 보상을 받는다.

● 군 복무 중 스트레스로 인한 탈모증, 국가유공자로 인정되나? 49

K(26)씨는 육군 특공연대에서 복무하던 중 무더위 속에 훈련하다 원형탈모가 세 군

데 발생했지만 훈련 때문에 치료시기를 놓쳤다. K씨는 증세가 호전되지 않자 군병원에 입원해 치료를 받았으며 얼마 후 만기 전역했다. K씨는 현재 원형탈모가 전신에 발생하는 범발성 탈모로 퍼져 머리, 눈썹 등 다른 신체부위의 모발까지 줄어든 상태다. K씨는 전역 직후 "무더위 속에 방탄모를 쓰고 고된 훈련을 하는 등 군생활의 스트레스로 인해 탈모증이 발병했다"며 국가유공자 등록을 신청했다가 거부당하자 수원보훈지청장을 상대로 국가유공자등록거부처분 취소소송을 냈다.

수원지방법원(2008년) 재판부는 **"피고 수원보훈지청장은 원고에 대한 처분을 취소하라"며 원고 승소 판결**했다. 재판부는 "입대한 지 1년 9개월이 지나 탈모증상이 생겼고, 탈모의 원인이 될 수 있는 다른 질환에 대한 검사결과 모두 정상인 점 등을 종합하면 **원고의 탈모는 군 교육훈련 또는 직무수행에 따른 스트레스로 발병했다고 볼 수 있다**"고 판결 이유를 설명했다.

군복무 중 과로로 발병, 국가유공자 인정되나? 50

A(28)씨는 입대한 뒤 기록병으로 거의 매일 야간에 일하는 등 과도한 업무를 하다가 눈이 안 보이고 혀에 침이 나오지 않는 등의 증상이 나타났고 결국 당뇨병 진단을 받고 의병 전역했다. A씨는 울산보훈지청장을 상대로 국가유공자 등록을 신청했으나 거부됐다. A씨는 "등록거부처분을 취소하라"며 소송을 냈다.

울산지방법원(2009년) 재판부는 **원고 승소 판결**했다. 재판부는 "원고는 입대 당시(1등급)에는 신체에 특별한 질병이 없이 건강한 상태였는데 입대 1년 5개월여가 지나 눈이 잘 안 보이고 입안이 마르는 등의 증세가 나타났다"며 "아울러 기록병으로서 다른 병사에 비해 제대로 휴식도 취하지 못하고 과도한 야간업무 등을 했고 전역 후 얼마 안 돼 실시한 소변검사에서 이미 당뇨병 합병증이 진행된 것으로 보이는 케톤체 양성반응이 나온 점 등을 비춰보면 **최소한 군복무 중 과로나 스트레스로 인해 이 사건 병이 악화됐다고 볼 수 있다**"고 판결 이유를 설명했다.

군 선임병의 성추행으로 정신분열증 발병, 국가유공자 대상인가? 51

K씨는 군에 입대한 뒤 선임병으로 부터 성추행을 당하자 이를 부대에 신고했다. 선임병은 구속됐지만 이 사실이 알려지면서 집단 따돌림을 받았다. 이로 해서 극심한 불안감에 시달리다 정신분열증으로 발전했고 이로해서 의병 전역했다. K씨는 서울지방보훈청에 국가유공자 등록을 신청했으나 기각되자 소송을 냈다.

서울행정법원(2008년) 재판부는 **원고 승소 판결**했다. 재판부는 "성추행의 피해자로 조사를 받고 선임병이 전출 가는 과정에서 생긴 정신적 스트레스가 상당히 심했던 것으로 보이는 만큼 K씨의 정신분열증은 이를 제대로 극복하지 못해 발생한 결과로 보인다"며 "K씨가 비록 부모의 과보호 속에서 자라 고집이 세고 산만하며 불안정한 경향이 있었다고는 하나 군 입대 당시까지 정신과적인 질환으로 치료받은 적이 없고 발병 시기나 의학적 소견들에 비춰 봐도 성추행 사건이 영향을 미쳤을 가능성이 있다"고 판시했다. 또 "**군 복무와의 상당한 인과관계가 인정되므로 K씨는 국가유공자예우및지원법**[●]**상 공상군경(公傷軍警)에 해당**한다"고 덧붙였다.

[해설] **국가유공자등예우및지원에관한법률**: C-48 참조.

무인도서 군복무 중 스트레스로 조울증 발생했다면? 52

예비역 해군중사 Y(33)씨는 인천에서 배로 4~5시간 걸리는 우도(서해 5 도서 중 하나)의 해군 레이더 부대에서 근무했다. Y씨는 우도에서 근무한 지 21개월이 된 때부터 군견이 짖는다며 개에게 화를 내는 등 신경질적으로 변했고, 혼자 웃는 등 이상한 모습을 보이다 심한 조울증 진단을 받고 전역했다. 전역 후 국가유공자 신청을 했지만 거부당하자 소송을 냈다.

서울고등법원(2009년) 재판부는 **원고 승소 판결**했다. 재판부는 "육지에서 멀리 떨어진 무인도에 있는 시설과 낙후된 부대에서 오래 근무하는 것은 **그 자체로 스트레스가 될 수 있어 조울증이 발병한 요인이 됐다고 볼 수 있다**"고 판결 이유를 설명했다.

군 입대 후 생긴 정신질환, 국가유공자로 인정해 주나? 53

평소 내성적이고 소심한 성격의 L씨는 입대한 뒤 공병으로 복무하다가 사고로 손바닥을 다쳤다. 사고 후 손이 곪은 고통으로 정신분열증 진단을 받고 의병 전역했다. L씨는 "군 복무 중 병이 발병했다"며 국가유공자 등록을 신청했으나 거부당하자 보훈지청장을 상대로 소송을 냈다.

대법원(2007년) 재판부는 **원고 패소한 원심을 깨고 승소 취지**로 사건을 대구고법으로 돌려보냈다. 재판부는 "원고가 입대 이전까지 정신질환 증세를 보이거나 치료를 받은 적이 없고 가족력도 없는 점 등을 볼 때 원고의 정신분열증은 성격상 정신적으로 취약한 원고가 군 입대 후 병영생활이라는 새로운 환경에 적응해 가는 과정에서 받은 **스트레스와 정신질환자로 취급받은데 대한 정신적 충격으로 인해 발병하게 된 것으로 보인다**"고 판결 이유를 밝혔다.

'5 · 18 진압군'으로 투입된 갈등 때문에 정신질환 발생했다면? 54

K(51)씨는 1980년 5월 18일 '5 · 18 광주민주화운동'* 당시 제3공수특전여단 소속으로서 진압군으로 투입됐다가 1981년 11월 전역한 후 정신분열증 진단을 받고 정상적인 사회생활을 하지 못한 채 병원치료를 받아왔다. K씨는 진압작전 당시 부대 상관들로부터 받은 정신적 압박과 가혹행위로 정신분열증을 앓게 됐다며 국가유공자 등록을 신청했지만 수원보훈지청이 이를 받아들이지 않자 소송을 냈다.

대법원(2009년) 재판부는 **원고 승소로 판결한 원심을 확정**했다. 재판부는 "K씨는 **자신의 의지와 무관하게 부당한 공권력의 행사에 동원**됐고, 이런 자기모순이 가져온 **극도의 갈등으로 정신세계가 파괴됐다**"며 판결 이유를 설명했다.

[해설] **광주민주화운동(光州民主化運動)**이란 10 · 26 사태 이후 1980년에 맞이한 민주화의 봄이 5월 17일 계엄령의 전국 확대와 김대중씨 등 수많은 정치인, 학생, 재야인사들의 구속으로 꽃을 피우지 못하고 무산되자 18~27일에 광주를 중심으로 전남 지방 곳곳에서 학생과 시민들이 합세하여 일으켰던 민주화를 위한 민중항쟁운동을 말한다. 5월 18일 광주에 투입된 계엄군과 전남대 학생들 간의 충돌에서 비롯되어 시민군중이 계엄군의 과잉진압에 반발하여 강력 저항하자 계엄군은 총을 난사하여 유혈사태를 빚고 수백 명의 사상자를 냈다.

밤 따다 다쳤는데 국가유공자 혜택 받아온 대령, 그에 대한 처벌은? 55

육군대령 출신 K(58)씨는 현역 시절 경기 가평군의 소속 부대에서 근무를 마치고 인근 야산에 밤을 따러 갔다가 밤나무에서 떨어져 가슴뼈가 부러졌다. 의무대로 후송된 뒤 "훈련장 지형정찰을 나갔다 다쳤다"고 거짓말했다. 치료를 마치고 예편했고 국가유공자로 인정받아 보훈연금과 자녀 교육비로 7000여 만원을 보상 받았다. 그러나 뒤에 거짓말이 발각되어 국가유공자등예우및지원에관한법률 위반 혐의로 피소됐다.

서울중앙지방법원(2008년) 재판부는 K씨에게 **징역 1년에 집행유예 2년을 선고**했다. 재판부는 "부정한 방법으로 국가유공자 혜택을 받는 범죄가 재발하지 않도록 일벌백계 차원에서 엄한 처벌이 필요하다"고 판결 이유를 설명했다.

원인 모를 통증 원인, 군복무시절 제공됐다면 국가유공자 인정되나? 56

직장인 K(31)씨는 오른팔에 원인 모를 통증을 느껴왔다. 정밀검사 결과 어깨근육에 수은이 엉켜있기 때문으로 판명됐다. 처음 통증을 느낀 것은 군 복무 중이었는데 몸속의 이물질 때문이란 정도 알고 있었다. 제거수술을 받았으나 완전히 제거하지 못했다. 군 복무시절 부대원들과 단체로 받은 독감예방접종 후부터 심한 통증이 시작됐다. K씨는 이런 사유로 수원보훈지청에 국가유공자등록을 신청했다. 증거부족으로 기각 당해 소송을 냈다.

수원지방법원(2010년) 재판부는 **K씨에게 원고 승소 판결**했다. 재판부는 "K씨의 경우 물리적인 힘으로 **수은이 주입된 것**으로 보인다"며 "당시 군 의무대에서 수은이 들어 있는 온도계가 자주 깨지는 사고가 발생한 점 등에 비춰 볼 때 수은을 완전히 제거하지 않은 주사기가 실수로 접종과정에서 사용되어 발병했다고 봄이 타당하다"고 판결 이유를 설명했다.

예비군 훈련 중 뇌졸중으로 쓰러졌지만 딴 원인도 있었다면? 57

G(43)씨는 5일간 출 · 퇴근을 하면서 예비군훈련을 받던 도중 훈련 4일째 되는 날 귀가해 저녁을 먹고 난 뒤 갑자기 뇌졸중으로 쓰러져 수술을 받았다. G씨는 그 후 예비군훈련에 따른 과로와 스트레스로 뇌졸중을 겪었다며 국가유공자등록을 신청했으나 보훈지청이 거부하자 소송을 냈다.

서울행정법원(2009년) 재판부는 **G씨에게 패소 판결**했다. 재판부는 "예비군 훈련을 받는 기간에 뇌졸중을 겪은 것은 사실이지만 K씨가 **이미 고혈압 증세**를 보인 점 등을 고려하면 예비군훈련으로 인한 과로나 스트레스로 뇌졸중이 발생했다고 보기 어렵다"고 판결 이유를 밝혔다.

안보관련

탈북 고위층이라고 여권 발급을 내주지 않는다면? 58

북한의 전 조선노동당 비서인 황장엽씨와 함께 망명한 전 북한 여광무역연합총회사 사장 K씨는 외교통상부를 상대로 여권을 발급해 달라며 여권발급거부취소 청구소송을 냈다.

대법원(2008년) 재판부는 **원고 승소한 원심을 확정**했다. 재판부는 "탈북자라는 신분이나 신변안전에 대한 막연한 우려만으로 **기본권• 인 해외여행의 자유를 과도하게 제한**해서는 안 된다"면서 "미국 방문 중 신변안전에 문제가 생기더라도 대북정책에 차질을 초래하거나 국가의 신뢰도가 하락할 가능성은 매우 적어 **국가 이익이나 공공의 안전을 해칠 상당한 이유가 있다고 보기 어렵다**"고 판결 이유를 밝혔다.

[해설] **기본권(基本權)**이란 헌법이 보장하고 있는 국민의 기본적 권리를 말한다. 기본권을 분류하면 여러 형태로 나누이나 그 중의 하나로서 인간으로서의 존엄과 가치에 속한 것으로서 생명권, 행복추구권, 알 권

리, 여행할 권리 등이 포함되어 있다.

체포된 '황장엽 암살조', 죗값은? 59

북한 인민무력부 정찰총국소속 공작원인 북한 공작원 K씨와 D씨는 황 전 비서를 살해하라는 정찰총국장의 지시에 따라 중국 옌지와 동남아 국가를 거쳐 국내로 들어온 혐의(국가보안법 위반 등)로 기소됐다.

서울중앙지방법원(2010년) 재판부는 **이들에게 각각 징역 10년과 자격정지 10년을 선고**했다. 재판부는 "북한의 지속적인 살해 위협을 받고 있는 황 전 비서의 주거지와 이동경로 등을 파악하고 살해를 시도하려는 목적은 불안한 안보상황을 감안할 때 대한민국 자유민주주의의 체제를 위협하는 행위"라며 "피고들이 검찰 심문과정에서 이 같은 혐의 일체를 자백하고 법정에서 모두 인정해 엄한 형이 마땅하다"고 판결 이유를 밝혔다. 하지만 "남북한 대립구도 속에서 북한에서 태어난 후 공작원으로 훈련받은 상황에서 다른 선택을 할 여지가 없었고, 실제로 위협을 가한 행위도 없었던 데다, **북한에 남겨진 가족의 신변을 걱정하는 등 인간적인 모습을 보이고 있는 점을 감안**해 앞으로 수용생활을 마친 후 자유민주주의 체제를 인정하면서 살아가기를 기대한다"고 덧붙였다.

북한으로 망명시도 실패, 죗값은? 60

경북 영주시 보습학원 강사인 P씨는 사업에 실패하고 빌린 돈을 갚지 못해 고소를 당하자 피신 등의 목적으로 동남아 여러 나라를 전전하다가 말레이시아 쿠알라룸푸르에 있는 북한대사관으로 찾아가 망명을 시도한 혐의(국가보안법 위반)로 기소됐다.

대구지방법원(2010년) 재판부는 **P씨에 대해 징역 1년과 자격정지 1년에 집행유예 2년, 사회봉사 120시간을 선고**했다. 재판부는 "P씨가 잘못을 깊이 뉘우치고 있으며, 정치적 신념이 있어서가 아니라 자신의 처지를 비관해 북한으로 들어가려 했다는 점을 감안하면 **국가존립을 위협했다고 볼 수 없어 집행을 유예**한다"고 판결 이유를 밝혔다.

암호명 '흑금성', 어떻게 됐을까? 61

북한 공작원에 포섭된 P(56 · 일명 '흑금성')씨는 중국에서 여러 차례 북한 공작원과 접촉하면서 남한의 군사교범과 5000분의 1 축척의 국내지도 77장, 강릉 잠수정 침투사건 당시 생포돼 한국에 정착한 침투조원의 근황, 탈북 연예인 관련한 자료 등을 넘긴 혐의로 구속 기소됐다.

서울중앙지방법원(2010년) 재판부는 P씨에게 징역 7년과 자격정지 7년을 선고했다. 공범으로 기소된 예비역 중령 S씨에게는 징역 2년과 자격정지 2년을 선고했다. 재판부는 "P씨는 대북공작원에서 해고된 뒤에도 북한 공작원과 접촉하면서 개인적 · 독단적으로 국가기밀을 탐지 · 수집해 북한 공작원에 전달한 사실이 인정된다"면서 "죄질이 무겁지만 범죄 전력이 없고 '북한에 사상적으로 경도된 것 같지는 않다"는 검찰의 의견 등을 감안해 형량을 정했다"고 판결 이유를 밝혔다.

동거녀 간첩에게 기밀 넘긴 전 서울메트로 간부, 죗값은? 62

서울 메트로 과장급 직원이었던 O(52)씨는 중국 호난성(湖南省)에서 호텔 경리직원 등으로 일하는 K(여 · 36)씨를 인터넷채팅을 통해 만나 동거하는 사이로 발전했다. O씨는 동거하면서 K씨에게 서울메트로 종합관제소컴퓨터에 저장된 종합사령실 비상연락망, 승무원 근무표 등 대외비 문건을 USB메모리에 담아 넘긴 혐의(국가보안법 위반) 등으로 구속 기소됐다.

서울중앙지방법원(2010년) 형사합의재판부는 O씨에게 징역 3년 6개월과 자격정지 3년 6개월을 선고했다.

비전향자 비석에 새긴 '불굴의 통일애국투사', 국가보안법 위반인가? 63

통일연대 공동대표 G씨와 비전향장기수 송환추진위원회 간부 N씨는 파주시 광탄면에 있는 비전향장기수 묘역을 단장하면서 '불굴의 통일애국투사'라는 문구가 적힌 비석과 표지석을 세운 혐의로 불구속 기소됐다.

서울중앙지방법원(2007년) 형사합의재판부는 G씨와 N씨에게 무죄를 선고했다. 재판부는 "장기간 수형생활을 참아내며 사상의 자유를 지켜온 비전향 장기수들이 불리고 싶어 한 칭호를 표지석에 새긴 것을 국가의 존립이나 자유민주주의 기본질서에 해악을 끼치는 행위로 보긴 어렵다"고 하면서 또한 "G씨와 N씨는 오랫동안 비전향 장기수들을 도와왔으며 죽은 자를 추모하는 비석에 죽은 자의 활동을 떠받드는 글을 적는 건 자연스럽고, 대한민국의 시민의식과 민주주의 수준에 비춰 비문의 내용이 일반인에게까지 영향을 끼친다고 보긴 어렵다"고 판결 이유를 설명했다.

이적표현물을 인터넷 사이트에서 링크시키면? 64

L씨는 '남북공동선언실천연대' 자유게시판에 있던 김일성의 행적을 찬양하는 회고록을 인터넷 포털사이트 다음에 있는 카페 게시판에 링크시키는 등 400여 건의 이적표현물을 게시한 혐의(국가보안법 위반)로 기소됐다.

서울중앙지방법원(2010년) 재판부는 **L씨에게 징역 2년에 집행유예 3년, 보호관찰 1년을 선고했다.** 재판부는 "검찰 수사내용 및 L씨의 법정진술 등을 보면 유죄가 인정된다"면서 "L씨가 인터넷활동 외에 집회나 시위에서 구체적인 행위를 하지 않는 등 우리 사회의 성숙도에 비춰 **L씨의 행위가 지니는 위험성이 현저히 크다고는 볼 수 없어 집행유예를 선고한다**"고 판결 이유를 밝혔다.

남북공동선언실천연대 대표의 북한 찬양 · 고무, 죗값은? 65

남북공동선언실천연대 상임대표 K씨는 이적단체인 남북공동선언실천연대를 구성해 북한의 활동을 찬양 · 고무한 혐의로 기소됐다.

서울고등법원(2010년) 재판부는 **1심과 같이 K씨에게 징역 2년에 집행유예 4년, 자격정지 2년을 선고하고 보호관찰을 명령**했다. 재판부는 "실천연대는 21세기 문명사회에서 최악의 사회주의 세습체제를 이어가고 있는 북한의 문제점과 그 치하에서 고통을 겪고 있는 북한 주민의 참담한 현실에는 눈 감은 채 **북한의 주체사상이나 선군정치나 핵실험 등을 찬양 · 홍보해 왔다**"면서 "북한이 우리와 대치하면서 '불바다' '불벼락' 운운의 협박을 자행하는가 하면, 실제 서해교전이나 천안함 폭침사건, 해안포 도발 등에서 드러나듯 **대한민국의 존립이나 자유민주적 기본질서에 명백한 위협**을 가하고 있는 점 등을 감안하면 죄질이 가볍다고 볼 수 없다"고 판결 이유를 밝혔다.

불온도서 소지 · 운반 금지하는 군(軍) 복무규율, 합헌인가? 66

군인이 불온도서를 소지하거나 운반하는 것 등을 금지한 군인복무규율은 위헌이라며 군법무관 G씨 등이 헌법소원을 냈다.

헌법재판소(2010년) 재판부는 **"헌법에 위반되지 않는다"**고 **합헌 결정**을 내렸다. 또 '군내 불온도서 차단대책 강구지시가 위헌이라는 헌법소원도 역시 '기본권 침해로 볼 수 없다'며 각하했다. 재판부는 "군인복무규율은 군인의 정신전력 저해를 막기 위한 **목적의 정당성이 인정되고**, 정신전력을 심각하게 해치는 범위의 도서에 한해 소지를 금지하고 있기 때문에 **과잉금지원칙에도 어긋나지 않는다**"고 결정 이유를 밝혔다.

국방부의 '천안함' TOD영상 공개 거부, 적법한 조치인가? 67

시민단체인 군인권센터의 대표 Y씨는 국방부장관에게 '천안함 폭침사건' 당시 해안초소에서 촬영한 TOD 영상을 공개할 것을 요구했으나 거절당했다. Y씨는 TOD 정보를 공개할 것을 청구하는 소송을 냈다.

서울행정법원(2010년) 재판부는 **Y씨의 요구를 거부한 국방부처분이 적법하다고 판**

결했다. 재판부는 "TOD 동영상을 통해 백령도 지역 TOD 감시구역과 촬영 패턴, 초소의 대략적인 위치를 파악할 수 있다"며 "이 정보가 노출될 경우 유사시 적군의 침투 경로 설정과 TOD 초소의 선제타격에 악용될 소지가 있는 데다 천안함 폭침사건 이후 악화되고 있는 남북의 군사대치 상황을 고려하면 **군사정보 보안의 중요성이 더욱 강조될 수밖에 없다**"고 판결 이유를 밝혔다. 또 "영상 내용이 대부분 이미 공개된 것이어서 공개로 얻을 이익이 그리 크다고 할 수 없다"고 덧붙였다.

남침용 땅굴여부 존재 확인행위, 민사소송 대상이 되나? 68

L씨는 경기도 연천군 백학면 일대에 땅굴이 있다며 국방부에 인공 땅굴임을 확인해 달라는 청원을 냈는데 국방부가 인공 땅굴이 아닌 자연 동굴일 뿐이라고 결론내린 것은 무효라며 국가를 상대로 남침용 땅굴확인 청구소송을 냈다.

서울중앙지방법원(2003년) 재판부는 "**확인할 이유가 없다**"며 **각하 판결**을 내렸다. 재판부는 "땅굴 확인과 같이 **단순한 사실관계**[•]**에 대한 확인은 소송대상이 될 수 없다**"고 판결 이유를 밝혔다.

[해설] **사실관계(事實關係)**란 법률적 가치판단을 수반하지 아니하고 다만 경험적 사실에만 관계되는 문제를 말한다.

정치관련

유신헌법[•]에 따라 발동한 긴급조치 1호의 위헌성은? 69

O(70)씨는 1974년 정부가 분식을 장려하는데 고위관료들과 부유층은 국수 약간에 계란과 육류가 태반인 분식을 하니 국민이 정부시책에 어떻게 순응하겠느냐는 등 정부에 대한 비판발언을 한 혐의(**긴급조치 1호 위반**)로 기소돼 징역 3년에 자격정지 3년형을 선고 받았다.

대법원(2010년) 재판부는 O씨에 대하여 긴급조치 위반혐의로 면소 판결한 재심판결을 뒤집고 **무죄를 선고**했다. 재판부는 "긴급조치[•] 1호는 발동요건을 갖추지 못했고 국민의 **기본권을 심각하게 침해해 헌법에 위반**된다"며 "**긴급조치 1호를 합헌으로 본 기존 판결과 이번 판결과 견해가 다른 대법원 판결은 모두 폐기**한다"고 밝혔다.

[해설] **유신헌법(維新憲法)**이란 제4공화국 헌법을 말한다. 1972. 12. 27 전문 개정된 제7차 개정 헌법을 말한다. 주요 내용은 1. 통일주체국민회의 신설 2. 대통령 임기의 연장과 긴급조치권 · 국회해산권 등 대통

령의 지위와 권한의 강화 3. 국회의 권한과 지위를 제한 내지 축소 4. 무소속 출마의 허용 등이다.
[해설] **긴급조치(緊急措置)**란 1972년에 개정된 헌법 제53조에 규정된 긴급명령을 말한다. 국가비상사태가 발생한 경우에 의회의 소집 가능성 여부에 관계없이 집행부가 법률의 효력을 가지는 명령을 발하고 사후에 의회의 승인을 얻도록 할 수 있는 명령이다. 국회에 의한 신속한 대응입법을 기대할 수 있는 경우에도 긴급명령을 발할 수 있도록 한 것이 현행 규정과 다른 점이다.

합리적인 여론조사 방법은 무엇인가? 70

M정당이 전남의 한 군(郡)의 군수후보 경선을 실시했다. 당원여론조사(50%)와 일반유권자여론조사(50%)를 2개 여론조사 기관에 맡겨 실시한 뒤 그 결과에 따라 L예비후보를 공천했다. M당은 A조사기관과 B조사기관의 지지율을 더한 뒤 2로 나누는 방식으로 단순평균을 산출한 결과, L예비후보가 50.06%로 경쟁자 K 예비후보의 49.95%를 앞선다고 판단했다. 그러나 K예비후보는 이에 반발하고 '당선인 결정효력정지 가처분신청'을 광주법원에 제출했다. K후보는 자신이 총 유효투표 849표 가운데 425표(A기관 189 + B기관 236)를 얻어, 424표(A기관 201 + B 기관 223)를 얻은 L후보를 1표차로 이겼다고 주장했다.

광주지방법원(2010년) 재판부는 **K후보의 당선인 결정효력정지 가처분신청을 받아들여 인용 결정을 했다.** 재판부는 "**두 기관의 여론조사 득표수 합계를 전화면접 총수 합계로 나눠서 그 비율을 산정하는 것이 합리적**"이라고 밝혔다. 이에 따라 K예비후보가 50.058%(849표 중 425표)로 L예비후보의 49.941%(849표 중 424표)를 앞선다는 것이 재판부의 설명이다. 0.11%포인트 차이로 당락이 결정된 것이다.

파룬궁 수련 중국인의 난민지위는? 71

국내에서 파룬궁(法輪功)* 수련을 하는 중국인 왕(여 · 40)씨가 법무부 장관을 상대로 난민인정 불허가처분취소 청구소송을 냈다. 1심에선 패소했다.

서울고등법원(2010년) 재판부는 **왕씨에게 승소 판결했다.** 재판부는 "왕씨가 주로 경제적 동기로 한국에 온 것으로 보이지만 이후 파룬궁을 수련했고 관련행사의 사회를 맡거나 기자로 활동하며 **수련자 탄압실태를 보도한 점 등에 비추어 보면 중국정부로부터 박해받을 것이라는 두려움이 근거가 있는 것으로 보인다**"고 판결 이유를 설명했다.

[해설] **파룬궁(法輪功)**이란 1992년 리훙즈가 창시한 기공(氣功)의 일파이다. 종교적 색채가 강하고 진(眞) · 선(善) · 인(忍)을 강조한다. 파룬궁을 수련하면 파룬의 힘을 빌려 '덕'의 수련을 높이고 '업'을 씻어서 몸이 정화되고 건강해지며 최고 경지에 이르면 깨달음을 얻어 영혼이 죽지 않고 극락세계에 이른다는

논리이다. 인기가 높아 수련자 수가 중국 공산당원 6000만명보다 많은 7000만명을 넘는 중국 최대의 단일 조직이다.

위조여권으로 입국한 외국인의 난민지위는? 72

미얀마 인 A(여 · 28)씨는 위조된 인도여권을 갖고 입국했다. 그리고 "난민 지위를 인정해 달라"며 법무부를 상대로 소송을 냈다.

A씨는 아버지가 미얀마의 반정부 단체인 민족민주동맹(NLD)의 열성 당원으로 활동하다 숨지자 선교회에서 만난 한국인 목사의 보호 아래 위조된 인도여권을 만들어 한국에 입국한 것이다.

서울고등법원(2009년) 재판부는 A씨를 난민•으로 인정하는 판결을 내렸다. 재판부는 "A씨는 불교 국가인 미얀마의 소수민족 출신으로 기독교인이자 반정부 성격의 민족민주동맹(NLD) 당원으로서 박해받을 충분한 근거가 있다"고 판결 이유를 밝혔다.

[해설] **난민(難民)**이란 정치적 · 종교적 · 인종적 등의 이유로 본국의 박해로부터 도피하여 외국에 보호를 구하는 개인 또는 집단을 말한다.

대선출마 기탁금제도, 참정권 제한인가? 73

헌법재판소(2008년) 전원재판부는 대통령후보 J씨가 "대선출마 때 5억원을 기탁하도록 규정한 공직선거법 제56조 1항 1호는 재산에 따라 참정권과 정치적 표현의 자유를 차별하는 조항"이라며 제기한 헌법소원에 대해 '헌법 불합치' 결정•을 내렸다. 헌법재판소는 이 법을 2009년 12월 31일까지 개정할 것을 함께 명령했다.

재판부는 "5억원의 기탁금은 매우 큰 액수이고, 국고보조금이 지급되지 않는 군소정당이나 무소속 출마 희망자들은 재력가가 아니면, 사실상 이를 마련하기 어렵다"며 "재산의 많고 적음에 따라 선거출마 기회를 제한한 것은 비합리적인 차별로서 입법자의 재량을 넘어선 것"•이라고 밝혔다.

[해설] **헌법불합치 결정(憲法不合致 決定)**이란 헌법재판소의 위헌여부 판단 중 하나로서 헌법에 합치하지 아니한다고 선고하는 것이다. 그렇게 선고되면 일정기한까지 그 법률의 효력을 당분간 지속시킬 수 있도록 하는 결정을 말한다. 가령 어느 법 제몇조가 헌법에 어긋난다고 헌법재판소에서 선고가 나면 국회가 그 조문을 헌법에 어긋나지 않게 개정할 때까지 효력을 지속한다는 구체적인 시한(가령 몇년 몇월 몇일까지)을 결정하는 것을 말한다.

[해설] **재량권 남용**: C-129 참조.

10% 미만 득표후보자의 선거비용 보전 제외, 합헌인가? 74

헌법재판소(2010년) 재판부는 대통령선거와 지역구 국회의원선거, 지역구 지방의원 및 지방자치단체장선거 등 각종 공직선거에서 10% 미만 득표한 후보자에게는 선거비용을 보전해 주지 않도록 한 공직선거법 조항에 대해 합헌 결정을 내렸다.

재판부는 또 "공직선거에서 득표율 15% 이상 후보자는 선거비용 전액, 10% 이상 후보자는 절반을 돌려주도록 규정한 공직선거법 제112조의2 제1항이 헌법상 평등권* 등에 반한다"며 K씨가 낸 헌법소원에서 대해 합헌 결정을 내렸다. 재판부는 "국가가 선거비용을 전액 부담하면 진지한 의사가 없거나 개인적 목적으로 선거를 악용하려는 사람들로 인해 후보자가 난립해 국가부담이 걷잡을 수 없이 커질 수 있다"며 "이를 막기 위해 일정 득표율 이상의 후보자만 선거비용을 보전해 주는 것은 정당하다"고 밝혔다.

[해설] **평등권(平等權)**이란 국가로부터 불평등한 대우 · 취급을 받지 아니하고 국가에 대해 평등한 대우 · 취급을 해줄 것을 요구할 수 있는 기본권을 말한다(헌법 제11조 1항 참조).

행정중심복합도시특별법, 합헌인가? 75

행정도시 예정지를 공주 · 연기로 지정한 행정중심복합도시특별법 제11조 2항이 주민들의 거주 및 이전의 자유를 침해한 것이라 위헌이 아니냐고 하면서 충남 연기군에 사는 Y씨 등이 낸 헌법소원을 기각했다.

헌법재판소(2009년) 재판부는 "행정중심복합도시법은 신행정수도법과 별개 법률이며 정당한 입법 절차에 따라 제정됐다"며 합헌이라고 설명했다. 행정복합도시가 수도가 되는 것이 아니기 때문에 신행정수도법에 대한 위헌 결정과는 무관하다.

국회 외교통상통일위원회의 한 · 미 FTA 비준안 처리, 무효인가? 76

국회 민주당 M의원 등은 외교통상통일위원장을 상대로 외통위가 한 · 미 FTA(자유무역 협정)를 강행 처리한 것은 야당 의원의 권한을 침해한 것이라 무효라며 권한쟁의 심판을 청구했다.

헌법재판소(2010년) 재판부는 기각 결정했다. 재판부는 "외통위원장이 회의장 출입구를 막아 회의 주체인 상임위원 등의 출석을 봉쇄한 것은 질서유지권의 인정 목적에 정면으로 어긋나 위법하고 이로 인해 청구인들이 회의에 출석하지 못해 심의과정에 참여하지 못했으므로 헌법상 동의안 심의권을 침해당했다"고 판시했다. 그러나 비준안을 위원회에 올리고 법안심사 소위원회에 회부한 행위 자체가 무효임을 확인해 달라는 부분에 대하여는 "본회의 심사절차가 남아 있으므로 본회의에서 진지한 토론을 통한 표결에 이를 경우 **절차상의 하자**●가 치유되는 효과를 기대할 수 있다"면서 기각 결정 이유를 설명했다.

[해설] **절차상 하자(節次上 瑕疵)**란 법률상 요구되는 절차에 위반된 경우를 말한다. 이러한 하자는 원칙적으로 무효가 된다.

행정관련

담합기업이더라도 공정거래위원회 고발 없인 기소하지 못하나? 77

공정위는 2007년 S토탈, H석유화학 등 7개사가 합성수지 판매가격을 담합한 사실을 적발하고 1000억여 원의 과징금을 부과하고 고발했으나 자진신고한 H석유화학과 S토탈은 제외했다. 검찰은 담합을 주도하고 다른 업체보다 큰 이익을 얻은 기업들이 자진신고제를 악용해 행정제재뿐 아니라 형사처벌까지 피하는 것은 형평성에 문제가 있다고 고소했다.

대법원(2010년) 재판부는 제품생산량과 판매가격을 **담합**●한 협의(독점규제및공정거래에관한법률 위반)로 기소된 H석유화학과 S토탈 및 임직원 2명에게 공소기각 판결한 원심을 확정했다. 재판부는 "현행법상 공정위의 고발이 있어야 담합에 대한 검찰기소가 가능하므로, 고발 대상에서 제외된 H석유화학과 S토탈 등에 대한 공소제기는 무효"라며 "형사소송법상 **고소불가분의 원칙**●을 공정위 고발에 유추 적용할 수 있다는 검찰의 해석은 죄형법정주의에 반한다"고 판결 이유를 설명했다.

[해설] **담합(談合)**이란 사업자가 계약이나 협정 등의 방법으로 다른 사업자와 짜고 가격을 결정하거나 거래대상을 제한함으로써 그 분야의 실질적인 경쟁을 제한하는 행위를 말한다. 가격제한, 판매제한, 생산·출고제한, 설비신설과 증설제한 등의 방법을 사용한다. 이러한 행위가 적발되면 시정명령과 과징금부과는 물론 형사고발 등의 제재조치가 따른다.

[해설] **고소불가분의 원칙(告訴不可分의 原則)**이란 친고죄에 있어서 고소의 효력이 미치는 범위에 관한 원칙으로서 한 개의 범죄의 일부분에 대한 고소 또는 그 취소는 그 전부에 대하여 효력이 발생한다는 원칙과 친고죄의 공범 중 1인 또는 수인에 대한 고소와 그 취소는 다른 공범자에 대하여도 효력이 있다는 원칙이다. 친고죄란 고소권자의 고소가 있어야 소송으로 다툴 수 있는 범죄를 말한다. 범인에 대한 소추가 오히려 피해자의 명예를 해칠 염려가 있는 범죄들에 적용된다.

골프장 인 · 허가 조건으로 지방자치단체가 기부금 받을 수 있나? 78

지방자치단체인 C도가 골프장사업 승인을 받으면 지역발전협력기금 25억원을 내기로 한 약정을 이행하라며 B사를 상대로 소송을 냈다.

대법원(2009년) 재판부는 C도와 B사 간 기부금 약정은 조건과 동기가 선량한 사회질서에 반하는 것이기 때문에 무효라며 원고인 C도에 대해 원심을 깨고 패소 취지로 사건을 서울고법으로 돌려보냈다. 재판부는 "지자체 등 공공기관의 기부금 모집은 공익목적을 위한 것이고 외관상 대가관계가 없더라도 행여 그런 의심을 자아내는 경우까지 경계해 금지해야 한다"며 "하물며 직무관련 대가관계가 있는 기부행위라면 결코 허용될 수 없다"고 판결 이유를 밝혔다.

[해설] **선량한 사회질서**: A-26 참조.

국가정보원 직원월급명세는 아내에게도 비밀인가? 79

A씨는 국정원 직원인 남편의 급여 및 퇴직금 내역을 공개하라며 국정원을 상대로 소송을 냈다.

대법원(2010년) 재판부는 원고 패소로 판결한 원심을 확정했다. 재판부는 "국가정보원법이 국회에조차 국정원의 예산내역 공개를 제한하도록 하여 정보활동의 비밀을 보장하고 있으며 그 밖의 관계에서도 예산내역을 비공개로 하는 것을 원칙으로 한다"고 판결 이유를 설명했다.

(국외판결) 주(州) · 시(市)가 개인 총기 규제를 할 수 있나? 80

시카고 주민 오티스 맥도널드(McDonald)가 총기 소지는 나와 가정을 지키기 위한 헌법적 권리이며, 이를 막는 시의 규제는 잘못됐다며 총기규제를 취소해 달라고 제소했다.

미국 대법원(2010년)은 원고 승소 판결했다. 재판부는 대법관 중 보수와 중도 성향 5명은 규제를 반대했고 진보 성향 4명은 규제를 찬성했다. 한편 시카고 시는 총기 소유규제는 공공의 안전을 지키기 위한 지방자치행정이라고 주장했다.

[해설] 시카고 시는 범죄를 줄이기 위해 28년 전 총기 소유금지법을 제정했는데 해당 판결로 주나 시 정부가 개인의 총기 소유를 규제할 수 없게 됐다. 이 판결로 해서 미국 내 총기 소유는 더 자유로워질 것으로 보인다. 현재 미국인 약 9000만 명이 2억여 정의 총기를 보유하고 있는 것으로 알려지고 있다.

종교관련

교인 2/3 이상이 찬성한 새 교회, 기존교회에 재산권 주장할 수 있나? 81

서울 양천구 신정동 S교회 교인들이 이 교회 목사이던 J씨와 일부 교인이 새 교회를 설립하면서 가지고 간 교회 재산의 소유권을 돌려 달라며 소송을 냈다.

대법원(2006년) 재판부는 원고 패소한 원심을 깨고 승소 취지로 사건을 서울고법에 돌려 보냈다. 재판부는 "교회의 일부 교인이 애초 다니던 교회를 탈퇴하거나 새 교회를 세우면 그들은 기존 교회재산권을 잃는 것이 원칙이지만 기존 교회 교인의 3분의 2 이상이 찬성해 새 교회를 세웠다면 새 교회의 교인은 기존 교회의 재산권을 주장할 수 있다"고 판결 이유를 설명했다.

등산객에 일률적으로 부과한 사찰문화재관람료, 반환해줘야 하나? 82

경기도 동두천시 주민 10여 명은 소요산 내 조계종사찰 자재암을 상대로 소요산 입구에 매표소를 설치해 놓고 등산객의 의사와 상관없이 일률적으로 문화재 관람료를 징수한 행위는 부당하다면서 부당이득금반환 청구소송을 냈다.

의정부지방법원(2008년) 재판부는 원고 승소 판결했다. 재판부는 "등산객이 사찰을 거치지 않아도 되는 점, 문화재가 사찰 내 일부 건물에 있는 점, 사찰이 매표소와 상당한 거리에 있는 점 등을 감안할 때 문화재관람 의사가 없는 등산객에게 일괄적으로 요금을 징수했다면 법률상 근거를 찾을 수 없어 반환할 의무가 있다"고 판결 이유를 밝혔다.

의료관련

파업으로 수술 시기를 놓치게 한 병원의 책임은? 83

구토증세가 심해 병원을 찾은 P(3)군은 장이 꼬인 장(腸)중첩증세 진단을 받았다. 그런데 병원 측은 "의사들의 파업으로 수술할 수 없다"며 6시간 만에 다른 병원으로 이송조치시켰다. P군은 다른 병원으로 이동한 2시간 후에야 간신히 수술을 받았지만 수술이 늦어진 탓에 언어장애와 마비증상 등이 발생하였다. P군 가족은 병원을 상대로 소송을 냈다.

대구지방법원(2005년) 재판부는 "병원은 5억5000만원을 배상하라"며 P군 가족에게 승소 판결했다. 재판부는 "병원을 옮기기에 매우 위급한 상황인데도 파업이라는 이유로 의사 동행도 없이 병원을 옮겨 수술시기를 놓치게 한 책임이 크다"면서 "게다가 병원 측은 환자가 옮겨갈 다른 병원의 의사에게도 위급 상황을 알리지 않아 수술시기가 더 늦어진 책임이 있다"고 판결 이유를 설명했다.

● 한방 쑥뜸기 이용 시술행위, 처벌대상인가? 84

J씨는 한의사 면허 없이 부산 해운대에서 설비를 갖추고 쑥뜸기 시술을 한 혐의(의료법 위반)로 기소됐다.

1 · 2심은 일반 의료기기인 쑥뜸기로 한 쑥뜸시술 행위를 의료행위로 단정할 수 없다고 보고 관련 혐의에 대해 무죄를 선고했다.

대법원(2010년) 재판부는 무죄 선고한 원심 판결을 확정했다. 재판부는 "가정용으로도 판매되는 쑥뜸기에 약쑥을 넣고 타이머로 시간을 조절하는 방식으로 시술한 것은 법률상 의료행위로 보기 어려워 무면허라도 처벌대상이 아니다"라고 판결 이유를 설명했다.

● 한의사의 X선 기기 사용 진료, 한방 의료행위 범위 밖인가? 85

경기 의정부시에서 한의원을 운영하는 한의사 N씨는 두 달가량 50명의 환자를 상대로 진단용 X선 기기를 사용해 골밀도와 성장판 검사를 했다. 그러던 중 보건소가 N씨의 X선 진료를 못하도록 단속했고, 보건복지부는 한의사가 방사선기기를 사용하는 것은 면허된 범위 외의 의료행위라고 유권해석을 내리면서 N씨에게 한의사면허 자격정지 1개월 15일의 행정처분을 내렸다. 이에 불복하면서 N씨는 X선을 통한 성장판 검사는 한의학적 진단 방법에 속한다며 법원에 면허자격정지처분 취소소송을 냈다.

서울행정법원(2008년) 재판부는 N씨에게 승소 판결했다. 재판부는 "X선 기기는 서양의학에 기초를 둔 기기로, 서양의학과 한의학은 인체와 질병을 보는 관점이 다르기는 하지만 한의사가 의사가 촬영한 X선 사진을 건네받아 뼈의 상태를 보고 치료하는 것은 현행법상 가능하다"고 설명했다. 그러나 "N씨가 사용한 기기는 방사선 노출 위험이 적고, 한의사의 X선 사용이 가능한지에 대한 명확한 법 규정이 없으며, 1개월 15일의 면허정지처분은 지나치게 가혹하다는 점을 들어 면허자격 정지처분은 취소한다"고 판결 이유를 설명했다.

환자 대면 · 대화 없이 퀵서비스로 약 배송, 위법인가? 86

화성에서 약국을 하는 L씨는 서울 K씨에게 위장약을 조제해 퀵서비스로 배송한데 대해 화성시가 L씨에게 과징금 370여 만원을 부과하자 퀵서비스 종사자는 환자 대리인이며, 도매업자들은 택배를 이용하는데 약국에서만 금지한 것은 법에 어긋난다며 소송을 냈다.

수원지방법원(2008년) 재판부는 L씨에게 패소 판결했다. 재판부는 "약국을 운영하고 의약품을 판매하는 사람은 약국이나 점포 이외의 장소에서 의약품을 팔지 못하게 규정하고 있는 약사법 제41조는 약사가 환자를 직접 대면해 약을 복용하는 방법 등을 알려주고, 사고가 났을 때 책임소재를 분명히 하려는 의도"라고 판결 이유를 설명했다.

Ⅱ 사법절차와 법률생활

1. 수사와 소송수행

몰래 녹취한 성행위 신음소리, 간통죄 증거로 사용할 수 있나? 87

남편 S씨는 아내 K씨가 다른 남성 L씨와 자신의 집에서 불륜행위를 하는 것을 알고 녹음기를 미리 갖다 놓고 대화내용과 신음소리를 녹취해서 간통죄로 고소하면서 증거로 제출했다.

서울서부지방법원(2007년) 재판부는 **남편 S씨에게 패소 판결**했다. 재판부는 "문제의 신음소리는 통신비밀보호법에 의해 증거사용이 금지된 '공개되지 아니한 타인간의 대화'에 해당된다고 보기는 어렵다"면서도 "간통죄의 처벌로서 보호하고자 하는 법익*이 과연 우리 사회 구성원들이 애정행위를 할 때 그 음향이 타인에 의해 녹음될 수 있다는 사생활비밀 침해의 위험성에 노출되는 것보다 급박한 것인가는 회의적"이라고 지적했다. 또한 "통신비밀보호법의 입법목적이 사생활의 비밀 보호 및 이를 통한 인간 존엄성의 구현에 있다는 점을 감안하면 애정행위에 수반하여 발생하는 신음과 같은 음향의 녹음 역시 위법의 규율범위 안에 놓여 있다고 볼 여지는 충분하다"며 "증거로 제출된 신음소리는 **헌법의 비밀과 자유보호에 근거해 증거로서 능력을 인정받을 수 없다**"고 하면서 무죄 판결 이유를 설명했다.

[해설] **법익(法益)**이란 형법에 의하여 그 침해가 금지되는 개인 및 공동체의 이익이나 가치를 말한다. 다시 말하면 법익은 법이 보호하고자 하는 보호객체이다. 범죄로부터 침해를 막아주고자 하는 가치라고도 말할 수 있다. 가령 살인죄에 있어서는 보호법익은 사람의 생명이다.

간통 혐의, 자백*과 교통카드 사용내역으로 입증될까? 88

H씨는 단골 음식점에서 알게 된 유부녀 P씨와 서울시내 한 모텔에서 여러 차례 성관계를 가진 혐의(간통)로 기소됐다. P씨는 처음부터 남편에게 불륜사실을 실토했다. 그러나 H씨는 완강하게 간통 혐의를 부인했다. 1심 재판부는 "P씨가 H씨와 성관계를 했다고 진술하고 있더라도 증거가 부족하다"면서 두 사람에게 무죄를 선고했다. 그러

나 항소심에선 새로운 증거로 제출된 P씨의 교통카드 사용내역이 증거력을 보강해 줬다. P씨가 모텔에 갈 때 버스와 지하철을 이용했다는 사실을 확인한 검찰이 그 자료를 제출했기 때문이다.

서울중앙지방법원(2010년) 항소재판부는 "P씨의 교통카드 사용내역과 통화내역 등을 종합해 볼 때 H씨와 13차례 모텔이 있는 지역에 함께 있었다는 사실이 객관적으로 입증됐다"면서 두 사람의 간통 혐의를 인정해서 각각 징역 4개월에 집행유예 1년씩을 선고했다.

[해설] **자백(自白)**이라 함은 범죄사실의 전부 또는 일부를 인정하는 진술을 말한다. 피고인의 자백이 그 피고인에게 불이익한 유일의 증거인 때에는 이를 유죄의 증거로 하지 못한다. 그래서 본문의 사례에서 교통카드 사용내역과 통화내역이 간통죄를 인정하는 데 중요한 역할을 했다.

무단으로 주거 침입해 확보한 증거, 간통죄 증거능력 있는가? 89

부인 A씨는 불임으로 남편 B씨와 다툰 끝에 가출한 후 남편 B씨에게 이혼을 요구했으나 거부당했다. A씨는 별거 몇 달 후 다시 집으로 돌아왔다. B씨는 A씨의 휴대전화에서 "만나서 즐거웠고 같이 살 때까지 힘내라"는 문자메시지를 발견했다. A씨와 만나는 사람이 C씨임을 확인했다. 뒤에 B씨는 A씨가 별거 중에 머물던 집의 침대시트에 버려진 휴지 등을 수거해 증거로 제시하면서 간통 혐의로 고소했다.

1심 재판부는 B씨가 증거로 낸 물건에서 나온 체액의 유전자가 C씨의 것과 일치한다는 유전자분석 감정서를 근거로 A씨와 C씨에게 징역 8개월에 집행유예 2년씩을 선고했다. A씨는 항소심에서 "감정서가 주거에 무단 침입해 수집한 증거를 근거로 작성돼 형사소송법상 위법으로 수집한 증거*의 배제원칙에 따라 증거능력이 없다"고 주장했다.

대법원(2010년) 재판부는 A씨와 C씨에게 유죄를 선고한 원심을 확정했다. 재판부는 "침입한 시점이 A씨가 거주를 마친 뒤이고 감정서는 기소를 위해 필요한 증거이므로 공익을 위해 제출이 허용돼야 한다"고 판결 이유를 설명했다.

[해설] **위법한 절차에 의하여 수집된 증거능력**은 무효이다. 증거능력이란 공소범죄사실 등 주요 사실의 증명에 사용할 수 있는 증거의 법률상 자격을 말한다. 본문 사례의 경우처럼 '위법한 절차에 의하여 수집된 증거'는 원칙적으로 증거능력을 인정 받지 못한다.

성추행당한 4세 어린이의 진술, 증거능력 인정될까? 90

K(49)씨는 4세인 조카를 성추행한 혐의(성폭력범죄의처벌및피해자보호등에관한법률 위반)로 불구속 기소됐다.

대구지방법원(2008년) 재판부는 K씨에게 징역 1년 6월의 실형을 선고했다. 재판부는 "피고인 K씨는 조카를 보호해주어야 할 이모부로서 조카에 대한 보호의무 내지 신뢰관계를 배신했다는 점에서 그 죄질이 매우 나쁘다"며 실형 선고 이유를 밝혔다. 특히 "아동이 다른 사람에게 교육받은 내용이나 실제 경험하지 않은 일을 이야기할 때 일관되게 진술할 수 없는데 피해자는 인지능력 평가에서도 높은 점수를 받았고 피해 사실에 대해 일관된 진술●을 하고 있어 진술에 신빙성이 있다"고 판시했다.

[해설] **진술(陳述)**이란 주장과 좁은 의미의 진술로 나눌 수 있다. 먼저 '주장'은 사실 또는 법률에 대한 의견을 말하는 것으로 변론이라고도 한다. '좁은 의미의 진술'이란 법원의 심증형성에 영향을 미치는 사실을 말하는 것이다. 본문의 경우는 후자의 진술이라고 볼 수 있다.

성추행 피해 아동의 진술을 전해들은 어머니 진술, 증거능력 인정될까? 91

아동영어학원 강사 C씨는 유치원생 3명을 성추행했다. 1심 재판부는 그 중 한명에 대해서만 피해 사실을 인정해 징역 1년을 선고하는 데 그쳤다. 그 이유는 나머지 피해 아동은 자기가 당한 사실을 정확히 기억하지도 표현하지도 못한 상태의 진술을 바탕으로 어머니가 진술한 것이 전부였기 때문이다. 그러나 항소심의 판결은 보다 긍정적이었다.

서울고등법원(2007년) 재판부는 "당초 피해 아동이 내놓은 진술이 거짓말로 보이지 않고 신빙성을 담보할 만한 구체적인 정황도 충분히 있다"며 "어머니가 경찰조사 과정과 1심 재판에서 피해자 진술을 뒷받침하는 증언을 한 것은 증거능력이 있다"고 판단했다. 또한 "피해 아동이 항소심 법정에서 구체적 일시나 경위를 기억하지 못해 진술이 불가능하지만 이는 형사소송법상 전문 진술●에 예외적으로 증거능력을 인정하는 것"이라고 했다.

1심 재판부는 "피해 아동의 진술을 녹화한 비디오테이프도 아동심리 상담직원이 촬영한 것으로서 검사나 사법경찰관의 조사 과정에서 촬영된 것이 아니므로 증거능력이 없다"고 판단했다. 그러나 항소심은 "원진술자가 진술할 수 없는 때는 법에 명시된 사망 · 질병 외에 일정 사항이 기억나지 않아 재현이 불가능하게 된 경우도 포함한다"고 보았다.

[해설] **전문진술(傳聞陳述)**이란 사실인정의 기초가 되는 경험적 사실을 경험자 자신이 직접 법원에 진술하지 않고 경험 사실을 들은 타인이 전문(傳聞)한 사실을 법원에서 진술하는 것을 말한다. 이와 같은 증거는 원진술자의 진술의 진실성을 반대신문(反對訊問)에 의하여 음미할 수 없다는 이유로 원칙적으로 증거로 되지 않는다.

성추행 피해자인 만 2세 유아 진술, 증거능력 있나? 92

K씨는 만 2세밖에 안 되는 자신의 딸을 두 차례에 걸쳐 성추행한 혐의로 구속 기소됐다.

대구지방법원(2007년) 재판부는 K씨에게 징역 3년 6월의 실형을 선고했다. 재판부는 "피해자가 나이는 어리지만 '나를 아프게 한 사람은 아빠다'라며 당시 상황을 비교적 정확하게 설명하고 있고, 성추행을 당한 아동에게서 반복적으로 나타나는 병리적 행동 등을 보이는 점 등을 미뤄 보아 피고의 유죄가 인정된다"고 판결하면서 "유아의 증언 능력은 **나이만을 따질 것이 아니라 지적 수준에 따라 개별적이고 구체적으로 결정돼야** 하며, 진술 태도와 내용 등을 구체적으로 검토해야 한다"고 판결 이유를 설명했다.

일반인이 찍은 성추행 피해자의 진술 비디오테이프, 증거능력 있나? 93

대법원(2004년) 재판부는 3세와 4세인 유치원생 여자 어린이 2명을 성추행하고 상해를 입힌 혐의로 구속 기소된 어린이집 운전기사 K(60)씨에 대한 상고심에서 **징역 2년 6월을 선고한 원심을 확정**하면서 "수사기관®이 찍은 것이 아니고 일반인이 찍은 것이더라도 미성년자에 대한 성폭력에 관한 피해자의 진술 비디오테이프는 녹음테이프와 달리 촬영 대상자의 상황과 동태 및 대화가 녹화돼 있는 만큼 인위적 조작이 없다는 점이 인정될 경우 증거로 삼을 수 있다"고 판결했다.

[해설] **수사기관(搜査機關)**이란 법률상 수사의 권한이 인정되어 있는 국가기관을 말한다. 검사와 사법(司法)경찰관이 이에 속한다. 검사는 수사의 주재자이고 사법경찰관은 검사의 지휘를 받아 수사를 행한다. 범죄사실을 조사하고 범인과 증거를 발견·수집하는 수사활동은 수사기관에서 하는 것이 원칙이다.

성폭행 용의자로 제시된 사람 중에서만 지목할 때 피혐의자의 신빙성은? 94

경찰은 J(14)양 등 2명이 성폭행 당했다는 제보를 받고 J양 등이 들었다는 범인의 이름을 확인해 그 이름과 같은 남자 3명 및 이름은 다르지만 혐의자일 가능성이 있는 2명 등 5명의 사진을 피해자들 앞에 갖다 놓고 범인을 고르게 했다. 그 중 P씨가 지목됐다. P씨는 알리바이®를 주장했지만 1심에서 범인으로 인정돼 징역 5년이 선고됐다. 그러나 2심에선 무죄를 선고했다.

대법원(2005년) 재판부는 **P씨에 대해 무죄를 선고한 2심을 확정**했다. 재판부는 "경찰에 의해 제시된 5명의 사진 아래에 이름이 씌어 있었으므로 피해자들은 범행 당시 들었다는 이름이 아닌 2명은 제외했을 것"이라며 "**나머지 3명의 사진만 보고 범인의 인상착의가 머리가 짧고 단정한 스타일이었기 때문에 피고인을 범인으로 단정했을 가**

능성이 높다"고 무죄 판결 이유를 설명했다.

[해설] **알리바이(alibi)**란 범죄가 행해진 때에 피고인 또는 피의자가 범죄의 현장 이외의 장소에 있었다는 사실을 주장함으로써 무죄를 입증하는 방법으로, 현장부재증명이라도 한다.

성폭행 당할 당시 만취상태라 사건 설명에 신빙성이 약해 보인다면? 95

K씨는 자신이 운영하는 회사에 취직하려고 찾아 온 여성 S씨를 면담한다며 식사 집으로 데려가 술을 마시게 하고 S씨 자취방까지 따라가서 S씨가 잠든 틈을 타서 성관계를 한 혐의로 기소됐다.

1심 재판부는 "피해자 S씨의 진술이 번복돼 신빙성이 없다"며 무죄를 선고했다. S씨는 항소했다.

서울고등법원(2010년) 재판부는 **K씨에게 무죄를 선고한 1심을 파기하고 징역 3년**을 선고했다. 재판부는 **"피해자가 술에 취해 있었던 만큼, 진술 신빙성을 정상적인 상태의 사람을 기준으로 판단할 수 없다"**며 "진술이 세세한 부분에서 다소 다르다고 해도 함부로 신빙성이 없다고 할 수 없고 종합적으로 살펴야 한다"고 판결 이유를 설명했다. 또 "피해자가 일부 진술을 번복하고 있지만 자신이 술에 취해 있었다는 점을 부각시키기 위해 사소한 정황에 대해서 다시 설명하는 과정에서 이런 일이 생길 수 있어 보인다"고 덧붙였다.

음주측정 거부해도 '미란다 원칙' 알려주지 않았다면? 96

R씨는 고속도로에서 교통사고 발생 이후 사고처리를 위해 출동한 경찰관의 음주측정을 거부했다가 도로교통법 위반 혐의로 기소돼 1심에서 벌금 400만원을 선고받았다.

부산지방법원(2008년) 항소재판부는 **원심을 파기하고 무죄**를 선고했다. 재판부는 "당시 고속도로 순찰대 사무실로 연행된 피고인 R씨의 연행이 **강제연행임이 분명한 이상 체포사유와 변호인 선임권 등을 고지하는 미란다 원칙®을 어겼기 때문에 위법한 체포상태에서 음주측정 요구를 했다고 볼 수밖에 없음으로 무죄다**"라고 판결 이유를 밝혔다.

[해설] **미란다 원칙(Miranda 原則)**이란 경찰이나 검찰은 피의자로부터 자백을 받기 전에 반드시 변호인 선임권과 진술거부권 등 피의자의 권리를 알려야 하는 원칙을 말한다. 1966년 미국 법원이 검찰이 제출한 성폭행 피의자 미란다의 자백을 증거로 채택하지 않은 데서 유래되었다.

수사관서로 연행된 후 음주측정거부해도 미란다원칙 안 알려줬다면? 97

공사장에서 목수 일을 하는 Y씨는 막걸리를 마신 후 안전모를 쓰지 않은 채 오토바이를 타고 귀가해 집 앞에서 내리려 할 때 마침 지나가던 경찰관과 마주쳤다. 경찰관은 Y씨의 얼굴색이 붉고 술 냄새가 심하게 나자 음주측정기가 없다는 이유로 인근파출소로 동행할 것을 요구했으나 Y씨가 거절하자 변호사선임권 등을 고지하는 미란다원칙을 지키지 않은 채 강제로 끌고 갔다. 연행된 후에도 음주측정을 거부한 혐의(도로교통법 위반)로 기소됐다.

대법원(2006년) 재판부는 Y씨에게 무죄를 선고한 원심을 확정했다. 재판부는 "운전이 종료된 상태에서 음주운전을 했다고 인정할 만한 상당한 이유가 있더라도 운전자가 위법한 음주측정 요구에 응할 의무가 있다고 강제하는 것은 부당하며 그에 불응했다고 해서 음주측정 거부에 관한 도로교통법 위반죄로 처벌할 수 없다"고 판시한 것이다.

피의자가 폭력으로 저항할 때에는 '미란다'원칙을 뒤에 알려도 되는가? 98

Y씨는 PC방에 무허가 도박게임기를 설치해 놓고 영업하다 적발되자 동생 신분증을 보이며 "Y씨의 동생"이라고 거짓말한 뒤 경찰이 신분을 확인하는 중에 유리창을 깨고 유리 조각을 휘두르고 저항하면서 경찰관에게 부상을 입힌 후 긴급 체포돼 도박개장 및 경찰관에게 상해를 입힌 혐의(특수공무집행방해치상 등)로 기소됐다.

대법원(2008년) 재판부는 Y씨에게 상해 혐의만 인정하여 징역 1년 6월을 선고한 원심을 깨고 특수공무집행방해치상 혐의에 대해 유죄 취지로 사건을 대구고법으로 돌려보냈다. 재판부는 "피의자가 경찰관에게 신분을 속이고 폭력으로 저항할 경우 먼저 실력으로 제압한 뒤 피의자에게 미란다 원칙을 알려도 된다"고 판결 이유를 설명했다.

원심은 미란다 원칙을 체포 전에 알리지 않은 이유로 특수공무집행방해죄는 적용하지 않았다.

연행 과정에서 '미란다 원칙' 안 알렸다면? 99

N씨는 전주시 우아동 모 주점에서 술값 문제로 업주와 몸싸움을 벌이다 업주의 신고를 받고 출동한 경찰이 범죄 피의자를 연행하려면 그 이유와 변호인의 도움을 받을 수 있는 권리, 진술을 거부할 수 있는 권리 등을 미리 알려줘야 하는 미란다원칙을 고지하지 않은 채 N씨를 연행하려 하자 N씨가 반항 · 폭행한 혐의(공무집행방해)로 기소됐다.

전주지방법원(2006년) 재판부는 N씨에 대해 무죄를 선고했다. 재판부는 "체포의 이유와 변호인의 조력을 받을 권리가 있음을 알리지 않은 채 피의자를 체포한 것은 적절한 공무집행이라고 볼 수 없다"고 판결 이유를 설명하면서 "피의자가 일방적으로 난동을 피운 것처럼 신고하는 등 조사내용과 경위 또한 신빙성이 다소 떨어져 무죄를 선고한다"고 덧붙였다.

취객 이용한 함정수사로 절도범 체포, 위법인가? 100

J씨는 서울 지하철 2호선 사당역 근처에서 술에 취해 쓰러져 있는 K씨를 발견했다. J씨는 K씨를 도와주는 척하면서 한적한 곳으로 끌고가 K씨 뒷주머니에 있는 지갑을 꺼냈다. 그 순간 잠복해 있던 경찰관에게 붙잡혀 절도혐의로 구속 기소됐다. J씨는 경찰관이 '함정 수사•'를 했다고 주장했다. 그러나 원심재판에서는 징역 1년을 선고했다.

대법원(2007년) 재판부는 J씨에게 징역 1년을 선고한 원심을 확정했다. 재판부는 "길가에 정신을 잃고 쓰러진 피해자가 있으면 경찰관은 경찰관직무집행법에 따라 구호요청을 하거나 경찰관서로 이송하는 등 적당한 보호조치를 했어야 한다"며 "피해자 상태를 이용해 범죄 수사를 한 것은 지극히 부적절하다"고 지적했다. 그러나 "이 같은 사유들은 피해자 K씨에 대한 관계에서 경찰관에게 문제가 있다는 것을 지적하는 것이고 J씨에 대한 기소 자체가 위법하다고 볼 수는 없다"며 판결 이유를 설명했다.

[해설] **함정수사:** B-205 참조.

절도죄 성립 여부 판단, 지문보다 알리바이가 우선? 101

L씨는 부산 사하구의 한 빈집에 유리창을 부수고 들어가 안방에서 현금 등 350여만원 상당의 금품을 훔쳐 절도 및 주거침입 혐의로 기소됐다.

검찰은 L씨가 유죄라는 증거로 도난 당한 물건이 들어 있던 큰방 화장대 문갑에서 발견된 지문을 감식한 결과 L씨의 지문과 일치한 점을 내세웠다. 그러나 L씨는 범행 일시로 지목된 당일 오후 1시부터 3시간 동안 자신이 업주로 있는 주점의 영업을 위해 대한적십자사가 실시한 위생교육에 참석한 사실을 부각시키며 무죄를 주장했다.

부산지방법원(2008년) 재판부는 무죄를 선고했다. 재판부는 "일반 범죄의 경우 범행 현장에서 채증한 지문이 강력하고도 결정적인 유죄의 증거로 볼 수 있으나 이번 사건에서는 L씨의 알리바이•가 입증된 만큼 지문감식 결과만으로 유죄로 단정하기 힘들다"고 무죄 선고 이유를 밝혔다.

[해설] **알리바이:** C-94 참조.

마약사범이 자백할 경우 직접증거 없더라도 판매자의 진술조서 있다면? 102

검찰은 P씨가 K씨로부터 히로뽕을 구입해 마약을 투약했다며 자수•하자, 마약을 투약한 혐의로 P씨를 기소했다.

항소심 재판부는 무죄를 선고하면서 "검찰은 P씨로부터 채취한 모발 4cm에서 히로뽕성분이 검출됐다는 증거를 제출했지만, 통상 사람의 모발은 한 달에 약 1cm 자란다고 볼 때 이는 모발 채취일로부터 4개월 전에 히로뽕을 투약한 사실에 대한 보강증거가 될 뿐 공소사실과 관련한 보강증거가 될 수 없다"면서 무죄 이유를 밝혔다.

대법원(2007년) 재판부는 마약을 투약했다고 자수한 P씨의 일부 혐의에 대해 무죄를 선고한 원심을 깨고 **유죄 취지로 사건을 항소심 재판부로 돌려보냈다.** 재판부는 "P씨가 히로뽕을 구입해 일부를 투약했다고 자백•한 뒤 이 같은 진술을 의심할 사정이 없는데다, 투약 전날과 3일 전에 P씨에게 히로뽕을 팔았다는 **K씨의 진술조서•는 자백에 대한 보강증거가 되기에 충분하다**"고 판결 이유를 설명했다.

[해설] **자수(自首)**란 범인이 스스로 수사기관에 대하여 자기의 범죄사실을 신고하여 그 수사와 소추를 구하는 의사표시를 말한다. 자수는 범인이 자발적으로 신고하는 것이므로, 조사관의 신문에 응하여 자기의 범죄사실을 진술하는 자백과 구별된다. 형이 경감된다.
[해설] **자백(自白)**이란 범죄사실을 인정하는 진술을 말한다. 자백이 고문 · 폭행 · 협박 · 신체 구속의 부당한 장기화 또는 기망 등 방법으로 임의성이 없으면 유죄의 증거로 하지 못한다. 또 자백이 피고인에게 불이익한 유일의 증거인 때에는 이를 유죄의 증거로 하지 못한다.
[해설] **진술조서(陳述調書)**란 검사 또는 사법경찰관이 피의자 아닌 자(참고인)의 진술을 기재한 조서를 말한다.

용의자와 단독으로 대질시켜 얻은 증거능력의 신빙성은? 103

C씨는 자신의 집 현관문을 드라이버로 부수는 사람을 도둑으로 보고 잡으려고 격투를 벌였으나 드라이버로 얻어맞고 놓쳤다. C씨는 112에 '범인이 키 167~168cm에 나이는 60대, 얼룩무늬 상의에 흰색 벙거지 모자를 썼다'고 신고했다. 얼마 뒤 벙거지 모자에 하늘색 셔츠, 슬리퍼를 신은 S(50)씨가 C씨 집에서 300m 떨어진 골목길에서 경찰에 붙잡혔다. S씨는 근처 슈퍼에 다녀오는 길이었지만 C씨는 그를 보자마자 "저 사람이 범인이 맞다"고 지목했다. S씨는 상해 및 재물손괴 등의 혐의로 기소됐다.

1심 재판부는 "1 대 1 대면 모의실험에서 용의자를 잘못 지목할 확률은 40~50%에 이르며, 특히 살상무기를 들고 있을 경우 목격자의 주의가 범인의 인상착의가 아닌 무기에 쏠리는 이른바 '무기효과'로 인해 확실성이 더 떨어진다는 이유를 들어 S씨에게 무죄를 선고한다"고 밝혔다.

대법원(2007년) 재판부는 **S씨에게 무죄를 선고한 원심을 확정했다.** 재판부는 "용의

자의 인상착의로 범인을 식별할 때 **용의자 한 사람만을 단독으로 목격자와 대질시켜 발견된 증거는 신빙성이 낮고** 단독 대질은 기억력의 한계와 용의자가 범인으로 의심받고 있다는 무의식적 암시를 목격자에게 줄 수 있다"며 "목격자 진술의 신빙성을 높이려면 사전에 목격한 인상착의를 기록한 뒤 용의자를 포함해 인상착의가 비슷한 여러 사람을 동시에 목격자와 대면시켜야 한다"고 무죄 판결 이유를 설명했다.

영장 없이 집안 수색하고 압수한 증거물, 증거능력은? 104

L씨는 200만원대의 공짜 술을 먹고 술집 주인과 종업원에게 상해를 입혔으며 40대 남성을 등산용 칼로 위협하고 폭행한 혐의 등으로 기소돼서 1 · 2심에서 징역 8월을 선고받았다.

대법원(2010년) 재판부는 **L씨에게 일부 혐의를 무죄로 보고 징역 8월을 선고한 원심을 확정**했다. 재판부는 "경찰이 체포한 L씨를 집으로 데려가 압수수색 영장도 발부받지 않고 집안을 수색해 칼을 압수하고 임의제출동의서를 받았다"며 따라서 "**영장● 없이** 압수한 증거물과 그에 기초한 2차 증거인 압수조서, 사진 등은 증거능력이 없다"고 판시했다. 하지만 흉기를 사용하지 않은 나머지 공갈 · 상해 혐의는 유죄로 인정했다.

[해설] **영장(令狀)**이란 강제처분의 재판을 기재한 서면을 말한다. 강제처분을 행함에 있어서는 원칙적으로 영장을 피처분자에게 제시하여야 한다. 강제처분의 남용을 피하고 피처분자의 인권을 옹호하는 것을 그 목적으로 한다. 헌법은 체포 · 구속 · 압수 · 수색의 강제처분에 있어서의 영장주의를 선언하고 있다(헌법 제12조 3항). 영장의 종류로서는 소환장, 구속영장과 압수 · 수색영장의 3종이 있다.

불법구금과 고문에 의한 진술, 증거능력은? 105

1980년대 '진도 가족간첩단 사건'에 연루돼 간첩 혐의(국가보안법 위반)로 구금된 후 사형 당한 김모씨의 부인 H(67)씨가 재심을 청구했다.

서울고등법원(2010년) 재판부는 **김모씨에게 무죄를 선고**했다. 재판부는 "김씨는 중앙정보부(중정)에 불법으로 구금 당한 채 인간으로서 견디기 힘든 모진 고문을 이기지 못해 허위자백을 했다"며 "**불법구금과 고문에 의한 김씨 진술은 증거능력이 없다**"고 판결 이유를 밝혔다. 또 "불법 구금과 고문으로 조작된 이 사건은 법원이 **사법부 본연의 역할을 다하지 못하고** 진실 발견을 소홀히 해 무고한 생명을 형장의 이슬로 사라지게 한 것이 아닌가 하는 회한을 떨칠 수 없다"고 덧붙였다.

보복 우려로 증인 신원 비공개로 한 규정, 피고인의 방어권 침해인가? 106

경기도 평택의 폭력조직 두목이었던 K씨에게 수원지방법원 평택지원이 공갈 혐의 등으로 징역 7년을 선고하자, K씨는 "가명(假名)으로 진술한 사람들의 증언이 유죄의 결정적인 증거가 됐다"며 형사재판에서 재판장이 증인의 신원을 공개하지 않고 증언할 수 있게 하는 법 조항 때문에 K씨의 방어권이 침해당했다면서 헌법 소원을 냈다.

헌법재판소(2010년) 재판부는 K씨의 헌법소원을 기각하고 합헌 결정을 내렸다. 재판부는 "해당 조항은 형사공판 절차에 국민이 안심하고 자발적으로 협조할 수 있도록 한 것"이라며 "범죄로부터 사회를 지키고 실체적 진실 발견을 쉽게 하려고 만들어진 조항으로 그 정당성을 인정할 수 있다"고 합헌 결정 이유를 밝혔다. 또 "피고인은 증인의 인적사항만 빼고 변호인을 통해 증언 내용을 전달받을 수 있기 때문에 방어권에 본질적인 제한을 받는다고 할 수 없다"고 덧붙였다.

피고인이 신문조서에 서명 · 날인했더라도 법정서 부인하면? 107

교통사고의 보험사기 혐의로 기소된 J씨가 "공모자와 보험회사 직원이 법정에서 검찰조서의 내용을 부인했으니 조서의 증거능력을 인정할 수 없다"며 상고했다.

대법원(2004년) 재판부는 J씨에게 기존 판례를 변경하면서 승소 판결하고 사건을 전주지법합의부로 환송했다. 재판부는 "피고인들이 검사의 신문조서에 서명 · 무인(拇印)했다는 이유로 거기에 기재된 내용이 말한 대로 기재됐다고 추정하는 것으로 본 대법원의 종전 견해를 변경하기로 한다"고 밝히면서 "검사 조서는 피고인이 말한 대로 기재됐다고 인정할 때에야 비로소 증거로 사용할 수 있다"며 "이 같은 해석이 형사소송법이 지향하는 직접심리•와 구두변론•을 내용으로 하는 공판중심주의의 이념에 부합한다"고 판결 이유를 설명했다.

[해설] **직접심리(直接審理)**란 공판정에서 직접 조사한 증거만을 재판의 기초로 삼을 수 있다는 주의를 말한다. 법관이 직접 증거를 조사하여야 한다든가 원본 증거를 재판의 기초로 삼아야 한다는 것 등이 포함된다. 법관에게 정확한 심증을 형성할 수 있게 하고 피고인에게는 증거에 관하여 직접 변명의 기회를 주기 위한 것이다.

[해설] **구두변론(口頭辯論)**이란 법원이 당사자의 구두(口頭)에 의한 공격 · 방어를 근거로 하여 심리 · 재판하는 주의를 말한다.

명백한 새 증거 없으면 국민참여재판 평결 존중해야 할 것인가? 108

C(23)씨는 서울의 한 모텔에서 미성년자인 K양에게 돈을 주고 성관계를 가지려던 J(33)씨를 폭행하고 J씨가 차고 있던 시가 300만원 상당의 금목걸이를 빼앗은 혐의(강

도상해 등)로 기소되자 국민참여재판을 신청했다. 배심원단은 C씨가 목걸이를 빼앗았다는 부분 등 일부 혐의에 대해 증거가 불충분하다며 무죄로 판단했다. 재판부도 이를 받아들여 C씨에게 징역 10개월을 선고했다. 그러나 항소심 재판부는 피해자 J씨의 법정 진술 등을 근거로 C씨의 혐의 전부를 유죄로 판단해 징역 3년 6월을 선고했다.

대법원(2010년) 재판부는 C씨에게 징역 3년 6개월을 선고한 원심을 깨고 사건을 서울고법으로 돌려보냈다. 재판부는 "배심원•이 만장일치로 내린 무죄 평결이 재판부의 심증과 일치해 채택된 경우라면 **항소심은 증거조사에서 명백히 반대되는 충분하고 납득할 만한 사정이 나타나지 않는 한 1심 판결을 한층 더 존중할 필요가 있다**"고 판결 이유를 설명했다. 이어서 재판부는 "원심은 피해자의 법정 진술을 제외하고는 1심 판결을 뒤집을 특별한 사정이 없는데도 피해자의 진술이 신빙성이 높다는 이유 등으로 1심에서 무죄 판결한 혐의들에 대해 유죄로 판단했다"며 "이는 **공판중심주의**•와 실질적 직접심리주의•의 원칙을 어긴 것이다"라고 설명했다.

[해설] 본 대법원 판결은 2008년 국민참여재판이 시행된 이후 배심원단 평결의 효력을 명시적으로 인정한 첫 번째 판례이다.
[해설] **배심원(陪審員)**이란 배심제의 구성원을 말한다. 배심제란 12세기 영국에서 발달한 제도로서 법률전문가가 아닌 일반 국민 중에서 선출된 배심원으로 구성된 배심에서 기소나 심판을 행하는 제도를 말한다.
[해설] **공판중심주의**: B-255 참조.
[해설] **직접심리주의(直接審理主義)**란 변론의 청취나 증거조사를 그 소송사건에 관하여 재판을 하는 법원이 직접 행하는 주의를 말한다. 현행법이 채택하고 있는 원칙이다. 사건 진상의 정확한 파악이란 장점이 있으나 시간 · 비용이 많이 소요되는 문제도 있다.

● 법적 근거 없음을 알면서도 묻지마 소송으로 피해줬다면? 109

H씨는 상호명의 신탁한 주식을 임의로 처분해 손해를 입었다며 J창업투자회사 등을 상대로 주식가압류 신청과 함께 손해배상 청구소송을 냈으나 패소했다. 이에 대하여 J사 등은 변호사 비용 등을 보전하라며 H씨를 상대로 반대소송을 냈다.

서울중앙지방법원(2009년) 재판부는 **원고 승소 판결**했다. 재판부는 "피고 H씨는 변호사 비용 등 2억7700만원을 지급하라"며 "피고가 자신의 주장이 법적 근거가 없는 것을 쉽게 알 수 있었음에도 소송을 제기하여 **상대방에게 물질적 · 정신적 피해를 입히는 것은 위법한 행위**로 손해배상책임이 있다"고 판결 이유를 설명했다. 재판부는 소송 자체의 위법성을 인정해 **법정 소송비용환급액(8600만원)보다 실제 지출비용에** 가까운 금액을 지급하라고 판결한 것이다.

패소자부담 소송비용을 소송가액의 10%로 획일화, 합헌인가? 110

J씨는 K씨와 농지통행로와 관련해 시비가 있었는데 K씨로부터 농지통행을 방해하지 말라는 취지의 소송을 당했다. 피고 J씨는 변호사수임료로 300만원을 지급하고 승소 때엔 성공보수료로 200만원을 추가 지급하기로 하면서 변호사를 썼다. 소송가액은 43만원이었다. J씨는 승소하였다. 약정대로 수임료 500만원의 비용이 들었다.

관련 재판의 판결문에는 "소송비용은 원고가 부담한다"고 적시되어 원고인 K씨가 부담하도록 명시되어 있었다. 그런데 실제 받은 돈은 소송가액의 10%인 43,000원뿐이라 소송비용을 규정한 **'변호사보수의 소송비용산입규칙'이 부당한지를 가려달라고** 헌법소원을 제기한 것이다.

헌법재판소(2009년) 재판부는 이 규칙이 "소송가액에 따라 소송비용이 크게 차이나지 않도록 하고 **소송비용부담이 두려워 소송절차를 이용하지 못하는 것을 방지**하려고 만들어진 것으로 나름대로 합리적인 이유가 있고 입법자의 재량이 광범위하게 인정되는 조항"이라며 **헌법에 위배되지 않는다**"고 설명했다. 이 규칙에는 소송가액이 100만원 이하인 경우엔 소송가액의 10%만 받을 수 있도록 돼 있고 소송가액이 높아질수록 그 비율은 낮아진다.

법관기피 신청, 당해 법관이 기각할 수 있을까? 111

K씨는 무고 등의 사건으로 기소돼 대구지법에서 징역 10월에 집행유예 2년을 선고받자 항소하면서 불공정한 재판을 한다며 법관기피*신청과 함께 위헌심판제청을 했다가 또 기각되자 **형사소송법 제20조 1항**이 "주관적이고 불명확한 개념으로 국민의 공정한 재판을 받을 권리를 침해한다"며 헌법소원을 냈다. K씨가 낸 문제된 해당 조항은 '소송을 지연시킬 목적이 명백한 때 법관은 기피신청을 바로 기각할 수 있다'고 규정하고 있다.

헌법재판소(2010년) 재판부는 K씨의 **헌법소원을 기각하고 합헌 결정**했다. 재판부는 "이 조항은 형사재판에서 공정성과 신속성을 조화롭게 보장하기 위한 것으로 입법목적이 타당하다"며 "**법관의 기각에 대해 즉시 항고할 수 있게 함으로써 상급심이 이를 시정할 수 있으므로 당사자가 입을 불이익도 최소화된다고 볼 수 있다**"고 판시했다. 또 "해당 법조항이 다소 추상적이고 주관적인 용어를 사용했지만 소송 지연을 목적으로 하는 행위는 너무 다양해 이를 보편적으로 규율할 수 있는 용어 사용은 사실상 불가능하다"고 덧붙였다.

[해설] 법관의 기피(法官의 忌避)란 재판의 공정을 방해할 만한 사정이 있을 때 당사자의 신청에 의하여 재판으로써 그 법관을 당해 사건의 재판부 구성에서 배제하는 것을 말한다.

형 선고 이전의 수감 기간은 반드시 형기에 전부 포함시켜야 하는가? 112

특수강도강간 혐의로 구속 기소된 S씨는 징역 5년을 선고받고 항소와 상고를 했지만 모두 기각됐다. 이 과정에서 항소심 재판부는 미결 구금일수 58일 가운데 28일, 상고심 재판부는 105일 가운데 100일만 형기에 포함시켜 S씨는 실제 선고된 형기보다 35일을 더 복역했다. S씨는 판결 선고 전 구금일수의 전부 또는 일부를 형기에 산입할 수 있도록 규정한 **형법 제57조 1항**이 기본권을 침해했다며 헌법소원을 냈다.

헌법재판소(2009년) 재판부는 미결구금 일수는 반드시 형기에 모두 산입해야 한다며 문제된 조항에 대하여 **위헌 결정**을 내렸다. 재판부는 "구속의 목적은 형사소송 절차의 실효성을 담보하기 위한 것이며 피고인을 구속함으로써 소송 지연이나 상소의 남용을 방지하겠다는 것은 구속제도의 본래 목적과 부합하지 않는다"면서 **"미결 구금은 신체의 자유라는 중요한 기본권을 제한한다"**고 위헌 결정 이유를 설명했다.

국선변호인 청구를 묵살한 1 · 2심 재판, 무효인가? 113

공인중개사 Y(여 · 54)씨는 서울 관악구 봉천동의 한 병원에서 본인이 원하는 진단서를 발급해 주지 않는다며 소란을 피우다 업무방해 혐의로 기소됐다. Y씨는 경제사정이 좋지 않아 국선변호인을 청구했지만 서울중앙지법 1심 재판부는 아무런 답변을 주지 않고 벌금 300만원을 선고했다. Y씨는 1심 재판부가 국선변호인 청구 요청을 묵살했다며 항소했지만 항소심 역시 이 부분을 판단하지 않은 채 항소를 기각했다.

대법원(2008년) 재판부는 **Y씨에게 승소 판결 취지**로 사건을 서울중앙지법 합의부로 돌려보냈다. 재판부는 **"1 · 2심 재판부가 국선변호인* 청구관련 소송절차를 위반**했다"고 판시하면서 "1심 재판부가 국선변호인 청구에 대해 아무런 결정을 하지 않은 채 변론을 종결했고 그 무렵 뒤늦게 국선변호인 청구서에 '불허' 날인을 한 뒤 판결을 내렸다"며 "Y씨가 **국선변호인의 도움을 받을 수 있는 기회를 빼앗았다**"고 판결 이유를 밝혔다.

> **[해설] 국선변호인(國選辯護人)**이란 피고인의 이익을 위하여 법원이 직권으로 선임하는 변호인을 말한다. 피고인이 빈곤하여 변호인 고용이 어렵거나 또는 피고인이 미성년자인 경우 등에 도움을 청할 수 있다.

바다새(검은머리물떼새), 원고가 될 수 있을까? 114

환경운동가 단체인 대전녹색연합 관계자와 충남 서천군 장항읍 어민들은 검은머리물떼새를 원고 중의 하나로 참여시켜 한국서부발전주식회사가 산업자원부 장관으로부터 인가받은 군산복합화력발전소 공사계획을 취소해달라며 소송을 냈다.

서울행정법원(2010년) 재판부는 **원고 패소 판결**을 하면서 "발전소 건립을 추진하면서 환경영향평가 대상지역인 서천군 주민들의 의견수렴 절차를 모두 거치지 않은 절차적 하자가 있다"는 이유로, 또 "**검은머리물떼새에는 원고로서의 능력이 없다**"는 이유로, 대전지역환경 운동가에게는 "발전소 공사와 관련해 이익이나 침해를 받는 입장이라 보기 어렵다"는 이유에서 아예 **원고 자격을 인정하지 않았다.**

● 자격정지 이상의 형 전과자, 선고유예 대상이 되지 않는가? 115

군무이탈죄로 징역 1년에 집행유예 2년을 선고받았던 S(28)씨는 사람들이 많이 돌아다니는 서울 광진구 중곡동 길거리에서 옷을 완전히 벗고 돌아다닌 혐의(공연음란죄)로 기소돼 1심에서 벌금 100만원을 선고받았다. 그러나 항소심 재판부는 S씨가 정신분열증으로 의사결정 능력이 약한 점을 고려해 1심을 깨고 벌금형의 선고를 유예했다.

대법원(2009년) 재판부는 **S씨에게 벌금 100만원의 선고를 유예한 원심을 깨고** 사건을 서울동부지법 합의부로 돌려보냈다. 재판부는 "형법 제59조는 벌금형을 받을 사람이 뉘우치는 정상이 뚜렷하면 선고를 유예할 수 있도록 하고 있지만 **자격정지 이상의 형을 받은 전과가 있는 경우는 예외**"라며 "여기서 전과란 범죄경력 자체를 뜻하는 것으로 효력이 상실됐는지는 묻지 않는 것으로 해석된다"고 판결 이유를 밝혔다.

● 일제 때 '원폭피해' 손해배상, 소멸시효 지났다고 봐야 하나? 116

태평양전쟁말기 일본에 끌려가 노역에 시달리다 피폭된 L(84)씨 등 6명이 일본 미쓰비시 중공업㈜을 상대로 6억여 원을 배상하라며 손해배상 청구소송을 냈다.

부산지방법원(2007년) 재판부는 **원고 패소 판결**했다. 재판부는 "원고들이 피해를 본 시점은 1944~45년으로 **우리 민법상의 소멸시효(10년)를 넘겼고**, 미쓰비시에서 받지 못한 임금청구도 **관련 증거가 부족하다**"고 밝히면서 "원고들은 미쓰비시의 불법행위가 전쟁범죄이므로 시효제도가 적용되지 않고, 시효가 적용된다 하더라도 한·일 청구권 협정관련 문서가 2005년 8월 공개돼 아직 소멸시효가 완성되지 않았다고 주장하지만 전쟁범죄에 관한 손해배상 채권만 예외적으로 소멸시효를 배제할 근거를 찾을 수 없다"고 기각 이유를 설명했다.

● 산업폐수 무해성 입증책임, 누구에게 있을까? 117

전남 여천공단 인근의 재첩 양식업자 J씨 등이 "1988년 경부터 여천공단의 폐수 중 페놀 성분이 양식장에 흘러드는 바람에 양식을 망쳤다"며 여천공단소재 업체들을 상대로 30억여 원의 손해배상 청구소송을 냈다.

1 · 2심 법원은 "흘러든 페놀 성분보다는 오히려 당시 가뭄이 치명적인 영향을 미쳤을 가능성이 높다"는 이유 등으로 원고 패소 판결했었다.

대법원(2004년) 재판부는 **원고 패소한 원심을 깨고 승소 취지**로 사건을 광주고법으로 돌려보냈다. 재판부는 "공해관련 소송에서 가해행위와 손해의 인과관계를 증명하는 것은 어려운 경우가 대부분"이라며 "가해기업은 기술적 · 경제적으로 피해자보다 원인조사가 쉬울 뿐만 아니라 **자신이 배출한 물질이 유해하지 않다는 것을 입증할 사회적 의무가 있다**"고 판결 이유를 설명하면서 "88년께 여천공단의 폐수로 광양만 수질이 오염됐고 이 해수가 양식장으로 유입된 사실이 인정되는 만큼 **폐수와 양식 피해간 인과관계가 어느 정도 증명됐다**"며 "**피고가 폐수의 무해함을 입증하지 못한다면 배상책임을 져야 한다**"고 덧붙였다.

● 골동품 도자기 시가, 법원이 결정할 수 있을까? 118

고미술품 판매업자 Y씨는 국보급 '청자상감운학문매병(靑磁象嵌雲鶴文梅甁)'을 남을 속여 갖고 있다. Y씨는 도자기를 빼돌린 혐의(특정경제범죄가중처벌법상 사기) 등으로 구속 기소됐다.

서울고등법원(2005년) 재판부는 **도자기 가격에 따라 Y씨에게 적용할 법과 형량이 달라지기 때문에 도자기의 값을 먼저 결정**해야 한다고 설명하면서 이 도자기 값을 71만 7500달러로 결정했다. 재판부는 "이 도자기는 12세기 고려시대 작품으로서 국내에서는 한 번도 거래된 적이 없다"면서 "1997년 4월경 미국 뉴욕 크리스티경매에서 이 도자기가 71만 7500달러(약 7억원)에 낙찰된 사실이 있다"며 이와 함께 피고인의 경찰 진술 등을 고려해 도자기 가격을 정했다고 결정이유를 밝혔다.

2. 가처분 · 가압류

● 학교주변 아파트공사 소음, 교육받을 권리 침해됐다면? 119

서울 반포동 반포주공 X단지 아파트공사 소음으로 수업에 지장을 초래하고 있다며 W중학교 학생 200여 명이 재건축조합과 시공사인 G건설을 상대로 "재건축공사를 중지 하라"며 공사금지 가처분*신청을 냈다.

서울중앙지방법원(2006년) 재판부는 **가처분신청을 인용 결정**했다. 재판부는 "방학기간을 제외하고 평일은 오전 8시부터 오후 4시까지, 토요일은 오전 8시부터 오후 2시까지 W중학교 경계선에서 50m까지의 장소에서 공사를 진행하면 안 된다"고 결정했다. 재판부는 "학교건물 내에서 측정한 **소음정도가 학교보건법 기준을 초과**하고, 소음은 공사가 진행될 경우 상당기간 지속될 수밖에 없을 것으로 보인다"며 "학생들이 적절한 환경에서 교육받을 권리를 참을 수 있는 한도를 넘어 침해받고 있다"고 인용 결정 이유를 밝혔다.

[해설] 가처분: A-36 참조.

친일파 상속 부동산, 처분 금지시킬 수 있나? 120

서울고검과 수원지검은 국가를 상대로 낸 소송에서 법원의 확정판결로 소유권을 획득한 친일파 이완용*의 후손인 손자며느리가 소유하고 있는 경기 여주군에 있는 토지 3 필지에 대하여 처분금지 가처분신청을 관할 법원에 냈다.

수원지방법원(2006년) 재판부는 **검찰의 가처분 신청을 받아들였다**. 재판부는 "**해당 토지가 친일재산환수법상 친일행위자의 후손 소유라는 검찰의 주장이 소명*된 데다 이 법률이 위헌으로 보이지 않는다**"고 인용 결정 이유를 밝혔다.

[해설] 이완용(李完用)은 친일민족반역자로 알려지고 있다. 1905년 학부대신으로 을사조약 체결에 솔선 서명했다. 그 보상으로 내각총리대신이 되었고 1910년 한일합병 때는 전권대사로 합병조약에 조인하고 일본으로부터 백작, 중추원 고문, 후작 등의 벼슬을 받았다.
[해설] 소명(疎明)이란 고도의 심증인 확신을 생기게 하는 증명과 달리, 사실의 존부를 인정하는 법관에게 확신에는 이르지 않고 일응 추측을 할 수 있게 하는 정도의 증거를 제출하는 당사자의 노력을 말한다.

호흡기 제거 요청, 헌법상 생명보호원칙에 위배되나? 121

K(75)씨는 병원에서 폐암진단을 위해 기관지 내시경을 통해 조직검사를 받던 중 출혈로 인한 뇌 손상으로 식물인간 상태에 빠졌다. K씨 자녀들은 회생가능성 없는 생명연장 치료를 중단해 달라며 병원을 상대로 연명치료행위중지 가처분신청을 냈다.

서울서부지방법원(2008년) 재판부는 **기각 결정**했다. 재판부는 "생명을 단축시켜도 좋다는 뜻으로 치료를 거부할 수 있게 환자의 '결정권'을 인정하는 것은 결국 생명에 대한 포기나 처분권을 인정하는 것과 같다"며 "이는 헌법이 보장하고 있는 **절대적 생명보호의 원칙에 위배된다**"고 기각 결정 이유를 밝혔다. 또한 "비록 가족이라도 생명을 단축할 수 있는 치료중단 결정을 대신 내릴 수 있는 권리는 없다"고 설명하면서 "비록 K씨가 평소 '혹시 병원에서 안 좋은 일이 생기면 호흡기를 절대 끼우지 말라'고 자주 얘기했다고 하더라도, 의사로부터 설명을 충분히 듣고 상황을 정확히 인식한 상태에서 내린 결정이 아니기 때문에 이를 **K씨의 '치료 중단 결정' 의사로 볼 수는 없다**"는 것이다. 뿐만 아니라 K씨의 경우 "식물인간 상태가 3~6개월 동안 지속되는 경우에도 **의식이 돌아올 가능성이 8% 정도** 있으며, 치료를 계속할 경우 12~29개월 정도 생존할 수 있다는 주치의의 설명이 있는 만큼 K씨의 치료가 의학적으로 무의미하다고 보기 어렵다"고 결정 이유를 설명했다.

전학해 온 체육특기생 출전 제한, 행복추구권 침해인가? 122

중학교 2학년 배구특기생인 J(14)양과 G(14)양은 체육특기생으로 인천 B여중에 입학했다. 그러나 B여중에는 배구선수가 없어 수원 S여중으로 전학했다. 전학 후 전국소년체전 경기도 평가전에 참가하려 했으나, '체육 특기자로서 선수등록한 시 · 도에서 다른 시 · 도로 전학하거나 진학한 자는 대회개시일 기준 만 2년이 경과된 후에만 대회에 참가할 수 있다'는 규정에 걸려 참가하지 못하게 됐다.

J양과 G양은 대한체육회를 상대로 출전지위보장 가처분신청을 냈다.

서울동부지방법원(2008년) 재판부는 **가처분 신청을 받아들였다.** 재판부는 "대한체육회의 규정은 학생들 행동의 자유와 개성, 개인의 행복추구권•과 인격의 자유로운 발현권을 **과도하게 제한하여 무효다**"라며 "선수로서 진로결정에 중대한 영향을 끼치는 **소년체육대회에 참가자격 제한은 합리적인 범위에서 최소한에 그쳐야 한다**"고 인용 결정 이유를 밝혔다.

[해설] 행복추구권: B-211 참조.

계약기간 중 스타강사, 경쟁학원서 강의 못하나? 123

서울 강남에서 미국 대학입학시험인 SAT대비 학원을 운영하는 J씨는 학원의 스타강사 K씨 등 2명이 계약기간 중에 경쟁학원에 가서 강의하면 수강생들도 따라가기 때문에 영업 손실을 입게 된다면서 타 학원 출강금지 가처분신청을 냈다.

서울중앙지방법원(2010년) 재판부는 **J씨의 가처분 신청•을 받아들였다.** 재판부는 "강사가 경쟁학원에서 강의하면 학원수강생들도 그 학원으로 가게 됨으로 J씨의 영업상 손실이 예상된다"며 "K씨 등은 남은 계약기간 동안 다른 학원에서 강의를 해선 안되며, **이를 어길 경우 하루 1000만~2000만원씩을 J씨에게 물어주라**"는 인용 결정 이유를 밝혔다.

[해설] 가처분: A-36 참조.

'4대강 사업' 집행정지 가처분신청, 그 입증책임은? 124

시민단체인 '4대강사업 위헌 · 위법심판을 위한 국민소송단'의 G씨 등 6200여 명이 정부가 추진하고 있는 '4대강 살리기 사업' 중 '한강 살리기' 사업의 효력을 정지해 달라며 국토해양부장관과 서울지방국토관리청장을 상대로 집행정지 가처분신청을 냈다.

서울행정법원(2010년) 재판부는 **가처분 신청을 기각 결정**했다. 재판부는 "한강 살리기 사업 때문에 팔당지역의 친환경 유기농업이 사실상 해체되거나 한강유역 상수원을 식수원 등으로 사용할 수 없을 정도로 수질이 오염되고 물이 부족해진다는 점에 대해 신청인 측이 **충분히 입증을 하지 못했다**"고 밝히면서 "4대강 살리기 사업에 대해 집행정지를 시킬 수 있는 요건은 **금전으로 보상할 수 없는 피해가 당장 발생하고 있어 본안 판결을 기다릴 여유가 없는 긴급한 경우에 해당한다**"며 "집행정지 사건에서는 이를 **입증할 책임•은 원칙적으로 신청을 낸 사람들에게 있다**"면서 기각 결정 이유를 설명했다.

[해설] **입증책임**: A-79 참조.

선수폭행으로 자격정지 받은 코치, 징계효력정지 가처분신청은? 125

전 펜싱 국가대표팀 코치 L씨는 해외전지훈련 도중 펜싱국가대표 선수 K씨를 폭행해 대한체육회선수보호위원회로부터 징계를 받았다. L씨는 이에 대해 징계가 정당하다는 법원의 확정판결이 나올 때까지 징계효력을 정지해 달라며 법원에 징계처분효력정지 가처분신청을 냈다.

서울동부지방법원(2010년) 재판부는 **L씨의 신청을 기각**했다. 재판부는 "L씨는 형사재판에서 선고유예 판결에 그쳤고 선수의 일방적 진술에 의존해 징계가 내려졌기 때문에 자격정지가 무효라고 주장하지만, **국가대표팀 지도자가 선수를 폭행했다는 사실 자체에 징계의 초점이 있다**"며 "형사재판 결과가 징계처분의 유효성과 관련이 있다고 보기 어렵고 L씨의 감정적 대응은 정상적인 지도의 범위를 넘어섰다"고 기각 결정 이유를 설명했다.

[해설] **선고유예판결(宣告猶豫判決)**: B-223 참조.

가압류 걸었다가 본안소송 패소, 공탁금 이자비용도 배상해야 하나? 126

D사는 인천교부근 공유수면매립사업을 함께 수행하던 I사로부터 50억원의 구상금

청구소송과 함께 D사가 보유하고 있던 부동산에 같은 액수의 가압류를 당했다. 이로 해서 하던 사업에 차질이 예상되어 급히 종금사에서 연 13.6%의 이자를 주기로 하고 공탁금 50억원을 빌려 공탁하고 가압류를 풀었다. 뒤에 구상금 청구소송에서 I사는 패소했다. D사는 '가압류를 풀려고 고리의 자금을 빌려 법원에 공탁금을 낸 만큼 이 자금마련에 들어간 금융비용을 모두 물어내라'며 I사를 상대로 손해배상 청구소송을 냈다.

서울중앙지방법원(2003년) 민사합의재판부는 **피고 I사는 4억9천여 만원을 물어주라고 원고 승소 판결**했다. 재판부는 "피고 I사는 원고 D사를 상대로 구상금● 청구소송을 제기하면서 가압류까지 걸었지만 당시 피고가 원고에게 가압류●를 행할 채권이 있었다고 믿기 어렵다"며 "피고는 소송에서 패소하였으므로 가압류로 인해 발생한 원**고의 금융비용을 배상할 의무가 있다**"고 판결 이유를 밝히면서 "피고는 원고로부터 **연 13.6%의 금리로 가압류해제 공탁금●을 빌렸다는 사실을 통보받았음에도 가압류를 계속 유지했으므로 상법상 법정 이율(6%)기준이 아닌 실제 조달금리(13.6%)에서 공탁금 예치이자(2%)를 뺀 액수로 배상해야 한다**"고 덧붙였다.

[해설] **구상금(求償金)**이란 구상권 행사로 찾아내려는 돈을 말한다. 구상권이란 타인을 위하여 변제를 한 사람이 그 타인에 대하여 가지는 반환청구의 권리를 말한다.

[해설] **가압류(假押留)**란 민사소송법상 인정되고 있는 약식절차의 하나로서, 금전채권이나 금전으로 환산할 수 있는 채권에 대하여 동산 또는 부동산에 대한 장래의 강제집행을 가능케 하기 위한 제도를 말한다. 즉 강제집행할 수 있는 판결이 나올 때까지 채무자의 재산은닉, 도망 등의 발생으로 판결의 집행이 불능하거나 현저히 곤란하게 될 염려가 있는 경우 일시 채무자의 재산을 확보하여 강제집행을 보전하려는 것이다.

[해설] **공탁금(供託金)**이란 공탁한 돈을 말한다. 공탁이란 변제 · 담보 · 보관 등의 목적으로 금전 · 유가증권 기타의 물건을 공탁소에 맡기는 것이다. 변제자가 변제의 목적물을 채무의 이행에 갈음해서 공탁소에 맡기고 채무를 면하는 제도이다. 다시 말하면 채무의 이행에 채권자의 협력없이 채무를 면할 수 있는 제도이다.

● 상가 에스컬레이터 상 · 하행 방향, 임의로 바꿀 수 있을까? 127

서울 중구 을지로 6가에 있는 M패션 쇼핑몰 9층에서 김밥 전문점을 운영하는 K씨는 에스컬레이터 상행선 옆쪽에 가게를 얻었다. 맨 위층인 이곳은 식사하러 올라오는 손님들의 눈에 잘 띄는 '명당자리'이다. K씨 가게는 자리의 이점을 이용해 에스컬레이터 옆에 서서 손님들을 유치하니까 인근 경쟁상점의 불만이 많았다. 결국 관리실은 K씨의 동의를 구하지 않고 에스컬레이터의 상 · 하행선 운행방향을 바꿔 버렸다. K씨는 "에스컬레이터 방향을 바꿔 영업에 큰 차질을 빚었다"며 영업방해중지 등 가처분신청을 냈다.

서울중앙지방법원(2008년) 재판부는 **가처분 신청을 받아들였다**. 재판부는 "에스컬레이터의 운행방향을 바꾸기 전에 반드시 **구분소유자들의 동의를 구해야 하는데 관리인이 K씨의 동의 없이 운행방향을 바꾼 것은 위법하다**"고 판결 이유를 밝혔다.

● 누구나 채무불이행자 명단을 열람케 하는 민사집행법, 사생활침해인가? 128

C씨가 "누구나 채무불이행자 명부를 법원에서 열람 · 복사할 수 있게 한 **민사집행법 제72조 4항**은 사생활 침해"라 헌법위반이라며 헌법소원을 냈다.

헌법재판소(2010년) 재판부는 **합헌 결정**을 했다. 재판부는 "채무상황을 열람하는 것은 거래 상대방에 대한 신용조사의 한 수단으로서 **신용 거래의 안전에 기여**한다"고 합헌 결정 이유를 설명했다.

3. 각종 행정소송

● 50년 전 성폭행 전력, 6 · 25 참전유공자 신청에 걸림돌이 될까? 129

K(80)씨는 1952년부터 1954년까지 6 · 25전쟁에 참전했었다. 2008년 참전유공자 등록신청을 했으나 수원보훈청은 1957년 미성년자 성폭행 혐의로 징역 5년의 실형을 선고받은 사실이 있다면서 등록신청을 거부했다. K씨는 소송을 냈다.

수원지방법원(2010년) 재판부는 K씨가 수원보훈지청장을 상대로 낸 참전유공자등록 거부처분 취소소송에서 **K씨에게 승소 판결**을 내렸다. 재판부는 "K씨가 당시 술을 마시고 충동적으로 범행을 저질렀고 수감생활 중 모범수로 형기 3분의 1을 남기고 가석방됐다"며 "출소 뒤 결혼을 해 정상적인 가정생활을 하고 지금까지 다른 범죄를 저지른 적이 없는 점 등이 인정된다"고 판결 이유를 설명했다. 또 "평소 K씨가 이웃들에게도 솔선수범해 법에 규정된 '뉘우치는 정도가 현저하다고 인정되는 경우'에 해당한다"며 "참전유공자 등록을 거부한 **보훈청의 처분은 재량권을 일탈 · 남용**• **한 것**"이라고 덧붙였다.

[해설] 재량권 일탈(裁量權 逸脫)이란 재량행위가 법적 한계를 일탈하여 위법이 되는 경우를 말한다. 재량행위란 행정청에 대하여 일정한 선택이나 판단의 여지를 부여하고 있는 경우를 뜻한다.
[해설] 재량권 남용(裁量權 濫用)이란 재량권의 내적 한계를 벗어난 행위를 말한다. 재량권의 내적 한계

란 재량권의 행사에 관한 조리상(條理上)의 제약으로 그 행위의 성질과 당해 행정 목적에 적합하도록 행사되지 않으면 안 된다는 것을 뜻한다. 이 한계를 벗어난 재량권의 행사는 위법한 것으로서 행정소송의 대상이 된다.

학업성취도평가거부 교사 파면, 과중한 징계인가? 130

서울 S여중 교사 K씨는 국가수준학업성취도평가에 반대했다가 파면되자 학교법인을 상대로 파면무효 확인소송을 냈다.

서울중앙지방법원(2010년) 민사합의재판부는 **K씨에게 승소 판결**했다. 재판부는 "학교에서 학업성취도 평가를 반대하는 내용의 전단을 배포하는 것과 비슷한 행동을 한 다른 교사가 감봉 1개월 등의 징계를 받은 것과 비교할 때 **K씨를 파면한 것은 균형을 잃은 과중한 징계**"라고 판시했다. 그러나 "교사 개인의 교육적 소신과 맞지 않는다 해도 **시험의 원만한 시행을 방해하고 학교장의 정당한 직무상 명령에 따르지 않은 것은 징계사유로 삼기에 충분하다**"고 판결 이유를 설명했다.

북한 찬양 교사, 확정판결 전 해임은 정당한가? 131

전교조 통일위원회 소속인 K교사는 전교조 부산지부사무실에서 회원 여러 명이 참석한 가운데 북한의 역사책에서 내용을 발췌해 만든 교재로 세미나를 개최한 혐의로 기소됐다. 1심과 2심에서 모두 유죄 선고를 받았다. 그런데 K씨는 유죄가 확정되지 않은 상태에서 해임한 부산시교육청의 처분이 부당하다며 소송을 냈다.

부산지방법원(2010년) 재판부는 **K씨에게 패소 판결**했다. 재판부는 "교사는 자유민주적 기본질서*에 배치되지 않는 범위에서 자율 수업권이 인정되고, 이 과정에서 가치중립성을 지켜야 하며 국가는 이를 감독해야 할 의무와 책임이 있다"면서 "헌법과 법률이 지향하는 **자유민주적 질서를 교란시킬 우려가 있다는 판단으로 내려진 징계처분은 적법**하다"고 판시했다. 또 "**형사 사건의 재판이 진행 중이라도 공무원의 징계사유가 인정되면 유죄가 확정되지 않았어도 징계처분을 할 수 있다**"고 판결 이유를 설명했다.

[해설] **자유민주적 기본질서(自由民主的 基本秩序)**란 자유민주주의 국가의 헌법의 기본질서를 말한다. 즉 자유와 평등의 보장, 다수결 원리, 국민의 자율성 보장, 법치주의 보장 등을 내용으로 하고 있다.

일제고사거부 선동 이유로 교사 해임, 지나친 조치인가? 132

공립학교 교사 S씨는 학업성취도 평가를 부정하라는 가정통신문을 발송해 학생들을 선동한 이유로 파면 해임의 중징계를 받은데 대하여 서울시 교육감을 상대로 해임처분취소 청구소송을 냈다.

서울행정법원(2009년) 재판부는 원고 승소 판결했다. 재판부는 "S씨 등이 학업성취도 평가를 부정하는 내용의 가정통신문을 발송하는 등 사실상 학생들이 이 시험을 보지 못하도록 유도했고 학교장의 정당한 지시에도 불응했기 때문에 징계사유에 해당한다"고 전제하면서도 "일제고사에 반대한 타 교육청 교사들에게 견책 내지 정직 3개월의 징계가 내려진 것과 비교할 때 해임처분은 지나치게 무거워 형평* 에 반해 무효"라고 판결 이유를 설명했다.

[해설] **형평(衡平, equity)**이란 법률과 재판의 이념인 정의(正義)의 구체적 내용을 말한다. 아리스토텔레스는 법률적 정의와 실질적 정의가 서로 간격이 너무 커서 벌어진 경우에는 형평을 개입시켜 그 간격을 채워야 한다고 주장하였다.

'촛불집회' 참가 학생에게 수행평가 가산점 준 교사 해임, 정당한가? 133

국어 및 독서과목 교사인 S선생은 촛불집회에 1회 참가하면 5점, 2회 참가하면 10점의 가산점을 수행 평가할 때 줬다. 그 밖에도 학교의 지시사항을 고의로 어기기도 했고 "만점을 받고 싶으면 휴대폰에 0을 표시하라"는 등의 비교육적 행동으로 해임됐다. S선생은 소송을 냈다.

서울행정법원(2010년) 재판부는 S교사의 해임은 정당하다고 판결했다. 재판부는 "S씨가 임의로 특정 집회에 참가했는지 여부를 기준으로 학생들에게 수행평가 가산점을 주는 행위 등은 학생들의 학습권을 침해할 소지가 있어 징계사유로 인정돼 해임은 정당하다"고 판시했다. 또 "S씨가 '만점을 받고 싶은 사람은 0표를 휴대폰 문자로 보내라'고 한 것도 성적조작과 관련해 오해를 줄 수 있다"고 판결 이유를 설명했다.

역사교과서 수정위원 명단 공개요구, 어떻게 봐야하나? 134

민주사회를위한변호사모임(민변)이 좌편향 논란을 일으킨 한국 근·현대사 역사교과서의 수정 권고안을 마련한 위원회 명단과 회의내용을 공개하라며 교육과학기술부 장관을 상대로 정보비공개처분취소 청구소송을 냈다.

서울고등법원(2010년) 재판부는 원고에게 승소 판결했다. 재판부는 "교과부가 출판사에 수정을 지시한 처분은 사실상 교과서 검정을 실시한 경우에 해당된다"며 "검정은 교과용 도서심의회 심의절차를 거쳐야 하는데 이를 거치지 않고 역사교과서 전문가협의회를 구성해 수정지시를 내렸다"고 지적했다. 또 "협의과정의 투명성과 공공성, 정당성 확보를 위해 협의회 구성명단과 소속 및 직위를 밝혀 건전한 국가의식을 심어줄 역사교육 전문가로 구성됐는지 공개할 필요가 있다"고 판결 이유를 설명했다.

교육청의 자율고 지정취소, 정당한가? 135

J교육청이 익산 N고등학교와 군산 J고등학교의 자율형 사립고(자율고) 지정을 취소한 것에 반발해 학교 측이 자율형 사립고의 지정 · 고시 취소처분 취소소송을 냈다.

전주지방법원(2010년) 재판부는 **원고 승소 판결**했다. 재판부는 "원고들은 법정 부담금을 납부하기 위한 수익용 기본재산을 확보해 부담금을 충분히 납부할 수 있을 것으로 보인다"며 "자율고 지정으로 고교평준화 정책에 입각한 현행 고교입시제도의 근간이 흔들린다고 볼 수 있을지도 의문"이라고 판시하면서 "자율고의 학생납입금이 일반고에 비해 많은 것은 자율고가 국가 또는 지방자치단체로부터 재정결함 보조금을 지급받지 못하는 데 따른 부득이한 정책으로 보이는 등 **자율고 지정을 취소할 만한 중대한 공익상 필요가 생겼다고 볼 수 없다**"면서 "**피고가 자율고 지정 2개월 만에 스스로 지정을 취소한 것은 재량권을 일탈**[*] **한 것으로 보인다**"고 판결 이유를 설명했다.

[해설] **재량권 일탈**: C-129 참조.

장례식장은 혐오시설 아니고 꼭 필요한 시설인데 왜 허가 안 해주나? 136

S씨는 자신이 소유한 춘천시내 땅에 2층짜리 장례식장을 신축하겠다고 신고했다. 그러나 춘천시는 장례식장 부지가 자연녹지 지역이고 주변 경관을 해친다는 점, 주민들과 인근 노인전문요양원 거주자들에게 악영향을 미친다는 점 등을 들어 건축을 불허했다. S씨는 이에 반발해 소송을 냈다.

서울고등법원(2009년) 재판부는 장례식장 신축불허처분을 취소해달라며 낸 소송에서 **1심에 이어 원고 승소로 판결**했다.

재판부는 "1심 판결이 정당하고 춘천시의 주장은 근거가 없으므로 **1심 판결을 인용한다**"고 판결했다. 1심 재판부는 "장례식장은 생활에 반드시 필요한 시설에 해당하고, **혐오시설 내지 기피시설로 볼 수 없다**"고 판결 이유를 설명했다.

학교 부근 러브호텔허가 중도 취소, 재량권 남용인가? 137

건설업체인 M사는 고양시로부터 일산구 백석동에 지하 4층~지상 10층 규모의 숙박시설 건축허가를 받고 설계용역사와 3억여 원짜리 설계용역계약을 맺었다. 그러나 이 지역에 러브호텔 난립 등으로 주민의 집단민원을 일으켜 고양시가 원고 M사를 포함해 일부 숙박시설에 대한 건축허가를 취소하자 고양시를 상대로 손해배상 청구소송을 냈다.

서울중앙지방법원(2004년) 재판부는 **건설업체 M사 등 원고에게 패소 판결**했다. 재판부는 "숙박시설 예정지 인근에 아파트 단지와 교육시설이 밀집해 있어 주민 집단민원이 발생하고 있다"며 **"지자체는 주민의 복리증진과 생활환경 보호 등에 대해서도 책임이 있는 만큼 건설허가 취소•는 지나치지 않다"**고 판시하면서 "러브호텔 난립을 막는 입법에는 시간이 많이 걸리고 피고가 간담회 및 청문회를 거치고도 문제를 해결하지 못한 상황에서 착공 전이거나 공사 진행이 안 된 건물을 선별해 건축허가를 취소한 만큼 **재량권 남용으로 보기도 어렵다**"고 판결 이유를 설명했다.

[해설] **취소(取消)**란 일단 유효하게 성립된 행정행위를 정당한 권한을 가진 행정청이나 법원이 그의 직권으로 효력을 소급하여 상실시키는 것을 말한다. 행정법상 취소를 말한다. 행정행위가 위법 · 부당하면 원칙적으로 취소를 할 수 있으나 그렇지 않더라도 공익상 필요하면 취소시킬 수 있다. 이 점에서 사법상 취소와 구별된다.

환경영향평가 없는 사업승인, 무효인가? 138

육군 모 부대는 강원도 철원군에 거주하는 주민의 의견수렴이나 환경영향평가 없이 국방부로부터 훈련장설치 승인을 받아서 사격훈련장 공사를 마쳤다. 이에 주민 200여 명은 사격장 훈련이 실시되면 식수원수질 오염 등 환경오염의 위험이 크다며 국방부장관을 상대로 소송을 냈다. 주민들은 1 · 2심에서 승소했다.

대법원(2006년) 재판부는 **원고 승소 판결을 내린 원심을 확정**했다. 재판부는 "국방부가 주민의 생존에 직결되는 **상수원 문제 등에 대한 환경영향평가•를 실시하지 않았고 또 환경부장관과 협의도 하지 않고** 사업을 승인한 것은 환경영향평가법의 입법취지에도 어긋나고 주민들의 이익도 침해하는 것"이라고 판결 이유를 설명했다.

[해설] **환경영향평가(環境影響評價)**란 환경에 영향을 미칠 수 있는 시설을 건설한 경우 사업계획을 수립하고 시행하기 전에 그 사업이 환경에 미칠 영향을 예측 · 분석 · 평가하고 그에 대한 대책을 수립해 이행하게 하는 제도를 말한다.

음주운전 전력 있는 외국인의 귀화신청, 불허는 정당한가? 139

K씨는 무면허 음주운전으로 벌금 100만원을 선고받은 중국인이다. K씨는 이 때문에 법무부가 귀화불허처분을 내린 것은 부당하다며 소송을 냈다.

서울행정법원(2009년) 재판부는 **원고 패소 판결**했다. 재판부는 "한 국가에 귀화•하기 위해서는 그 공동체 구성원과 동화되기 위하여 그 국가의 법질서를 존중하기 위한 노력을 해야 함에도 **원고 K씨가 입국 4일 만에 음주 · 무면허 운전을 한 것은 우리나라 법질서를 무시 혹은 경시하는 것으로 평가**된다"며 "법무부가 재량권의 한계를 일탈하거나 그 행사를 남용한 것은 아니다"라고 판결 이유를 밝혔다.

[해설] **귀화(歸化)**란 외국인이 내국인이 될 것을 지망하여 국가가 이에 대하여 국적을 부여하는 것을 말한다. 귀화요건은 1) 5년 이상 거주하고 2) 만 20세 이상이며 3) 품행이 단정해야 하고 4) 독립생계 능력이 있어야 하는 등 요건을 충족해야 한다.

주민의 생존권 침해 우려 있다면 골프장 건설 불허조치, 정당한가? 140

광주지방법원(2007년) 재판부는 전남 무안군 주민이 무안군을 상대로 낸 골프장건설계획 인가처분취소 청구소송에서 원고 승소 판결을 내렸다.

재판부는 "청계면 태봉리 일대 C골프장 건설로 세수증대나 지역경제 활성화에 따른 이익보다 주민의 생존권* 침해, 자연환경 파괴로 발생할 손실이 더 크다"고 설명하면서 "해당 지역의 지형을 검토했을 때 오염물질이 발생하면 마을에 직접적으로 영향을 미칠 것으로 예상되고 오수처리가 제대로 되지 않을 경우 식수 등이 오염돼 주민들이 정상적인 생활을 할 수 없을 것으로 우려 된다"고 판결 이유를 설명했다.

[해설] **생존권(生存權)**이란 국민의 생활을 위하여 필요한 여러 조건이 국가권력의 적극적인 관여에 의하여 확보될 것을 요청할 수 있는 권리를 말한다. 생활권 또는 사회권이라고도 불린다. 현대국가에서 생존권의 보장은 국가권력의 의무인 동시에 국가권력의 내용을 이루고 있다.

골프연습장 건설, 주택가 주변 환경에 나쁜 영향 끼칠 우려 있다면? 141

A사는 서울 영등포구의 아파트 밀집지역 근처에 있는 단지 두 곳과 도로 하나를 사이에 둔 땅에 골프연습장을 지으려고 건축허가 신청서를 냈다가 구청으로부터 거부결정을 받고 이를 취소해 달라며 구청장을 상대로 소송을 냈다.

서울행정법원(2007년) 재판부는 A사에 패소 판결했다. 재판부는 "골프연습장의 예측소음도가 생활소음 규제기준(55dB)을 초과 하고 있어 주민들에게 소음공해를 야기할 가능성이 있고, 인근학교 학생들의 학습과 보건 위생에 지장을 줄 우려가 있다"며 "신청을 받아들이지 않은 것은 공익과 사익을 비례원칙*에 따라 판단한 결정으로서 재량권을 벗어났거나 남용하지 않았다"고 설명하면서 "골프연습장 때문에 교통량이 늘어날 경우에 대비한 도로계획이 없어서 통학하는 어린이들의 안전사고 위험이 크고, 골프연습장이 주택가 주변 환경과 조화를 이루지 못한 점도 고려 했다"고 판결 이유를 설명했다.

[해설] **비례의 원칙(比例의 原則)**이란 행정청에 의한 공권력의 발동은 그 대상인 행위의 위법성 또는 공익침해의 정도에 비하여 형평이 유지되지 않으면 안 된다는 것을 말한다. 다시 말하면 과잉조치금지의 원칙이라 말할 수 있다.

골프채 최저판매가격 강요행위에 과징금 부과, 정당한가? 142

공정거래위원회는 캘러웨이가 최저가격 하한선을 정해 놓고 그 이하로 싸게 팔지 못하도록 강요해 대리점 간의 자유경쟁을 방해한 혐의로 4억여 원의 과징금을 매겼다. 공정위 조사결과 9만원에 수입된 골프채가 50만~60만원에 팔렸다. 캘러웨이는 최저가격 설정을 이유로 매긴 과징금처분을 취소해 달라며 공정위를 상대로 소송을 냈다.

서울고등법원(2010년) 재판부는 원고 패소 판결하면서 "캘러웨이는 최저 판매가를 대리점에 알린 뒤 이를 위반하면 거래정지 등의 불이익을 줬다"며 "이는 거래가격을 강요해 대리점 간의 자유로운 경쟁을 막는 행위"라고 판결 이유를 설명했다.

부장검사 때 받은 뇌물을 이유로한 변호사 업무정지명령, 지나친가? 143

부장검사 때 법조브로커 K씨에게서 사건 청탁과 함께 1400만원을 받은 혐의로 기소돼 1심과 항소심에서 징역 8월에 집행유예 2년의 판결을 받은 K변호사가 "변호사 업무정지명령을 취소해 달라"며 법무부 장관을 상대로 소송을 냈다.

서울행정법원(2008년) 재판부는 업무정지명령을 취소하라면서 "원고가 항소심에서도 변호사등록 취소에 해당하는 형을 선고받아 앞으로 등록취소에 이르게 될 가능성이 매우 커 보이지만 그렇다고 무리하게 사건을 수임하거나 의뢰인의 이익을 침해한다고 볼 증거는 없다"고 판결 이유를 밝혔다.

신호위반 봐주고 1만원 받은 교통경찰관 해임, 정당한가? 144

부산 해운대경찰서 Y경장은 해운대 근처 네거리에서 교통신호위반 차량을 적발하고 K(여 · 23)씨의 차를 정지시킨 뒤 면허증을 확인했다. "출근하는 길인데 봐 주세요"라고 사정하는 K씨에게 "그냥은 안 되지요"라며 면허증을 돌려줬다. 1만원을 줬다. Y씨는 불문 처리해 줬다. 그러나 승용차 동승자의 신고를 받고 Y씨는 해임됐다. Y씨는 14년 넘게 경찰에 복무하고 열 차례 이상 표창을 받았는데 단속무마 대가로 1만원을 받았다는 이유로 해임하는 것은 부당하다며 소송을 냈다.

부산고등법원은 Y씨의 주장을 받아들여 해임이 부당하다고 판결했다.

대법원(2006년) 재판부는 "받은 돈이 1만원에 불과하더라도 경찰공무원의 금품수수 행위를 엄격히 징계하지 않을 경우 공평하고 엄정한 단속을 기대하기 어렵고 법적용의 공평성에 대한 불신을 키우게 될 것을 감안하면 해임처분은 타당성이 있다"며 원심을 깨고 사건을 부산고법으로 돌려보냈다.

금품수수와 술 접대, 도합 200만원 때문에 파면, 지나친가? 145

경찰관 L씨는 사건을 잘 봐달라는 부탁과 함께 200만원의 금품과 술 접대를 받았다. 사건 청탁을 한 사람들과는 대학 또는 고향 선후배로 오래 전부터 알고 지내온 사이이다. 먼저 금품과 향응을 요구한 적은 없다. 그러나 이런 사실이 알려지자 파면 당하였다.

L씨는 경찰청장을 상대로 파면처분 취소소송을 냈다.

울산지방법원(2008년) 재판부는 원고 L씨에게 승소 판결했다. 재판부는 "검찰과 경찰에서도 원고를 형사입건하지 않았고, 원고가 지난 14년간 각종 표창을 받고 특진하는 등 성실히 경찰관 생활을 해 온 점 등을 종합해보면 징계가운데 가장 무거운 파면 조치는 징계권자의 재량권을 남용한 것"이라고 판결 이유를 설명했다.

[해설] **재량권 남용**: C-129 참조.

국가의 불법체포에 대한 손해배상청구권 소멸시효 기산점은? 146

P씨는 군수로 재직할 때 평소 알고 지내던 O씨에게 도시개발계획 정보를 넘겨주는 대가로 5000만원을 받은 혐의로 검찰에 긴급 체포되어 구속 기소됐다.

1심에서 징역 5년과 추징금 5000만원을 선고받았다. 그러나 항소심은 "체포영장 없이 불법 구금된 상태에서 범행을 자백한 P씨의 조서는 증거능력이 없다"며 무죄 판결했다. 대법원도 무죄 판결을 확정했다.

무죄확정 판결을 받은 P씨는 국가를 상대로 손해배상 청구소송을 제기했다. 1심에서 승소했지만 항소심 재판부가 "P씨는 위법한 긴급체포라는 사실을 알게 된 1999년부터 6년이 지난 시점에서 소송을 제기한 것이므로 소멸시효 3년이 지났다"며 원고 패소 판결을 내리자 P씨는 대법원에 상고했다.

대법원(2008년) 재판부는 패소 판결한 원심을 뒤집어 원고 승소 취지로 판결을 확정했다. 재판부는 "수사기관의 부당한 긴급체포로 피해를 본 경우 국가를 상대로 손해배상을 청구할 수 있는 기간의 기산점은 긴급체포가 위법하다는 법원의 확정판결•을 받은 시점이다"라고 판결 이유를 설명했다. 다시 말하면 긴급체포 시점부터가 아니라 대법원에서 무죄판결을 받은 시점부터 계산해야 한다는 것이다.

[해설] **확정판결(確定判決)**이란 당해절차에 있어서 판결의 취소 또는 변경을 위한 불복신청을 할 수 없는 상태에 있는 판결을 말한다.

모텔에서 자동차 번호판 가려놓으면? 147

서울 강남의 한 모텔 종업원인 L씨는 모텔 주차장 안에 세워진 차들의 번호판을 직사각형 판으로 가렸다는 이유로 경찰 단속에 걸렸다. L씨는 손님들의 차 번호판이 밖에서 다 보여 사생활 침해가 우려된다고 항변했다. 하지만 경찰은 L씨에게 '자동차관리법 위반' 혐의를 적용해 즉결심판*에 넘겼다. 벌금 5만원을 선고받은 L씨는 이에 불복해 정식 재판을 청구했다.

1심 법원은 "모텔 이용자들의 사생활 보호를 위해 번호판을 가렸기 때문에 자동차의 효율적 관리나 안전 확보를 위해 제정된 자동차관리법과는 무관하다"며 L씨에게 무죄를 선고했다. 검찰은 "숙박업소를 은닉처로 삼은 범죄자들이 번호판을 가려달라고 요청할 가능성이 큰 만큼 이에 대한 단속은 정당하다"며 항소했다.

서울중앙지방법원(2009년) 형사항소재판부는 1심을 깨고 L씨에게 벌금 5만원을 선고했다. 재판부는 "행정형벌*은 통상 법을 어길 일반적 위험성이 있으면 처벌하는 것이지 실제로 자동차 관리라는 법익을 침해했을 때만 처벌한다고 해석할 수 없다"고 판결 이유를 설명했다.

[해설] **즉결심판(卽決審判)**이란 경찰서장의 청구에 의하여 경미한 범죄사건에 관하여 공판절차에 의하지 아니하고 10만원 이하의 벌금 · 구류 · 과료에 처하는 간이한 심판절차를 말한다. 이 제도는 죄질이 경미하고 죄의 증명이 명백한 사건을 간단한 절차로 심판함으로써 형사재판의 신속 내지 소송경제와 피고인의 이익보호를 도모하려는 데 그 목적이 있다.

[해설] **행정형벌(行政刑罰)**이란 행정법상의 의무를 위반한 자에 대한 제재로서 일반통치권에 기하여 과하는 처벌이다.

의사와 한의사 면허 동시 취득한 의사, 통합진료병원 개설 가능한가? 148

Y씨 등이 "의료인은 하나의 의료기관만 개설토록 규정한 의료법 제33조 2항 때문에 직업선택의 자유와 평등권을 침해당했다"고 헌법소원을 냈다.

헌법재판소(2007년) 전원재판부는 해당 조항이 헌법에 합치되지 않는다고 위헌 결정했다. 이에 따라 복수 면허를 가진 의사가 양 · 한방을 통합 진료하는 이른바 '동서결합병원' 개설이 가능해졌으며, 양 · 한방을 동시에 진료할 수 있게 됐다. 재판부는 "복수면허 의료인에 대해 단수면허 의료인과 같이 하나의 면허에 따른 의료기관만 개설토록 규정한 조항은 불합리하다. 따라서 심판대상 법률조항은 청구인들의 직업선택의 자유, 평등권*을 침해한다"고 밝히면서 "다만 복수면허 의료인이 어느 범위에서 어떻게 직업을 수행할지는 입법자가 충분한 사회적 합의를 거쳐 정해야 한다"고 덧붙였다. 그러나 2008년 12월 31일을 시한으로 관련법이 개정될 때까지 이 조항을 계속 적용하도록 했다.

[해설] **직업선택의 자유(職業選擇의 自由)**란 국민 각자가 원하는 바에 따라 자유로이 어떤 직업이라도 선택할 수 있는 자유를 말한다. 헌법(제15조)에 명시 규정이 있다.
[해설] **평등권**: C-74 참조.

운전면허 취소를 이유로 택시면허 취소, 위헌인가? 149

개인택시 운전사 L씨는 만취상태(혈중 알코올농도 0.164%)로 운전하다 적발돼 운전면허가 취소됐고 이로 인해 개인택시면허까지 취소당했다. 구 여객자동차운수사업법(2007년 7월 개정 이전)은 운전면허취소 시 개인택시운송사업 면허를 취소하거나 6개월 이내의 사업정지를 명할 수 있도록 규정하고 있기 때문이다. L씨는 "운전면허가 취소됐다고 해서 개인택시운송사업 면허까지 취소하는 것은 재산권 침해"라며 위헌법률 심사를 신청했다.

헌법재판소(2008년) 재판부는 **합헌 결정**을 내렸다. 재판부는 "해당법률 조항은 안전운행을 확보함으로써 국민의 생명, 신체, 재산을 보호하기 위한 것이므로 **입법목적의 정당성과 방법의 적정성이 인정된다**"며 "면허가 취소됐다 해서 반드시 택시사업면허까지 취소하도록 하는 규정은 아니라서 **피해의 최소성원칙 또한 충족된다**"고 결정 이유를 설명했다.

취수장에서 좀 떨어져 있어도 '상수원공장건설금지' 요구할 수 있나? 150

부산 · 양산시민들은 S전기회사 등 십여 업체가 취수장에서 2km 떨어진 김해시 상동면 일대에 공장설립 인가를 받자 낙동강 상류의 공장설립으로 깨끗한 물을 마실 권리를 침해당했다면서 경남 김해시장을 상대로 설립인가 승인처분취소 청구소송을 냈다.

대법원(2010년) 재판부는 **원고 패소한 원심을 깨고 승소 취지로** 사건을 부산고법으로 돌려보냈다. 재판부는 "비록 원고들의 거주 지역이 취수장으로부터 다소 떨어져 있지만, 수돗물 수질악화 등으로 인한 환경이익 침해나 침해 우려는 거주지역과 관계가 없다"고 하면서 "수돗물을 공급하는 취수시설이 입게 되는 수질 오염 등의 피해 우려와 동일하게 평가될 수 있으므로 **소송을 청구할 원고의 자격이 있다**"고 판시했다. 또 "낙동강유역 환경청장이 '이 사건 공장 설립은 바람직하지 않다'는 협의 의견을 제시한 점 등을 종합하면 **법률상 보호되는 이익이 침해되거나 침해될 우려가 있다**"고 덧붙였다.

비위 헌병대장이지만 해임처분, 절차상 하자 있다면? 151

공군 모 부대 헌병대 대대장으로 근무하던 K씨는 11차례에 걸쳐 부하 및 군무원들에게 얼차려를 시키는 등 가혹행위를 하고, 부하로부터 직무와 관련해 6회에 걸쳐 향응을 제공받았으며, 성매수를 5번 했다는 이유로 해임됐다. 그러나 K씨는 이에 불복하고 공군참모총장을 상대로 해임처분취소 청구소송을 냈다.

대법원(2010년) 재판부는 원고 승소 판결했다. 재판부는 "징계의결서에 K씨의 진술이 기재되지 않았고 징계를 의결할 때 K씨를 내보내고 혐의 사실을 낭독하는 등 방어권이 보장되지 않았다"며 "절차상 하자가 있어 해임처분이 취소돼야 한다"고 판결 이유를 밝혔다.

허위 범죄경력조회서 발급해준 경찰관에 정직처분, 정당한가? 152

서울의 한 경찰서에 근무하던 경위 L씨는 국회의원 출마예정인 J씨를 위하여 J정당 후보에게 금고 이상의 전과 4건을 누락한 허위 범죄경력조회서를 발급해 줬다가 정직 3개월 처분을 받았다. 이에 L씨는 "J후보의 전과를 누락한 것은 업무착오에 따른 단순 과실이기 때문에 정직 3개월의 처분은 가혹하다"며 징계를 취소해 달라고 소송을 제기했다.

서울행정법원(2009년) 재판부는 원고 패소 판결했다. 재판부는 "L경위가 J후보의 범죄경력조회에 있어 내부규정에 따른 결재를 받지 않고 임의로 상급자의 도장을 날인해 처리했다"며 "이는 공무원의 법령준수의무 및 성실의무를 위반해 징계사유가 된다"고 판결 이유를 밝혔다.

주민반대 이유로 변전소 허가 하지 않은 지자체 조치, 부당한가? 153

한전은 전력수요가 급증한 부산 Y구 Y동에 지상 3층짜리 옥내 변전소를 건축하기 위해 건축허가 신청을 냈으나, 지역주민들의 집단민원이 제기되고 관할소방서장이 건축에 동의하지 않는다는 의견을 제시하자 Y구청은 한전의 신청을 반려했다. 한국전력공사는 부산 Y구청을 상대로 건축불허가 처분을 취소해 달라며 소송을 냈다.

대법원(2004년) 재판부는 한전에 대해 승소 판결한 원심을 확정했다. 재판부는 "변전시설의 가동으로 주민 건강이나 학생들의 학습 등에 유해한 전자파가 발생한다거나 변전소건설로 인근지역의 침수가능성이 증대된다고 보기 어렵다고 판단된다"며 "Y구청의 건축허가신청 반려처분이 위법하다고 판결한 원심은 정당하다"고 밝혔다. 또 "변전소 건축과 가동이 지역개발에 지장을 주는 등 도시계획내용에 배치된다고 보기 어려울 뿐 아니라 변전소 건축을 제한할 정도의 중대한 공익상의 필요가 있다고 보기 어렵다"고 판결 이유를 밝혔다.

구립 관악단 폐지한 구의회의 의결, 정당한가? 154

J구청은 문화예술을 활성화시키겠다며 구의회 동의를 얻어 구립 관악단을 창단했다. 하지만 구의회는 "관악단 유지에 연간 수억원의 예산이 투입되는 반면, 주민들이 체감하는 효과는 적다"며 관악단에 대한 조례를 폐지하기로 의결했다. 구는 구의회의 의결을 받아들일 수 없다며 재의(再議)를 요구했지만 구의회는 관악단 해체를 재확인했고, 구는 "구의회가 재량권을 넘은 결정을 했다"며 조례안재의결무효 확인소송을 냈다.

대법원(2009년) 재판부는 원고 패소 판결했다. 지방자치단체나 지방의회간의 권한분쟁은 대법원이 1심이자 최종심으로 판결한다.

대법원 재판부는 "지방의회가 조례안을 의결할 때는 광범위한 자유가 부여돼 있다"며 "예산 투입에 비해 체감효과가 적다는 이유로 구의회가 폐지 조례안을 의결한 것은 재량권을 일탈 · 남용한 것으로 보기 어렵다"고 판결 이유를 밝혔다.

지자체는 주민의 정보공개청구를 가급적 거부해서는 안 되는가? 155

K씨는 영유아복지관련 정보공개를 거부한 서울 Y구청장을 상대로 정보공개 거부처분취소 청구소송을 냈다.

서울행정법원(2009년) 재판부는 원고 승소 판결했다. 재판부는 "결정되거나 집행된 업무의 정보를 공개한다고 공정한 업무수행에 지장을 초래하지는 않는다"며 "공개 요구된 정보도 의사결정이나 내부검토 과정에 있는 정보가 아니고 성명 등 개인 신상을 제외한 것이기 때문에 공개되더라도 업무의 공정한 수행이 지장받는다고 볼 수 없다"고 판시했다. 또 "공공기관의 정보공개 거부는 업무수행의 공정성과 국민의 알 권리 보장 등의 이익을 비교해 신중히 판단해야 하고, 입증책임은 정보공개를 거부하는 쪽에 있다"며 "이 사건에서 정보를 거부하는 조치의 근거 및 이유를 제대로 제시하지 않은 것은 위법하다"고 판결 이유를 밝혔다.

인사 불만을 내부통신망에 게시한 이유로 해임, 지나친가? 156

검찰주사보 G씨는 검찰내부 통신망에 동료직원 16명의 실명을 거론하며 "이들은 썩어빠진 인사관행의 산물로 승진한 사람들"이라는 글과 "검찰 6급 이하 전 직렬 공무원노조를 결성하자"는 글 등을 올린 혐의로 해임처분되자 검찰총장을 상대로 소송을 냈다.

대법원(2008년) 재판부는 원고 승소 판결한 원심을 확정했다. 재판부는 "G씨가 올린 글이 대외적으로 공표되거나 문제돼 검찰조직의 명예나 신뢰를 추락하게 한 것으로 볼 수 없다"며 "검찰총장은 징계사유에 비해 징계가 지나치게 무거워 징계재량권을 남용했다"고 판시하면서 "G씨가 글을 올린 동기가 검찰조직의 변화와 개혁을 촉구하려는 충정도 일부 엿볼 수 있고 오로지 상사나 동료직원들의 명예를 훼손하거나 위계질서를 문란케 할 의도에서 비롯된 것이라고 보기도 어렵다"고 판결 이유를 설명했다.

촛불집회에 트럭 제공한 운전자의 면허취소, 정당한가? 157

J씨는 태평로 차로에서 열린 '촛불집회'에 차량을 제공했다가 운전면허를 취소당한 후 경기지방경찰청장을 상대로 면허취소처분을 취소하라며 소송을 냈다.

수원지방법원(2008년) 재판부는 J씨에게 패소 판결했다. 재판부는 "시위에 동참하지 않았다고 해도 집회주최자나 참가자의 의도를 알면서 요구에 응해 트럭을 도로 한 복판에 주차한 이상 공동으로 교통방해죄를 범한 것"이라고 원고 패소 판결 이유를 밝혔다.

[해설] 교통방해죄: B-262 참조.

물에 빠진 친구 구하려다 익사한 고교생, 의사자로 인정해야 하나? 158

K(18)군과 B(18)군 등은 급류에 휩쓸린 친구를 구하려다 익사하게 되자 그들 부모들이 보건복지가족부 장관을 상대로 의사자불인정처분취소 청구소송을 냈다.

서울고등법원(2010년) 재판부는 1심과 같이 원고 승소 판결했다. 재판부는 "보건복지가족부 장관은 K군과 B군이 자신들의 과실로 사망한 것이라고 주장하지만 증인들의 증언에 따르면 급류에 휘말린 친구들의 등을 떠밀어 살려냈고 구출과정에서 익사하게 된 것이 인정된다"며 "'위해(危害)에 처한 사람을 구하다가 사망한 경우'에 해당함으로 의사자(義死者)로 인정하지 않은 것은 정부의 잘못이다"라고 판결 이유를 밝혔다.

'우리 농산물 우선 급식' 조례, GATT 규정 위반인가? 159

J도 교육청은 학교급식에 관하여 우리 농산물을 우선 사용토록 한 지방자치단체의 조례 규정이 GATT(관세 및 무역에 관한 일반협정)에 위반된다며 J도 의회를 상대로 낸 학교급식조례 무효확인 청구소송을 냈다.

대법원(2005년) 재판부는 J도 의회가 제정한 **조례**●는 무효라면서 J도 교육청에 승소 판결했다. 재판부는 "1997년 1월부터 국내에서 발효된 GATT●는 헌법 제6조 1항에 따라 국내 법률과 동일한 효력을 지니는데, J도의 조례안은 국산품을 수입품보다 우대하지 못하게 돼 있는 상위법령인 GATT에 위반된다"고 판결 이유를 설명했다.

[해설] **GATT(관세및무역에관한일반협정, General Agreement on Tariffs and Trade)**란 제2차 세계대전 후 보호주의에 대한 반동으로 신자유주의에 입각하여 올바른 행위규범으로서 통상자유를 확립하려는 목적에서 제정된 관세와 무역에 관한 다자조약을 말한다. 관세인하, 무역장벽 완화 등으로 고용수준과 생활수준을 높이려는 데 목적이 있다.

[해설] **조례(條例)**란 지방자치단체가 법령의 범위 안에서 지방의회의 의결을 거쳐 그 사무에 관하여 제정한 지방자치법을 말한다. 법령에 위배되어서는 안 되고 주민의 권리 · 의무에 관한 사항이나 벌칙을 규정할 때에는 법률의 위임이 있어야 한다.

● 나이 많은 행원의 한직 배치, 사용자 재량으로 볼 수 있나? 160

K은행은 정년(만 58세)이 임박한 직원 20여 명을 일선업무로부터 격리하여 한직인 '인력개발부 교수직'으로 발령했다. 이들은 정년퇴직 또는 희망퇴직한 뒤 "회사 발령은 무효"라며 소송을 냈다. 1심은 "나이를 기준으로 한직에 발령한 것은 불공정하다"며 승소 판결했다.

서울고등법원(2006년) 재판부는 1심 판결을 깨고 패소 판결했다. 재판부는 "근로자에 대한 전보 · 전직은 업무상 필요한 범위 내에서 사용자가 상당한 재량을 가진다. 이 사건의 경우 은행은 외환위기를 거치며 심각한 경영위기를 맞았고 대규모 인력감축 이후에도 인사적체 문제가 여전히 남아 부득이 시행하게 된 점 등이 인정된다"고 밝혔다. 또 "후선 배치는 종래 인사관행에 의해 계속 시행되던 것으로 이들에게도 이미 예견돼 있었을 뿐 아니라 이들 또한 후선 배치에 따른 이익을 누렸다고 볼 수 있는 점 등을 감안하면 협의절차를 거치지 않았다는 것만으로 전보발령이 무효라 보기 어렵다"고 판결 이유를 설명했다.

● 감시원이 위법행위 유도 후 적발, 재량권 남용 아닌가? 161

노래방 주인 P씨는 범국민운동본부 감시원 2명이 노래방에 손님으로 가장해서 들어 온 뒤 술을 주문하고 접대부를 요청하자 요청대로 저알코올 맥주를 제공하고 여성 2명을 들여 보냈다. 감시원은 즉시 경찰에 신고하여 P씨에게 30일간 영업정지 처분을 받게 했다. P씨는 광명시장을 상대로 영업정지처분 취소소송을 냈다.

수원지방법원(2004년) 재판부는 원고 승소 판결했다. 재판부는 "원고 P씨가 접대부를 알선해 적발된 경위 등에 비추어 감경을 하지 않은 채 법 시행규칙의 기준에 따라

처분한 것은 재량권의 범위를 일탈하거나 남용한 위법한 처분"이라고 판결 이유를 밝혔다.

추상적 · 주관적 이유로 퇴출후보군 부서로 전직명령, 인사권 남용인가? 162

M회사 직원 H씨 등 20여 명은 근무 부적응 등의 사유로 퇴출후보군으로 분류돼 기피부서인 '서비스지원단'으로 발령받고 전직명령효력정지 가처분신청을 냈다.

서울중앙지방법원(2008년) 재판부는 H씨 등의 가처분신청을 받아들였다. 재판부는 "근무 부적응이라는 것은 개념부터 모호하고 평가근거 역시 추상적이고 주관적이기 때문에 인사권 남용으로 인정된다"며 "H씨 등 20여 명에 대한 전직명령은 무효"라고 밝혔다.

본인 동의 없는 다른 지자체로의 전근, 무효인가? 163

시울시청에서 근무하던 N씨는 출퇴근 등을 이유로 인사교류를 신청하여 G구청에서 근무했다. 그런데 N씨는 G구청장이 인사교류 계획에 따른다면서 자신도 모르게 K구청으로 전출하는 명령을 내리자 G구청장을 상대로 소송을 냈다.

대법원(2008년) 재판부는 원고 패소한 원심을 깨고 승소 취지로 사건을 서울고법으로 돌려보냈다. 1 · 2심 재판부는 "동의를 반드시 거치도록 한다면 사실상 원활한 인사교류를 실시할 수 없게 돼 인사교류제도의 목적을 달성할 수 없다"며 원고 패소 판결했다. 대법원은 그러나 "지자체의 장이 소속 공무원을 전출하는 것은 임명권자를 달리하는 지자체로의 이동이기 때문에 반드시 본인의 동의를 전제로 해야 한다"면서 "원고의 동의 없이 이뤄진 전출명령은 취소돼야 한다"고 판결했다.

가등기: 부동산물권(소유권 · 지상권 · 전세권 · 저당권) 및 이에 준하는 권리(임차권)의 변동을 일어나게 할 청구권을 가지는 자의 보호를 위한 일시적 · 예비적 보전수단으로서 인정되는 등기를 말한다. 즉 보전의 목적으로 일정한 청구권을 공시하는 예비등기이다.

가석방: 자유형을 집행 받고 있는 자가 개전(改悛)의 정(情)이 현저하다고 인정되는 때에 형기 만료 전에 조건부로 수형자를 석방하고 일정한 기간을 경과한 때에는 형의 집행을 종료한 것으로 간주하는 제도를 말한다.

가압류: 민사소송법상 인정되고 있는 약식절차의 하나로서, 금전채권이나 금전으로 환산할 수 있는 채권에 대하여 동산 또는 부동산에 대한 장래의 강제집행을 가능케 하기 위한 제도를 말한다.

가집행: 가집행선고 있는 판결에 기한 강제집행을 말한다. 가집행선고 있는 판결은 선고에 의하여 즉시 집행력이 발생한다. 종국적 권리의 만족에까지 이를 수 있는 점에서 확정판결에 기한 본집행과 다름이 없다.

가처분: 금전채권 이외의 청구권에 대한 집행을 보전하기 위하여 또는 다투어지고 있는 권리 관계에 대해 임시의 지위를 정하기 위해 법원이 행하는 일시적인 명령을 말한다.

각하(却下): 민사소송법상 본안의 재판에 의하여 소에 의한 청구나 상소에 의한 불복의 주장을 이유 없다고 하여 배척하는 기각에 대하여 사용하는 용어로서 소송요건을 구비하지 못한 경우에 본안의 재판을 하지 않고 소송을 종료시키는 것을 말한다.

강제집행: 사법상 청구권의 국가권력에 의한 강제적 실현절차로 채무불이행자에 대하여 국가가 강제 권력으로 그 의무의 이행을 실현하는 것을 말한다. 확정판결을 받거나 집행증서(공정증서)가 있어야 한다.

결정(決定): 민사소송법상 법원이 행하는 재판의 한 종류이다. 판결은 반드시 변론을 거쳐야 되는 반면, 결정에 있어서는 변론이 임의적이다. 가압류명령 및 가처분 명령은 변론을 경유하는 경우에는 판결이고, 변론을 거치지 않는 경우에는 결정이 된다.

고소: 범죄의 피해자 또는 그와 일정한 관계가 있는 고소권자가 수사기관에 대하여 범죄사실을 신고하여 범인의 처벌을 구하는 의사표시를 말한다.

공소: 법원에 대하여 특정한 형사사건의 심판을 요구하는 검사의 법률행위적 소송행위를 말한다. 공소제기에 의해서 피의자는 피고인의 지위를 갖게 되며, 피의자에 대한 구속영장은 당연히 피고인에 대한 구속영장으로 전환된다.

공시송달: 민사소송법상 당사자의 주소 · 거소 기타 송달하여야 할 장소를 알 수 없거나, 외국에서 촉탁송달의 방법에 의할 수 없기 때문에 소송서류를 송달할 수 없는 경우를 말한다. 형사소송법상 피고인의 소재가 불명인 경우와 피고인이 재판권이 미치지 아니한 장소에 있는 경우에는 공시송달을 할 수 있으며 공시한 날로부터 일정한 기간이

경과하여야 송달의 효력이 발생한다.

공탁: 변제 · 담보 · 보관 등의 목적으로 금전 · 유가증권 기타의 물건을 공탁소에 임치하는 것을 말한다.

구인: 법원 · 재판장 또는 판사가 피고인이나 증인을 법원 기타 지정한 장소로 인치하여 억류하는 것을 말한다. 민사소송법상 정당한 사유 없이 출석하지 아니한 증인의 경우, 형사소송법상 피고인 · 증인이 정당한 사유 없이 소환에 응하지 않을 때에 행해진다.

금고(禁錮): 수형자를 교도소 내에 구치하여 자유를 박탈하는 것을 내용으로 하는 형벌을 말한다. 그러나 금고는 징역과는 달리 명예를 존중한다는 취지에서 의무적인 정역(定役)을 부과하지 않는다.

기각: 법원에서 수리한 소송의 심리 결과, 그 이유가 없거나, 절차가 틀린 것이나, 기간경과의 경우에 도로 물리치는 것을 말한다.

기명날인: 행위자로서의 동일성을 표시하는 수단의 하나로, 기명은 자기의 성명을 기입하는 것인데, 이 경우 명칭은 성명 · 상호 · 아호 어느 것이든 거래에서 널리 인정된 것이면 족하다. 날인은 인장을 압찰하는 것을 말한다.

기소유예: 검사가 피의사건에 관하여 범죄의 혐의가 인정되고 소송조건이 구비되었으나, 범인의 연령 · 성행 · 지능과 환경, 범행의 동기 · 수단과 결과, 범행 후의 정황 등을 참작하여 공소를 제기하지 아니하는 것을 말한다.

변론: 민사소송법상 수소법원의 공개법정에서 당사자 쌍방이 구술에 의해 판결의 기초가 될 소송자료를 제출하는 방법으로 소송을 심리하는 절차다. 형사소송법상 판결은 일정한 예외의 경우를 제외하고는 구두변론에 의거하여야 한다. 증거조사가 끝나고 소송의 최후단계에 있어서 검사의 의견진술(논고), 피고인측(피고인 또는 변호인)의 최후진술이 있는네 이것이 최종변론에 해당한다.

상고: 항소법원(제2심으로서의 고등법원과 지방법원본원합의부)의 종국판결에 대한 상소로서 원심판결에 대한 불복신청을 말한다. 상고심은 법률심이며, 유일한 상고법원인 대법원을 통하여 판단됨으로써 법령의 해석 및 적용에 일원화를 기할 수 있다.

상소: 미확정의 재판에 대하여 상급법원에 구제를 구하는 불복신청제도를 말한다. 상소의 제기에 의하여 재판의 확정과 집행이 정지된다. 종국판결에 대한 상소로서는 항소 · 상고가 있다.

선고유예: 범정(犯情)이 경미한 범죄인에 대해 일정한 기간 동안 형의 선고를 유예하고 그 유예기간을 특정한 사고 없이 경과하면 면소된 것으로 간주하는 제도를 말한다.

시효(時效): 사법상 일정한 사실상태가 일정기간 계속된 경우를 말한다. 그 상태가 진실한 권리관계에 합치하느냐를 묻지 않고 그 상태를 진실한 권리관계로 인정하여 일정한 법률상의 효과를 부여하는 제도이다.

소멸시효: 권리자가 자신의 권리를 행사할 수 있음에도 불구하고 일정기간(시효기간) 동안

권리를 행사하지 않는 경우 그의 권리를 소멸시켜버리는 제도를 말한다.

시효의 중단: 시효의 기초가 되는 사실 상태와 부합되지 않는 사실의 발생으로 시효진행이 끊겨 이미 경과한 시효기간의 효력이 상실되는 것을 말한다. 민법은 소멸시효의 중단은 청구 · 압류 또는 가압류 · 가처분이나 승인에 의하여 중단된다고 규정하고 있다.

심문(審問): 변론을 열지 않는 경우에 당사자 · 이해관계인 기타 참고인에게 적당한 방법으로 서면 또는 구술로 개별적으로 진술할 기회를 부여하는 것을 말한다. 불러서 변론을 들을 필요는 없지만, 신청인의 상대방 그 밖의 이해관계인으로부터 사정을 들어 그 이익을 고려하기 위하여 행해진다.

재정신청(裁定申請): 검사의 불기소 처분에 불복한 고소인 또는 고발인의 요청에 의하여 행하는 준기소절차로서 법원이 심판에 부치는 결정을 한 때에 공소제기가 있는 것으로 간주하는 절차를 말한다. 재판상 준기소절차는 기소독점주의에 대한 예외로서 사법적 심사에 의해서 검사의 부당한 불기소처분을 시정하려는 데 그 목적이 있다.

종국판결: 소 또는 상소에 의해 계속되고 있는 소송사건의 전부 또는 일부에 관해 그 심급을 완결시키는 판결을 말한다.

준비서면: 당사자가 변론에서 진술하려는 사항을 예고적으로 기재하여 법원에 제출하는 서면을 말하며, 피고나 피상소인의 본안의 신청을 기재한 최초의 준비서면을 답변서라 한다. 중심적 기재사항은 공격 방어 방법 및 상대방의 청구와 공격 방어 방법에 대한 진술이다.

파기환송: 상소심법원이 종국판결에서 원심판결을 파기한 경우에 다시 심판시키기 위하여 원심법원으로 사건을 환송하는 것을 말한다.

저자 약력

행정학·법학박사 **이 순 우**

■ 학력 및 경력

서울효제초등, 경기 중 · 고등학교 졸업
서울대 법대 법학과 법학사 졸업
서울대 행정대학원 행정학석사 졸업
미국 하버드대학교 케네디스쿨 행정학석사 졸업
고려대 대학원 행정학박사 졸업
성균관대 대학원 법학박사 졸업
(2개 박사와 2개 석사학위 소지)
행정고시 재경직 합격, 세무사시험 합격(세무사)
국방대학원 졸업
상공부 통상진흥국장 및 감사원 부감사관
대한상사중재원 원장
산자부 무역위원회 무역위원
Allianz 생명보험 사외이사
성균관대, 경희대, 한성대 겸임교수

■ 비상임 현직

대한상사중재원 중재인 · 조정위원
서울중앙지방법원 및 서울고등법원 조정위원
영국, 중국, 러시아, 오스트리아, 싱가폴, 말레이시아, 인도네시아, 베트남 등 국제중재기관 국제중재인
World Bank 산하 ICSID(국가간투자분쟁해결센터) 조정위원

■ 참고사항

1. 공무원으로 재직중 박사학위 받은 제1호(1982년)
2. '공무원 윤리헌장 제정선포식' 때 전국공무원 대표로 피선됨(1981년)
3. UN사무총장 반기문 씨와는 하버드 대학 케네디 스쿨 반우(class mate). 하버드 케네디 스쿨 한국 동문회 회장 역임
4. 3650지구 로타리크럽 총재 특별보좌역 및 사직로타리 회장 역임

■ 취미

트럼펫 연주

easy & fast 판례로 보는 생활법률 101

2011년 11월 15일 초판 인쇄
2011년 11월 20일 초판 1쇄 발행

편저자 이 순 우
발행인 배 효 선
발행처 법 문 사
등 록 1957년 12월 12일/제 2-76호(윤)
주 소 (413-756) 경기도 파주시 교하읍 문발리 526-3
전 화 (031)955-6500~6 FAX (031)955-6525
E-mail (영업)bms@bobmunsa.co.kr
(편집)edit66@bobmunsa.co.kr
홈페이지 www.bobmunsa.co.kr

정가 20,000원
ISBN 978-89-18-08011-6 93360